한국의 교육은 미래를 포기하고 있다

문제가 무엇인가?

강귀용

차례

1. 학교 교육의 위기   12

과학의 발달과 AI 기반 사회   12
- 급격한 변화 속을 살아가는 세상 ······················ 12
- 변화에 대응해야 하는 학교 ·························· 18

하지만 학교 교육의 현실은   24
- 세상의 변화를 수용하지 못하는 학교 ················· 24
- 대학 입시에 집중되는 초·중·고 교육 ················· 30

지금의 교육에 미래가 있는가?   37
- 학생들은 매일 학교로 나가지만 ······················ 37

그래도 학교가 답이다.   45
- 학교이기에 가능한 미래 교육 ························ 45

2. 학교는 어떠한 곳인가? 54

우리나라 학교 교육의 기저는 54
- 학교 교육 관련 법규 ································ 54

교육과정을 운영하는 학교 57
- 지금은 2015, 2022 개정 교육과정 운영 중 ············ 57
- 학교의 교육과정 운영은 ······························ 66

한 학기, 한 학년 교육의 성과는 70
- 학생의 교육과정 이수 ································ 70

그러한 교육이어서 제기되는 문제는 77
- 학생들에게 학교는 어떠한 곳이 되고 있는가? ············ 77
- 그래서 교육을 개혁하려 하지만 ······················ 86

근래 IB 교육과정이 부각되고 있지만 94
- 장점이 많은 IB 교육과정 ····························· 94
- 하지만 IB 교육과정의 한계는 ························· 96

학교가 미래지향적으로 변화하려면 100
- 학생은 불확실한 미래를 살아갈 존재 ·················· 100
- 따라서 학교 교육의 방향은 ··························· 104
- 그러한 교육을 실천하려면 ···························· 114
- 초·중·고 학교급의 장점을 살리는 교육 ················ 119
- 달라져야 하는 대학 ·································· 121

3. 문제는 수업이다   126

▎ 왜 문제일까?   126

- 수업은 어떠한 시간인가? ··· 126
- 우리나라 교육과정에서의 수업 한 시간은 ································ 130
- 교과서는 무엇인가? ·· 137
- 실제 수업의 모습은 ··· 141
- 그러한 수업이다 보니 ··· 147
- 물론 교사들은 다양한 수업을 실천하지만 ································ 163

▎ 그렇다면 어떠한 수업이어야 할까?   171

- 인식의 대 전환이 필요한 수업 ·· 171
- 학생 개개인의 자기개발에 연계되는 수업 ······························· 179
- 교사에게도 합리적이어야 할 수업 ·· 185
- 그러한 수업이 되려면 ··· 187

▎ 학생에게 해결을 요구한다고?   207

- 해결의 다양한 관점 ··· 207
- 학생의 해결이 가능한 근거는 ··· 210
- 체계적인 학습이 될 수 있을까? ··· 226

4. 학습목표 자기화가 변화시키는 수업   233

실제, 학생의 주도적인 해결이 가능할까?   233
- 학습주제 해결을 요구하지만 ·············· 233
- 학습목표가 중시되어야 한다. ·············· 236

더 나아가 자기화가 필요한 학습목표   243
- 학생 개개인의 몫이 되어야 하는 학습목표 ·············· 243
- 학습목표를 이해하여 자기화하려면 ·············· 248
- 하지만 학습목표 자기화는 쉽지 않다 ·············· 261

학습목표 자기화로 달라지는 수업은   267
- 학생 개개인에게 학습목표가 자기화되었을 때 ·············· 267
- 학습목표 자기화로 가능해지는 루브릭 ·············· 273
- 성격이 달라지는 총괄평가 ·············· 279

달라지는 교사의 역할   281
- 가르치지 않는 교사 ·············· 281

실제, 수업의 예시는(초등 40분 기준)   287
- 수업 전 사전 활동 ·············· 287
- 본시 학습활동(초등학교 40분을 기준으로) ·············· 289
- 단위 수업에서 이루어지는 평가의 의미는 ·············· 299

학습목표 자기화가 바꾸는 학교 교육   305
- 달라지는 수업 한 시간의 성격은 ·············· 305
- 유용하게 활용되는 평가 자료 ·············· 311

5. 그러한 수업, 일반화가 가능한가? 317

▎일반화하려면 317
- 고려되어야 할 조건은 ·· 317
- 초등교육은 지금도 가능하다. ·································· 323

▎그러한 교육이 정착되면 329
- 의미 있는 교육이 이루어지는 초·중·고 학교급 ············· 329
- 교육적인 강력한 힘을 갖는 교사 ······························· 339
- 학부모의 신뢰가 함께하는 교육 ································ 344
- 변화가 가능해지는 대학 ··· 349
- 정착되는 한국형 수업 ·· 355
- 달라져야 할 국가의 교육 정책은 ······························ 360

6. 마무리　　　　　　　　　　　　　　376

부　록　　　　　　　　　　　　　　379

<부록 1> 초등학교 2022 개정 교육과정 시간 배당 기준 · 380

<부록 2> 학습목표 자기화를 위한 분석 과정 흐름도(예시) · 381

<부록 3> 학생에게 제공되는 내일의 학습목표(예시) · 382

<부록 4> 학습목표 자기화 결과의 예시 · 383

<부록 5> 다양한 산출물의 허용 예시 · 384

<부록 6> 교사의 관찰/평가 루브릭(예시) · 385

<부록 7> 학습주제 단위 수업에서의 루브릭 평가 척도((예시) · · · · · · · · · · · · · · · · · · 386

<부록 8> 학교생활통지표 예시 · 387

<부록 9> 학교생활기록부 예시 · 388

<부록 10> 초·중·고 교육에서의 자기개발과 대학 전공 선택으로 이어지는 흐름도(예시)· 389

<부록 11> 초·중·고 교육과 연계되는 전공 적합성 평가 요소별 비율(예시) · · · · · · · · · 390

<부록 12> 초·중·고 교육과 연계되는 전공 적합성 평가 요소별 비율(예시) · · · · · · · · · 391

'한국의 교육은 미래를 포기하고 있다. 문제가 무엇인가?'

'교과서 익히기에 엄청난 시간과 노력을 투자하다 보니 정작 미래를 놓치고 있는 한국의 학생들'

우리 모두는 지금 이 순간에도 미래로 이어지는 시간을 살고 있다. 하루가 다르게 변하는 세상은 당장 내일이 어떠한 세상이 될지 예측조차 어렵게 한다.

학생들은 그러한 세상에서 자신의 삶을 살아가야 할 미래 지향적인 존재이다.

따라서 학교 교육은 미래를 향한 학생 개개인의 성장과 발전이 가능해야 한다.

하지만 우리나라의 초·중·고 학교는 여전히 교과 지식 중심으로 서열화함으로써 좋은 대학 입학만을 중점으로 두는 교육을 벗어나지 못한다.

'한국의 교육은 '교육'인가 '선발'인가?' 당연히 이러한 질문이 생길 수밖에 없다.

원인은 교과 지식의 암기를 요구하는 교육에서 찾아야 할 것이다. 단편적인 지식은 급변하는 미래의 자원으로 절대적인 가치가 있는 것은 아니다.

그런데도 교과 점수 100점, 전체 1등, 수능 1등급을 지향하는 교육을 고수하다 보니 학생들은 교과 지식의 암기가 미래 세상을 대비하는 줄로 착각하게 된다. 몇 시간의 잠을 자는 시간을 제외하고는 교과 지식을 익혀야 하고, 얼마나 익혔는지, 틀리지 않게 정답을 찾는 능력을 길러 나가느라 그들의 소중한 성장의 시기를 다 보내야 한다.

  결국 교과 점수 중심의 선발 시스템에 의해 대학에 입학한다. 그들은 자신이 갖고 있는 학습 능력, 재능, 관심사 등을 제대로 파악하지도 못한 채 대학 생활을 하게 된다. 대학이 미래의 종착역이 되는 것도 아닌데, 갈 길 바쁜 학생들이 스스로 성장할 수 기회, 미래를 꿈꾸면서 도전해 나갈 수 있는 기회를 대학에 입학해서야 갖게 되는 것이다. 얼마나 안타까운 일인가?

  지금 한국의 교육이 놓치고 있는 것은 '학생 개개인의 미래'이다. 이제 학교는 1등, 2등과 같은 선발이 아니라 모든 학생이 각자의 방식으로, 제각각 1등이 되는 교육을 모색하지 않으면 안 된다. 그것은 지식을 넘어서는 미래 역량이어야 한다. 다행히 우리나라 교육과정은 자기 관리 역량, 지식 정보 처리 역량, 창의적 사고 역량, 심미적 감성 역량, 협력적 의사소통 역량, 공동체 역량 등의 핵심역량을 함양하는 교육을 배경으로 하고 있다. 선언으로만 끝나서는 안 된다. 어떠한 학생도 초등학교부터 의미 있는 교육활동으로 자기성찰, 자기연찬, 자기계발로 이어지는 자기개발이 가능해야 할 것이고, 그것이 중고등학교와 대학 교육으로 이어지게 하여 어떠한 세상도 주도적으로 살아갈 수 있는 역량을 갖추게 할 필요가 있다.

  학교가 학생 개개인의 성장 출발점이 되어 다양한 세상을 경험하게 하면서 미래를 대비할 수 있는 역량을 길러 나가게 될 때 비로소 모든 학생에게 필요한 곳, 열려 있는 교육을 말할 수 있게 될 것이다.

  이 책은 이러한 우리 교육의 현실을 지적함으로써 돌파구가 될 수 있는 단서를 제시하고 있다.

  이 책의 집필과 관련, 다음과 같은 사실을 밝힌다.

1. 천지개벽 수준의 인식 변화가 필요한 수업을 말하고 있는 것으로, 학교 교육 현장을 직접 겪은 저자가 칼럼 형식으로 쓴 글이다. 논문이나 보고서가 아니어서 참고문헌을 제시하지 않는다.
2. 참고할 필요가 있는 내용은 AI 답변을 그대로 실었다. 이유는 어떠한 질문을 했고, 어떠한 답변으로 이어졌는가를 밝히고자 하는 의도가 있기 때문이다. 또한 질문 형식은 독자도 더 관심을 갖게 될 수 있음을 고려했다.
3. AI 답변은 전반적으로 필자의 주장을 적극 뒷받침해 준다. 일부 다를 수 있는 내용도 있다. 하지만 심각한 문제가 되지는 않는다.
4. AI 답변에서 할루시네이션 염려는 동일 질문을 다시 질문하기, 다른 AI와의 동일 질문을 통한 크로스 체크(Cross Check)로 검증했기 때문에 문제는 없다고 본다.
5. AI는 유료 쳇GPT, CLAUDE, 무료 Copilot, Perplexity, Google Gemini, 네이버 클로바, 네이버 큐 등을 활용했다. 교육적인 면에서는 쳇GPT가 체계적이었으며, 네이버 클로바도 수준 높은 답변을 얻을 수 있었다.

1. 학교 교육의 위기

과학의 발달과 AI 기반 사회
■ 급격한 변화 속을 살아가는 세상

◦ 과학과 AI가 바꾸고 있는 세상

'내일을 예측할 수 없는 세상'

지금의 우리는 인류 역사상 가장 급속한 변화를 겪고 있다. '과학과 기술의 발전, AI가 바꾸고 있는 세상'은 이 순간 우리가 직면하고 있는 세상이다.

과학과 기술은 인류와 함께 발전해 왔지만, 오늘날의 변화는 지금까지와는 성격이 크게 다르다. 과거의 혁신이 우리의 삶을 점진적으로 개선했다면, 인공지능으로 대표되는 현재의 기술 혁명은 우리가 살아가는 방식 자체를 근본적으로 바꾸고 있다. 일터에서는 인간과 기계의 협업이 새로운 표준이 되고 있고, 교육 현장에서는 지식 중심의 교육이 문제가 된다. 심지어 창작의 영역조차도 AI가 새로운 가능성을 열어가고 있다. 우리가 정보를 얻고 처리하는 방식, 문제를 해결하는 접근법, 심지어 인간과 기계의 관계마저도 변화하고 있는 것이다.

이러한 변화는 낯설고, 혼란스럽다. 하지만 기회이자 도전이기도 하다. 과거의 상식이나 기준으로는 대처할 수 없는 난제들이 끊임없이 등장하지만 새로운 가능성도 동시에 다가올 수 있기 때문이다.

이제 우리는 지금의 세상에 밀려오고 있는 모든 변화가 무엇을 의미하는지, 어떻게 대응해야 하는지, 우리의 길을 찾고 만들어가는 지혜를 갖추지 않으면 안 될 때이다.

AI 견해

＊ 과학과 AI는 지금, 세상을 어떻게 바꾸고 있을까?

　　과학과 인공지능(AI)의 등장은 세상을 전방위적으로 변화시키고 있습니다. 이 변화는 단순한 기술의 진보를 넘어 인간의 삶, 사회 구조, 교육, 경제, 문화 전반에 다음과 같은 영향을 미치고 있습니다.

1. 일상의 자동화와 효율화
- AI가 바꾸는 노동의 방식: 단순 반복 작업은 로봇과 알고리즘이 대체하고, 인간은 더 창의적이고 전략적인 업무에 집중하게 합니다. 챗봇 고객 응대, 자율주행 차량, 스마트 공장 등의 예를 들 수 있습니다.
- 가정과 일상의 스마트화: AI 스피커, 스마트홈 시스템, 맞춤형 건강관리(웨어러블 디바이스 등)가 개인의 삶을 정교하게 지원하고 있습니다.

2. 산업구조의 재편
- 신산업의 등장: AI, 바이오, 반도체, 양자컴퓨팅 등 과학 기반 신산업이 부상하면서 기존 산업의 판도를 바꾸고 있습니다.
- 기존 직업의 변화와 소멸: 회계, 번역, 법률검토, 의료 진단 등 고숙련 전문직까지 AI가 부분 대체하는 시대가 열리고 있습니다.

3. 교육과 학습의 변화
- 개인 맞춤형 교육: AI는 학습자의 수준, 성향, 성취도에 따라 콘텐츠를 조정하여 최적의 학습 경로를 제안할 수 있습니다.
- 지식 중심에서 역량 중심으로: '정보를 외우는 능력'보다 '문제를 해결하고 스스로 배우는 능력'이 중요해지는 교육으로 전환되고 있습니다.

4. 과학이 확장하는 인간의 한계
- 의료의 혁신: AI 기반 진단, 정밀 의료, 유전자 분석 기술은 질병을 조기에 발견하고 개인 맞춤 치료를 가능하게 합니다.
- 우주·생명·지구에 대한 이해 확대: 기후 변화 예측, 신약 개발, 우주 탐사 등 과학은 인간이 이해하고 도전할 수 있는 범위를 넓혀줍니다.

5. 사회의 윤리적 질문 증가
- AI의 책임과 결정권: 자율주행차 사고의 책임은 누구에게 있을까? AI가 편향된 판단을 내릴 경우 어떻게 통제할 것인가? 등의 윤리적 쟁점이 커지고 있습니다.
- 감시와 자유의 경계: 얼굴 인식, 빅데이터 기반 분석은 편리함을 주지만 동시에 개인의 사생활 침해 우려도 큽니다.

6. 인간의 역할에 대한 재정립
- AI가 많은 영역을 대체할수록 인간은 어떤 존재로 남아야 할까? 기술이 아무리 발달해도 인간의 감성, 창의성, 공감력, 윤리적 판단력은 대체될 수 없다는 점에서 인간 중심의 가치 재조명이 중요해지고 있습니다.

　　과학과 AI는 삶을 더 편리하게, 산업을 더 생산적으로, 교육을 더 개별화되게, 의료를 더 정밀하게, 사회를 더 빠르게 변화시키고 있지만, 동시에 새로운 갈등과 책임도 함께 불러오고 있습니다. 앞으로의 사회는 과학기술을 이해하고 윤리적으로 활용할 줄 아는 '지혜로운 시민'의 역할이 더욱 중요해질 것입니다.

◦ 제2의 뇌가 되고 있는 스마트폰

'개개인의 또 다른 두뇌가 되고 있는 손 안의 슈퍼컴퓨터'
 인류 역사를 돌아보면, 커다란 변화는 언제나 혁신적 기술의 등장과 함께했다. 불을 발견했을 때, 대량 생산을 위한 기계를 만들어냈을 때, 그리고 전기와 인터넷이 등장했을 때 모두 인간의 삶을 크게 바꾸었다. 이들과 비교해도 전혀 뒤지지 않을 만큼, 어쩌면 그 이상으로 우리의 삶을 근본적으로 변화시키고 있는 것이 바로 스마트폰이 아닐까?
 아침, 알람과 함께 눈을 뜨면서 스마트폰을 집어 든다. 일정과 날씨를 확인하고, 밤새 도착한 메시지들을 훑어본다. 출근길 지하철에서는 새로운 소식이나 동영상을 보고 듣는다. 업무 중에는 많은 시간과 노력, 능력을 필요로 했던 일들을 검색 서비스나 인공지능의 도움으로 해결해 나간다. 점심시간에는 모바일 뱅킹으로 은행 업무를 처리한다. 퇴근 후에는 저녁 약속 장소를 내비게이션으로 찾아가고, 잠들기 전엔 알람을 맞추며 하루를 마무리한다.
 인공지능의 발전은 스마트폰에 날개를 달아 준다. 글을 써주고, 그림을 그려주고, 특정 앱과 연결되면 항공권이나 호텔 예약까지도 가능하다.
 이처럼 스마트폰은 우리의 일상 곳곳에 깊숙이 자리 잡고 있다. 단순한 전자기기를 넘어 '대체, 할 수 없는 일이 무엇인가?'를 되묻게 한다.
 그러한 점을 감안한다면 학교 교육에서도 스마트폰 사용을 금할 것이 아니라 오히려 적극적으로 활용할 수 있게 해야 한다. 이미 중요한 생활 도구가 되는 것은 물론 개개인의 기억 저장, 정보 수집, 소통, 계산 등 제2의 뇌로서 역할을 하고 있는데 사용을 금한다는 것은 시대의 흐름을 역행하고 있는 것 아닌가?
 이제 스마트폰이라는 제2의 뇌를 어떻게 현명하게 활용할 것인가가 디지털 시대를 살아가는 모두의 과제라 할 것이다.

> AI 견해

* 우리의 일상에서 스마트폰은 어떠한 역할을 하고 있을까?

스마트폰은 오늘날 우리의 일상에서 단순한 통신 수단을 넘어 다기능 생활 플랫폼으로 자리 잡고 있습니다. 다음과 같은 다양한 역할을 수행하고 있습니다.

1. 소통의 중심
전화, 문자, 메신저, 영상통화 등을 통해 언제 어디서든 사람들과 연결될 수 있습니다. 단순한 대화 이상의 기능으로, 일터와 가정, 친구 관계를 이어주는 연결망 역할을 합니다.

2. 정보 접근 도구
인터넷 검색, 뉴스 앱, 유튜브, SNS를 통해 실시간 정보 획득과 여론 형성에 참여할 수 있습니다. 모르는 것이 생기면 곧바로 검색하는 `즉각적 정보 소비' 문화의 중심에 있습니다.

3. 개인 맞춤형 도구
캘린더, 알람, 건강관리 앱, 금융 앱 등은 시간 관리, 재정 관리, 자기관리에 도움을 줍니다. 개인의 생활 습관과 취향을 반영해 '나만의 비서' 역할을 수행합니다.

4. 여가와 콘텐츠의 중심지
영화, 음악, 게임, 독서, 쇼핑 등 대부분의 여가 활동이 스마트폰에서 이뤄집니다. 스마트폰은 '모바일 극장', '휴대용 게임기', '손 안의 서점'이 되고 있습니다.

5. 학습과 업무의 도구
온라인 강의, 회의, 문서 작성 등 학습과 업무를 지원하는 필수 도구로 자리 잡고 있습니다. 특히 재택근무나 온라인 수업의 시대에는 업무 공간과 학습 공간을 대체하기도 합니다.

6. 사회 참여의 창구
SNS를 통해 의견 표현, 사회 이슈 공유, 참여 활동이 가능해지며, 디지털 시민으로서의 역할을 수행합니다. 정치, 환경, 인권 등의 문제에 관한 관심과 행동이 모바일 플랫폼을 통해 확산됩니다.

스마트폰은 현대인의 '확장된 자아'이자, 연결과 정보, 활동의 중심 플랫폼이라고 할 수 있습니다. 이제 스마트폰은 단순히 가지고 다니는 기기가 아니라, 우리의 사고와 행동, 선택에 영향을 미치는 생활의 핵심 인프라입니다.

◦ 일상화되고 있는 스마트 안경

'스마트 안경을 쓰고 시험지를 보면 정답이 보인다.'

이 말은 단순한 기술적인 상상이 아니라 현실로 다가오고 있다. 구글, 메타, 애플, 삼성 등 글로벌 기업들이 앞다투어 내놓고 있는 스마트 안경은 사용자의 시야에 있는 현실을 실시간으로 대처하게 하며, 음성으로 질문하면 AI가 답을 해준다. 심지어 제시된 문제를 분석한 후 의도까지 파악해 정답을 제시하는 수준에 이르고 있다 한다.

이러한 기술의 일상화는 학교 교육에 많은 영향을 미치게 된다. 누구나 스마트 안경을 쓰고 다니는 세상이 눈앞인데, 학생에게 정답을 묻는 시험, 지식을 얼마나 정확히 외웠는지를 따지는 평가가 의미 있을까?

스마트 안경은 이제 현실이다. 기술을 금지할 수는 없다. 교육은 이제 기술을 넘어서지 않으면 안 된다는 위기의식을 갖지 않으면 안 될 것이다.

> **AI 견해**

* **스마트 안경의 일상화는 학교 교육 시스템에 어떠한 영향을 미칠까?**

스마트 안경이 일상화될 경우, 학교 교육 시스템 전반에 다음과 같은 구조적 변화가 예상됩니다.

1. **학습 접근 방식의 변화**
- 실시간 정보 접근: 학생이 교과 수업 중 필요한 개념, 배경 지식, 번역, 시각 자료를 즉시 검색·표시할 수 있어 '지식 암기' 중심 수업의 필요성이 약화됩니다.
- 개인 맞춤형 학습 지원: 스마트 안경이 AI 기반 학습 분석을 통해 학생별 이해도·진도·취약점을 즉시 파악해 개별 피드백을 제공할 수 있습니다.
- 수업 구조의 전환: '지식 전달'보다 '문제 해결, 프로젝트 수행, 창의적 적용' 중심으로 수업이 재편될 가능성이 큽니다.

2. **평가 방식의 변화**
- 기억력 중심 시험의 약화: 실시간 정보 검색이 가능하므로 단순 암기형 평가의 공정성과 효용이 떨어집니다.
- 과정·역량 중심 평가 강화: 문제 해결 과정, 협력 능력, 비판적 사고력, 창의성, 표현력 등 '실시간 정보 활용 능력'을 포함한 핵심역량 평가가 중심이 됩니다.
- 상시 평가 체제 도입 가능성: 스마트 안경이 학습 과정 전반을 자동 기록·분석하여 포트폴리오형 평가로 전환될 수 있습니다.

3. **교사의 역할 변화**
- 지식 전달자에서 학습 설계자로: 교사는 정보 제공보다 학습목표 설정, 활동 설계, 토론·탐구 촉진, 비판적 시각 형성을 지원하는 역할이 강화됩니다.
- AI·기술 활용 전문가로서의 역량 요구: 교육용 AR·VR 콘텐츠 제작, AI 분석 결과 해석, 맞춤형 피드백 제공 능력이 필수가 됩니다.

4. **교육 환경·시설 변화**
- 디지털 교과서·AR 콘텐츠 표준화: 스마트 안경 전용 학습 자료와 시뮬레이션형 수업 자료 개발이 필수화됩니다.
- 네트워크 인프라 강화: 실시간 데이터 전송·공유를 위해 초고속·저지연 네트워크 환경이 전 교실에 구축되어야 합니다.
- 프라이버시·윤리 교육 필요성: 수업 중 촬영·녹음·데이터 수집에 따른 개인정보 보호, 저작권, 디지털 시민성 교육이 제도화됩니다.

5. **교육 불평등 문제**
- 기기 접근성 격차: 스마트 안경 보급 속도와 품질 차이가 학생 간 학습 경험 격차를 심화시킬 수 있습니다.
- 기술 의존도 증가: 기기 사용이 어려운 환경이나 학생에게 불리하게 작용할 가능성이 있습니다.

결론적으로, 스마트 안경의 일상화는 지식 중심 교육에서 역량 중심 교육으로의 전환을 가속화시키고, 교사의 역할·평가 방식·교육 환경 전반을 재설계하게 만들 것입니다. 다만 기술 격차와 윤리 문제 해결 없이는 교육 불평등이 오히려 심화될 위험도 큽니다.

■ 변화에 대응해야 하는 학교
◦ 불확실한 미래를 살아갈 학생

매일 아침 학교로 향하는 아이들, 10여 년 후 성인이 된 이 아이들은 어떤 세상을 살아가고 있을까? 지금의 학교에서 얻고 있는 지식, 엄청난 시간과 노력을 필요로 하는 교과 점수가 그때도 의미가 있을까?

'불확실한 미래'는 암기된 지식만으로는 대처할 수 없는 세상이다. 따라서 학생들에게 필요한 것은 암기된 지식이 아니라 어떠한 세상이어도 끊임없이 성장하며 변화할 수 있는 역량이다. 교사가 가르치거나 교과서를 암기하고 학원이나 가정에서 문제지를 풀면서 정답을 찾는 교육으로는 불가능한 일이다.

불확실성이 가득한 미래이지만, 그것을 당연함으로 받아들이면서 미래를 디자인해 나갈 수 있는 학생을 길러나가는 일, 이제 학교는 많은 지식이 아닌, 급격한 변화에 슬기롭게 대처해 나갈 수 있는 미래 역량을 길러나가는 곳이어야 한다.

AI 견해

* '불확실한 미래를 살아갈 학생'이 학교 교육에 주고 있는 메시지는?

'불확실한 미래를 살아갈 학생'이라는 표현은 학교 교육의 목적과 방향성을 깊이 있게 고민하게 만듭니다. 이 표현이 학교 교육에 주는 의미는 다음과 같습니다.

1. 미래지향적 교육 목표

학생들이 미래 사회에서 직면할 도전과 기회를 준비할 수 있도록 교육 목표를 설정해야 함을 강조합니다. 이는 단순히 현재의 지식과 기술을 가르치는 것이 아니라, 미래에 필요한 역량과 사고방식을 길러주는 것을 의미합니다.

2. 핵심역량 중심 교육

변화하는 사회에서 중요한 창의성, 문제 해결 능력, 비판적 사고, 협력 능력 등을 강조하는 교육이 필요합니다. '미래를 살아갈 학생'이라는 표현은 이러한 역량을 중심으로 한 교육과정을 설계해야 함을 시사합니다.

3. 평생학습의 중요성

빠르게 변화하는 기술과 사회 환경 속에서, 학생들이 계속해서 배우고 성장할 수 있는 능력을 기르는 것이 중요합니다. 이는 학교 교육이 끝나더라도 학습이 지속될 수 있도록 자율성과 학습 동기를 부여하는 교육을 의미합니다.

4. 글로벌 시민 의식

글로벌화된 미래 사회에서 학생들이 다문화적 이해와 글로벌 시민 의식을 갖추게 하는 교육이 중요합니다. 이는 다양한 문화와 가치관을 이해하고 존중하며, 글로벌 문제에 대한 책임감을 기르는 교육을 의미합니다.

5. 윤리적·환경적 책임

미래 세대가 직면할 윤리적, 환경적 도전에 대비하는 교육이 필요합니다. 이는 학생들이 윤리적 판단력과 지속 가능한 발전을 위한 책임감을 기를 수 있도록 돕는 교육을 의미합니다.

결론적으로, '불확실한 미래를 살아갈 학생'이라는 표현은 학교 교육이 현재의 교육을 넘어서 미래 사회에서 요구될 다양한 역량과 가치들을 가르치고 준비시켜야 한다는 중요한 메시지를 전달합니다.

◦ **개인의 삶과 진로 중시**

  요즘 젊은 세대들은 '나만의 길'이 중요한 관심거리이다. '워라밸(Work-Life Balance)', '소확행(소소하지만 확실한 행복)', '욜로(You Only Live Once)'같은 단어들이 일상 속에 자리 잡은 지 오래다.

  이제 세상은 학생 모두가 똑같은 목표를 추구하는 시대가 아니다. 각자의 삶과 진로 중시는 더 이상 한 줄로 세우는 방식의 교육으로는 대처해 나갈 수 없다. 따라서 학교는 지식을 주입하는 곳이 아니라, 학생 한 사람 한 사람이 자신을 알고, 삶의 방향을 설계하면서 진로 탐색이 가능한 공간이어야 한다. 따라서 평가도 암기된 지식이 아니라 성장을 돕고 발전해 나가게 하는 역할로 바뀌어야 한다.

  개인의 삶과 진로가 중심이 되는 세상, 이제 학교는 그러한 학생 개개인이 미래를 향한 꿈을 전개할 수 있는 발판의 역할을 할 수 있어야 한다.

> AI 견해

※ 개인의 삶과 진로 중시는 학교 교육에 어떠한 영향을 미칠까?

'개인의 삶과 진로 중시'는 학교 교육의 목적, 내용, 방식, 평가 전반에 걸쳐 근본적인 변화를 촉진합니다. 주요한 영향을 정리하면 다음과 같습니다.

1. 교육 목적의 변화: '한 줄 세우기'에서 '각자의 성장'으로
기존의 교육이 입시경쟁과 지식 습득 중심이었다면, 개인의 삶과 진로를 중시하는 교육은 학생 개인의 자아실현과 삶의 방향 탐색을 우선합니다. 교육의 핵심 목표가 행복한 삶과 자기 주도적인 진로 설계로 바뀌게 됩니다.

2. 교육내용의 변화: 획일적 지식에서 삶 중심 역량으로
표준화된 교과 지식 위주의 교육에서 벗어나, 자기 이해, 관계 능력, 문제 해결력, 진로 탐색 역량 등을 포함하는 핵심역량 기반 교육과정이 강조됩니다. 교과 수업도 단순한 지식 전달을 넘어서, 학생의 삶과 연계된 학습주제로 재구성될 필요가 있습니다.

3. 수업 방식의 변화: 교사 중심 강의 → 학생 중심 탐색
교사가 이끄는 일방적인 수업에서 벗어나, 학생이 자신의 관심과 필요에 따라 배우는 주체가 되는 수업으로 전환됩니다. 프로젝트, 주제 통합 수업, 선택형 수업 등 개별화된 학습 경로가 중요해집니다.

4. 평가 방식의 변화: 상대 평가 → 성장 중심 평가
삶과 진로 중심 교육에서는 순위나 점수보다는 학생의 성찰, 성장, 탐색 과정을 보는 평가가 필요합니다. 포트폴리오, 자기 평가, 과정 중심 평가, 수행 평가 등의 방식이 강화됩니다.

5. 진로 교육의 재정립: 보조적 프로그램에서 교육의 중심으로
진로 교육이 단순한 정보 제공이나 체험 활동이 아니라, 모든 교과 및 생활 전반에 통합된 형태로 운영됩니다. 초등부터 자기 이해, 삶의 태도 형성, 관심 분야 탐색, 목표 설정, 역량 개발이 체계적으로 이뤄져야 합니다.

6. 교사의 역할 변화: 지식 전달자 → 성장의 조력자
교사는 '무엇을 가르칠지'보다 '학생이 왜 배우고, 어떻게 살아갈지를 함께 고민하는 조력자'로 변화하게 됩니다. 학생의 삶과 진로에 관심을 가지고, 상담자이자 멘토의 역할도 함께 수행하게 됩니다.

7. 학교 문화의 변화: 경쟁 중심 문화 → 협력과 존중의 문화
학생들이 서로 경쟁하는 구조가 아닌, 각자의 삶과 꿈을 응원하고 협력하는 문화가 조성됩니다. 교사, 학생, 학부모가 학생의 삶을 중심에 둔 교육공동체로서 협력하게 됩니다.

개인의 삶과 진로를 중시하는 것은 단순히 진로 교육의 강화가 아니라, 학교 교육의 철학과 구조를 전면적으로 재구성하는 일입니다. 이는 궁극적으로 '학생이 학교에서 자신의 삶을 설계할 힘을 기르는 교육'으로의 전환을 의미합니다.

◦ 학교 밖도 학교 역할을 하는 세상

얼마 전까지만 해도 학교는 세상을 앞서가는, 대단한 곳이었다. 학생들은 학교로 나가 교사가 주도하는 수업을 통하여 새로운 지식을 익히고, 밤을 새워가며 암기하여 좋은 성적을 받기만 하면 세상으로 나갈 수 있는 길이 환하게 열렸기 때문이다.

하지만 지금의 학교는 세상의 급격한 변화로 인하여 엄청난 도전을 받고 있다. 이미 학생들에게 학교는 전부가 아니다. 과거보다 월등하게 나아진 삶, 교통의 발달, 디지털 기기에 의한 온라인 학습 플랫폼, 동영상, 개방형 온라인 강좌, 혁신적인 교육 도구와 소프트웨어 등으로 전통적인 학교 교육을 넘어서는 학습이 가능하다. 학교 밖이 학교보다 더 나은 교육이 가능해지는 세상이 현실이 되고 있는 것이다.

학교는 이제 그러한 세상을 대처해 나갈 수 있는 교육을 실천하지 않으면 안 된다. 그렇지 않을 때 학교는 존재해야 할 이유가 없을 것이다.

| AI 견해 |

* 지금은 학교 밖도 학교의 역할을 하는 세상이다. '학교가 전부가 아니다.'가 주고 있는 경고는 무엇일까?

'학교가 전부가 아니다'라는 말이 학교 교육에 던지는 경고는, 학교가 학생의 전인적 성장과 미래 대비에 있어 유일한 답이 아니라는 자각을 요구하는 비판적 메시지입니다. 이 말은 다음과 같은 경고로 해석될 수 있습니다.

1. 지식 주입 중심 교육의 한계

학교는 여전히 지식의 전달과 시험 성적 중심의 교육에 머물러 있는 경우가 많습니다. 그러나 오늘날의 사회는 비판적 사고력, 창의성, 협업, 자기 주도성과 같은 역량을 요구합니다. 따라서 학교가 단순한 암기식 수업에 머물러 있다면, 그것만으로는 학생들의 미래를 책임질 수 없다는 경고로 받아들일 수 있습니다.

2. 학교 밖 배움의 확장성 무시

디지털 학습 플랫폼, 온라인 커뮤니티, 체험 활동 등 학교 밖에서도 다양한 배움이 이루어지고 있습니다. 학교가 이러한 학습을 인정하거나 연결하지 못한다면, 학생들은 학교에서 의미 있는 배움을 느끼기 어려워집니다.

3. 학생 개개인의 다양성과 삶을 외면

학교는 여전히 동일한 커리큘럼, 동일한 평가, 동일한 진로 경로를 강요하는 경향이 있습니다. 하지만 학생은 각기 다른 삶의 목표와 재능, 관심사를 지닌 '개별 존재'입니다.

학교가 이러한 다양성을 수용하지 못하면, 학생의 삶과 유리된 교육이 되고 맙니다.

4. 진로와 삶을 준비시키지 못하는 교육

학교는 여전히 대학 진학 중심, 시험 중심의 구조에 갇혀 있습니다. 그러나 사회는 다양한 직업 세계, 빠르게 변화하는 산업구조, 인간다움이 필요한 영역을 강조합니다.

학교가 삶을 준비시키는 곳이 되지 않는다면, '학교가 전부가 아니다'라는 비판은 더욱 힘을 얻습니다.

5. 학교를 절대화하려는 착각에 대한 경계

학교가 모든 것을 통제하려 하고, 학생의 삶을 전부 학교 안에 가두려 한다면, 교육의 본질을 벗어나는 것입니다. 가정, 지역 사회, 자연, 예술, 노동, 실패와 도전의 현장 등도 중요한 교육의 장이 됩니다. 학교가 자신을 '전부'로 착각하는 순간, 교육은 폐쇄적인 시스템이 되고 맙니다.

요약하자면, '학교가 전부가 아니다'라는 말은 학교가 교육의 중심이 될 수는 있어도, 교육의 전부가 될 수는 없다는 경고이며, 학생의 삶과 연결되지 못하는 학교, 변화하지 않는 학교, 배움의 다양성을 외면하는 학교는 더 이상 설 자리가 없다는 비판적 성찰을 요구하는 메세지입니다.

하지만 학교 교육의 현실은
■ 세상의 변화를 수용하지 못하는 학교

◦ 여전히 표준화된 교육내용 익히기

'인공지능이 답을 말해주는 세상인데 지식을 암기하는 교육이라니….'
과거의 교육은 학교로 나가 교과서를 익히는 것만으로도 충분히 인정받을 수 있었다. 학생들은 국어, 수학, 과학 등 다양한 과목에서 정해진 지식과 정보를 배우고 암기함으로써 사회에서 필요한 기본적인 지식과 기술을 습득할 수 있었기 때문이다.

하지만 지금은 학교에서 익히는 지식이나 단편적인 경험으로는 미래 사회에서의 성공적인 삶과 직업을 보장받을 수 없는 세상이다. 표준화된 교육내용을 익히는 것만으로는 불확실한 세상을 주도적으로 살아갈 수 있는 능력을 갖출 수 없는 것이다. 또한 표준화된 지식이 지속 가능한 가치를 갖고 있는 것도 아니다.

그런데도 한국의 학생들은 학교로 나가 교과서를 익혀야 하며, 방과 후에는 학원으로 나가 이해와 암기 중심으로 학습 활동을 하게 되며, 틀리지 않게 정답을 찾는 문제 풀이에 많은 시간과 노력을 들여야 한다. 지식이 필요하다면 AI가 즉답해 주는 세상인데 그것과 경쟁이라도 하듯 단순 암기와 반복 학습에 엄청난 노력을 쏟아야 하는 것이다.

전국의 모든 학생이 똑같이 국어, 수학, 사회, 과학 등 표준화된 교육내용이 실린 교과서를 익히면서 암기하게 하는 학교가 미래 세상을 주도적으로 살아가야 할 학생들을 길러 나간다고 할 수 있을까?

AI 견해

* **한국의 학교 교육이 표준화된 교육내용을 벗어나지 못하는 이유는 무엇일까?**

한국 학교 교육이 표준화된 교육내용에서 벗어나지 못하는 근본적인 이유는 크게 다음과 같은 구조적, 문화적, 제도적 요인에서 찾을 수 있습니다.

1. **대학 입시 중심의 교육 체제**
- 입시제도 의존성: 한국의 교육은 대학 입시와 밀접하게 연계되어 있으며, 표준화된 시험(수능, 내신 성적 등)이 대학 입학의 핵심 기준으로 작용합니다. 이는 학교와 교사들이 학생들의 시험 성적 향상에 초점을 맞추게 하며, 표준화된 교육내용을 강화합니다.
- 객관적 평가의 필요성: 입시제도는 많은 학생을 공정하게 평가하기 위해 객관적이고 비교 가능한 기준이 필요합니다. 이로 인해 표준화된 교육내용과 이를 기반으로 한 평가 방식이 유지됩니다.

2. **국가 주도의 중앙집권적 교육 정책**
- 국가 교육과정: 한국은 국가가 모든 학년과 교과를 대상으로 하는 표준화된 교육과정을 수립하고 이를 엄격히 시행합니다. 이는 교육내용의 지역, 학교별 자율성을 제한하며, 모든 학생이 동일한 내용을 배우도록 강제합니다.
- 평등성과 효율성 강조: 교육과정을 표준화하면 지역, 계층, 학교 간 학습 기회의 차이를 줄일 수 있다는 평등성 논리가 강하게 작용합니다. 또한 전국적으로 동일한 기준을 적용함으로써 행정적으로 효율성을 높이는 데 중점을 둡니다.

3. **산업화 시대의 학력관**
- 교육의 경제적 수단화: 산업화 시대의 교육은 노동시장의 요구에 맞는 표준적인 지식과 기술을 익히는 데 중점을 두었습니다. 이는 여전히 고착화된 학력 중심 사회로 이어져 학생들이 표준화된 지식 습득을 통해 '좋은 직업'을 얻는 것이 교육의 주요 목표로 인식됩니다.
- 전문성보다 일반적 지식 강조: 노동시장의 요구에 따라 교육이 실질적 역량보다 '표준적'이고 일반화된 학력을 강조해왔습니다.

4. **교육 현장의 관성과 부담**
- 교사의 교수방식: 교사들은 표준화된 교과서를 기반으로 수업을 계획하고 운영하는 데 익숙하며, 이를 벗어난 교육 방식은 추가적인 시간과 자원을 요구합니다.
- 부모의 기대: 많은 학부모는 표준화된 시험에서 자녀가 높은 성과를 내는 것을 기대하며, 학교에 비표준적이고 실험적인 교육을 도입할 경우 반발이 있을 수 있습니다.
- 수업과 평가 연계의 어려움: 표준화된 교육내용을 벗어난 수업을 진행할 경우, 이를 측정할 평가 기준과 방식이 부족하여 교사와 학생 모두 부담을 느낍니다.

5. **표준화된 교육내용의 '안전성'**
- 사회적 신뢰: 표준화된 교육내용은 모든 학생에게 동일한 기준을 적용하기 때문에 사회적으로 공정성과 신뢰를 얻기 쉽습니다. 이는 비표준화된 교육내용이 다양성과 창의성을 지향하지만, 동시에 주관적이라는 이유로 신뢰를 받기 어렵다는 점과 대비됩니다.
- 리스크 회피: 표준화된 교육을 벗어나면 새로운 교육 모델의 실패 가능성과 결과 예측 불가능성이 존재합니다. 이에 따라 교사와 학교는 보수적인 접근을 선호합니다.

표준화된 교육내용은 과거 산업화 시대에는 효과적이었지만, 미래 사회의 창의성과 다양성 요구를 충족하기에는 한계가 있습니다. 이를 벗어나기 위해서는 구조적 개혁뿐만 아니라 교육의 철학적 전환이 필요합니다.

| 하지만 학교 교육의 현실은

◦ 변하지 않는 교육 방식

'수업은 교사가 학생에게 일방적으로 지식을 전달하기 위한 시간'
 우리나라 성인이 기억하고 있는 학교는 대부분 교사가 가르치는 수업을 가장 먼저 떠올릴 것이다. 지금도 여전하다. 학교로 나간 학생들은 교사가 이끌고 가르치는 대로 교과서 내용을 익히는 수업을 받아야 한다.
 '가르치다'는 '모르거나 할 수 없는 지식·기능 등을 알게 하거나 할 수 있게 하다.'는 의미이다. 문제는, '가르치다'가 '지식의 전달'이거나 '교과서 해설'이 됨으로써, 학생은 교과서 수용자에 지나지 않게 하고 있다는 점이다. 학생들의 학습 능력, 재능, 관심사, 가치관, 학습 환경 등은 제각각이다. 국어과는 뛰어나지만 수학은 뒤떨어질 수 있다. 과학이나 음악, 미술, 체육 등과 관련된 능력이나 관심도도 제각각 다르다. 어떤 학생은 시각적 자료로 더 잘 배우고, 또 다른 학생은 체험을 통해 더 효과적으로 학습한다. 그러한 학생들이 교사가 이끌고 가르치는 대로 표준지식을 익히기 위한 학습활동을 하게 되니 의미 있는 교육이 가능할까?
 학생 개개인을 인정하지 않는 교사의 일방적인 지식 전달은 학생의 인권, 교사의 교권 등에 심각한 영향을 미친다. 필요한 지식이라는 명목으로 무조건 따라 익힐 것을 요구해야 하고, 요구받아야 하니 교사와 학생 간의 관계에 부정적인 영향을 줄 수밖에 없다. 결국 수업의 포기나 반발하는 행동으로 나타나기도 하는 것이다.
 또 다른 문제점은 교과 지식 익히기가 중심이 됨으로써 학원 수강이 더 효과적일 수 있다는 점이다. 교과서 지식 중심이라면 학원 강사가 교사를 앞선다. 따라서 학생이나 학부모들은 교사보다 학원의 일타 강사를 더 신뢰할 수밖에 없다.
 교사가 주도하는 수업은 어쨌든 학생을 수동적으로 만든다. 학생은 '왜 배우는가'를 생각할 기회도 없이 정해진 내용을 외우는 데 익숙해져야 한다. 결국 대부분의 수업은 시험 준비를 위한 시간에 지나지 않게 되는 것이다.

> AI 견해

* 미래 지향 교육 관련, 교사가 이끌고 가르치는 수업의 한계점을 제시하면?

미래 지향 교육에서는 학생 개개인의 창의력, 비판적 사고, 문제 해결 능력, 그리고 협업 능력 등이 중요한 역량으로 부각 됩니다. 이에 비해 교사가 주도하는 전통적인 수업 방식은 다음과 같은 한계점을 가질 수 있습니다.

1. 수동적 학습 태도 유발
- 정보 전달에 집중: 교사 주도의 수업은 주로 교사가 정보를 전달하는 방식에 의존하기 때문에, 학생들은 수업 내용을 수동적으로 받아들이기 쉽습니다. 이는 학생들이 스스로 질문을 던지고 탐구하는 기회를 제한할 수 있습니다.
- 내적 동기 저하: 학생들이 능동적으로 참여하기보다는 교사의 지시에 따라 움직이면, 자기 주도적 학습 동기가 약화될 수 있습니다.

2. 개별 학습자 특성 반영의 어려움
- 일괄적인 교육 진행: 교사 중심 수업은 보통 일정한 커리큘럼에 맞춰 진행되므로, 학생들의 다양한 학습 스타일과 수준을 충분히 고려하기 어렵습니다.
- 맞춤형 학습 기회 부족: 각 학생이 가진 흥미와 능력에 따라 맞춤형 학습 경험을 제공하기 어려워, 개별 역량 강화에 한계가 있습니다.

3. 비판적 사고 및 창의성 발달의 제한
- 수동적 지식 습득: 교사가 모든 내용을 주도하면, 학생들은 주어진 정보를 그대로 받아들이기 쉽고, 문제를 스스로 탐구하거나 새로운 아이디어를 창출할 기회가 줄어듭니다.
- 문제 해결 경험 부족: 미래 사회에서 요구되는 창의적 문제 해결 능력을 기르기 위해서는 스스로 고민하고 협력하는 경험이 중요한데, 전통적 수업 방식은 이를 충분히 제공하지 못할 수 있습니다.

4. 협업과 커뮤니케이션 능력 저해
- 집단 내 역할 제한: 교사가 주도하는 수업에서는 학생들이 개별적으로 참여하는 경우가 많아, 동료 간의 상호작용이나 협력 학습의 기회가 상대적으로 적습니다.
- 의사소통 능력 배양 어려움: 학생들이 자신의 의견을 적극적으로 개진하고, 토론을 통해 다양한 관점을 공유할 기회가 부족해, 협업과 커뮤니케이션 능력 개발에 한계가 있습니다.

5. 빠르게 변화하는 기술 및 정보 환경에의 대응 미흡
- 유연성 부족: 전통적인 교사 주도의 수업은 빠르게 변화하는 정보 기술 환경과 학습 도구들을 효과적으로 반영하기 어려울 수 있습니다.
- 혁신 교육 도입 한계: 새로운 교육 기술과 방법을 수용하는 데 시간이 걸리거나, 교사의 전문성 및 교육 시스템 자체가 변화에 민첩하게 대응하지 못하는 문제가 발생할 수 있습니다.

결론적으로, 미래 지향 교육에서는 교사의 역할이 단순한 정보 전달자가 아니라, 학생들이 스스로 사고하고 문제를 해결할 수 있도록 촉진하고 멘토링하는 역할로 변화해야 합니다. 이를 위해서는 학생 주도, 협업, 문제 해결 중심의 학습 환경을 마련하고, 다양한 디지털 도구와 혁신적 교육 방법을 적극 활용하는 접근이 필요합니다.

▌하지만 학교 교육의 현실은

변하지 않는 평가

'1등 이외에는 모든 학생을 좌절하게 하는 평가'
우리나라 사람들에게 국어 수학 100점, 전체 1등, 수능 수석 등은 대단한 관심사이며, 여전히 진학이나 사회 진출에 중요한 영향을 미친다고 여긴다. 실제 많은 영향을 미치고 있기도 하다. 그런데 그러한 100점, 1등이 미래에서도 대우를 받을 수 있을까?

지금의 학교 현장에서 이뤄지는 평가는 주로 정답 중심의 문제 풀이, 암기력 확인, 상대적인 서열화에 치우쳐 있다. 따라서 학생들은 자신이 어떠한 역량을 길러나가고 있는지보다는, 자신의 점수는 어떠한지, 누가 더 높은 점수인지가 중요하다. 그 결과 학생들은 시험을 잘 보기 위한 공부, 즉 '평가를 위한 학습'에 몰두하게 되고, 시험에 나올 내용 위주의 학습 활동을 원한다.

초·중·고 교육에서 이루어지는 평가는 학습활동이 이루어지는 수업과 별개로, 성적을 기준으로 학생을 줄 세우고, 대학 입시의 도구로 활용되는 데 초점이 맞춰져 있다. 물론 초등학교는 성적을 표면화하지는 않지만 그렇다고 무관한 것도 아니다.

그러한 평가로 인한 문제는 여기서 끝나지 않는다. 서열화 중심의 평가는 사교육 의존을 불러오고, 공교육의 붕괴로 이어지게 된다. 교사는 평가 공정성 논란에 시달리고, 학부모는 학교 교육에 대한 불신으로 이어지며, 결국 학교 밖에서 자녀의 미래를 찾고자 한다.

이러한 현실은 학생들에게도 극심한 스트레스를 안긴다. 대학 입시라는 하나의 목표를 위해 치열한 경쟁을 해야 하고, 수업은 흥미나 탐구가 중심이 되는 활동보다는 시험 대비 시간이 된다.

시험 중심의 평가가 학생의 미래를 결정하는 현실은 안타까운 우리 교육의 현실을 말해주는 산 증거가 되고 있는 것이다.

> **AI 견해**

> *** 학교 교육에서 평가가 필요한 이유를 과거와 현재로 구분하여 설명하면?**
>
> 학교 교육에서 평가는 교육의 필수적인 요소로 자리해 왔으며, 시대적 요구와 교육 목표에 따라 그 필요성과 목적도 달라져 왔습니다. 이를 과거와 현재로 구분하여 정리하면 다음과 같습니다.
>
> **1. 과거: 지식 중심·선발 기능 강조**
> - 지식 습득 여부 확인: 산업화 시기에는 국가적·사회적 차원에서 일정 수준의 지식·기능 습득이 매우 중요합니다. 학교가 표준화된 지식을 효율적으로 전달하고, 학생들이 이를 얼마나 습득했는지 측정하는 것이 주된 목적이었습니다.
> - 학력 증명 및 선발 도구로 활용: 대학 진학, 취업 등 진로 선택 과정에서 시험 성적과 서열이 주요 판단 기준이었습니다. 시험을 통해 우수 학생을 선발하거나, 희소한 자원을 배분(입학, 장학금 등)하는 역할을 수행했습니다.
> - 교사 및 학교의 책임감 부여: 학생 성적을 통해 교사와 학교의 교육 성과를 평가하기도 했습니다. 국가·지역 단위 시험(학력평가 등)의 결과를 토대로 학교 간 비교, 교사의 교육 효율성 등을 점검하는 방식이 흔히 사용되었습니다.
>
> **2. 현재: 역량 중심·학생 성장 강조**
> - 학생 개별 역량 파악 및 성장 촉진: 지식 전달이 아닌, 학습자가 어떤 역량을 갖추고 있는지, 어떻게 성장하고 있는지를 확인하는 평가가 중요해졌습니다. 평가 결과를 토대로 학생의 강점과 약점을 파악하고, 맞춤형 학습 지도와 피드백을 제공하여 성장을 돕습니다.
> - 교육과정과 생활 전반 통합: 지식·기능 중심에서 벗어나, 핵심역량(문제 해결력, 소통 능력, 협업 능력 등)과 함께 정서적·사회적 발달도 평가 대상에 포함됩니다. 수업, 프로젝트, 동아리, 봉사 활동 등 학생의 학교생활 전반에서 평가가 이뤄지며, 단순한 시험 점수가 아닌 다양한 수행 평가, 포트폴리오 평가 등이 확산하고 있습니다.
> - 자기 주도성과 학습 동기 유발: 평가가 학생 스스로 학습목표와 방법을 설정하고 실행하도록 동기를 부여하는 수단이 됩니다. 학생이 스스로의 학습 과정을 성찰하고, 앞으로의 발전 방향을 찾도록 돕는 역할이 강조됩니다.
> - 교사·학부모·지역 사회와의 협력: 평가 결과를 공유하면서 교사와 학부모, 지역 사회가 함께 학생의 성장을 지원하게 됩니다. 단순히 서열과 점수를 매기는 도구가 아니라, 협력적인 교육공동체를 형성하고 학생 개개인을 지원하기 위한 자료로 활용됩니다.
>
> 과거에는 표준화된 지식의 습득 정도를 파악하고, 서열화와 선발을 위해 평가가 주로 활용되었습니다. 하지만 현재는 학생 개개인의 역량을 파악하고, 삶과 진로를 위한 성장을 지원하는 평가가 더욱 강조되고 있습니다. 이는 교육의 목적과 핵심 가치가 '지식 전달'에서 '학생 중심의 전인적 성장'으로 옮겨가는 흐름을 반영합니다.

▌ 하지만 학교 교육의 현실은

■ 대학 입시에 집중되는 초·중·고 교육
◦ 초·중·고 12년 교육을 무력화하는 대입

'좋은 대학만 가면 된다.'

한국의 학생이나 학부모의 '좋은 대학' 선호는 유난하다. 대학 졸업장이 취업, 소득, 사회적 지위에 영향을 주는 중요한 조건이며, 특히 명문대는 안정된 삶으로 가는 유일한 길처럼 여기고 있기 때문이다. 이러한 '좋은 대학' 지향은 초·중·고 교육을 무력화하면서 공교육 붕괴를 부추기는 근본적인 요인이 된다.

초·중·고 교육은 학생이 자기 자신을 발견하고, 다양한 경험을 통해 삶의 방향을 찾아가는 역할을 할 수 있어야 한다. 그러나 현실에서는 좋은 대학 입학이 목표가 됨으로써, 교육의 성과는 수능에서의 우수 등급을 지향하게 된다. 수능 1등급, 5등급 등으로 학생 등급을 매기는 것도 당연시한다.

'5등급으로 갈 수 있는 대학이 있다고 보니?'와 같은 지적은 주변에서 흔히 들을 수 있는 대화이다. 그러다 보니 5등급이 '나'이어도 학생은 할 말이 없다. 학생의 인권 침해는 고려 대상이 아니다.

이로 인해 학교는 교육과정이 지향하는 전인적 성장이나 진로 탐색의 공간이라기보다 수시나 수능을 대비하기 위한 곳으로 바뀌어 간다. 학생들은 삶과 연계된 의미 있는 배움보다 정답을 빠르게 찾는 요령에 익숙해져야 한다. 그러한 교육은 사교육이 훨씬 앞서간다. 학부모가 학교 수업보다 사교육을 더 신뢰하는 이유이다. 학생과 교사, 학부모 모두가 수능이라는 하나의 시험을 위해 움직이는 구조가 됨으로써 교육의 본질은 점점 흐려지고 있는 것이다.

이러한 현실은 단지 고등학교에 국한되지 않는다. 중학교는 고교 입시를, 초등학교는 중학교 과정의 선행을 준비하게 하는 가운데 모든 교육 단계가 대학 입시라는 하나의 목표를 향해 줄지어 있다. 공교육이 더 이상 미래를 대비하기 위한 교육이 아니라 입시의 통로에 지나지 않는 교육에 갇혀 있는 것이다.

AI 견해

* **한국의 교육에서 '수능은 초·중·고 교육을 무력화하고 있다.'라고 한다면 어떠한 근거를 들 수 있을까?**

'한국의 교육에서 수능은 초·중·고 교육을 무력화하고 있다.'라는 주장은 상당히 강한 표현이지만, 그 실상을 들여다보면 결코 과장이 아니라는 점에서 설득력을 가질 수 있습니다. 다음과 같이 정리해볼 수 있습니다.

1. 수능 중심 구조가 초·중·고 교육의 목표를 왜곡시킴
- 교육과정의 본래 목적 상실: 초·중·고 교육은 전인적 성장, 다양한 경험, 역량 발달을 목표로 하지만, 수능은 제한된 범위의 지식과 문제 해결 능력만을 측정합니다. 이로 인해 학교는 교육과정 전반을 충실히 운영하기보다 수능 출제 범위에만 집중하는 경향을 보입니다.
- 교과 간 불균형: 수능에 반영되지 않는 과목(예: 예술, 체육, 기술가정, 도덕 등)은 소홀히 다뤄지고, 수능과 관련된 국어, 수학, 영어, 탐구 과목은 과잉 집중됩니다. 이는 학생들의 균형 잡힌 성장 기회를 축소 시킵니다.

2. 학교 수업의 무력화와 사교육 의존 심화
- 학교 수업보다 사교육에 의존: 고등학생뿐 아니라 중학생, 심지어 초등학생도 수능을 의식한 선행학습에 몰입하게 되고, 학교 수업은 '진도'를 따라가기 위한 형식적인 활동으로 전락하는 경우가 많습니다.
- 교사의 전문성 무시: 수능 출제 위주의 문제풀이식 학습이 강조되면서, 교사가 교육과정을 바탕으로 학생을 길러내려는 시도는 무시되기 십상입니다. 교사는 강의자가 아니라 '문제 풀이 도우미'가 되기도 합니다.

3. 학생의 자율성과 주도성 저해
- 진로 탐색보다 입시 전략 우선: 학생이 자신의 흥미와 적성, 삶과 진로를 탐색하며 교육과정에 따라 성장하기보다, 수능 점수를 올리기 위한 '입시 전략'에 따라 고등학교 시기부터 교육 경로가 고정됩니다.
- 성장 피드백 부재: 과정 중심의 평가나 학생 개인의 성장을 추적하고 조망하는 시스템은 수능 점수라는 한 줄의 결과에 의해 무력화됩니다.

4. 초·중학교 교육까지 왜곡
- 초·중등 교육의 사전화: 수능에 영향을 미칠 수 있다는 인식 때문에 초등학교 고학년, 중학교 단계에서도 수능식 문제 풀이, 선행학습이 횡행합니다. 이는 각 단계의 발달 특성과 교육 목표를 무시한 왜곡된 교육 실천입니다.
- 자기 주도적 학습보다는 정답 찾기 학습: 자기성찰과 탐구 활동 중심의 학습이 자리 잡을 틈 없이, 정답 중심 학습이 일찍부터 강화됩니다.

수능은 '대학 입시'라는 좁은 목적에 맞게 만들어진 시험이지만, 그 영향력은 초·중·고 교육 전반을 압도하고 있습니다. 그 결과 학교는 학생을 위한 교육의 장이 아니라, 대학 입시 준비의 통로가 되고 있습니다. 따라서 '수능이 초·중·고 교육을 무력화하고 있다'라는 평가는 현실을 정면으로 꿰뚫는 진단이라 할 수 있습니다. 수능 중심 구조가 바뀌지 않는 이상, 교육의 정상화는 기대하기 어려운 상황입니다.

▎**하지만 학교 교육의 현실은**

◦ 붕괴하고 있는 공교육

'학교보다 학원 교육을 더 신뢰하는 학생과 학부모'

한국의 교육과정은 전인적 성장, 삶과 진로 연계, 핵심역량 함양이라는 목표를 지향하고 있다. 이는 2015 개정 교육과정, 2022 개정 교육과정에 일관되게 담겨 있는 방향이다. 그러나 현실은 대부분 입시라는 관문을 통과하기 위하여 대비하는 학교로 변질되고 있다.

학생에게 학교는 더 이상 학습의 중심이 아니다. 학생들은 학원에서 진짜 공부를 하고, 학교에서는 시험 준비를 한다. 많은 학생에게 교실 수업은 '시간 때우기'에 가깝고, 실제 집중적인 공부는 학원에서 이루어진다. 거기에다 학부모의 사교육에 의존하지 않으면 도태될 것이라는 인식은 심각한 영향을 미친다.

교사와 학생 사이의 관계도 부정적으로 될 수밖에 없다. 교사는 '관리자'로, 학생은 '지시를 따르는 수용자'가 되어야 한다. 학생은 '학교에서는 내가 원하는 것을 배울 수 없다'라고 말하고, 교사는 '학생들이 스스로 배우려 하지 않는다'라고 말한다. 이런 불신은 공교육을 더욱 약화시킨다.

공교육의 기회균등 기능도 이미 크게 훼손되고 있다. 부모의 소득과 정보, 시간에 따라 학습 기회는 극명하게 달라진다. 같은 교실에 앉아 있어도, 실질적인 교육 효과는 공평하지 않다. 공교육은 더 이상 '누구나 같은 출발선에서 시작하는 장치'가 아니라, '기본적 수준의 서비스'에 불과하고, 실제 경쟁은 사교육 시장에서 펼쳐진다. '엄마의 정보력, 아빠의 무관심, 할아버지의 경제력'이 좋은 대학 입학의 전제라는 이야기가 공공연한 것이 사실이다.

그러다 보니 학교의 중요성은 점점 사라지고 있다. 학교 교육은 학생의 미래를 향한 삶과 진로의 탐색보다는 교과서 내용을 암기하고 틀리지 않게 정답을 찾는 훈련에 쓰인다. 배움이 학생 자신을 위한 것이 아니라, 평가와 순위를 위한 수단이 되고 있음으로 인하여 공교육 붕괴의 단초가 되고 있는 것이다.

> **AI 견해**

* 한국의 교육에서 공교육이 붕괴되고 있는 요인으로 어떠한 것을 지적할 수 있을까?

한국에서 공교육이 붕괴하고 있다는 진단은 더 이상 낯설지 않습니다. 그 원인을 구조적으로 살펴보면 다음과 같은 다층적 요인들이 복합적으로 작용하고 있습니다.

1. 입시 중심 체제가 공교육을 왜곡

대학 입시가 교육의 최종 목표처럼 작동하면서, 초·중·고 모든 학교 활동이 입시에 종속됩니다. 수능과 내신 중심의 평가 구조는 다양한 교육 활동을 불필요한 것으로 전락시키며, 학교 교육은 단순히 '입시 준비소'로 오해되기 쉽습니다.

2. 사교육 시장의 확장과 공교육의 신뢰 저하

사교육이 학습의 중심이 된 현실은 학교 수업의 의미를 약화하고, '학교보다 학원이 더 낫다'라는 인식을 강화합니다. 부모와 학생은 학교를 믿기보다 사설 강사나 입시 컨설턴트를 더 의지하면서, 공교육에 대한 신뢰는 점차 붕괴하고 있습니다.

3. 교육과정과 수업의 분리

교육과정은 '학생 중심, 역량 중심'을 강조하지만, 현장의 수업은 여전히 지식 암기와 정답 중심입니다. 학생 주도 수업이나 프로젝트 학습 등 혁신적 실천은 일부 학교에 국한되어 있어, 교육 정책과 현장 사이의 괴리가 큽니다.

4. 교사의 전문성과 역할 약화

교사는 '배움의 안내자'라기보다는 '시험 관리인'으로 역할이 축소되고 있습니다. 행정 업무와 입시 부담, 학부모 민원에 시달리는 현실 속에서 교사들의 자율성과 전문성은 제약되고 있으며, 이는 수업의 질 저하로 이어집니다.

5. 학생의 몰입과 동기 저하

자신의 삶이나 진로와 무관한 수업을 반복하며, 학생들은 공교육에서 의미를 찾지 못합니다. 이로 인해 수업 무기력, 교실 이탈, 학생 간 학력 격차가 심화되고, 공교육은 '가도 그만 안 가도 그만'인 공간이 되어가고 있습니다.

6. 정책 변화의 속도와 일관성 부족

잦은 교육 정책 변경은 학교 현장의 혼란을 초래하고, 교사와 학생 모두 '버티기 모드'로 전환하게 만듭니다. 고교학점제, 디지털 교과서, IB 도입, 다양한 평가 혁신이 발표되지만, 제도만 있고 준비와 실행은 부족한 경우가 많아 신뢰도 역시 떨어집니다.

공교육의 붕괴는 단순히 사교육 때문이 아니라, 교육의 본질이 학생의 성장과 삶에서 멀어졌기 때문입니다. 입시와 경쟁, 정책과 현실 사이의 간극이 커질수록, 공교육은 '공공의 교육'이 아니라 '관리된 시간'으로 전락하게 됩니다. 진정한 회복을 위해서는 입시제도의 근본 개혁과 함께, 학생이 자신의 삶을 준비할 수 있는 의미 있는 배움의 공간으로서의 학교가 되어야 할 것입니다.

▎하지만 학교 교육의 현실은

학부모가 결정하는 자녀의 미래

'좋은 대학엘 가야 너도 살고 나도 산다.'

한국의 학생들은 태어나자마자 부모에 의하여 '서울대 의대', 'SKY 대학', 'in 서울' 등과 같이 대학 입시 대비에 적응해야 한다. 3세의 학습지 학습, 영어 유치원 선택과 관련된 4세 고시, 영어 학원 입학을 위한 7세 고시, 초등 의대반, 초등학교 5학년이 고1 수학 학습이 당연시되는 선행학습, 초·중·고 학교를 자퇴하여 검정고시를 준비하는 학생 등과 같은 사례들은 '좋은 대학'에 입학하기 위한 우리 사회의 전반적인 현상이다.

왜 그러한 일들이 벌어질까? 우리나라의 많은 학부모는 자녀의 학교 선택은 물론 미래의 직업 선택까지 관여하는 것을 당연시한다. 유치원부터 시작하여 어떠한 학교에 다닐지, 어떠한 학원인지, 어떤 과목을 중점적으로 공부할지, 어떤 대학에 진학해야 할지 등을 부모가 결정하는 것이다.

문제는 그러한 선택이 자녀와 관련된 충분한 정보를 근거로 이루어지는 것이 아니라, 부모가 가진 지식이나 경험, 가치관 등이 기준이 된다는 점이다. '특목고를 가야 한다', '예체능은 안 된다', '의대를 가야 한다', '공무원이 되어야 한다' 등과 같이 부모의 관점이 자녀가 가진 꿈이나 재능을 우선한다. 그런데 미래는 언제, 어떻게 변할지 모르는 세상으로, 부모가 겪거나 알고 있는 상식 수준으로는 상상조차 할 수 없다. 그런데도 과거나 현재의 기준으로 자녀에게 미래를 선택하게 한다면 결과는 어떠할까?

자녀의 미래를 학부모가 결정할 수밖에 없는 근본적인 요인은 '좋은 대학' 입학으로 이어지는 교육 풍토와 교육 시스템의 구조적인 문제이다. 이제 인식이 바뀌지 않으면 안 된다. 단순히 좋은 대학이 아니라, 자녀가 개인의 잠재력을 발현하면서 행복한 삶을 추구하게 할 때 열려 있는 미래를 기대할 수 있는 것 아닐까?

AI 견해

*** 한국은 많은 학부모는 초·중·고부터 자녀의 미래 대비를 당연시한다. 왜 그럴까?**

한국의 학부모들이 초·중·고 시기부터 자녀의 미래 대비를 당연시하는 이유는 아래와 같이 사회·문화적, 교육적, 경제적 요인들이 복합적으로 작용하기 때문입니다.

1. 치열한 입시 경쟁과 학벌주의 사회 구조
- 대입 중심 사회: 한국의 교육 시스템은 대학 입시를 최종 목표로 하는 구조가 강하게 자리 잡고 있습니다. 대학 입학이 이후의 취업과 사회적 지위를 결정짓는 중요한 요인으로 작용하기 때문에, 학부모들은 초·중·고 시기부터 자녀를 철저하게 준비시키는 경향이 있습니다.
- 명문대 입학의 상징성: 명문대 진학이 개인의 성공과 안정적인 미래를 보장한다는 인식이 뿌리 깊게 자리 잡아, 자녀가 경쟁에서 뒤처지지 않도록 학부모들은 사교육을 포함한 조기 대비를 중요하게 여깁니다.

2. 사회·경제적 불확실성에 대한 불안감
- 고용 불안정과 양극화 심화: 경제 불황과 고용 시장의 불안정으로 인해 부모들은 자녀가 안정적인 직업을 갖기 위해 높은 스펙을 쌓아야 한다고 믿습니다. 이로 인해 조기 대비를 필수적이라고 인식합니다.
- 경쟁 심화와 계층 이동의 어려움: 사회적 격차가 점점 커지면서 상위 계층으로의 이동이 더욱 어려워지고 있습니다. 부모들은 자녀가 경쟁에서 밀려나지 않도록 조기 교육과 계획적인 진로 준비에 집중하게 됩니다.

3. 부모 세대의 경험과 가치관
- 과거 성공 모델에 대한 신뢰: 현재의 학부모 세대는 학벌과 안정적인 직업(의사, 변호사, 공무원 등)이 성공의 열쇠였던 사회를 경험했습니다. 이 경험이 자녀의 미래 대비에 대한 과도한 관심과 개입으로 이어지고 있습니다.
- 희생과 투자 문화: 한국 사회는 자녀 교육에 대한 부모의 희생과 투자를 미덕으로 여기는 문화가 강합니다. 자녀의 성공이 곧 부모의 성공이라는 인식이 깊게 자리 잡고 있습니다.

4. 교육 시스템의 구조적 문제
- 평가와 경쟁 중심 교육: 초·중·고 교육은 여전히 성적 중심의 평가와 서열화에 의존하고 있습니다. 학부모들은 이러한 경쟁 구도에서 자녀가 뒤처지지 않도록 조기 대비를 강화합니다.
- 사교육 의존: 공교육이 개별 학습 능력과 진로 탐색을 충분히 지원하지 못하는 상황에서 사교육이 필수로 인식됩니다. 학부모들은 사교육을 통해 자녀의 부족한 부분을 보완하고 미래를 대비하려 합니다.

5. 사회적 압력과 비교 문화
- 주변의 기대와 비교 경쟁: 또래 집단의 부모들과의 비교는 교육에 대한 압박을 강화합니다. 다른 가정에서 자녀의 성적과 진로 준비에 적극적으로 나서는 모습을 보면, 부모들은 뒤처질 수 없다는 심리로 경쟁에 가담하게 됩니다.
- 성과 중심의 가치관: 한국 사회는 과정보다는 결과를 중시하는 경향이 강합니다. 이러한 문화는 부모들이 자녀의 성과에 집착하게 하고, 조기 대비가 필요하다는 인식을 강화합니다.

6. 미래 사회 변화에 대한 불안과 대응
- 빠르게 변화하는 직업 시장: 4차 산업혁명, AI 기술 발전 등으로 인해 직업 환경이 빠르게 변하면서, 부모들은 자녀가 미래 사회에 적응할 수 있는 역량을 키워야 한다고 생각합니다. 이러한 불확실성은 조기 교육과 계획적인 대비를 당연시하게 만듭니다.
- 융합형 인재에 대한 요구 증가: 다능력, 창의성, 문제 해결 능력을 강조하는 시대 변화에 따라

▌**하지만 학교 교육의 현실은**

부모들은 다양한 역량을 갖춘 자녀를 양성하기 위해 조기 교육에 집중합니다.

한국의 학부모들은 입시 중심 사회 구조, 경제적 불안, 부모 세대의 가치관, 교육 시스템의 한계, 사회적 압박, 그리고 미래 변화에 대한 불안감으로 인해 자녀의 미래를 대비하는 것을 당연시한다. 이를 해결하기 위해서는 학부모가 자녀의 자율성과 주체성을 존중할 수 있는 교육철학을 가지도록 지원하는 동시에, 입시 위주의 교육 체제에서 벗어나 학생의 성장과 발전을 중시하는 교육개혁이 필요하다.

지금의 교육에 미래가 있는가?
■ 학생들은 매일 학교로 나가지만

◦ 학생들은 미래를 꿈꿀 수 있는가?

 학교 교육의 현실을 이야기할 때 빼놓을 수 없는 것이 바로 입시제도다. 초등학교부터 시작되는 치열한 경쟁은 학생들을 오직 한 가지 목표, 즉 '좋은 대학 입학'에만 매달리게 만든다. 이 과정에서 학생들은 자신이 진짜 무엇을 좋아하는지, 무엇을 잘하는지, 어떤 삶을 살고 싶은지에 대해 꿈을 꾸면서 미래를 대비할 수 있는 기회를 놓쳐버린다. 국어, 수학, 영어 등 주요 과목의 점수가 '좋은 대학 입학을 위한 절대적인 기준'이 되면서, 교과서 지식 암기에 치중하지 않으면 안 된다. 예술적 재능이나 체육적 소질, 창의적 사고력, 리더십과 같은 다양한 능력들은 차순위가 된다. 결국 학생들은 자신의 고유한 특성과 잠재력을 발견할 기회를 잃은 채, 획일화된 틀 안에서만 경쟁하는 학창 시절을 보내야 한다.

 더욱 안타까운 것은 많은 학생이 이런 현실을 감수한다는 점이다. '꿈? 그런 건 나중에 생각해도 돼'라며 자신을 위로하지만, 정작 '나중'이 언제인지는 기약이 없다. 그러한 '나중'은 영원히 오지 않을 수도 있다.

 성인들은 이제 주 4.5일 근무 실현을 말하고 있다. 그런데도 어린 학생들이 밤을 새워가며 미래에 필요하지도 않은 지식을 암기해야 하고, 정답을 찾기 위한 문제 풀이로 밤낮을 가리지 않도록 만드는 교육은 분명 폐단이다. 지금의 우리 교육은 학생들이 상상의 꿈을 펼쳐 나갈 수 있는 가장 소중한 시기를 대학 입시에 묻히게 하는 교육으로 망치게 하고 있다 해도 할 말이 없는 것이다.

> **AI 견해**

* '학교가 미래를 대비하는 학생을 길러나가고 있는가?'라는 관점에서 한국 교육의 문제점을 지적하면?

한국 교육은 '학교가 미래를 대비하는 학생을 길러나가고 있는가?'라는 질문에 여러 문제점이 지적될 수 있습니다. 주요 문제는 다음과 같습니다.

1. 미래 사회의 변화에 관한 교육내용의 부적합성

현재의 교육내용은 여전히 과거의 지식 중심으로 구성되어 있으며, 빠르게 변화하는 사회와 기술 발전 속도를 반영하지 못하고 있습니다. 4차 산업혁명, 인공지능, 기후 변화, 글로벌화 등 미래 사회에서 요구되는 문제 해결 능력, 창의력, 비판적 사고와 같은 역량 교육이 부족합니다.

2. 대학 입시 중심의 교육 구조

대부분의 교육이 여전히 대학 입시에 초점이 맞춰져 있어 학생들은 시험 점수와 등수를 위한 암기식 학습에 치중합니다. 이로 인해 학생들이 자신의 흥미나 잠재력을 탐구하거나, 미래 사회에서 필요한 실질적인 역량을 개발할 기회가 제한됩니다.

3. 핵심역량 및 진로 교육의 부실

학생들이 스스로 삶의 방향을 설정하고 준비할 수 있도록 돕는 진로 교육이 형식적 수준에 머물러 있습니다. 특히 초등학교와 중학교 단계에서 자기 탐구와 성장 경험을 통해 진로를 모색하는 기회가 부족하며, 이는 고등학교 선택과 대학 진학에서 일관된 진로 설계로 이어지지 못합니다.

4. 학교 교육과 실제 사회의 괴리

학교에서 배우는 내용이 실제 사회에서의 실질적 요구와 크게 동떨어져 있습니다. 학생들이 학업을 통해 개발한 지식과 기술이 졸업 후 직업 세계나 현실 문제 해결에 직접적인 도움을 주지 못하는 경우가 많습니다.

5. 학생 개개인의 다양성과 잠재력 부족

획일적인 교육과정과 평가 체계는 학생들의 다양한 학습 스타일, 흥미, 재능을 반영하지 못합니다. 특히 창의적이고 독립적인 사고를 장려하기보다는 정답만을 요구하는 문화가 학생들의 미래 준비에 부정적 영향을 미칩니다.

6. 미래 대비 학습 환경의 부족

디지털 기술과 융합형 학습 환경이 미비하며, 교사와 학생 모두 이러한 환경에 대한 준비가 부족합니다. 학습 과정에서 협력적 문제 해결, 프로젝트 기반 학습, 실제 경험 중심의 학습이 활성화되지 않고 있습니다.

7. 사회 정서적 학습 및 삶의 기술 부족

미래 사회에서 중요한 자기 관리, 팀워크, 소통, 회복탄력성과 같은 사회 정서적 역량 개발이 등한시되고 있습니다. 이로 인해 학생들이 직업적 성공뿐 아니라 개인적인 행복을 위한 삶의 기술을 배우지 못하고 있습니다.

미래 지향적인 교육은 단순히 '잘 아는 학생'을 넘어, 문제를 창의적으로 해결하고, 자신의 삶과 진로를 설계하며, 사회에 긍정적인 영향을 미칠 수 있는 학생을 기르는 데 초점이 맞춰져야 합니다. 이를 위해 교육은 학생 개개인의 목표와 잠재력을 발견하고 이를 실현할 기회를 제공하는 방향으로 전환되어야 합니다.

○ 학생의 사회적 문제는 왜 사라지지 않는가?

우리나라의 초·중·고 교육과정은 학생들이 미래 사회를 살아가는 데 필요한 핵심역량을 기르는 것을 강조한다. 학생의 전인적 성장을 위하여 자기 관리 역량, 지식정보처리 역량, 창의적 사고 역량, 심미적 감성 역량, 협력적 의사소통 역량, 공동체 역량 등의 핵심역량의 함양을 강조하고 있는 것이다.

하지만 현실은 어떠한가? 학교폭력, 정서불안, 학업 스트레스, 관계의 단절 등 학생들이 겪는 사회적 문제는 오히려 더 복잡하고 심각해지고 있다. 왜 핵심역량을 강조하는 교육과정에 의한 교육인데 이러한 문제들이 사라지지 않는 것일까?

이유는 교육과정의 방향과 실제 수업 운영 사이의 괴리 때문이라 할 것이다. 교육과정은 역량을 강조하지만, 정작 학교는 여전히 교과 지식 중심의 주입식 교육과 성적 중심의 서열화로 채워져 있다. 학생들은 교과서 내용을 빠짐없이 암기하고 시험을 준비해야 하고, 그 결과는 학교생활에 중대한 영향을 미친다. 핵심역량은 분명 교육과정 문서 속에 존재하지만, 학교 교육의 성과에서는 실체가 없다.

더 큰 문제는 경쟁 중심의 평가 체계다. 학교는 서열화하는 곳이라는 인식이 당연시되면서 비정상적인 경쟁심, 자존감 저하, 학업 스트레스, 협력보다는 비교와 질투 등을 키우게 된다. 또한 실패에 대한 두려움이 커져 도전보다는 안정적인 길만 선택하게 만든다. 학생들은 서로 협력하며 성장하기보다는, 등수와 점수를 통해 비교된다. 따라서 협력과 소통, 공동체적 감수성을 기르기보다는, 뒤처지면 낙오된다는 위기감을 갖지 않으면 안 된다. '함께 배우고 성장한다'는 교육의 본래 목적은 사라지고, '누가 더 높은 점수를 받는가'가 학교 교육의 성과가 되고 있으니 학생의 사회적 문제는 사라질 리가 없잖은가?

학생의 사회적인 문제는 핵심역량을 길러나가는 교육이 적극적으로 실현될 때 사라질 것이다. 따라서 수업의 방식이 바뀌고, 평가의 방식이 달라지며, 무엇보다 학생의 삶과 경험이 중심이 되는 교육 환경이 마련될 때 학교가 학생의 사회적 문제조차 해결하지 못한다는 오명에서 벗어날 수 있는 것 아닐까?

AI 견해

* **한국의 초·중·고 교육 관련, 학교는 2015년부터 핵심역량을 강조하는 교육과정을 운영하고 있다. 그런데도 학생의 사회적인 문제는 사라지지 않는다. 왜 그럴까?**

한국의 초·중·고 교육에서 2015년부터 핵심역량을 강조하는 교육과정이 도입되었음에도 불구하고, 학생의 사회적인 문제가 여전히 지속되는 이유는 복합적일 수 있습니다. 몇 가지 주요 원인을 살펴보면 다음과 같습니다.

1. 입시 중심의 교육 체제

한국 교육에서 가장 큰 문제 중 하나는 여전히 입시 위주의 교육 체제가 지배적이라는 점입니다. 핵심역량 교육이 도입되었지만, 실질적으로 학생들이 평가받고 진로를 결정짓는 중요한 기준은 여전히 대학 입시 성적과 연관이 있습니다. 따라서 핵심역량 교육이 의도한 대로 실천되기 어려운 구조적 한계가 존재합니다. 이는 학생과 교사 간의 갈등을 유발하고, 학생들 간 경쟁을 부추기며, 학생 자신도 본인의 성장을 온전히 바라보기 어렵게 만듭니다.

2. 교육내용과 현실의 괴리

핵심역량 교육이 표방하는 목표와 실제 교실에서 이루어지는 수업 방식 사이에는 괴리가 있을 수 있습니다. 교과서와 교육 자료는 핵심역량을 강조하고 있지만, 교사들이 이를 현실적으로 구현할 수 있는 시간과 자원이 부족하거나, 교사들이 이 새로운 교육 패러다임에 적응하지 못하는 경우도 많습니다. 이로 인해 학생들은 자신의 성장을 체감하기 어려워지고, 교사와 학생 간의 신뢰가 깨질 수 있습니다.

3. 교사와 학생 간의 소통 문제

교사와 학생 간의 의사소통 방식이 변화하지 않았을 수 있습니다. 핵심역량 교육은 학생 중심의 참여형 학습을 강조하지만, 기존의 일방적이고 주입식 수업 방식이 여전히 남아 있을 경우, 학생들의 학습 참여도가 떨어지며 교사와의 갈등이 발생할 수 있습니다. 또한, 핵심역량 평가 기준이 명확하지 않거나, 일관성이 없으면 학생들은 혼란을 느끼게 되고, 교사들도 제대로 된 피드백을 주기 어려워집니다.

4. 학생 개개인의 다양한 필요 충족 부족

핵심역량 교육은 학생 개개인의 차별화된 필요를 고려하여 맞춤형 학습을 제공해야 하지만, 현실적으로는 일률적인 교육과 평가 시스템이 여전히 우세합니다. 이는 학생들이 자기 자신을 주체적으로 성장시키기보다는 정해진 틀에 맞추려고 하는 경향을 강화하게 됩니다. 결과적으로, 학생들 사이에서 불필요한 경쟁이 발생하고, 자기 자신에 대한 이해 부족으로 인해 심리적 갈등이 생길 수 있습니다.

5. 학부모의 기대와 압력

학부모들은 자녀가 핵심역량을 통해 성장하는 것보다 대학 입시에서의 성과에 더 큰 비중을 두는 경우가 많습니다. 이러한 압력은 학생들이 스스로의 성장을 추구하는 대신, 성적에 집중하게 만들며, 교사들과의 관계도 경직되게 만들 수 있습니다.

이 문제들을 해결하기 위해서는 단순히 교육과정의 변화뿐만 아니라, 평가 방식, 교사 연수, 학교와 학부모 간의 협력 강화, 학생들의 자율성과 심리적 안정에 관한 관심 등 여러 측면에서 전반적인 개혁이 필요할 것입니다.

○ 교권은 왜 추락하고 있는가?

한국의 교육에서 교권 침해는 일부 학생의 일탈이나 학부모의 악성 민원만의 문제가 아니다. 그 기저에는 지식 주입 중심의 수업 구조와 대학 입시를 최우선시하는 교육 시스템이 자리 잡고 있다 할 것이다. 이 구조는 교사, 학생, 학부모 모두에게 왜곡된 역할을 강요하며, 상호 간 신뢰와 존중을 무너뜨리는 원인을 제공하는 요인이 된다.

지금의 교사 역할은 대부분 정해진 교과서 내용을 충분히 전달하고, 그 결과를 평가하여 성적을 매기는 일이다. 교사가 지식을 '효율적으로 가르치는 사람'에 지나지 않는 존재이다 보니 학생과 의미 있는 상호작용을 이끌어 낼 충분한 기회를 갖는다는 것은 거의 불가능한 일이다.

학생 역시 주입식 교육과 입시 중심 체제의 피해자다. 교실은 자신의 의지로 학습할 수 있는 공간이 아니다. 관심이 없거나 따라갈 수 없는 수업이라면 무관심할 수밖에 없고, 교사의 지시나 생활지도는 간섭과 통제로 느껴진다. 정서적 반발이나 냉소적 태도는 자연스러운 방어기제로 이어지고, 그 결과가 교권 침해라는 문제를 만들고 있는 것이다.

학부모 또한 자녀의 대학 입시에 설박알 수밖에 없는 현실 속에서, 교사를 협력자보다 자녀 성적을 책임져야 할 관리자로 여긴다. 수업 방식, 평가 내용, 생활지도 전반에 간섭하려 들고, 원하는 대로 달라지지 않으면 민원 제기로 이어지기도 한다. 교사도 방어적으로 변할 수밖에 없으며, 결과적으로 학생, 교사, 학부모 모두가 피해자가 된다.

이처럼 교권 침해는 교사, 학생, 학부모 중 누구 하나만의 문제가 아니다. 오히려 지식 암기와 점수 획득을 목적으로 삼는 교육 체제 그 자체가 갈등의 구조를 만들고, 그 안에서 각 주체는 서로를 오해하고 불신하며 충돌하게 하고 있는 것이다. 강력한 처벌이나 법적인 조치일지라도 감당할 수 없는 것은 지극히 당연한 일이다.

AI 견해

* 한국의 초·중·고 교육에서 교권 침해 사례를 주요 유형 별로 제시하면?

한국의 초·중·고 교육에서 발생하는 교권 침해 사례는 다양한 양상으로 나타나며, 그 심각성이 점점 사회적으로도 주목받고 있습니다. 아래에 주요 유형을 나누어 정리하면 다음과 같습니다.

1. 언어적 폭력
- 학생의 욕설, 막말, 비하 발언. 예시: "선생이 뭔데 나한테 이래라저래라야?", "그딴 수업 필요 없어."
- 보호자(학부모)의 고성, 모욕적 언사, 무례한 항의. 예시: "당신이 우리 애 인생 망치고 있어요.", "그 나이 먹고 그런 것도 못 가르쳐요?"

2. 신체적 폭력
- 학생의 물리적 공격. 예시: 수업 중 책이나 물건을 던짐, 밀치기, 교사를 때리는 행위.
- 교내에서 고의로 가해지는 폭력적 행동. 예시: 의도적으로 교사의 이동을 방해하거나 교실에서 위협적인 행동을 보이는 경우.

3. 교육 활동 방해
- 수업 방해. 예시: 고의적인 소란, 무단 퇴실, 스마트폰 사용, 교사 지시 무시.
- 학부모의 무리한 민원 및 압박. 예시: 평가 내용 변경 요구, 자녀 성적 상승 압력, 특정 학생에 대한 특별대우 요구.

4. 정신적·감정적 피해
- 지속적인 무시, 냉소, 조롱. 예시: 학생이 교사의 말에 반응하지 않거나 조롱 섞인 태도를 보이는 경우.
- 학부모의 악성 민원이나 온라인 공격. 예시: 온라인 커뮤니티, SNS, 교육청에 허위 사실 유포나 악의적 게시글 작성.

5. 사적 권한 침해 및 인권 침해
- 개인 정보 무단 요구 및 유출. 예시: 교사의 연락처 요구 및 외부 공유.
- 사생활 침해. 예시: 교사의 외모나 개인사를 온라인에서 비하하거나 문제 삼는 행위.

6. 교육 전문성 부정
- 교사 판단과 권한을 부정하거나 간섭. 예시: "선생이 뭘 안다고 우리 아이 진로를 얘기해요?", "그 수업 방식은 잘못됐어요."

7. 징계 및 생활지도 방해
- 생활지도에 대한 과도한 항의 및 반발. 예시: 교칙 위반에 대한 지도나 징계에 대해 무조건 교사를 비난하거나 문제 삼는 행위.

8. 교육청·행정 시스템을 통한 악용 사례
- 학부모 민원 시스템을 이용한 반복적 신고. 예시: 정당한 교육 활동에 대해서도 악의적으로 신고하여 교사의 권한을 위축시키는 행위.

이러한 교권 침해는 단지 교사의 권위 문제가 아니라, 수업의 질 저하와 학교 공동체 붕괴로 이어지는 심각한 교육 문제입니다. 지속적인 제도적 보완, 교사 보호 법안 강화, 교육 주체 간 신뢰 회복이 요구됩니다.

◦ 학부모는 왜 사교육을 감수해야 하는가?

우리나라의 사교육비 지출은 어느 정도일까? 2024년, 통계청이 교육부와 공동으로 전국 초·중·고 약 3,000여 학급을 대상으로 실시한 초·중·고 사교육비 조사 결과(http://kosis.kr)에 따르면, 학생 수는 2023년 521만 명에서 513만 명으로 8만 명(1.5%)이 감소했으나 사교육비 총액은 약 29조 2천억 원으로 전년 대비 2조 1천억 원(7.7%)이 증가하였다고 한다. 전체 학생의 1인당 월평균 사교육비는 47만 4천 원(9.3% 증가)이고, 사교육 참여 학생을 대상으로 하면 59만2천 원(7.2% 증가)이다.

대한민국에서 자녀를 키우는 학부모라면 대부분 엄청난 비용과 시간, 노력을 들여야 하는 사교육을 감수하지 않으면 안 된다. 초등학교 입학도 하기 전부터 시작되는 영어 학원, 초등학교에서의 선행학습, 중학교에 들어가면서 늘어나는 국·영·수 학원, 고등학교에 이르러서는 수시나 수능과 관련된 주요 과목 전체로 확대된다. 자녀가 1분이라도 낭비하지 않기 위해서는 이 학원에서 끝나는 시간에 맞추어 저 학원으로 신속하게 이동할 수 있게 해주는 일도 서슴지 않는다. 오죽하면 라이딩 인생이라는 드라마가 만들어졌을까?

학생의 내입에 많은 관심을 갖는 학부모들에게 자신의 일이나 업무는 차 순위가 된다. 당연히 사교육비가 엄청난 부담이 되어 심각한 문제를 만든다. 그래도 자신의 라이딩 인생을 포기하면 자녀가 결정적인 영향을 미칠까 봐 희생을 감수해야 한다. 이제 학부모들에게 사교육은 선택이 아닌 필수가 되어버렸다. 도대체 왜 이런 현상이 벌어지는 것일까?

원인은 입시 경쟁의 심화에서 찾아야 할 것이다. 대학 서열화가 뚜렷한 현실은 상위권 대학 진학을 위한 경쟁을 의식하지 않을 수 없다. 학부모들은 자녀가 뒤처질까 봐 불안하기만 하다. 주변, 모든 아이가 학원을 다니는 상황에서, 우리 아이만 안 보내면 뒤처질 것만 같다. 학교가 존재하지만, 별도로 또 다른 사교육을 당연시할 수밖에 없는 것이 자녀를 가진 우리나라 학부모들의 현주소인 것이다.

AI 견해

* **한국의 초·중·고 학부모들이 엄청난 희생을 감수하면서 사교육을 감내한다. 왜 그럴까?**

한국의 초·중·고 학부모들이 많은 희생을 감수하면서도 사교육을 감내하는 현실은 여러 복합적인 사회적, 경제적 요인들이 얽혀있는 결과로 분석할 수 있습니다. 이 상황을 분석하면 다음과 같은 주요 요인들이 나타납니다.

1. 고등 교육에 대한 높은 기대와 사회적 압력
한국 사회에서는 학벌이 성공의 중요한 요인으로 여겨지며, 명문대 입학이 좋은 직장과 안정된 미래를 보장하는 것으로 인식됩니다. 이러한 사회적 압력은 학부모들에게 자녀를 명문대에 보내야 한다는 강한 동기를 부여하며, 사교육에 대한 의존도를 높입니다. 대학 입시에서 좋은 성적을 얻기 위해서는 학교 교육만으로는 충분하지 않다고 생각하는 학부모들이 많아 사교육에 투자하게 됩니다.

2. 공교육 시스템에 대한 불신
많은 학부모는 공교육만으로 자녀가 입시경쟁에서 살아남기 어렵다고 느끼고, 이로 인해 사교육에 의존하게 됩니다. 특히, 학급당 학생 수가 많고, 개별 학습 지원이 충분하지 않다고 느껴질 때, 학부모들은 자녀가 더 나은 교육을 받기 위해 사교육을 선택하게 됩니다.

3. 경쟁 심화와 불안감
한국의 교육 시스템은 경쟁이 매우 치열하며, 이로 인해 학부모들은 자녀가 뒤처질 수 있다는 불안감을 가지고 있습니다. 이러한 불안감은 다른 부모들이 자녀에게 제공하는 교육적 지원을 따라잡거나 능가하기 위해 사교육에 과도하게 투자하게 만듭니다. 이는 '교육 인플레이션'으로 불리는 현상으로, 점점 더 많은 자원이 교육에 투입되지만, 경쟁이 줄어들지 않고 오히려 강화되는 상황을 만들어냅니다.

4. 사교육의 효율성에 대한 믿음
사교육이 공교육보다 더 효율적이라는 인식이 널리 퍼져 있습니다. 많은 학부모는 사교육이 자녀의 학습 성과를 더 빠르고 확실하게 향상시킬 수 있다고 믿으며, 이는 학부모들이 경제적 부담에도 불구하고 사교육을 선택하는 중요한 이유가 됩니다.

5. 자녀의 미래를 위한 투자
많은 학부모가 자녀 교육을 가장 중요한 투자로 여깁니다. 경제적 부담이 크더라도, 자녀가 좋은 교육을 받아 더 나은 미래를 구축할 수 있다는 신념이 강하기 때문에, 사교육비를 감수하게 됩니다. 이는 학부모들이 자신의 생활 수준을 낮추거나 다른 경제적 선택을 포기하면서까지 사교육을 지원하는 이유 중 하나입니다.

6. 사회적 경쟁과 지위의 문제
한국 사회에서는 자녀의 교육 성취가 부모의 사회적 지위와 연결되는 경우가 많습니다. 이는 학부모들이 자녀의 성공을 통해 자신들의 사회적 위치를 유지하거나 상승시키려는 동기를 부여하게 됩니다. 사교육은 이러한 사회적 지위를 유지하거나 상승시키는 수단으로 여겨지며, 학부모들은 자녀의 성공을 위해 최선을 다하게 됩니다.

7. 제도적 요인
입시제도 자체가 사교육을 부추기는 구조적 문제를 안고 있을 수 있습니다. 대학 입시에서 수능과 내신 외에도 각종 특기자 전형, 논술, 면접 등의 요소들이 추가되면서, 이에 대비하기 위한 전문적인 준비가 필요해졌고, 이는 사교육 시장을 더욱 확대하는 결과를 초래했습니다.

이러한 분석을 통해 한국의 사교육 현상은 단순한 개인의 선택이 아니라, 구조적, 사회적, 심리적 요인들이 복합적으로 작용한 결과임을 알 수 있습니다. 이를 해결하기 위해서는 공교육의 질을 높이고, 입시제도를 개선하며, 사회 전반의 교육에 대한 인식을 변화시키는 노력이 필요합니다.

그래도 학교가 답이다.
■ 학교이기에 가능한 미래 교육

◦ 학교는 미래를 대비하게 하는 작은 세상

 학교는 다양한 구성원이 함께할 수 있는 공간이다. 단순히 지식을 전달하는 것을 넘어서서, 미래 사회를 미리 경험하고 준비할 수 있는 작은 세상으로서의 역할을 할 수 있는 곳이다.
 학생들은 학교라는 공간을 통하여 학생들은 다양한 배경과 가치관을 가진 친구들과 소통하며, 사회생활을 경험하게 된다. 이는 미래 사회에서 꼭 필요한 지식과 경험을 얻는 것은 물론 다양성의 이해와 포용력을 기르는 중요한 기회가 된다.
 또한, 학교는 실패를 통해 성장할 수 있는 안전한 울타리를 제공한다. 목표 지향적인 학습활동에서의 실수, 교우 관계에서의 갈등, 동아리 활동 등에서의 시행착오 등은 성인 사회가 제공할 수 없는, 귀중한 경험이 된다.
 학교가 미래 사회의 축소판으로서 학생들에게 실전적인 경험과 역량을 제공하는 곳이 될 때 미래를 대비하는 교육은 실현될 수 있게 된다. 이러한 경험은 불확실한 미래를 슬기롭게 헤쳐 나갈 수 있는 든든한 바탕이 될 것이다.

| AI 견해 |

* **'학교가 왜 필요한가?'라는 관점에서 학교 교육의 필요성을 말하면?**

　미래 사회는 급변하며, 학생들은 불확실한 환경 속에서 살아가야 합니다. 기존의 단순한 지식 암기나 문제 풀이 방식으로는 이러한 변화에 적응하기 어렵습니다. 따라서 학교는 학생들이 미래를 준비할 수 있도록 다음과 같은 역할을 해야 합니다.

1. 자기 이해와 성장: 변화 속에서 방향을 찾는 힘
　학생들은 스스로의 강점과 한계를 정확히 알지 못하며, 목표 설정과 조절 능력이 부족할 수 있습니다.
　학교는 다양한 경험과 도전 기회를 제공하여 자기 탐색과 성장의 기회를 제공합니다. 목표를 설정하고 학습을 조절하는 방법을 익히며, 자기 주도적인 태도를 기를 수 있습니다.

2. 관계 형성과 협력: 개인이 아닌 공동체 속에서 성장
　미래 사회는 협업과 네트워킹이 필수적이지만, 학생들은 다양한 사람들과 효과적으로 소통하는 방법을 알지 못합니다. 학교는 협업 프로젝트, 토론, 집단 활동 등을 통해 다양한 배경의 사람들과 함께 문제를 해결하는 능력을 키웁니다. 또한 공감력과 소통 능력을 기르며, 타인을 존중하고 협력하는 태도를 배울 수 있습니다.

3. 세상에 대한 이해: 복잡한 사회에서 문제 해결 능력 기르기
　학생들은 세상을 단편적으로 이해하는 경우가 많으며, 사회 문제를 자신과 연결 짓는 경험이 부족합니다.
　학교는 지식을 체계적으로 익히고, 이를 실제 상황에 적용하는 경험을 제공합니다. 사회 문제 해결형 학습(PBL), 체험 활동 등을 통해 세상을 주체적으로 바라보는 능력을 기릅니다.

4. 진로 탐색과 미래 대비: 변화하는 시대 속에서 살아남는 역량
　미래 직업은 빠르게 변화하며, 학생들은 자신의 진로를 어떻게 설정해야 할지 알지 못합니다. 학교는 다양한 진로 탐색 기회와 직업 체험을 제공하여 학생들이 자신의 가능성을 발견할 수 있도록 돕습니다. 창의력, 문제 해결력, 비판적 사고, 자기 주도적 학습 능력 등 미래를 대비하는 핵심역량을 기르는 공간이 되어야 합니다.

　학교는 더 이상 단순한 지식 전달 기관이 아니라, 학생이 자기 자신을 탐색하고, 관계를 형성하며, 세상을 이해하고, 미래를 준비하는 공간이어야 합니다. 이러한 과정이 체계적으로 이루어질 때, 학생들은 미래 사회에서 주체적으로 살아갈 힘을 갖출 수 있습니다.

* **학교가 미래 세상을 대비하게 하는 작은 세상으로서의 장점을 살릴 수 있을 때 어떠한 효과를 얻을 수 있을까?**

　학교를 미래 세상을 대비하는 작은 세상으로 간주하고, 이러한 장점을 살릴 때 얻을 수 있는 효과는 다면적입니다. 학교는 학생들에게 지식을 전달하는 곳 이상의 의미를 가지며, 사회화, 역량 개발, 그리고 민주적 가치의 실천과 같은 중요한 역할을 수행합니다. 이런 접근 방식을 통해 다음과 같은 긍정적 효과를 얻을 수 있습니다.

1. 포괄적 사고 능력의 개발
　학교에서 다양한 배경과 사상을 가진 사람들과의 상호 작용은 학생들이 포괄적이고 다면적인 사고 능력을 개발하는 데 도움이 됩니다. 이러한 환경은 미래 사회에서 필요한 협력, 공감, 그리고 문제 해결 능력을 갖춘 인재를 양성하는 데 기여합니다.

2. 혁신과 창의성의 촉진

실제 세계의 문제를 반영하는 프로젝트 기반 학습과 같은 교육 방식은 학생들의 창의성과 혁신적 사고를 자극합니다. 학생들이 실제 세계의 문제에 대한 해결책을 모색하도록 함으로써, 이론과 실천의 통합을 경험하게 되고, 이는 미래의 도전에 대처하는 데 필수적인 역량입니다.

3. 사회적 기술과 인성교육

학교는 학생들이 팀워크, 리더십, 책임감, 그리고 윤리적 판단력과 같은 중요한 사회적 기술을 배우고 연습할 수 있는 공간입니다. 이러한 기술은 학생들이 미래에 사회의 책임 있는 구성원으로서 기여할 수 있도록 준비시킵니다.

4. 지속 가능성과 글로벌 이슈에 대한 인식

환경 보호, 지속 가능한 발전, 그리고 글로벌 이슈에 대한 교육은 학생들이 미래 세계의 중요한 도전과제에 대해 인식하고, 이에 대응할 수 있는 방법을 모색하도록 돕습니다. 이러한 교육은 학생들이 더 넓은 세계에 관한 관심을 가지고, 글로벌 시민의 역할을 이해하는 데 중요합니다.

5. 평생 학습의 가치 인식

학교에서의 경험은 학생들에게 지식을 탐구하고 새로운 기술을 배우는 것이 평생 계속될 수 있는 가치 있는 과정임을 보여줍니다. 이는 학생들이 빠르게 변화하는 미래 사회에 적응하고, 계속해서 성장할 수 있는 기반을 마련해 줍니다.

학교를 미래 세계를 대비하는 작은 세상으로 보고 이 장점을 최대한 활용할 때, 우리는 창의적이고, 혁신적이며, 사회적으로 책임감 있는 다음 세대를 양성할 수 있습니다. 이러한 접근은 학생들이 미래의 도전을 성공적으로 극복하고, 글로벌 사회의 적극적인 구성원으로 기여할 수 있도록 준비시키는 데 필수적입니다.

◦ **학생 개개인의 목표지향적인 활동이 가능하다.**

학생들이 자신만의 목표를 설정하고 이를 향해 자유롭게 도전할 수 있는 교육적인 기회를 가질 수 있다면?

사회는 오직 성공만이 필요할 뿐, 실패는 손실로 이어지기 때문에 가능하다면 피할 수 있어야 한다. 하지만 학교는 성공해야 한다는 압박감 없이 어떠한 시도도 가능한 곳이 될 수 있다. 목표를 세우고, 계획하고, 실행하고, 평가하는 전 과정을 부담 없이 반복할 수 있는 것이다. 기존의 지식을 넘어설 수 있으며, 실패하면 다시 시도하고, 부족하면 보완하면서 성장과 발전을 쌓아가는 활동이 가능하다.

사회가 불확실하고, 경쟁 중심으로 변할수록 학교의 이런 역할은 더욱 소중해진다. 학생 개개인의 어떠한 목표지향적인 활동도 교육적인 기회가 된다. 맞으면 기쁘고, 틀려도 배우게 되며, 느려도 탓하지 않는 분위기 속에 자신의 성장과 발전을 꾀할 수 있는 곳이 될 수 있는 것이다.

> **AI 견해**

* **'학생 개개인의 목표지향적인 활동이 가능한 학교'가 의미하는 것은?**

'학생 개개인의 목표지향적인 활동이 가능한 학교'란, 각 학생이 자신의 흥미와 진로에 맞는 목표를 설정하고 그 목표를 달성하기 위한 학습활동을 학교 안에서 주체적으로 기획하고 실천할 수 있는 환경을 갖춘 학교를 의미합니다. 다음과 같은 특징을 통해 좀 더 구체적으로 이해할 수 있습니다.

1. **학생이 주도하는 학습 기회 제공**
학생들은 자신이 관심 있는 주제나 진로 방향에 맞게 학습목표와 방법을 스스로 설정하고 추진할 수 있습니다. 예를 들어, 프로젝트 수업이나 주제 탐구 활동에서 학생이 직접 주제를 고르고 학습 과정을 설계하는 것이 가능합니다.

2. **다양한 학습 경로 및 선택권 보장**
공통된 교과 과정을 따르되, 학생이 개별적인 심화 학습, 주제 선택, 동아리나 소그룹 활동 등을 통해 자신의 목표를 구체화할 수 있습니다. 학교는 이러한 다양한 경로를 제공하고, 학습 결과물을 나누고 공유할 수 있도록 장려합니다.

3. **개인별 맞춤형 피드백 및 지원**
교사와 학교는 학생이 설정한 목표에 따른 개인별 학습계획서, 포트폴리오, 상담 활동 등을 통해 학생의 성장을 지속적으로 지원합니다. 학생이 도전하거나 성취한 내용을 적극적으로 인정하고 평가해 주면서, 추가적인 자원이나 경험 기회를 제공하기도 합니다.

4. **공동체와 협업하는 환경**
학생 개개인의 목표 추구가 개인주의적 경쟁으로만 흐르지 않도록, 협업과 공동체 활동이 함께 장려됩니다. 학생들은 서로의 목표와 흥미 분야를 공유하면서 학습 시너지를 높이고, 동료나 교사, 지역사회와 네트워크를 구축합니다.

5. **진로·삶과 연계된 학습 경험 제공**
학생이 목표를 설정하고 활동하는 과정에서, 자신의 삶과 진로를 구체화할 수 있도록 다양한 체험 학습, 인턴십, 지역사회와 연계한 프로젝트 등이 제공됩니다. 학교를 직업 세계로 가는 전초기지나 사회와 연결되는 경험의 장으로 확대해, 학생의 목표지향적인 활동을 현실과 연결 짓게 합니다.

6. **학생의 주도성과 책임감 함양**
학생 스스로 목표를 세우고 달성해나가는 경험을 통해, 자신의 학습과 성장에 대해 책임감을 갖게 됩니다. 동시에, 이러한 경험은 학생이 미래에 스스로를 계속 발전시키는 능력(self-directed learning)을 키우는 데 매우 중요합니다.

'학생 개개인의 목표지향적인 활동이 가능한 학교'는 학생이 스스로 목표를 설정하고, 그 목표에 맞춰 다양한 학습활동을 선택하고 실천해볼 수 있으며, 그 과정을 교사와 학교가 적극적으로 지원·평가해 주는 교육 환경을 말합니다. 이는 궁극적으로 학생 개개인의 잠재력 발현, 자기 주도적 학습 태도 함양, 그리고 개별 진로와 삶의 비전 설계를 돕는 방향으로 학교 교육을 변화시키는 데 의의가 있습니다.

◦ **상호작용이 가능한 공동체가 함께한다.**

'목표 지향적인 학생 공동체 속에서 세상을 배우는 학생들'
학생 공동체는 학교 교육의 가장 중요한 장점 중의 하나라고 할 수 있다. 하지만 함께 앉아 있거나 함께 생활한다고 해서 교육적인 성과를 얻을 수 있는 것은 아니다. 상호작용이 가능하고, 서로 목표를 향할 수 있는 공동체여야 한다.

목표지향적인 활동 속에서 상호작용하는 학생 공동체는 의미 있는 효과를 만들어낸다. 어떠한 것을 얻기 위하여 개개인의 생각과 도전을 필요로 할 때 공동체는 서로의 동반적인 힘을 만들어 준다. 서로의 역할을 나누고 조율하며, 의사소통 능력과 협력이 저절로 이루어지게 됨으로써 삶을 배우고 나눔과 협력을 실천하는, 정말로 소중한 기회가 되는 것이다.

또한 이러한 활동은 단순한 학습을 넘어 자기 주도성과 책임감, 그리고 민주적 태도와 공동체 의식을 키워준다. 강제적이지 않아도 주어진 일을 해결해 나가는 가운데 다양하고 바람직한 학습이 자연스럽게 이루어지는 학생 공동체, 학교는 이러한 활동을 극대화할 수 있는 곳이다.

AI 견해

* **미래 교육에서, 학교가 상호작용이 이루어지는 학생 공동체를 중시해야 하는 이유는 무엇인가?**

미래 교육에서 학교가 상호작용이 이루어지는 학생 공동체를 중시해야 하는 이유는 다음과 같이 정리할 수 있습니다.

1. 혼자서는 얻기 힘든 학습 경험의 축적

개인이 혼자 습득하는 지식은 한계가 있지만, 공동체 속 상호작용은 서로의 생각과 관점을 확장합니다. 토론, 협력, 피드백 과정에서 학생은 자신의 이해를 검증하고 보완하며 더 깊은 학습으로 나아갑니다.

2. 핵심역량 발달의 장

협업, 소통, 갈등 해결, 리더십과 같은 역량은 개인 학습으로는 기르기 어렵습니다. 공동체 안에서 역할을 맡고 상호작용하는 과정은 이러한 역량을 자연스럽게 생활 속에서 체화하게 만듭니다.

3. 자기 정체성과 진로 탐색의 기반

다양한 친구들과의 관계와 대화를 통해 학생은 자신의 흥미, 강점, 가치를 발견합니다. 이는 개인의 진로 선택과 자기개발 방향을 정립하는 데 중요한 단서를 제공합니다.

4. 심리적 안정과 학습 지속성 확보

공동체는 소속감과 정서적 지지를 제공해 학습 스트레스를 줄이고 도전 의지를 유지하게 합니다. 실패 경험도 공동체 안에서 공유되고 수용될 때 성장의 자원이 됩니다.

5. 미래 사회 준비

미래 사회는 협력적 문제 해결과 융합적 사고가 요구되는 시대입니다. 학교 공동체는 학생들에게 실제 사회에서 필요한 협업 모델을 미리 경험하게 하는 실험실 역할을 합니다.

6. 학교의 존재 이유 재정립

지식 자체는 디지털 환경에서 쉽게 접근할 수 있으므로, 학교의 핵심 역할은 지식을 전달하는 곳이 아니라 함께 배우고 성장하는 공동체 공간으로 전환됩니다.

미래 교육에서 학생 공동체는 단순한 집단이 아니라 학습의 동력, 성장의 장, 진로 탐색의 거울이 됩니다. 학교가 공동체를 중시할 때, 학생은 개인적 역량뿐 아니라 사회적 역량을 함께 길러 미래 사회에서 주도적으로 살아갈 준비를 하게 됩니다.

◦ **학생의 자기개발을 가능하게 한다.**

'자기개발은 성장과 발전을 돕는 교육의 필수 조건이다.'
학교 교육은 '학생의 성장과 발전'을 목표로 내세운다. 그러나 이 목표가 실질적인 의미를 갖기 위해서는 자기개발이 전제되지 않으면 안 된다. 자기성찰을 통해 스스로를 돌아보고, 자기연찬으로 부족함을 메우며, 자기계발을 통해 삶의 방향을 확장할 수 없다면, 성장과 발전은 겉으로 보이는 모습일 뿐 학생 내면의 변화로 이어지는 것은 아니다.

지금의 많은 학생은 교과 지식과 시험 점수로 평가받으며 성장한다. 그러나 이러한 지식 중심의 성장만으로는 삶의 주체가 될 수 없다. 점수는 높지만 스스로의 관심과 강점을 모르는 학생, 명문대에 합격했으나 삶의 방향을 찾지 못해 방황하는 청년의 모습에서 그 한계를 찾을 수 있다. 이는 성장과 발전이 자기개발의 토대 위에서 이루어지지 않았기 때문이다.

실속 있는 성과는 학생 스스로 목표를 내면화하고 학습의 의미를 이해할 때 나타난다. 수업에서 다룬 지식이 자기성찰로 이어지고, 공동체 속에서의 협력 경험이 자기연찬으로 확장되며, 삶과 진로를 스스로 설계하는 힘으로 연결될 때, 비로소 성장은 개인의 삶에 실질적 가치가 된다.

학교는 그러한 자기개발을 가능하게 하는 곳이 될 수 있는 것이다.

> AI 견해

* **'자기개발이 빠진 학생의 성장과 발전을 돕는 교육'이 지적하고 있는 것은?**

'자기개발이 빠진 학생의 성장과 발전을 돕는 교육'이라는 표현이 지적하는 핵심은 다음과 같습니다.

1. 외부 주도 교육의 한계

학생의 성장은 지식의 전달이나 기술 습득만으로는 완성되지 않습니다. 자기성찰, 자기연찬, 자기계발과 같은 내면의 자발적인 변화가 빠진 교육은, 학생이 수동적으로 외부의 기준에 맞춰 성장하는 것을 강요할 뿐, 자기 주도적인 성장은 촉진하지 못합니다. 지적 포인트는 교육의 중심이 '학생'이 아니라 여전히 '교사'나 '제도'에 있습니다.

2. 전인적 성장의 결핍

지식이나 기능의 축적만으로는 전인적 성장을 이룰 수 없습니다. 자기개발이 빠진 교육은 인지적 영역에만 편중되고, 감성적·사회적·윤리적 성장 등은 등한시될 수 있습니다. 지적 포인트는 '좋은 성적'이 '좋은 사람'을 의미하지 않는 교육 구조를 말하고 있습니다.

3. 진로 및 삶과의 단절

학생이 자신의 삶을 성찰하고 진로를 탐색하는 경험 없이 교육이 이루어질 경우, 학교에서 배운 것이 실제 삶과 연결되지 않습니다. 이는 졸업 후 방황하거나 사회 적응에 어려움을 겪는 원인이 되기도 합니다. 지적 포인트는 학습이 진로와 삶의 방향 설정에 실질적 도움을 주지 못한다는 것입니다.

4. 학생 주체성의 실종

자기개발이 결여된 교육은 학생을 주체가 아니라 객체로 취급합니다. 교사가 정한 목표, 교육청이 정한 기준에 따라 움직이는 구조 속에서 학생은 스스로를 정의하거나 삶의 방향을 설정할 기회를 갖지 못합니다. 지적 포인트는 학생의 '의미 있는 성장'이 아닌, '틀에 맞춘 성장'만을 유도함을 말합니다.

'자기개발이 빠진 성장'은 표면적인 성장일 뿐이며, 그 속은 비어 있다는 점을 지적하고 있는 것입니다. 진정한 교육은 학생이 스스로를 성찰하고, 스스로의 삶을 준비해 갈 수 있도록 돕는 자기개발의 과정과 함께 이루어져야 한다는 메시지를 담고 있습니다. 학습 과정의 일부로서 학생들의 전인적 성장을 촉진하는 역할을 해야 한다는 점이 중요합니다.

2. 학교는 어떠한 곳인가?

우리나라 학교 교육의 기저는
- 학교 교육 관련 법규

◦ 교육기본법

교육기본법은 국민의 교육에 관한 기본적인 원칙과 권리, 의무를 규정하고 있는 법률이다. 이 법률은 국가, 국민, 그리고 교육을 제공하는 모든 곳에 교육의 방향과 표준을 제시하며, 교육의 질과 수준을 보장하는 역할을 한다.

교육기본법의 가장 큰 특징은 '홍익인간의 이념'으로, 교육의 민주화와 평등화를 추구한다는 점에 있다. 모든 국민은 교육을 받을 권리를 가지며, 이는 인간의 기본권 중 하나로 보장된다. 또한, 교육의 기회와 접근이 평등해야 하며, 소득이나 사회적 지위에 따라 교육의 질과 기회가 달라지지 않도록 보장해야 한다는 원칙을 담고 있다.

교육기본법은 또한 교육의 내용과 방법, 그리고 교육을 받는 자와 제공하는 자 모두의 권리와 의무를 상세하게 규정하고 있다. 이를 통해 교육은 개인의 전인적 발달을 도모하고, 민주적 시민 의식을 함양하며, 사회와 국가, 인류 공동체에 이바지하는 방향으로 이루어져야 함을 명시하고 있다.

교육과정 운영을 요구하는 초·중등교육법

초·중등교육법은 국민의 기본적 교육을 담당하는 초, 중, 고등학교의 교육과정 운영, 학생의 권리와 의무, 교사의 역할 등을 구체적으로 규정한 법률이다. 이 법률은 국민 교육의 질을 향상시키고, 학생들에게 건강하고 평등한 교육 기회를 제공하는 것이 목적이다.

초·중등교육법은 미래 세대의 교육과 성장, 그리고 나아가 국가와 사회의 발전을 위한 기본적인 법률로, 학교가 교육과정을 운영하는 근거가 된다.

제23조(교육과정 등) ①항은 '학교는 교육과정을 운영해야 한다'를 명시하고 있다. 그것은 학교가 교육의 주요 장소로서 학생들에게 필요한 지식, 기술, 가치, 태도 등을 전달하기 위한 체계적인 교육과정을 개발하고 실행해야 한다는 의미이다.

교육과정 운영은 다음과 같은 요소들을 포함하고 있다.

1. 교육 목표 설정: 학생들이 달성해야 할 지식, 기술, 태도를 결정한다.
2. 교육내용 선정: 교육 목표를 달성하기 위해 필요한 학습주제를 선택한다.
3. 교육 방법 결정: 교육내용을 가르치기 위한 가장 효과적인 교육 방법을 선정한다.
4. 평가 방법 설정: 학생들이 교육 목표를 얼마나 잘 달성했는지를 판단하기 위한 평가 방법을 결정한다.

| 우리나라 학교 교육의 기저는

◦ 초·중등교육법 시행령

초·중등교육법 시행령은 초·중등교육법이 실질적으로 효과적으로 실행될 수 있도록 구체적인 규정과 방법을 제시하고 있다. 이 법은 교육과정, 학교 운영, 교원, 학생 및 학부모의 권리와 의무 등을 포괄적으로 다루고 있다.

초등학교는 국민 생활에 필요한 기초적인 초등교육을 하게 된다. 학생의 일상생활과 학습에 필요한 기본 습관 및 기초 능력을 기르고 바른 인성을 함양하는 데 중점을 둔다. (38조)

중학교는 초등학교에서 받은 교육의 기초 위에 중등교육이 이루어진다. 초등학교 교육의 성과를 바탕으로, 학생의 일상생활과 학습에 필요한 기본 능력을 기르고, 바른 인성 및 민주시민의 자질을 함양하게 한다. (41조)

고등학교는 중학교에서 받은 교육의 기초 위에 중등교육 및 기초적인 전문교육이 이루어진다. 중학교 교육의 성과를 바탕으로, 학생의 적성과 소질에 맞게 진로를 개척하며 세계와 소통하는 민주시민으로서의 자질을 함양하게 한다. (45조)

또한 초·중등교육법 시행령은 초·중·고 학교급별로 학기(44조), 수업일수(45조), 학급편성(46조), 휴업일 등(47조), 수업 운영 방법(48조), 학생의 평가(10조), 수료 및 졸업 등(50조)에 관한 내용을 정하고 있다.

참고로, 대학교는 학문적 또는 전문적 경력을 위한 교육을 제공하는 곳이다. 여기에서 학생들은 특정 전공을 선택하고, 그 분야의 고급 지식과 기술을 습득하게 된다. 대학은 또한 독립적인 생각과 연구 능력, 그리고 전문적인 의사소통 기술을 개발하는 역할을 한다.

교육과정을 운영하는 학교

■ 지금은 2015, 2022 개정 교육과정 운영 중

◦ 교육과정의 역할

　교육과정은 학교 교육의 기본 틀이다. 그것은 학교 교육에서 추구하는 목적과 목표를 달성하기 위해 설계된 전체적인 계획으로, 교육의 방향을 결정짓는 핵심 요소이다.

　교육과정은 단순히 학생에게 교과를 익히게 하는 것이 아니라, 학생들이 학교에서 배우고 경험해야 할 지식과 가치, 그리고 활동의 체계적인 설계도가 된다. 학생들이 무엇을 배우고, 어떻게 배워야 하는지에 대한 명확한 목표와 지침을 제공함으로써, 학교 교육의 목적을 실현하는 역할을 하고 있는 것이 교육과정인 것이다.

AI 견해

* **한국의 교육에서 교육과정은 어떠한 역할을 하고 있을까?**

교육과정은 국가 차원에서 설정된 표준화된 교육내용과 방법을 의미하며, 이를 통해 전국의 모든 학생이 균등한 교육 기회를 얻을 수 있도록 보장합니다. 한국의 교육과정은 다음과 같은 역할을 합니다.

1. 학습목표 설정
교육과정은 학년별, 교과별로 학생들이 달성해야 할 학습목표를 명확하게 제시합니다. 이를 통해 교사와 학생들은 학습의 방향을 설정하고 체계적으로 학습을 진행할 수 있습니다.

2. 내용 구성 및 체계화
교육과정은 각 교과목의 내용과 그 순서를 체계적으로 구성하여 학생들이 점진적으로 학습을 심화할 수 있도록 돕습니다. 이를 통해 학생들은 기초 지식에서부터 심화된 내용까지 단계적으로 학습할 수 있습니다.

3. 평가 기준 제공
교육과정은 학생들의 학습 성취도를 평가하기 위한 기준을 제시합니다. 이를 통해 교사들은 객관적이고 공정한 평가를 할 수 있으며, 학생들의 학습 성과를 정확히 측정할 수 있습니다.

4. 교육의 일관성 유지
전국의 학교에서 동일한 교육과정을 적용함으로써 지역 간, 학교 간의 교육 격차를 줄이고, 일관된 교육을 제공할 수 있습니다. 이는 학생들이 어디에서 교육을 받더라도 유사한 수준의 교육을 받을 수 있음을 의미합니다.

5. 교육 정책 반영
교육과정은 국가의 교육 정책과 교육 이념을 반영합니다. 이를 통해 국가 차원에서 추구하는 교육 목표와 방향을 학교 교육에 효과적으로 반영할 수 있습니다. 예를 들어, 창의 융합형 인재 양성, 민주시민 교육 등의 목표가 교육과정을 통해 실현됩니다.

6. 교사와 학생의 역할 명확화
교육과정은 교사와 학생의 역할을 명확히 합니다. 교사는 교육과정을 기반으로 수업 계획을 세우고, 학생들은 그에 따라 학습활동에 참여합니다. 이를 통해 교사와 학생 간의 교육 활동이 조화를 이룰 수 있습니다.

한국의 교육과정은 주기적으로 개정되며, 사회적 요구와 시대적 변화를 반영하여 발전해 왔습니다. 이러한 교육과정을 통해 한국의 학생들은 체계적이고 균형 잡힌 교육을 받을 수 있습니다.

◦ 2015, 2022 개정 교육과정이 내세우고 있는 것은?

  교육과정 개정은 대개 사회와 시대적 변화에 따라서 이루어지며, 이를 반영하여 교육의 방향성을 조정하게 된다. 교육과정 개정의 배경과 학교 교육은 서로 연결이 된다.

  현재도 일부 적용되고 있는 2015 개정 교육과정은 모든 학생이 인문·사회·과학기술에 대한 기초 소양을 함양하여 인문학적 상상력과 과학기술 창조력을 갖춘 창의 융합형 인재로 성장할 수 있도록 핵심역량의 함양을 내세우고 있다.

  2022 개정 교육과정은 창의적이고 융합적인 인재를 양성하는 것을 넘어, 포용성과 창의성을 갖춘 주도적인 사람을 내세움으로써 미래 사회의 불확실성에 대응할 수 있는 역량과 변화대응력을 키워주는 교육에 초점을 맞추고 있다.

| AI 견해 |

* 한국의 교육에서, 2015 개정 교육과정은 '핵심역량을 갖춘 창의 융합적인 인재 양성'을, 2022 개정 교육과정은 '포용성과 창의성을 갖춘 주도적인 사람'을 추구하고 있다. 왜 바뀌었을까?

 2015 개정 교육과정과 2022 개정 교육과정의 비전 변화를 통해 한국 교육이 지향하는 인재상과 교육 철학의 진화를 다음과 같은 측면에서 파악할 수 있습니다.

1. '인재 양성'에서 '사람' 중심으로의 전환
 2015 개정 교육과정은 '핵심역량을 갖춘 창의 융합형 인재 양성'을 비전으로 제시하여, 사회가 필요로 하는 인재, 즉 기능 중심의 역량 개발에 방점을 두었습니다. 2022 개정 교육과정은 '포용성과 창의성을 갖춘 주도적인 사람'을 강조함으로써, 사회가 요구하는 인재가 되기 전에 스스로를 주도적으로 성장시키는 사람, 존재로서의 인간에 초점을 옮긴 것입니다. 이러한 의미는 교육의 목적이 사회 맞춤형 인재 생산에서 학생 개인의 성장과 자기 주도성으로 무게중심이 옮겨지고 있다는 점을 보여줍니다.

2. '융합'에서 '포용'으로의 확장
 2015 개정에서는 과학기술 발전에 따른 융합 능력을 강조하며, 미래 사회 적응을 위한 문제 해결력과 창의성에 집중했습니다. 2022 개정에서는 이에 더해, 다양성을 존중하고 공존할 수 있는 포용성을 강조하면서, 사회적 감수성과 공동체적 책임도 교육의 주요 축으로 삼았습니다. 이러한 의미는 교육이 단순히 기술 중심 경쟁력뿐만 아니라 공동체 속의 인간적 성숙과 다양성 수용 능력을 중시하기 시작했다는 변화라 볼 수 있습니다.

3. '핵심역량' 중심에서 '학생 주도성' 강조로
 2015 개정은 '핵심역량'을 중심에 두고, 교육내용을 이 역량에 맞춰 조직하는 방향이었습니다. 2022 개정은 '핵심역량'을 유지하되, 학생이 스스로 배움의 주체가 되어 성장의 방향을 설정하고 실천하는 힘, 즉 자기 주도성을 더 전면에 내세웁니다. 교육과정이 교사 중심 설계 → 학생 중심 설계와 실행으로 점차 이동하고 있음을 나타냅니다.

 종합적으로 볼 때, 이러한 변화는 한국 교육이 성과 중심, 외재적 기준의 교육에서 벗어나, 내면적 성장, 자율성과 인간 존중에 기반한 교육으로 이행하려는 흐름을 반영합니다. 이는 단순히 교과의 재구성이나 역량 분류의 변화가 아니라, 교육의 근본 목적과 주체를 재정의하는 전환이라 할 수 있습니다. 이러한 흐름은 실제 학교 현장에서 어떻게 반영되고 실행될 수 있는지가 향후 교육개혁의 성패를 좌우할 중요한 관건이 될 것입니다.

◦ 교육과정이 추구하는 인간상

우리나라 초·중·고 교육과정이 추구하는 인간상은 홍익인간의 이념을 바탕으로 하고 있으며, 미래 사회가 요구하는 핵심역량을 갖춘 인재를 양성하기 위한 것이다.

'인문학적 상상력과 과학기술 창조력을 갖춘 인재 양성', '바른 인성을 갖춘 인재 양성', '진로 탐색 능력을 갖춘 인재 양성', '민주 시민 의식을 갖춘 인재 양성' 등 2015년과 2022년 개정 교육과정을 통해 제시된 인간상은 학생들이 단지 지식을 습득하는 것을 넘어, 미래 사회의 주역으로서 필요한 다양한 역량과 태도를 개발해 나가게 함으로써 복잡하고 불확실한 미래 세계를 대처해 나갈 수 있게 한다.

교육과정이 추구하는 인간상은 교육과정의 목표, 내용, 방법, 평가 등에 반영된다. 학교에서 배우는 모든 교과와 활동이 제대로 이루어지고 있다면 추구하는 인간상을 구현하고 있다는 의미가 된다고 할 것이다.

AI 견해

* **한국의 교육과정이 '추구하는 인간상'을 내세우는 이유는 무엇일까?**

　한국의 교육과정에서 '추구하는 인간상'은 교육을 통해 어떠한 인간을 양성하고자 하는지에 대한 핵심적인 원칙과 가치를 담고 있습니다. 한국의 교육과정은 다양한 변화와 개편을 거치면서도 특정한 가치와 원칙을 바탕으로 '추구하는 인간상'을 설정하고 그를 기반으로 교육내용과 방법을 구성해 왔습니다.

　일반적으로 이 '추구하는 인간상'에는 다음과 같은 내용이 포함될 수 있습니다.

1. 자기 주도적인 인간

　학생이 자신의 학습과 성장에 주도적으로 참여하고, 자기 결정과 책임을 지는 인간으로 성장하는 것을 목표로 합니다.

2. 도덕적 가치를 지닌 인간

　정의, 공정, 성실, 존경 등의 도덕적 가치를 바탕으로 행동하며, 사회의 구성원으로서 역할을 충실히 수행하는 인간을 목표로 합니다.

3. 창의적이고 통합적인 사고를 가진 인간

　창의적으로 문제를 해결하고 다양한 정보와 지식을 통합하여 사고하는 능력을 키우는 것을 중요하게 생각합니다.

4. 국제적 시각을 갖춘 인간

　글로벌한 세계에서 다양한 문화와 가치를 이해하고 상호 존중하는 태도를 갖출 수 있는 인간을 목표로 합니다.

　한국의 교육과정과 교육 정책은 그러한 '추구하는 인간상'을 바탕으로 구성되며, 교육 현장에서도 이를 실현하고자 다양한 노력을 기울이게 됩니다.

◦ **추구하는 인간상을 구현하기 위한 핵심역량**

　2015년과 2022년 개정 교육과정에서 제시한 인간상과 그에 따른 핵심역량은 교육이 지향하는 미래의 방향성을 명확히 하는 역할을 한다. 이 인간상은 단순한 지식 습득을 넘어, 창의적 융합형 인재 양성, 창의성과 포용성을 겸비한 주도적인 사람을 목표로 설정하고 있다. 이러한 목표를 달성하기 위해 핵심역량이 제시되는 것은 학생들이 변화하는 사회에서 요구되는 다양한 능력을 기를 수 있도록 교육의 틀을 제공하는 것이다.

　교육과정에서 제시하고 있는 핵심역량은 학생들이 미래 사회에서 문제를 해결하고, 스스로의 삶을 주도적으로 이끌어 나가기 위해 필수적으로 갖추어야 할 능력을 구체화하고 있다. 이를 통해 교육과정은 지식 전달을 넘어, 핵심역량을 길러나갈 수 있는 체계적인 학습 경험을 제공하게 된다.

　핵심역량의 제시는 교육이 단순히 성적과 서열을 위한 경쟁의 장이 아니라, 학생들이 다양한 학습 경험을 통한 전인적인 성장을 요구하고 있는 것이라 할 것이다.

> **AI 견해**

* **한국의 교육은 2015, 2022 개정 교육과정에서 핵심역량을 제시하고 있다. 의미와 실천 방안은?**

2015년과 2022년에 이루어진 한국의 교육과정 개정에서 핵심역량의 제시는 교육의 방향성을 제공하고, 학생들이 21세기 사회에서 요구하는 다양한 능력을 갖출 수 있도록 하는 데 목적이 있습니다. 이러한 핵심역량은 학생들이 미래 사회의 다양한 상황에서 적응하고, 성공적으로 활동할 수 있는 기반을 마련해주기 위한 것입니다.

1. 핵심역량의 제시 의미
- 미래 사회 준비: 변화하는 사회와 기술 발전에 대응할 수 있는 유연성과 창의력, 문제 해결 능력 등을 강조합니다. 이는 학생들이 미래의 불확실한 상황에도 적응하고, 필요한 기술을 배우며, 창의적인 해결책을 제시할 수 있도록 준비시키기 위한 것입니다.
- 전인적 교육: 지식의 단순한 습득을 넘어서, 학생들이 사회적, 감성적, 윤리적 능력을 포함한 전인적인 발달을 이룰 수 있도록 합니다. 이는 학생들이 더 건강하고, 행복하며, 윤리적인 사회 구성원으로 성장하는 데 중요합니다.
- 학습자 중심의 교육: 학생들의 개별적인 필요와 흥미를 중심으로 한 교육을 강조하며, 자기 주도적 학습 능력의 발달을 지원합니다.

2. 실천 방안
- 교육과정 설계: 교육과정은 핵심역량을 기반으로 설계되어야 하며, 각 교과목에서 학생들이 이러한 역량을 어떻게 개발할 수 있을지를 명확히 해야 합니다.
- 교수법의 혁신: 전통적인 강의 위주의 수업에서 벗어나, 프로젝트 기반 학습, 문제 해결 중심 학습, 협력적 학습 등 학생들이 적극적으로 참여하고, 실제적인 문제를 해결하는 교수법을 적용해야 합니다.
- 평가 방식의 다양화: 학생들의 핵심역량 발달 수준을 적절히 평가하기 위해, 기존의 지필 평가 중심에서 벗어나 포트폴리오, 프로젝트, 발표, 팀 기반 평가 등 다양한 평가 방법을 활용해야 합니다.
- 교사의 전문성 강화: 교사들이 핵심역량 기반의 교육을 효과적으로 설계하고 실행할 수 있도록, 관련된 연수와 교육을 지속적으로 제공해야 합니다.
- 학생 참여의 증진: 학생들이 자신의 학습 과정과 결과에 대해 책임감을 가지고, 자기 주도적으로 학습할 수 있는 환경을 조성해야 합니다.

이러한 접근 방식을 통해, 학생들은 단순히 지식을 습득하는 것을 넘어서, 미래 사회에서 필요로 하는 다양한 역량을 종합적으로 개발할 수 있게 됩니다. 이는 학생들이 미래에 닥칠 다양한 도전에 대응할 수 있는 강한 기반을 마련해 줄 것입니다.

* **핵심역량과 관련하여 한국의 교육과정은 '심미적 감성 역량'을 제시하고 있다. 미래 역량이라는 관점에서 중시되어야 할 역량이라고 본다. 그런데 핵심역량 관련, 쳇의 답변에는 거의 찾아보기 힘들다. 왜 그럴까?**

한국의 교육과정에서 제시하는 '심미적 감성 역량'은 해외에서 통용되는 일반적인 '심미적 능력(aesthetic capability)'이나 '감성 역량(emotional competence)'과 유사한 부분이 있지만, 국내 교육과정의 맥락 안에서 구체적으로 정의되고 강조된다는 점에서 비교적 특수한 개념입니다. 다음과 같은 이유로 AI 답변에서 '심미적 감성 역량'이 상대적으로 덜 언급되는 편입니다.

1. 영어권 및 국제 담론 중심의 자료 부족

Chat GPT와 같은 대규모 언어모델은 주로 영어권을 비롯해 국제적으로 회자되는 학술 자료나 기사, 보고서를 대량으로 학습하게 됩니다. 한국의 교육과정에서 정의된 '심미적 감성 역량'은 국내 특정 맥락에서만 구체화되었다 보니, 대규모 데이터셋 안에서 비중이 낮아 상대적으로 언급 빈도가 적을 수 있습니다.

2. 글로벌 공통 핵심역량과의 교집합 논의의 부족

흔히 '4C'(Creativity, Critical Thinking, Collaboration, Communication)나 'Global Competence'와 같이 국제적으로 널리 알려진 미래 역량 개념과 비교해 보면, '심미적 감성 역량'은 직관적으로 연결하기 쉽지 않거나, 해당 역량이 보다 전인적·예술적 맥락 속에서 다루어지기 때문에 다소 특수하게 여겨질 수 있습니다. 이에 대한 심층적인 분석이나 교집합 연구가 많지 않아, Chat GPT 같은 모델도 이를 일반적인 핵심역량 개념과 함께 빈번히 언급하기 어려운 측면이 있습니다.

3. AI 모델이 주목하는 자료의 상대적 비중

'심미적 감성 역량' 관련 전문 연구나 논문은 국내 교육학·미학 분야 등 특정 학계에서 주로 다루어지고, 다른 핵심역량(문해력, 비판적 사고력, 창의력, 협업 능력 등)에 비해 대중적·국제적 주목도가 낮은 편입니다. AI가 광범위한 텍스트를 학습한다고 해도, 상대적으로 양이 적은 자료는 답변에 자연스럽게 등장하기가 어렵습니다.

4. 용어 통일성의 부족

한국의 '심미적 감성 역량'이라는 명칭이, 해외나 다른 문헌에서는 '예술적 민감성(artistic sensitivity)', '미적 감수성(aesthetic sensitivity)', '감성 역량(emotional competence)' 등 다양한 용어로 번역·해석될 수 있습니다. 용어 자체가 통일되어 있지 않으면 AI가 이를 동일 개념으로 인식하기 어려우며, 따라서 검색이나 답변 생성 과정에서 일관되게 등장하기 어렵습니다.

결국 '심미적 감성 역량'은 국내 교육과정에서 미래 교육의 중요한 한 축으로 강조되는 역량이지만, 국제적 담론이나 대중적인 자료에서는 상대적으로 드러나지 않아서 AI 답변에서 비중 있게 다뤄지지 않는 것입니다. 다만, 점차 예술·감성·창의성이 강조되는 미래 교육 패러다임이 주목받으면서, 이를 다루는 자료(논문, 정책 보고서, 뉴스 등)가 확충된다면 향후 AI 답변에서도 관련 언급이 더욱 많아질 것으로 예상됩니다.

■ 학교의 교육과정 운영은
◦ 매년, 학교 교육계획 수립

학교 교육계획서는 학교의 연간 교육계획을 수립하고 그 내용을 명시한 문서로, 새로운 학년이 시작되기 전에 수립되며 학교 구성원들에게 공유되어 1년간 학교 운영의 지침서가 된다. 이것은 국가 교육과정, 교육부의 업무계획, 시·도 교육청에서 내려오는 지침을 반영하고, 학교의 특성과 지역사회의 요구, 학생들의 수준과 요구 등을 고려하여 작성되며, 학교 운영위원회의 심의를 거쳐 확정된다.

실제, 어떻게 수립하고 있을까? 이 과정은 학교의 상황에 따라 다를 수 있지만, 일반적으로는 다음과 같은 절차를 거친다.

1. 학교의 교육 목표와 교육과정을 분석하고, 이를 바탕으로 교육계획을 수립한다.
2. 교육계획을 구체화하고, 교육 방법, 교육 평가, 교육 환경 등을 포함한 세부 계획을 작성한다.
3. 교육계획을 실행하기 위한 예산을 확보하고, 교육계획을 실행하는 데 필요한 자원을 확보한다.
4. 교육계획을 실행하면서 발생하는 문제를 해결하고, 교육계획을 수정하거나 보완한다.
5. 학년, 학급 교육과정을 계획한다.
6. 교육계획을 평가하고, 그 결과를 바탕으로 다음 해의 교육계획을 수정하거나 보완한다.

그런데 우리나라 초·중·고 학교에서의 학교 교육계획 수립은 대부분 형식적이라 해도 할 말이 없을 것이다. 그것은 국가 수준의 교육 정책, 교육과정, 시·도교육청의 교육 기본 방향, 학교의 특성과 요구, 학생, 학부모, 지역사회의 요구 등을 반영하여 수립하게 된다.

그렇다면 누가, 언제 그러한 업무를 추진하게 될까? 당연히 교사이어야 하겠지만 그들은 가르치는 것만으로도 하루가 벅차다. 거기에다 매년 달라지는 교육 정책, 2~3년 단위로 바뀌는 학교 간의 인사이동, 1년 단위의 교내 인사, 교사들의 여름, 겨울, 학년말 방학 등에 대한 인식 등은 학교 교육과정 수립에 적지 않은 문제점이 된다. 그러한 이유로 대부분은 부장 교사, 교감, 교장이 주도함으로써 모든 구성원이 공감하는 계획이나 실천, 피드백이 충분히 반영되기에는 한계가 있다.

매년 학교는 학교 교육계획과 학년 교육과정을 수립하지만 교육과정이 충분히 반영되는 교육 활동으로 이어지기는 결코 쉽지 않은 것이 현실이다.

AI 견해

* **한국의 초·중·고 교육 시스템에서 학교 교육계획서, 학교 교육과정, 학년 교육과정은 각각 어떠한 역할을 할까?**

한국의 교육 시스템에서 '학교 교육계획서', '학교 교육과정', 그리고 '학년 교육과정'은 각각 다음과 같은 역할을 하게 됩니다.

1. **학교 교육계획서**

학교의 교육 방향성, 목표, 전략 등을 포함한 중장기적인 계획서로, 국가 수준의 교육과정을 바탕으로 학교의 실정, 학생들의 특성, 학교의 지역적 및 문화적 특성을 고려하여 작성됩니다. 학교의 교육 활동, 학교 행사, 교육 프로그램 등의 계획을 포함할 수 있습니다. 학교의 비전, 목표, 핵심 가치 등을 담고 있어 학교의 교육적 방향성을 제시합니다.

2. **학교 교육과정**

'학교 교육계획서'를 기반으로 각 학교에서 실행되는 실제 교육 프로그램과 내용을 구체화한 것으로, 교과별, 영역별 학습 내용, 방법, 평가 방식 등을 포함합니다. 학교의 특성, 교사의 전문성, 학생들의 학습 수준 등을 반영하여 조절될 수 있습니다. 국가 수준의 교육과정과 학교의 실제 교육 활동 사이의 연결고리 역할을 합니다.

3. **학년 교육과정**

'학교 교육과정' 중에서도 특정 학년을 대상으로 한 교육내용과 방법을 구체화한 것입니다. 학년별로 학생들이 학습해야 할 주요 내용, 학습목표, 학습활동, 평가 방법 등을 포함합니다. 학생들의 발달 단계와 학습 능력을 고려하여 구성되며, 학년별 학습의 연계성과 연속성을 확보하기 위해 설계됩니다.

이렇게 세 요소는 학교 교육의 방향성부터 구체적인 학습 내용까지를 체계적으로 계획하고 실행하는 데 필요한 구성 요소로, 서로 연관되어 있으며 학교 교육의 품질과 효과성을 높이기 위해 중요한 역할을 합니다.

∘ 주요 활동은 수업과 창의적 체험 활동

초등교육을 중심으로 할 때, 학교 교육과정을 실천하는 주요 활동은 교과 수업과 창의적 체험 활동이다.

교과 수업은 초등인 경우, 국어, 수학, 사회, 도덕, 과학, 실과, 체육, 음악, 미술, 영어와 같은 교과 학습이 이루어지는 시간으로, 교과 중심의 기본적인 지식과 기술을 학생들에게 전달하는 것이 목표가 된다.

창의적 체험 활동은 교과 과정 이외의 활동으로, 2015 개정 교육과정에서는 자율활동, 동아리 활동, 봉사 활동, 진로활동의 4개 영역으로 구성돼 있었으나, 2022 개정 교육과정에서부터 자율·자치활동, 동아리 활동, 진로활동 등 3개 영역으로 변경되었다. 정규 수업 또는 수업 외 시간에 운영되며, 예술, 과학, 사회적 체험 등 현장 학습을 통해 직접 탐색하고 경험하게 된다. 또한 축제, 공연, 전시회 등의 행사에 참여하게 함으로써 다양한 경험을 하고, 학교 공동체의 일원으로서의 소속감을 느끼게 하는 활동도 이루어진다.

초등학교의 방과후학교 교육 프로그램은 정규 수업 이외의 시간에 운영된다. 주로 오후 시간대에 진행되며, 학생들은 자신이 원하는 프로그램을 선택하여 참여할 수 있다.

AI 견해

* **한국의 초등교육에서 수업과 창의적 체험 활동은 학교 교육과정의 실천에 어떠한 역할을 한다고 할 수 있을까?**

한국의 초등교육에서 수업과 창의적 체험 활동은 학교 교육과정의 실천에 매우 중요한 역할을 담당합니다. 이들은 각각 학교 교육의 이론적, 실천적 측면을 대표하며, 학생들의 전인적 발달과 포괄적 교육 경험을 제공할 수 있어야 합니다.

< 수업의 역할 >

1. 기초 지식과 기본 능력의 전달
   수업을 통해 학생들은 국어, 수학, 과학, 사회 등 기본적인 교과목에 대한 핵심 지식과 기본적인 학습 능력을 습득합니다. 이는 학생들의 지적 발달의 기초를 형성합니다.

2. 체계적인 학습 경험 제공
   교사의 지도하에 이루어지는 수업은 학습의 체계성과 일관성을 보장합니다. 이는 학생들에게 분명한 학습목표와 구조를 제공합니다.

3. 비판적 사고 및 문제 해결 능력 함양
   학생들이 다양한 주제와 문제를 토론하고 사고하는 과정에서 비판적 사고와 문제 해결 능력이 개발됩니다.

4. 사회적 상호작용 및 협력 학습
   교실 내에서의 그룹 활동과 토론은 사회적 상호작용을 촉진하고 협력적 학습 능력을 키웁니다.

< 창의적 체험 활동 >

1. 창의성과 다면적 능력 개발
   예술, 음악, 체육 등의 수업 외 활동은 학생들이 창의적이고 다면적인 능력을 개발할 기회를 제공합니다.

2. 인성교육 및 사회적 기술 함양
   동아리 활동, 봉사 활동, 학교 행사 등을 통해 학생들은 인성교육과 사회적 기술을 배우고, 공동체 의식을 강화합니다.

3. 실생활과 연계된 학습 경험
   체험 학습이나 현장 견학은 이론적 지식을 실생활과 연계하며, 학생들에게 실용적이고 현실적인 학습 경험을 제공합니다.

4. 자기 주도성 및 자아 정체성 발달
   학생들은 자신의 관심사와 취미를 탐색하고, 자기 주도적인 학습과 활동을 통해 자아 정체성을 발달시킵니다.

수업과 창의적 체험 활동의 조화는 학교 교육과정의 실천을 통해 학생들에게 균형 잡힌 교육을 제공합니다. 이를 통해 학생들은 단순히 지식을 습득하는 것을 넘어, 다양한 인생 기술을 배우며, 건강한 사회 구성원으로 성장할 기회를 가지게 됩니다. 이는 궁극적으로 한국의 미래 사회가 필요로 하는 유능하고, 균형 잡힌 인재를 양성하는 데 중요한 역할을 합니다.

한 학기, 한 학년 교육의 성과는
■ 학생의 교육과정 이수

◦ 출석하면 인정하는 교육과정 이수

　교육과정 이수는 정해진 교육과정을 완료하는 것을 의미한다. 이는 학생이 특정 교육 프로그램 또는 코스를 성공적으로 마치고 필요한 과정이나 학점 등을 취득했음을 말한다. 의미 있는 교육과정 이수라면 학생의 성장과 발전을 말할 수 있는 실질적인 결과를 말할 수 있어야 할 것이다.

　그런데 지금의 초·중·고등학교 교육과정 이수는 출석 충족을 기준으로 삼는다. 초·중등교육법 시행령 제50조(수료 및 졸업 등)는 '①학교의 장은 학생의 교육과정의 이수정도 등을 평가하여 학생의 각 학년 과정의 수료 또는 졸업을 인정한다. ②학생의 각 학년 과정의 수료에 필요한 출석 일수는 제45조의 규정에 의한 수업일수의 3분의 2 이상으로 한다. ③학교의 장은 당해 학교의 교육과정을 이수하였다고 인정하는 자에게 졸업장을 수여한다.'라고 하고 있다. 이수 인정은 있지만, 학교 교육 목표 미달로 인한 미이수와 관련된 상세한 규정은 없다.

　이러한 출석 중심의 형식적 교육과정 이수 제도는 어떠한 문제를 갖고 있을까? 학생들은 학교로 나가 온종일 말 한마디 하지 않고, 알려주는 대로, 시키는 대로 활동하기만 하면 수료 또는 졸업을 인정해 준다는 의미가 된다. 물론 교육과정의 이수 정도를 평가하기는 하지만 우리나라에서 출석 규정을 채웠는데도 이수하지 못한 사례는 거의 찾아볼 수 없을 것이다. 결국 출석만 한다면, 학생 개개인이 어떠한 것을, 얼마나 이해하고 습득했는지는 중요하지 않다는 의미가 된다.

　또한, 학교가 아니어도 학생들은 검정고시 제도를 활용하여 초·중·고 졸업을 인정받을 수도 있다. 실제, 재택 교육이나 대안학교 등을 택하는 학생이 적지 않다.

출석만 하면 졸업할 수 있고, 학교로 나가지 않아도 졸업을 인정받을 수 있는 검정고시 제도는 우리 교육이 실질적 학습 성과보다 형식적 학력 취득에 역점을 두고 있다는 결정적인 증거가 된다. 교실에서 다양한 경험을 통해 성장하는 교육의 본질적 가치보다 졸업장이라는 증명서가 더 중요시되는 현실을 말해 주고 있는 것이다.

AI 견해

* **한국의 교육에서, 초·중·고 교육에서 교육과정 이수는 어떠한 의미를 갖고 있을까?**

한국의 초·중·고등학교 교육에서 교육과정 이수는 학생들이 국가 교육과정에 따라 정해진 교과목과 학습 내용을 성공적으로 완료하는 것을 의미하며, 이는 여러 면에서 중요한 의미를 지니고 있습니다.

1. 기본 교육 수준의 보장

교육과정 이수를 통해 학생들은 각 교육 단계에서 요구되는 기본적인 지식과 기술, 역량을 습득하게 됩니다. 이는 전국적으로 표준화된 교육 수준을 유지하고, 모든 학생이 균등한 교육 기회를 얻도록 보장합니다.

2. 다음 교육단계로의 진학과 진급

교육과정 이수는 학생들이 다음 학년이나 교육 단계로 진급하거나 진학하는 데 필수적인 조건입니다. 예를 들어, 중학교 교육과정을 이수해야 고등학교에 진학할 수 있으며, 고등학교에서 필요한 교과목을 이수해야 대학 입시 자격을 얻을 수 있습니다.

3. 학업 성취도 평가의 근거

교육과정 이수는 학생들의 학업성취도를 평가하는 기본적인 근거가 됩니다. 교과목별 성적과 평가가 교육과정에 기반하여 이루어지며, 이는 학생들의 학습 능력과 이해도를 측정하는 데 사용됩니다.

4. 핵심역량과 전인적 발달

국가 교육과정은 학생들의 창의성, 비판적 사고, 의사소통 능력, 인성 등 핵심역량을 개발하기 위해 설계되었습니다. 교육과정 이수를 통해 학생들은 지식 습득뿐만 아니라 이러한 전인적 발달을 이룰 수 있습니다.

5. 진로 탐색과 준비

교육과정 이수는 학생들이 다양한 분야의 지식을 습득하고 진로를 탐색하는 데 도움을 줍니다. 특히 고등학교에서는 선택 과목을 통해 자신의 흥미와 적성에 맞는 분야를 심도 있게 공부할 수 있으며, 이는 대학 전공 선택과 미래 진로 설정에 중요한 역할을 합니다.

6. 법적 의무와 교육권 보장

초등학교와 중학교의 의무교육 제도에서 교육과정 이수는 법적으로 요구되는 사항입니다. 이는 모든 학생이 교육받을 권리를 보장하고, 사회 구성원으로서 필요한 기본 소양을 갖추도록 하는 데 목적이 있습니다.

7. 사회화와 시민 의식 함양
교육과정에는 도덕, 사회, 역사 등의 교과목이 포함되어 있어 학생들이 사회적 가치관, 윤리의식, 시민 의식을 함양할 수 있습니다. 이를 통해 책임감 있고 성숙한 사회 구성원으로 성장하게 됩니다.

8. 평생학습의 토대 마련
교육과정을 이수하면서 습득한 지식과 역량은 학생들의 평생학습에 중요한 토대가 됩니다. 이는 미래에 새로운 지식을 습득하고 변화하는 사회에 적응하는 데 필수적인 기반을 제공합니다.

9. 교육의 형평성과 질적 향상
전국적으로 통일된 교육과정 이수는 교육의 형평성을 높이고, 지역이나 학교에 따른 교육 격차를 줄이는 데 기여합니다. 또한 지속적인 교육과정 개선을 통해 교육의 질적 향상을 도모할 수 있습니다.

10. 대학 입시와 취업에서의 영향
고등학교 교육과정에서 이수한 과목과 성적은 대학 입시에서 중요한 평가 요소가 됩니다. 특히 특정 전공이나 학과를 지망하는 경우 관련 과목의 이수가 필수적일 수 있습니다. 또한 일부 전문 분야에서는 고등학교 때 이수한 교육과정이 취업 자격이나 기초 지식으로 인정되기도 합니다.

한국의 초·중·고등학교 교육에서 교육과정 이수는 학생들의 학업 진로를 결정하고, 전인적 성장을 지원하며, 사회의 일원으로서 필요한 역량을 함양하는 데 핵심적인 역할을 합니다. 이는 개인의 발전뿐만 아니라 사회 전체의 발전에도 기여하는 중요한 교육적 의미를 지니고 있습니다.

◦ 실제 성과는 교과 성적과 전체 순위

학교는 매년, 다음 해의 학교 교육 계획서 작성을 위한 학생과 학부모 대상의 설문조사를 한다. 그 중 학교 교육에서 가장 중요시해야 할 가치를 묻는 항목에 많은 학부모는 인성교육을 선택한다. 학교도 이를 강조한다. 그러나 막상 현실은 다르다. 모든 학생은 평가에서 교과 점수 100점, 전체 1등 지향에서 벗어날 수 없다. 학생들은 어떠한 인성교육을 받았는가 보다 몇 점을 받았는지를 중시되는 학교생활을 해야 한다.

문제는 이런 풍토가 '당연한 것'으로 여겨진다는 점이다. 미래 교육에서의 평가는 학생의 성장과 발전 이끄는 역할을 해야 하는데, 여전히 서열화하기 위한 시험 중심의 평가가 학교 교육을 지배하고 있는 것이다.

또한 교과 성적은 상급학교 진학이나 대학 진학 등에 절대적인 영향을 미친다. 따라서 학생들은 교과서 중심의 평가에 대비하기 위하여 학교 수업 이외로 교과 내용의 암기와 문제 풀이에 많은 시간과 노력을 해야 하며, 결과적으로는 병폐적인 사교육으로 이어지는 요인이 되게 한다. 초등학생이 사교육을 통하여 중학교나 고등학교 과정을 미리 익히는 선행학습은 너무 안타까운 우리 교육의 현주소이다.

AI 견해

* **미래 교육을 지향하는 교육 관련, 교과 성적이 학교 교육의 성과가 될 때 어떠한 문제점을 지적할 수 있을까?**

미래 교육을 지향하는 관점에서 교과 성적이 학교 교육의 주요 성과로 간주 될 때 다음과 같은 문제점을 지적할 수 있습니다.

1. 교육 목표의 협소화
교과 성적이 학교 교육의 주요 성과로 평가될 경우, 학생의 성장과 발달보다는 정해진 지식과 기술 습득에 초점이 맞춰질 가능성이 높습니다. 이는 창의성, 문제 해결력, 협업 능력, 자기 주도 학습 능력과 같은 핵심역량을 경시하는 결과를 초래할 수 있습니다.

2. 평가 방식의 제한성
현재 교과 성적은 객관식 시험, 서술형 평가 등의 방식으로 측정되며, 이는 학생의 사고 과정, 실천 역량, 창의적 문제 해결 능력을 충분히 반영하지 못할 수 있습니다. 특히, 지식의 적용과 실천이 강조되는 미래 사회에서 이러한 평가 방식은 실질적인 역량 측정을 어렵게 만들기도 합니다.

3. 학습 동기의 왜곡
학생들이 점수 획득을 목표로 공부하게 되면, 의미 있는 배움보다는 시험 점수 향상에 초점이 맞춰질 수 있습니다. 이는 내재적 동기 저하를 초래하고, 장기적으로는 지속 가능한 학습 태도를 저해할 가능성이 큽니다.

4. 과목 간 불균형 초래
교과 성적이 학교 교육의 성과로 강조될 경우, 주요 과목(국영수 등)에 대한 편중 현상이 심화될 수 있습니다. 이로 인해 예술, 체육, 인성교육, 진로 탐색 활동 등의 중요성이 상대적으로 축소될 수 있습니다.

5. 경쟁 심화와 심리적 부담 증가
교과 성적 중심 평가 체제에서는 학생들 간의 비교와 서열화가 필연적으로 이루어지며, 이는 불필요한 경쟁과 심리적 압박을 증가시킵니다. 특히 미래 교육이 지향하는 협력과 상생의 가치를 저해할 가능성이 큽니다.

6. 학교 교육의 영향력 약화
교과 성적이 학교 교육의 주요 성과가 되면, 학생과 학부모는 사교육 의존도가 높아질 가능성이 큽니다. 이는 결국 학교 교육이 본연의 역할 수행을 어렵게 만들고, 공교육의 신뢰도를 저하시킬 수 있습니다.

7. 미래 사회 변화에 대한 대응력 부족
미래 사회에서는 융합적 사고, 실천적 문제 해결력, 지속 가능한 학습 능력이 중요한데, 교과 성적 중심의 교육 체제는 이러한 능력 배양을 어렵게 만듭니다. 변화하는 사회와 노동시장에서 요구하는 다양한 역량(예: 디지털 리터러시, 협업 능력, 글로벌 마인드셋 등)을 길러줄 수 있는 교육이 필요합니다.

교과 성적을 학교 교육의 성과로 삼을 경우, 교육 목표의 협소화, 평가 방식의 제한성, 학생들의 학습 동기 왜곡, 과목 간 불균형, 경쟁 심화, 공교육 영향력 약화, 미래 변화 대응력 부족 등의 문제점이 발생할 수 있습니다. 따라서 성적뿐만 아니라 학생의 성장 과정, 역량 발달, 협업 경험, 문제 해결 능력 등을 포함하는 다차원적 평가 체계가 필요합니다. 특히 고교학점제와 같은 제도와 연계하여 학생 개개인의 성취와 발전을 기록하고, 평가가 학습과 성장의 과정이 될 수 있도록 개선하는 방향이 중요합니다.

◦ **평가 관련, 교육과정 총론도 문제이다.**

    우리나라 2015, 2022 개정 교육과정 총론에서 제시하는 평가는 '학생 개개인의 교육 목표 도달 정도를 확인'하고 '학습의 부족한 부분을 보충'하며 '교수·학습의 질을 개선'하는 데 평가의 목적이 있다고 밝히고 있다. 얼핏 보면 합리적인 듯하지만, 여기에는 근본적인 문제가 숨어 있다. 평가의 이유가 교과 지식 중심의 '일정 수준 도달 여부'가 된다는 점이다. 교과 점수만으로 학생의 전인적인 성장과 발달을 말할 수 있을까?

    교육과정에서 제시된 평가 체계는 핵심역량의 구체적인 성장 여부는 포함되어 있지 않다. 성취기준을 기준으로 삼아 교수 학습과 평가를 교과 지식 중심으로 '일관성 있게' 운영하라고 함으로써 교사와 학생 모두에게 다양한 역량의 함양을 놓치고 있는 것이다.

    평가의 기능이 지식 중심으로, '부족한 부분 보충'과 '교수-학습 개선'으로만 한정될 때, 학생 개개인의 미래 역량과 관련된 미래 설계나 자기개발, 진로 탐색과 같은 교육의 궁극적인 목표는 제외될 수밖에 없다.

    미래를 살아갈 학생들에게 필요한 것은 '맞았느냐 틀렸느냐'가 아니라, 자신의 다양한 가능성을 발견하고 성장의 방향을 설계하는 교육을 실천하는 평가가 되어야 할 것이다.

| AI 견해 |

* **한국의 2015, 2022 개정 교육과정에서 평가 관련, 교육과정 총론과 실제에서 용두사미를 지적한다면?**

2015 및 2022 개정 교육과정의 '평가' 영역에서 비판을 받을 수 있는 요소들이 있습니다. 다음과 같이 정리해볼 수 있습니다.

1. '성취기준-평가의 일관성' 강조 → 실제론 지식 암기 위주 평가 지속

총론에서는 학생의 성장을 지원하는 과정 중심 평가, 핵심역량 기반 평가, 다양한 평가 방법 활용을 강조합니다. 그러나 현장에서는 여전히 서열화된 성적 산출과 암기 중심 시험이 지배적입니다. 예를 들어, 수행 평가가 도입되어도 여전히 객관식 시험, 지필평가, 단답형 평가가 주요 평가 방식이 됩니다. '역량 중심 교육과정이 도입되었지만, 평가 방식은 이전 그대로'라는 현장 교사들의 공통된 평가가 근거라 볼 수 있습니다.

2. 과정 중심 평가 강조 → 교사 부담 가중, 실질 운영 미비

2015 개정에서는 수행 평가·관찰평가·학생 자기 평가 등을 적극 도입하도록 권장했지만, 이는 기록과 행정 부담으로 교사들에게 과도한 업무를 안겨주었고, 형식적 평가로 전락한 사례가 많았습니다. '루브릭을 채우는 데만 시간이 다 간다. 실제 피드백은 어렵다'라는 교사 인터뷰를 검색할 수도 있습니다.

3. 핵심역량 기반 평가 도입 → 평가 기준과 도구 불명확

역량 기반 평가는 학생 개개인의 맥락에 따라 다양한 성장을 인정해야 하는데, 실제로는 측정 가능성과 점수 환산 가능성 때문에 구체적인 루브릭이나 척도 없이 평가가 이루어지는 경우가 많습니다. 창의성, 비판적 사고력을 평가하라는데 기준이 없고 주관적이라 평가 실효성 논란도 검색됩니다.

4. 대학 입시와의 단절 → 총괄 평가에 끌려가는 수업

고등학교에서의 평가 혁신은 결국 대학 입시와 연결되지 않으면 무의미하다는 현장의 인식이 강합니다. 그 결과, 역량 중심 교육과정이 도입되었음에도 수업은 여전히 내신 성적을 위한 문제 풀이 중심으로 운영되고 있습니다. '결국 대학은 점수 보고 뽑는다. 아무리 과정 중심 평가라 해도 학생, 학부모는 오직 점수만 본다.'라는 반응을 만들고 있습니다.

2015, 2022 개정 교육과정의 평가는 명확히 용두사미적 구조를 보입니다. 교육과정 문서에는 이상적인 평가 철학이 제시되었지만, 제도적 뒷받침 부재, 현장 실현 가능성 미비, 입시 현실과의 괴리로 인해 실제 수업과 평가는 과거 방식에서 벗어나지 못하고 있는 것이 현실입니다.

그러한 교육이어서 제기되는 문제는

■ 학생들에게 학교는 어떠한 곳이 되고 있는가?

◦ 학생은 자신의 성장과 발전을 말할 수 있는가?

'학교 제도의 희생자가 되어 좀비화되고 있는 많은 한국의 많은 학생들'
이 표현은 너무 과격하기는 하다. 하지만 그 속에는 중요한 지적이 숨어 있다. 학교 교육을 통하여 수업을 비롯한 많은 교육 활동이 이루어 지지만 학생 자신의 성장이 아닌, 학교가 원하는 학생을 만들어내는 데 집중된다는 사실이다. 학생들은 학교가 요구하고 있는 교육 활동에 충실하지 않으면 불이익을 감수해야 한다. 그러다 보니 내신 성적이 문제가 되어, 어쩔 수 없이 자퇴한 후 다시 입학하는 학생도 있다고 한다.

표준화된 목표와 주입식 교육, 시험 중심의 평가는 학습 능력, 관심사, 가치관 등이 제각각인 학생들을 인정할 수 없다. 성적과 등수는 있지만, 학생들은 정작 자신의 성장과 발전을 말하지 못한다. 그러한 교육이 미래를 주도적으로 살아갈 수 있는 학생을 길러나가는 교육이라 할 수 있을까?

이제 교육은 학교가 원하는 학생이 아니라, 학생 개개인이 어떤 사람으로 '성장하고 싶은가에 의하여 채워가는 교육에 중심을 두어야 한다. 그렇지 않다면 '좀비화'라는 표현은 과장이 아니라, 우리의 교육 현실을 드러내는 부끄러운 상징이 될 뿐이다.

| AI 견해 |

* **한국의 초·중·고 교육 관련, 학생이 자신의 성장과 발전을 말하지 못한다는 것은 어떤 문제들을 반영하고 있을까?**

한국의 초·중·고 교육에서 '자신의 성장과 발전을 말하지 못하는 학생'은 주로 다음과 같은 문제들을 반영하고 있습니다.

1. 성장과 발전에 대한 인식 부족
한국의 초·중·고 교육은 주로 성적과 등수 같은 외부적인 결과를 강조합니다. 이에 따라 학생들은 자신이 어떤 점에서 성장했는지, 어떤 능력을 개발했는지 스스로 돌아보거나 말할 기회를 얻지 못합니다. 결과적으로, 학생들은 자기 자신을 이해하거나 성장 과정을 반성하는 데 익숙하지 않게 됩니다.

2. 내적 동기와 자율성 부족
교육과정이 주로 교사 주도적이고 표준화된 학습목표에 집중되다 보니, 학생들은 스스로 목표를 설정하거나 자신의 학습 과정을 평가하는 경험이 적습니다. 이는 학생들이 자신의 학습 동기를 내면화하거나, 학습의 의미를 자신의 성장과 연결 짓는 능력을 저해합니다.

3. 경쟁 중심 교육의 한계
과도한 경쟁 환경에서 학생들은 자신의 개인적 발전보다는 타인과의 비교를 통해 자신의 가치를 판단하게 됩니다. 이로 인해, 스스로의 강점과 약점을 이해하고 개선하는 데 집중하기보다는, 다른 사람과의 순위 경쟁에 집착하게 되어 자기성찰의 기회가 줄어듭니다.

4. 교육과정에서 자기성찰 활동 부족
현재 초·중·고 교육과정은 학생들이 자신의 성과와 과정을 성찰할 기회를 체계적으로 제공하지 않습니다. 자기 평가, 피드백 기록, 성장 일기 쓰기와 같은 활동이 부족하며, 이로 인해 학생이 자신의 발전 과정을 돌아보는 습관을 기르지 못합니다.

5. 미래 비전과 진로 교육의 부족
학생들이 자신의 미래 비전이나 목표를 구체적으로 상상할 기회가 부족합니다. 진로 교육이나 자기 탐색 활동이 형식적이거나 제한적인 경우, 학생들은 자신의 성장 방향에 대해 고민하거나 이를 언어화할 능력을 키우지 못합니다.

6. 단순한 '성과'에 대한 주입식 인식
초·중·고 교육은 학생들에게 '성공'이란 시험 점수나 입시에 국한된다고 반복적으로 암시합니다. 이에 따라 학생들은 성공과 성장을 동일시하고, 시험 결과 외의 성장 요소들을 스스로 인식하거나 자랑스럽게 느끼지 못하게 됩니다.

이러한 문제는 학생들의 자존감과 자기 주도 학습 능력을 키우는 데 중요한 과제로, 한국 교육의 질적 개선을 위한 중요한 논의로 이어질 수 있습니다.

◦ 평가로 시달리는 초·중·고 12년

한국의 교육에서 평가는 초등학교 입학과 동시에 시작되어 고등학교 졸업까지 12년 동안 계속된다. 근래에는 유명 유치원이나 영어 학원에 입학하기 위하여 4세 고시, 7세 고시까지 치르는 현상까지 생기고 있다.

초등학교에서는 받아쓰기, 기초학력평가, 진단평가, 형성평가, 총괄 평가, 수행 평가 등이 기다린다. 평가 결과는 표면화되지는 않지만, 일정 기준 이상의 점수를 얻어야 하며, 통과하지 못하는 학생은 별도의 보충 과정을 거쳐야 한다.

중학교에 진학하면 더욱 심각해진다. 중간고사, 기말고사, 수행 평가의 연속이다. 자유학기제가 도입되었지만, 한 학기가 끝나면 다시 시험과의 전쟁이 시작된다. 이 시기에 일부 학생들은 평가 결과에 의하여 '나는 공부를 못하는 사람'이라는 낙인을 스스로 찍기도 한다.

고등학교는 더 심각하다. 내신과 관련된 수시, 수능과 관련된 정시라는 단어들이 학생들의 머릿속을 채운다. 대부분 학생은 새벽 5시에 일어나 자정이 넘어서야 집에 돌아오는 일과를 3년간 반복해야 한다. 이 과정에서 청소년기에 필요한 꿈과 희망은 모두 '대학 합격'이라는 목표 안에 묻어야 한다.

이러한 교육 시스템은 배움보다 경쟁이 더 중시될 수밖에 없다. 상대평가가 중심이 되기 때문에 친구는 함께 성장하는 동반자가 아닌 넘어서야 할 경쟁자가 된다. 사교육은 이러한 경쟁을 부추기는 기름이 된다. 강남의 유명 입시학원에서 자리를 차지하기 위해 자녀를 대신하여 새벽부터 줄을 서는 학부모들의 모습은 낯설지 않다. 월평균 사교육비가 가구 소득의 상당 부분을 차지하는 가정도 점차 늘어나고 있다 한다.

그러한 평가 중심의 교육은 많은 문제점을 만들어낸다. OECD 국가 중 한국의 청소년 행복 지수는 최하위권, 청소년 자살률은 최상위권이다. 이 충격적인 통계 뒤에는 과도한 학업 스트레스가 자리 잡고 있다. 고등학생의 평균 수면

┃ 그러한 교육이어서 제기되는 문제는

시간은 4~6시간에 불과하다. 성장기에 필요한 충분한 휴식과 수면이 부족한 상태에서 정상적인 발달과 건강을 기대할 수 있을까? 또한 우울증, 불안장애, 공황장애를 경험하는 청소년들이 증가하고 있다. 시험 기간이면 보건실은 스트레스로 인한 두통, 복통, 구토를 호소하는 학생들로 가득 차고, 정신건강의학과를 찾는 청소년들의 수는 해마다 증가하고 있다. 1등이나 꼴찌는 물론 중간층의 학생들 누구도 평가로 인하여 힘들지 않은 학생은 없다.

성적 중심 교육을 벗어나지 못함으로 인하여 수많은 한국의 학생들은 '시험을 위한 하루하루'를 살아가야 하는 것이 현실이 되고 있는 것이다.

AI 견해

* **한국의 교육은 교과 지식 중심의 평가를 중요시한다. 그러다 보니 초·중·고 12년 교육이 '교과 점수가 어떠한가?'에 매이게 된다. 학생의 관점에서 그러한 교육의 문제점은?**

학생의 관점에서 바라본 교과 지식 중심 평가의 문제점은 다음과 같이 정리할 수 있습니다.

1. 학습 동기의 상실과 흥미 저하
- 점수에만 초점이 맞춰진 학습: 학생들은 점수를 잘 받기 위해 암기 위주의 학습을 반복하게 됩니다. 이 과정에서 학습의 본질인 이해, 탐구, 창의적 사고가 무시되며, 지식 자체에 대한 흥미를 잃게 됩니다.
- 수업 참여 의욕 감소: 성적을 위한 학습이 우선시되다 보니, 수업은 시험 준비의 수단으로 전락합니다. 학생들은 수업 중 질문이나 토론을 통해 깊이 있는 학습을 하기보다 시험에 나올 내용만 암기하는 데 집중하게 됩니다.

2. 창의성과 문제 해결 능력 저하
- 사고의 다양성 제한: 교과 지식 중심 평가는 정답이 정해진 문제 풀이에 익숙하게 만듭니다. 학생들은 정답 외의 다양한 접근과 해결 방법을 탐구할 기회를 잃게 됩니다.
- 창의적 도전 회피: 틀린 답을 두려워하는 학생들은 창의적 시도를 회피하게 되며, 도전 정신과 자기 표현력이 약화합니다. 이는 미래 사회가 요구하는 융합형 인재 양성에 부적합한 결과를 초래합니다.

3. 스트레스와 불안 증가
- 과도한 경쟁과 비교: 점수 중심의 평가 구조는 학생들을 서열화시킵니다. 학생들은 끊임없이 다른 학생과 비교되며, 자기 존중감(Self-Esteem)이 저하되거나 심리적 위축을 경험하게 됩니다.
- 실패 경험의 부정적 인식: 시험 성적이 낮으면 '능력이 부족하다'라는 낙인이 찍히는 환경에서, 실패는 성장의 기회로 인식되지 않습니다. 학생들은 실수를 두려워하며 도전을 꺼리게 됩니다.

4. 주체성 부족과 수동적 태도 형성
- 수동적 학습 태도 강화: 학생들은 교사와 교과서가 제공하는 내용을 그대로 받아들이는 데 익숙해져, 스스로 사고하거나 탐구하는 능력이 약화됩니다. 이는 자율적 학습과 평생 학습 능력의

결핍으로 이어질 수 있습니다.
- 진로와 목표의 혼란: 성적 관리에 집중한 나머지, 자신의 흥미와 적성을 탐색할 기회가 부족합니다. 이는 대학 전공 및 진로 선택에서 혼란을 초래하고, 졸업 이후에도 사회 진출에 어려움을 겪을 수 있습니다.

5. 공정성에 대한 의심과 불신
- 평가의 일관성 부족: 일부 학생들은 시험의 난이도나 평가 기준의 불명확성 때문에 성적이 실력을 공정하게 반영하지 못한다고 느낍니다. 이러한 경험은 교육 시스템에 대한 불신을 강화합니다.
- 과도한 사교육 의존: 점수를 높이기 위해 사교육에 의존하게 되며, 이는 경제적 여건에 따라 기회의 불평등을 초래합니다. 학생들은 자신이 노력해도 성적 격차를 극복할 수 없다고 느끼면서 무력감을 경험합니다.

6. 삶의 의미와 연결되지 않는 학습
- 목표 없는 학습: 점수 중심의 교육은 학생들이 학습의 목적을 '좋은 성적'으로 한정 짓게 만듭니다. 이는 학습의 즐거움과 의미를 상실하게 하고, 실제 삶에서 지식을 활용하거나 문제를 해결하는 능력과 연결되지 않는 경우가 많습니다.
- 실생활 적용 부족: 교과서에서 배운 지식이 실제 생활이나 문제 상황과 연결되지 않기 때문에, 학생들은 학교에서 배운 것이 현실과 괴리되어 있다고 느낍니다. 이는 학습에 대한 가치와 필요성을 부정하게 만듭니다.

7. 미래 역량 개발의 부족
- 미래 사회 요구 역량과의 괴리: 창의력, 비판적 사고력, 협력 능력, 의사소통 능력 등 미래 사회가 요구하는 역량을 기를 기회가 부족합니다. 이는 학생들이 졸업 이후 사회에서 요구하는 복합적 문제 해결 능력을 키우는 데 어려움을 겪게 합니다.
- 평가 방식의 경직성: 프로젝트 기반 학습, 융합 교육, 협력 학습 등 다양한 학습 방식이 시도되지만, 여전히 교과 지식 중심의 평가가 핵심이기 때문에 변화가 제한적입니다.

학생들은 교과 지식 중심의 평가로 인해 학습에 대한 흥미를 잃고, 창의성, 자율성, 문제 해결 능력을 키울 기회를 박탈당하고 있습니다. 이러한 문제를 해결하기 위해서는 평가 방식의 다양화, 진로 탐색과 역량 강화 교육, 실제 문제 해결 중심 학습 강화 등 학생들이 성적이 아닌 '성장'을 중심으로 학습을 바라볼 수 있는 교육 시스템으로의 변화가 필요합니다.

◦ 혼란 속의 고교학점제

'모두가 바람직하다고 하면서도 모두가 문제라고 하는 고교학점제'
이것은 2025년 전면 시행되고 있는 고교학점제의 현실을 말하고 있는 표현이다. 고교학점제는 학생의 선택권을 확대하고 진로 중심 교육을 강화하겠다는 취지로 도입되었다. 하지만 학교 현장은 시행 초기부터 혼란에 빠져 있다. 사전에 진로의 방향을 정하지 못한 학생들은 과목 선택에서부터 막막함을 느끼고, 소규모 학교나 지방 학교는 인력과 시설 부족으로 다양한 과목 개설이 문제가 된다. 교사들은 늘어난 수업 준비와 평가 업무로 '시달린다'라는 표현으로도 부족하다.

더 큰 문제는 대입 제도와의 불일치다. 고교학점제가 강조하는 절대평가와 학생 선택 중심 수업이 현실에서는 여전히 상대평가와 대학 입시를 대비해야 한다. 고교학점제와 대학 입시는 접점이 거의 없다. 따라서 학생들은 진로보다는 입시에 유리한 과목만을 택하게 되니, 제도 본연의 취지는 퇴색될 수밖에 없는 것이다.

고교학점제는 분명 미래 교육으로 가는 중요한 전환점이다. 하지만 지금과 같은 초·중·고 교육의 연계, '좋은 대학' 선호와 같은 문제점의 해결 없이는 학생도, 교사도 모두 길을 잃을 수밖에 없다. '선택의 자유'가 아닌 '선택의 부담'만을 강요하는 고교학점제가 되는 것이다.

| AI 견해 |

※ 한국의 고교학점제는 어떠한 문제점을 지적받고 있을까?

한국의 고교학점제는 학생 선택권 확대와 진로 맞춤형 교육 실현을 목표로 도입되었지만, 실제 운영과 관련해 다음과 같은 주요 문제점들이 제기되고 있습니다.

1. 학생의 진로 미확정 문제
- 설계의 전제와 현실의 불일치: 고교학점제는 학생이 자신의 진로에 따라 과목을 선택한다는 전제를 지니고 있지만, 많은 학생이 고등학교 입학 시점에 아직 진로를 명확히 정하지 못합니다.
- 준비 부족: 초·중학교에서 진로 탐색 교육이 체계적으로 이루어지지 않아, 고등학교에서 선택이 제대로 된 교육 효과로 이어지지 않습니다.

2. 수능 중심 대학 입시와의 충돌
- 선택과 집중이 아닌, 선택과 부담: 학생들이 진로에 따라 과목을 선택하기보다는, 수능에서 유리한 과목을 중심으로 선택하게 됩니다.
- 실질적 변화의 한계: 수능과 내신이 여전히 입시의 중심에 있는 한, 고교학점제의 취지가 무력화될 가능성이 큽니다.

3. 학교 간 교육 격차
- 소규모·농산어촌 학교의 제약: 학생 수와 교사 수가 적은 학교는 다양한 과목 개설이 어렵습니다.
- 교육 불평등 심화 우려: 도시와 농촌, 일반고와 특목고 간의 선택 과목의 폭 차이가 교육 기회의 불균형으로 이어질 수 있습니다.

4. 교사의 과중한 업무 부담
- 교육과정 운영의 복잡성: 다양한 과목 개설과 시간표 운영이 교사에게 큰 행정적·교육적 부담을 줍니다.
- 교사 역량 차이: 다양한 선택 과목을 가르칠 수 있는 교사 양성 및 재교육이 충분히 이루어지지 않습니다.

5. 제도의 본질에 대한 혼란
- 형식적 운영 우려: 일부 학교에서는 학점제 운영이 형식적 선택만 가능하게 하거나, 진정한 의미의 학생 중심 수업이 이뤄지지 않습니다..
- 성취평가제 연계 문제: 성취평가제를 기반으로 학점 이수 기준을 마련하고 있지만, 평가 신뢰성과 학습 몰입도에 대한 논란이 있습니다.

6. 학생의 자기주도 학습 역량 부족
- 책임 있는 선택 어려움: 자기 주도적 학습과 과목 선택을 할 수 있는 역량이 아직 충분히 길러지지 않은 상태에서 학점제를 시행하는 데 대한 우려가 존재합니다.
- 자기 주도성과 상담 체계 미비: 진로·학습 상담 인프라가 충분하지 않아 학생의 주체적 선택을 뒷받침하지 못합니다.

고교학점제는 미래 교육으로의 이행이라는 측면에서 긍정적인 시도이지만, 입시제도, 진로 교육, 교육 여건, 교사 역량 등과의 긴밀한 연계가 부족할 경우 제도의 효과성이 크게 약화될 수 있습니다. 진정한 의미의 학생 맞춤형 교육을 실현하기 위해서는 초·중등 교육의 연계 강화, 교원 역량 제고, 입시제도 개편, 지역 간 균형 발전 등을 통합적으로 고려한 개선이 필요합니다.

◦ 사회도 만족하지 못하는 대학 교육

 매년 열리는 한국의 취업 박람회는 대부분 졸업을 앞둔 학생들로 붐빈다. 얼핏 생각하면 당연한 행사 같지만, 실은 우리나라 대학 교육의 민낯이라 해야 할 것이다.
 취업 박람회가 졸업을 앞둔 학생들로 붐비는 현실은 무엇을 보여줄까. 대학 교육이 학생에게도, 기업에게도 충분히 의미를 주지 못하고 있다는 사실이다. 진로 고민이나 탐색 없이 시작된 대학 4년은 공허하다. 결국 학생은 졸업 직전에야 기업 부스를 전전하며 전공을 넘나드는 불안한 선택까지도 해야 한다.
 기업의 관점에서도 문제가 심각하다. 현장에서 곧바로 일할 수 있는 인재가 필요하지만, 대학이 배출하는 졸업생은 그렇지 못하다. 산업의 변화와 기술 혁신이 강의실에 반영되지 않으니, 취업이 되었다 하더라도 기업은 추가 비용과 시간을 감당해야 한다. 신규 채용이 부담이 될 수밖에 없다.
 이러한 문제점은 근본적으로 해결되어야 한다. 초등학교부터 진로 탐색이 시작되어, 중고등학교로 이어져야 하고, 대학은 전공 교육으로 뒷받침할 수 있어야 한다. 학년 초부터 사회와 만날 수 있게 함으로써 산업 현장의 변화와 기업의 요구가 수업과 프로젝트 속에 스며들어야 한다. 취업 박람회 또한 졸업 직전의 채용 행사에 머물 것이 아니라, 대학 생활 전반에 걸쳐 학생과 기업을 잇는 상시적 연결망이 되어야 할 것이다.
 진로가 반영되지 않는 대학 교육은 학생을 불안하게 하고, 기업을 실망시키며, 사회를 낭비하게 만든다. 이제 대학은 졸업장을 얻는 곳이 아니라, 사회가 신뢰할 수 있는 인재를 길러내는 역할로 거듭나야 한다.

| AI 견해 |

* **한국의 많은 학생이 대학 졸업 후 왜 '사회 진출에 도움이 되지 않는 대학 교육'을 탓하고 있을까?**

한국의 많은 학생이 대학 졸업 후 '사회 진출에 도움이 되지 않는 대학 교육'을 탓하는 이유는 다음과 같은 교육 시스템의 구조적 문제와 사회 환경의 괴리에서 비롯됩니다.

1. 전공 선택의 준비 부족과 형식화된 입학

대부분 학생이 고등학교를 졸업할 무렵 충분한 진로 탐색 없이 대학 전공을 선택합니다. 이는 대입이 여전히 수능 중심, 점수 중심으로 이루어지기 때문이며, 그 결과 많은 학생이 자신의 적성과 무관한 학문을 수동적으로 이수하게 됩니다. 전공이 삶과 연결되지 않으니, 전공 수업도 의미가 없게 느껴지고 결국 '소용없는 교육'으로 인식됩니다.

2. 지식 암기 중심의 교육과 실천력 부재

대학 수업이 여전히 지식 전달 중심, 강의 위주의 수업으로 진행되고 문제 해결, 협업, 창의적 실천 등 사회에서 요구되는 실제 역량을 기르기 어려운 구조입니다. 졸업 후 직무에 필요한 실무 역량을 새로 학원이나 인턴십에서 배워야 하는 현실은 학생들에게 좌절감을 줍니다.

3. 진로 연계성과 역량 기반 학습의 부족

대학 교육이 진로와의 연계보다는 전공 이론의 학문적 이해에 머무르는 경우가 많습니다. 자신의 삶이나 직업에 연결되는 실천적 기획과 자기개발 활동은 소홀히 다뤄지거나 평가받지 않습니다. 학습 과정이 곧 진로 역량으로 이어지는 시스템이 부족하다는 뜻입니다.

4. 졸업장의 가치 하락과 현실과의 괴리

과거에는 대학 졸업장이 곧 취업 자격이었지만, 지금은 졸업장이 실질적 역량을 보장하지 않음을 기업과 학생 모두가 알고 있습니다. 반면, 기업은 문제 해결력, 협업력, 소통력, 창의성 등 실무 역량을 중시하지만, 대학은 이를 구체적으로 평가하고 길러주는 시스템이 부족합니다.

5. 교육-사회 간 단절

대학 교육이 현장의 변화 속도와 사회 요구를 따라가지 못하고, 기업 현장과 연계된 교육(산학협력, 프로젝트 기반 학습 등)이 제도화되지 않거나 형식적입니다. 그 결과, 학생은 사회에 나가서야 자신이 배운 것이 '쓸모없었다'라는 현실을 마주하게 됩니다.

'대학 교육이 사회 진출에 도움이 되지 않는다'라는 불만은 진로 설계 없는 입학, 지식 중심의 수업, 실천 역량의 부족, 교육과 사회 간 단절에서 비롯된 구조적 결과입니다. 진정한 해결은, 초·중·고부터 이어지는 진로 기반 교육과 자기개발 중심 학습의 정착, 그리고 대학이 삶과 사회를 연결하는 교육의 장으로 전환되는 데서 시작됩니다.

┃ 그러한 교육이어서 제기되는 문제는

■ 그래서 교육을 개혁하려 하지만
◦ 전통적인 틀을 깨뜨리지 못하는 교육 정책

우리 교육은 끊임없이 개혁을 시도해왔다. 창의력, 자기주도학습, 역량 중심 교육, 진로 맞춤형 학습 등 미래를 준비하는 개혁과 관련된 여러 가지 정책이 계획되고 현장에 적용되어 왔다. 하지만 학교 현장은 좀처럼 달라지지 않는다. 교실은 여전히 교과서 중심, 시험 중심, 입시 중심을 벗어나지 못하고 있기 때문이다.

문제의 본질은 전통적인 교육 제도 자체에 있다. 우리 교육 시스템은 표준화된 교육과정, 획일적 시간표, 전국 단위 시험, 일률적인 평가 방식 등을 고수한다. 모든 학생에게 같은 것을, 같은 방식으로, 같은 시간에 가르치도록 설계되어, 다름을 인정하지 않고, 다양성을 허용할 수 없는 체계이다.

이러한 틀 속에서는 아무리 교육의 방향을 바꾸려 해도, 개별 학교나 교사, 학생이 움직일 수 있는 여지는 극히 제한적이다. 고교학점제처럼 유연성을 강조한 제도조차도 정작 기존 제도의 경직성을 고려하지 못하여 혼란만 가중되고 있는 실정이다.

특히 대학 입시제도는 교육개혁의 가장 강력한 저항선이다. 입시가 지식 중심, 점수 중심, 서열화가 중심인 한, 학교는 여전히 수능과 내신에 유리한 수업을 선택할 수밖에 없다. 학생의 흥미와 진로보다는 성적 관리가 우선이고, 교사는 창의적인 교육보다 입시 전략에 맞춘 수업을 고민해야 한다. 이렇게 입시 중심 교육이 계속 유지되는 한, 교육개혁은 부분적 대처에 불과할 뿐 성과는 달라지지 않는다.

또한, 교육 제도는 학교와 교사에게 책임은 요구하면서도 자율성과 실험의 기회를 충분히 제공하지 않는다. 그 결과 학교는 새로운 시도보다는 기존 방식을 유지하는 쪽을 선택할 수밖에 없다.

오늘날 한국의 교육개혁이 제자리걸음을 반복하는 이유는 바로 이 전통적인 제도가 근본적인 요인들을 만들고 있기 때문이라 할 것이다.

> **AI 견해**

* **한국의 교육은 '전통적인 틀을 벗어나지 못하는 교육'을 지적받는다. 구체적으로 말하면?**

'전통적인 틀을 벗어나지 못하는 한국의 교육'이라는 지적은 매우 빈번하게 제기되며, 다음과 같은 구체적인 문제들을 포함합니다.

1. 지식 위주의 주입식 교육

여전히 대부분의 수업은 교사가 교과서 내용을 중심으로 설명하고, 학생은 이를 암기하는 방식으로 진행됩니다. 학생 스스로 탐구하거나 질문을 던지는 시간은 제한적이며, 수업은 정답 중심으로 흘러갑니다.

2. 표준화된 평가와 서열화

수능, 지필고사 중심의 평가 체제는 학생의 성장을 다양한 방식으로 측정하지 못합니다. 모든 학생을 동일한 기준으로 평가하고, 순위를 매기는 방식은 창의성과 개별성의 발현을 억제합니다.

3. 대학 입시 중심 교육

교육의 최종 목적이 '좋은 대학 진학'으로 고정되어 있어, 학습은 미래 역량보다는 입시에 필요한 지식에 집중됩니다. 이는 학생 개인의 진로 탐색이나 자율적 성장을 제한합니다.

4. 과목 중심, 분절된 교육과정

교과별로 분리된 교육은 지식의 통합적 이해나 실제 삶과의 연계를 어렵게 합니다. 융합적 사고, 문제 해결, 협력과 같은 역량은 뒷전으로 밀립니다.

5. 교사의 역할 제한

교사는 정해진 교육과정과 진도표, 평가 방식에 묶여 창의적인 수업을 운영하기 어렵습니다. 행정업무와 학부모 민원 대응 등으로 수업에 집중하기 어려운 구조도 문제입니다.

6. 학생의 수동적 학습자 역할

수업을 계획하거나 주도하는 주체로 학생을 인식하기보다는, 지식을 전달받는 수동적 존재로 다루는 경향이 강합니다. 자기주도 학습이나 학습목표의 자기화는 아직 뿌리내리지 못하고 있습니다.

한국 교육이 지적받는 '전통적 틀'은 지식 암기 중심, 성적 서열화, 획일화된 교육 방식, 교사와 학생의 수동적 위치, 그리고 입시 중심 구조로 구체화 될 수 있습니다. 이러한 틀에서 벗어나지 않는 한, 아무리 미래 역량을 강조하더라도 현장에서는 실질적인 변화가 어려울 수밖에 없습니다.

▌그러한 교육이어서 제기되는 문제는

◦ '좋은 대학'을 포기하지 못하는 학부모

　우리나라의 많은 학부모는 '좋은 대학'에 대한 인식과 선호는 너무 적나라하다. 웬만하면 자녀가 속칭 '명문대', 'SKY', 'in 서울', '의대, 치대 한의대', '문과보다는 이과', '수시보다는 정시', '재수, 삼수를 해서라도 가야 하는 대학' 등에 적극적이기를 원한다. 그러한 풍토는 자녀가 세상을 알기 전부터 좋은 대학 진학을 당연시하는 교육으로 이어진다. 자녀의 학습 능력은 어떠한지, 어떠한 재능을 갖고 있는지, 관심사는 어떠한지 등은 중요하지 않다.
　하지만 과거와 달리 이제 '좋은 대학'이 미래를 보장해 주는 세상은 아니다. 학부모의 좋은 대학, 명문대학에 대한 막무가내식 집착은 또 다른 교육개혁의 장애물이 된다. 정부가 아무리 혁신적인 교육 정책을 내놓아도 학부모의 반응은 달라지지 않는다. '수능 절대평가 도입', '고교학점제 시행', '자유학기제 확대' 등은 설득력이 없거나 대입 경쟁력 약화를 우려하는 목소리에 묻힌다. 정부의 자업자득이기는 하다. 충분한 논의 과정과 준비 없이 단편적인 관점만이 강조된 정책을 남발해 왔기 때문이다.

| AI 견해 |

* **한국의 학부모들은 왜 '좋은 대학'에 집착하고 있는 것일까?**

한국 학부모들이 '좋은 대학'에 집착하는 이유는 다각적인 사회적, 경제적, 문화적 요인과 연결되어 있습니다. 다음은 주요 요인들을 정리한 내용입니다.

1. 사회적 지위와 성공의 상징
한국 사회에서는 학벌이 개인의 사회적 지위와 성공을 평가하는 주요 기준 중 하나로 작용합니다. 좋은 대학 출신은 취업, 승진, 결혼 등 다양한 사회적 활동에서 유리한 위치를 차지할 수 있습니다.

2. 경제적 안정
좋은 대학은 대기업이나 공공기관 등 안정적인 직장으로 이어질 가능성이 높다는 인식이 있습니다. 이는 학부모들이 자녀의 경제적 안정과 성공을 보장하기 위해 대학 입시에 집착하는 이유 중 하나입니다.

3. 경쟁적인 교육 환경
한국의 교육 시스템은 치열한 경쟁을 기반으로 합니다. 특히 대학 입시제도는 학생들의 순위를 매기고, 그 결과가 인생의 중요한 출발점으로 여겨지기 때문에 학부모들이 불안감을 느낄 수밖에 없습니다.

4. 사회적 기대와 압력
주변 환경에서 '명문대 진학'이 성공의 필수 조건으로 간주되기 때문에 학부모들은 사회적 압박을 받습니다. 자녀가 좋은 대학에 진학하지 못할 경우, 부모로서 역할에 실패했다는 심리적 부담을 느낄 수도 있습니다.

5. 정책과 시스템의 한계
한국의 대학 입시 정책과 교육 제도가 여전히 학력 중심으로 설계되어 있기 때문에 학부모들은 이 체제에서 자녀를 최대한 유리한 위치에 놓기 위해 좋은 대학 진학에 집중하게 됩니다.

6. 교육의 투자 관점
학부모들은 자녀 교육을 장기적인 투자로 생각합니다. 특히 사교육에 많은 비용을 지출하기 때문에, 그 결과가 좋은 대학 진학으로 나타나기를 기대하는 경향이 있습니다.

7. 문화적 유산
유교 전통이 남아 있는 한국 사회에서는 교육이 개인과 가정의 명예와 밀접하게 연결되어 있습니다. 자녀의 학업 성취는 부모의 헌신과 가정의 가치를 반영한다고 여겨지기도 합니다.

이러한 요인들은 복합적으로 작용하여 학부모들이 좋은 대학에 집착하게 만듭니다. 그러나 이로 인해 학생들은 심리적 압박을 받거나 자아 정체성 형성에 부정적인 영향을 받을 수 있습니다. 이러한 문제를 해결하려면 입시 위주의 교육 시스템을 재구성하고, 사회 전반에서 학력 중심의 성공 관념을 변화시킬 필요가 있습니다.

▌그러한 교육이어서 제기되는 문제는

◦ 또 다른 걸림돌인 교육 관계자들의 이해관계

교육개혁을 말하고 있지만, 실제 교실의 변화로 이어지지 않는 또 다른 요인으로는 교육 이해관계자들의 자세를 들 수 있다. 그들은 개혁의 필요성은 말하면서도, 실제는 현재만으로 충분하다는 자세를 고수한다.

교사는 여전히 '가르쳐야 한다'를 버리지 못한 채 학생의 주도적인 수업을 인정하지 않고, 학교 관리자들은 예측 불가능한 변화보다 문제없는 학교 운영을 원한다. 교육청과 정책 당국은 현장의 목소리를 형식적으로만 반영한 채, 실적 중심의 행정에 머무른다. 특히 대학의 초·중·고 교육 관련자들의 자세도 문제이다. 그들은 한국의 교육에 많은 영향을 주고 있지만, 미래를 대처해 나갈 수 있는 내실있는 교육보다 앞서가는 나라들의 교육을 수용하는 것에 집중한다. 또한 학부모는 자녀가 입시에 불리할까 교육정책의 변화에 너무 민감하게 반응하면서 앞서 나가려 한다. 거기에다 엄청난 교육의 문제점을 만드는 사교육 관계자들은 경쟁과 불안을 부추기는 전략으로 학생이나 학부모를 휘말리게 한다. 무엇보다, 교육 정책을 설계하는 기관들조차 변화를 내세우지만, 실상은 소극적이고 안일한 자세를 보인다.

교육 이해관계자들의 적극적인 동참을 이끌어내지 못한다면 우리 교육은 언제까지나 제자리를 맴돌 수밖에 없을 것이다.

| AI 견해 |

* **한국의 교육에서 교육 관계자들의 복잡한 이해관계는 교육개혁에 어떠한 영향을 미치고 있을까?**

한국 교육에서 교육 관계자들의 복잡한 이해관계는 교육개혁에 큰 영향을 미치고 있으며, 특히 개혁 추진과정에서 합의 도출의 어려움과 변화에 대한 저항을 초래하고 있습니다. 교육 관계자들의 다양한 입장과 이해관계가 얽히면서 개혁이 필요한 영역에 실질적인 변화가 더디게 이루어지는 경향이 있습니다. 주요한 영향을 살펴보면 다음과 같습니다.

1. 이해관계자의 목표 차이로 인한 갈등

교육개혁에는 정부, 교사, 학부모, 학생 등 다양한 이해관계자가 관여하며, 이들은 각각의 입장에서 다른 목표와 요구가 있습니다. 예를 들어, 정부는 국가적 경쟁력 강화와 효율성을 중시하지만, 교사들은 교육 현장의 안정성과 자신의 권리 보호를 중시하며, 학부모와 학생들은 입시와 진로에 민감한 반응을 보입니다. 이러한 차이는 개혁의 목표 설정과 방향 결정에 있어 갈등을 일으켜 개혁이 쉽게 합의에 도달하지 못하도록 만듭니다.

2. 기존 체제에 대한 강한 저항과 변화 거부

이해관계자들은 대부분 기존 교육 체제에서의 자신의 역할과 이익을 고려하며, 변화를 반대하거나 지연시키기도 합니다. 특히 교사 단체는 기존 교육 제도가 유지될 경우, 발생할 수 있는 자신들의 역할 축소나 새로운 평가 방식 도입에 따른 업무 증가를 우려하여 개혁에 소극적인 태도를 취할 때가 많습니다. 또한, 학부모들은 대학 입시 중심의 경쟁적 교육 체제에서 안정된 결과를 원하기 때문에 과감한 변화를 꺼려하는 경향이 있습니다.

3. 입시 중심 교육 체제와의 갈등

많은 이해관계자가 입시 중심 교육 체제에 맞추어 각자의 이해를 조정해왔기 때문에 이를 벗어난 개혁안이 나올 경우, 적지 않은 저항이 발생합니다. 학생과 학부모는 입시 결과가 진로와 직결되기 때문에 입시 중심 개혁에 민감하며, 교사들은 입시를 대비한 지도 방식에 익숙해져 있어 입시 구조에 큰 변화를 꺼립니다. 이는 교육개혁이 입시 중심의 구조를 완화하려는 방향으로 진행될 때마다 강한 저항을 불러일으키며 개혁의 효과를 제한하게 만듭니다.

4. 불신과 상호 협력 부족

학부모와 교사, 교육청 간의 상호 신뢰 부족은 개혁이 협력적인 방식으로 진행되지 못하게 만듭니다. 특히 한국의 교육 현장에서는 교사와 학부모 간의 갈등이 심화되거나, 정부 정책에 대한 교사들의 신뢰 부족으로 인해 교육 현장의 자율성을 보장하는 개혁안도 적극적으로 시행되기 어렵습니다. 이러한 불신은 개혁 과정에서 협력보다는 자기방어에 집중하게 만듭니다.

5. 단기성과에 대한 과도한 기대와 압박

정부는 국민에게 눈에 띄는 성과를 보여주기 위해 교육개혁의 단기적 성과에 집착하는 경향이 있습니다. 이로 인해 복잡한 구조적 문제 해결에 필요한 장기적인 접근보다는 빠른 효과를 기대하는 단기적인 대책이 우선되면서 근본적인 변화가 어려워집니다. 이에 따라 교사들은 현실적인 변화 없이 업무가 더해지는 부담을 느끼며, 학부모들은 개혁의 일관성에 의문을 품게 됩니다.

6. 복잡한 이해관계 속 합의 과정에서의 정치적 영향

교육개혁 과정에서 이해관계자들 간의 복잡한 이해관계를 조정하려면 정치적 합의가 필요할 때가 많습니다. 이러한 정치적 합의는 때때로 교육의 본질적인 목적을 왜곡하거나, 실효성 없는 타협안을 도출하게 만듭니다. 정치적 압력에 따라 변동성이 커지고 정책의 지속 가능성이 약해져 개혁의 일관성이 떨어지며, 현장의 신뢰를 얻기 어려워집니다.

이처럼 교육 관계자들의 복잡한 이해관계는 한국의 교육개혁에서 실질적인 변화를 어렵게 하며, 상호 신뢰를 바탕으로 한 협력과 장기적인 관점에서의 접근이 요구되고 있습니다.

❙ 그러한 교육이어서 제기되는 문제는

◦ 결정적인 것은 교육의 본질을 간과하는 정책

'학교는 학생에게 어떠한 곳이어야 하는가?'

과거의 학교는 학교가 요구하는 학생을 길러나가는 곳이었다. 하지만 지금은 하루가 다르게 변화하는 세상, 불확실한 미래를 대비할 수 있도록 학생이 자신의 삶과 진로를 주도적으로 설계하고 실현해 나가는 교육을 요구받고 있다.

그런데 정작 교실은 크게 달라지지 않는다. 학생은 여전히 시험에 매달리고, 교사는 성적을 관리하며, 학부모는 입시를 불안해한다. 왜 이렇게 되는 것일까?

가장 큰 원인은 교육 정책이 교육의 본질을 놓치고 있다는 데 있다. 교육의 본질은 제도 개편이나 성적 향상이 아니라, 학생 한 사람의 성장과 삶의 변화에 있다. 그런데 우리의 정책은 여전히 대학 입시와 행정 효율성이 중심이 된다. 학생을 위한 듯 보이지만 실제로는 학생이 제도에 맞추도록 강요하는 구조다. 실제, 교사의 수업 방식, 학생의 참여와 피드백, 평가와 관련된 문제들이 해결되지 않는 한 어떠한 교육개혁도 성공할 수 없는 것은 자명한 일이다. 특히 교육을 단기 성과로 판단하는 관행은 근본적 변화를 가로막는다. 교육은 본래 시간이 걸리고, 긴 호흡 속에서 쌓이는 경험이기 때문이다.

교육개혁이 표류하지 않으려면, 정책은 다시 본질로 돌아가야 한다. 학생 개개인의 미래의 삶과 진로가 중시되는 방향으로 교육은 설계되어야 한다. 정책적인 구호가 아니라 학생 개개인의 변화를 정말로 중시하는 것이다. 이 단순하지만 본질적인 사실을 외면한다면, 우리 교육은 결코 표류하는 '개혁'을 붙잡지 못할 것이다.

| AI 견해 |

* **한국의 교육 관련, 교육개혁의 표류를 교육의 본질을 놓치는 교육 정책에서 찾는다면?**

한국의 교육개혁이 반복적으로 표류하고 있는 이유를 '교육의 본질을 놓친 교육 정책'에서 찾는다면, 다음과 같은 문제의식을 중심으로 진단할 수 있습니다:

1. 교육의 본질은 '학생의 성장과 발달'인데, 정책은 '제도와 수치'에 집중

교육 정책은 여전히 제도 개선, 성적 향상, 입시제도 변화 같은 외형적 요소에 초점을 맞추고 있습니다. 하지만 교육의 본질은 '한 사람 한 사람의 삶이 변화하는 경험'이어야 하며, 이는 학생의 자기 이해, 자율성, 문제 해결력, 타인과의 협업 등을 통해 이루어져야 합니다. 정책은 수단일 뿐인데, 수단이 목적화되면서 정책 자체가 교육의 중심이 되어버렸습니다.

2. 현장의 실제는 고려되지 않고, 이상적 구호만 반복

'창의성', '핵심역량', '미래 교육' 등의 말은 넘쳐나지만, 정작 교실에서 학생이 어떻게 배우고 성장할지를 뒷받침하는 실천적 기반은 부족합니다. 교사의 수업 방식, 학생의 학습 참여, 평가의 방식까지 구조적인 변화가 따라야 하지만, 현장을 변화시킬 철학과 지원은 충분하지 않았습니다.

3. '학생 중심'이라는 명분 아래 여전히 제도 중심의 사고

고교학점제, 자유학기제, 대입제도 개편 등은 모두 학생을 위한 것처럼 말하지만, 실제 운영은 행정의 효율성이나 대학의 요구에 맞춰져 있습니다. 이로 인해 학생은 여전히 타인이 만든 틀 속에서 움직이며, 자신의 삶과 연계된 주체적인 학습자로 성장하지 못합니다.

4. 단기성과 중심의 정책 운영

정책 성공 여부를 단기 지표(예: 시험 성적, 정책 도입률 등)로 판단하는 경향이 강합니다. 교육은 장기적 관점에서 축적되는 경험인데, 단기성과를 내기 위한 시범 운영과 파일럿 사업이 반복되며 일관성과 지속성이 떨어집니다.

5. '무엇을 가르칠 것인가'만 고민하고, '왜 배우는가'를 놓침

교과서 중심, 시험 중심, 대학 중심 교육은 여전히 강력합니다. 그 결과 학생은 "이걸 왜 배우는지", "나에게 어떤 의미가 있는지"를 깨닫지 못한 채 지식 암기에 머물게 되고, 교육은 삶과 분리된 추상적인 활동이 됩니다.

교육 정책이 교육의 본질, 즉 '학생의 삶을 변화시키는 배움의 경험'을 놓치면 어떤 개혁도 겉돌 수밖에 없습니다. 교육개혁은 정책의 언어가 아니라 교실의 변화, 학생의 내면에서 시작되어야 하며, 이를 가능하게 하는 정책만이 진짜 '개혁'이라 할 수 있습니다.

| 그러한 교육이어서 제기되는 문제는

근래 IB 교육과정이 부각되고 있지만
■ 장점이 많은 IB 교육과정

◦ IB 교육과정에 관한 관심도 증가

 최근 우리 교육은 IB(International Baccalaureate) 교육과정에 많은 관심이 쏠리고 있다. 이는 단순히 외국 교육 제도에 대한 호기심 때문만은 아니다. 오히려 지금의 우리 교육이 안고 있는 여러 한계에 대한 문제의식, 그리고 새로운 교육의 방향을 찾으려는 움직임 속에서 IB가 하나의 대안이 되고 있는 것이다.
 무엇보다, 지금의 교육에 대한 학생과 학부모, 교사들의 피로감은 너무 크다. 시험 준비 중심의 수업, 정답을 외우는 공부, 수치로 줄 세우는 평가가 학교의 일상이다. 이러한 현실에서 학생이 스스로 질문을 던지고, 생각을 키워가는 교육은 쉽지 않다.
 반면 IB 교육은 탐구와 사고, 토론과 표현, 성찰과 성장을 중심에 둔다. 학생이 주도적으로 배우고, 삶과 연결되는 공부가 가능하다는 점에서 주목받을 수밖에 없다.
 또한, 빠르게 변화하는 미래 사회에서 요구되는 역량과도 IB는 맞닿아 있다. AI가 기반이 되고 있는 현실에서 더 이상 단순한 지식만으로는 경쟁력을 갖기 어렵다. 비판적 사고력, 문제 해결력, 협업 능력, 글로벌 감각 등이 중요한 시대다. IB 교육은 교과 간 융합과 주제 중심 학습을 통해 이런 역량을 자연스럽게 키울 수 있는 구조를 가지고 있다.
 대학 입시의 변화도 큰 요인 중 하나다. 국내외 많은 대학이 이제는 점수만 보는 것이 아니라, 학생의 자기 주도적 학습 경험, 탐구 역량, 사고의 깊이를 평가하고자 한다. IB 교육과정은 이런 측면에서도 높은 신뢰를 얻고 있으며, 특히 학생부종합전형이나 해외 대학 진학을 준비하는 학생들에게 유리한 점이 많다.
 무엇보다 IB가 주목받는 이유는, 그 안에 담긴 교육철학 때문이다. 단순히 지식을 가르치는 것을 넘어, 학생이 스스로 배움의 주체가 되어 '왜 배우는가', '어떻게 배워야 하는가'를 고민하게 한다. 이는 지금의 한국 교육이 놓치고 있는 가장 본질적인 물음과 맞닿아 있다 할 것이다.

> **AI 견해**
>
> * **IB 교육과정의 특징은?**
>
> IB(International Baccalaureate) 교육과정은 학생들의 학문적 성장과 글로벌 시민으로서의 자질을 고루 갖추도록 설계된 국제 교육 프로그램입니다. 주요 특징을 정리하면 다음과 같습니다.
>
> **1. 통합적이고 균형 잡힌 커리큘럼**
> IB는 초등(Primary Years Program, PYP), 중등(Middle Years Program, MYP), 고등(Diploma Program, DP) 등 단계별로 구분되어 있으며, 모든 프로그램이 통합적 학습을 통해 다양한 학문 분야를 고르게 다루도록 설계되어 있습니다.
>
> **2. 탐구 중심 학습**
> IB는 학습자가 주도적으로 질문을 던지고 문제를 탐구하는 과정을 중요하게 생각합니다. 학생은 탐구를 통해 스스로 답을 찾고 비판적 사고를 통해 학습 내용을 깊이 이해할 수 있게 됩니다.
>
> **3. 국제적 관점과 다문화 이해**
> IB의 모든 과정은 글로벌 시각을 강조합니다. 각기 다른 문화와 가치관을 이해하고 존중하는 법을 배우며, 학생들은 세계 시민으로서의 정체성을 기를 수 있습니다.
>
> **4. 비판적 사고와 윤리적 사고 강조**
> IB는 '지식 이론(Theory of Knowledge, ToK)' 과목을 통해 비판적 사고와 윤리적 사고를 강조합니다. 학생들이 지식의 본질과 한계를 탐구하며, 이를 통해 비판적으로 사고하고 자신의 가치관을 성찰할 기회를 제공합니다.
>
> **5. 다양한 평가 방식**
> IB는 단순 시험뿐 아니라 논문, 프로젝트, 실습 등 다양한 평가 방식을 사용하여 학생의 학습 결과를 다각도로 평가합니다. 특히, IB 디플로마 과정의 경우 4,000자 논문(Extended Essay)과 같은 연구 기반 평가 과제가 포함됩니다.
>
> **6. 창의성, 활동, 봉사(Creativity, Activity, Service; CAS)**
> IB 디플로마 과정에서 필수적으로 요구되는 CAS 활동은 학생들이 창의적 활동, 신체적 활동, 봉사 활동에 참여하여 학문 외적인 성장을 도모하도록 유도합니다. 이를 통해 학생들은 학업 외에도 다양한 경험을 쌓고, 사회적 책임감을 기르게 됩니다.
>
> **7. 전문성 있는 교사**
> IB 교육과정을 운영하는 학교의 교사는 IB의 원칙과 목적에 맞추어 전문적인 연수와 교육을 받아, 학생들이 탐구 중심 학습을 효과적으로 경험할 수 있도록 돕습니다.
>
> IB 교육과정은 이러한 특성을 통해 학생들에게 폭넓은 학문적 기반을 제공하며, 자기 주도적 학습과 더불어 국제 사회에서 요구되는 다양한 역량을 함양하는 데 목적을 두고 있습니다.

■ 하지만 IB 교육과정의 한계는
◦ 대학 입시에 최적화된 교육과정

　IB 교육과정의 궁극적 목표는 전인 교육과 글로벌 시민 양성이다. 그러나 현실적인 IB 교육과정은 글로벌 대학 입시에 최적화된 구조를 갖추고 있어, 한국의 대학 입시 중심 교육과 충돌할 가능성이 높다. IB 교육과정이 일부 고등학교에 도입될 경우, 국내 대학 입시와의 연계성 부족으로 인해 학생과 학부모의 혼란을 초래할 수 있다. IB 졸업생이 국내 대학 입시에서 불리하다면, 이는 공교육의 신뢰를 더욱 약화시킬 수 있다.

　한국 공교육의 내실화는 학생들이 입시에 대한 부담 없이 자기 주도적 학습과 미래 사회에 필요한 역량을 기르는 방향이어야 한다. 그런데 IB 교육과정은 대학 입시 중심의 또 다른 사교육 시장을 확대하거나 기존 교육 문제를 악화시키는 결과로 이어질 수도 있다.

　IB 교육과정은 한국 교육의 국제화와 다양성을 높이는 데 유용한 프로그램인 것은 분명하다. 그러나 이를 무리하게 도입할 경우, 기존 공교육 체제와의 충돌, 교육격차 심화, 입시 시스템과의 괴리 등 심각한 문제를 초래하게 될 수밖에 없을 것이다.

| AI 견해 |

* IB 교육과정이 대학 입시에 최적화되어 있음은 장점이 되기도 하지만 역으로 단점이 될 수도 있다. 왜 그럴까?

IB 교육과정이 대학 입시에 최적화되어 있다는 점은 분명히 장점이지만, 동시에 몇 가지 단점도 발생할 수 있습니다. 다음은 그 이유입니다.

1. 과도한 학업 스트레스
IB 과정은 매우 심도 있는 학문적 훈련을 요구하며, 과제, 시험, 확장 에세이(EE), 지식 이론(TOK), CAS 활동 등을 모두 충족해야 합니다. 이러한 다양한 요구사항을 동시에 수행해야 하기 때문에 학생들이 상당한 스트레스를 느낄 수 있습니다. 이는 학업적인 압박이 지나쳐서 학생들이 지치거나 번아웃에 빠질 수 있는 문제를 초래할 수 있습니다.

2. 균형 잡힌 발달의 저해
IB 교육과정은 대학에서 요구하는 비판적 사고, 문제 해결 능력, 독립적 연구 역량을 강조하는 만큼, 학생들은 이 과정에서 대학 입시 성공에 지나치게 초점을 맞출 수 있습니다. 그 결과, 학생들이 창의적 탐구나 자신이 진정으로 흥미를 느끼는 학문이나 활동에 시간을 덜 쓸 가능성이 있습니다. 또한 학생들의 관심사가 대학 입시에 맞춰져, 학문적 유연성이 줄어들 수 있습니다.

3. 비용과 접근성 문제
IB 교육과정은 일반적인 교육과정보다 비용이 많이 들 수 있습니다. 특히, 많은 국가에서 IB 프로그램을 제공하는 학교들이 사립 학교인 경우가 많고, 이로 인해 비용 부담이 클 수 있습니다. 이는 일부 학생들에게는 경제적 제약으로 인해 IB 과정에 접근하기 어려워질 수 있음을 의미합니다. 또한, 특정 지역에서는 IB 프로그램이 제공되지 않거나 접근성이 떨어질 수도 있습니다.

4. 대학 입학 준비에만 집중된 교육
IB가 대학 입시에 최적화된 교육과정이라는 점에서, 모든 학생이 대학 진학을 목표로 하지는 않는다는 점을 간과할 수 있습니다. 대학 입학을 목표로 하지 않는 학생들이나 학문 외의 다른 진로를 탐색하고 싶은 학생들에게는 IB 과정이 그들의 필요와 관심사를 충분히 반영하지 못할 수 있습니다. IB 과정이 주로 학문적 성취와 대학 진학에 중점을 두기 때문에, 다양한 진로를 준비하는 학생들에게는 지나치게 제한적일 수 있습니다.

5. 일부 국가나 대학에서의 인지도 문제
비록 IB는 국제적으로 인정받는 교육과정이지만, 일부 국가나 지역에서는 IB의 인지도가 낮거나 그 중요성이 상대적으로 덜할 수 있습니다. 특정 대학에서는 IB 대신 그 지역의 교육과정을 더 중시할 수 있으며, IB 성적을 덜 신뢰하는 경우도 있습니다. 따라서 IB 과정이 모든 대학 입시에서 항상 우위를 제공하는 것은 아닐 수 있습니다.

6. 학문적 자유의 제한
IB는 매우 구조화된 교육과정으로, 학생들이 선택할 수 있는 과목이 제한되어 있습니다. 학생들이 원하는 과목이나 관심 있는 분야에 대한 심화된 학습 기회가 적을 수 있으며, 자신의 학문적 열정을 충분히 발휘하지 못할 수도 있습니다. 이로 인해, IB 과정이 일부 학생들에게는 흥미를 느끼는 학문 영역에 집중하지 못하게 하는 제약으로 작용할 수 있습니다.

7. 과정의 유연성 부족
IB 과정은 정해진 과목 구조와 평가 방법을 따르기 때문에, 학생들이 개인의 학습 속도나 특성에 맞추어 과정을 조정하기 어렵습니다. 이로 인해 개별 학생의 필요에 맞춘 유연한 교육이 어려울 수 있으며, 일부 학생들에게는 이러한 일률적인 구조가 부적합할 수 있습니다.

결론적으로, IB 교육과정은 대학 입시 준비에 있어 큰 장점이 될 수 있지만, 동시에 과도한 학업 부담과 유연성 부족, 그리고 비용 및 접근성 문제 등의 단점이 있을 수 있습니다. 대학 진학을 목표로 하지 않거나, 개별적 학습 스타일에 더 맞춘 교육을 원하는 학생들에게는 적합하지 않을 수도 있습니다.

◦ 더 힘들어지는 학생, 교사

　IB 수업은 학생과 교사 모두에게 높은 수준의 참여와 성찰을 이끌어내는 가치가 있기는 하지만, 결코 쉽지 않은 시간이 된다.
　학생들은 교사를 따라 익히는 것이 아니라 스스로 탐구하고 문제를 정의해야 한다. 주어진 학습목표는 단순한 성취기준이 아니라, 스스로 도달해야 하는 목표이다. 정답이 정해져 있는 경우는 거의 없다. 탐색하고, 시도하고, 때로는 실패하면서 자신의 관점과 사고를 확장하면서 책임 있게 자신의 학습을 이끌어야 한다. 이는 단지 과제를 수행하는 수준이 아니라, 자신의 배움을 스스로 설계하는 경험을 요구한다 할 것이다.
　교사에게도 IB 수업은 도전이다. 지식을 전달하는 역할을 넘어서, 학습의 환경을 설계하고, 질문을 던지고, 다양한 사고의 흐름을 관찰하고 이끌어야 한다. 학생마다 다른 접근을 인정하고, 각자의 탐색 과정을 존중하면서도 평가해야 한다. 단순한 지식의 정답이 아니라, 사고의 깊이와 표현의 정당성, 그리고 성찰과 연계되는 평가가 이루어져야 한다. 이는 교사가 깊이 있는 지식과 평가 전문성을 동시에 갖추어야 함을 요구한다.
　IB 수업은 이상적인 수업처럼 보일 수 있다. 그러나 그 이상을 실현하기 위해서는 교사와 학생 모두 엄청난 시간과 노력이 필요하다. 수업이 깊고, 성찰이 가능하며, 성장이 이루어지는 만큼, 그만큼 어렵고 부담도 크다.
　결국, IB 교육과정 도입은 한국 교육의 국제화와 다양성을 높이는 데 기여할 수 있지만, 학생의 자세, 교사 역량 강화를 위한 연수와 지원체계 마련, 그리고 공교육의 내실화를 위한 종합적인 준비 과정 없이는 내실을 기대할 수 없는 프로그램이라 할 것이다.

> AI 견해

* **IB 교육과정에서의 수업은 학생이나 교사 모두에게 쉽지 않은 수업일 수 있을 것이다. 왜 그럴까?**

IB 수업은 학생이나 교사 모두에게 결코 쉬운 수업이 아닙니다. 그 이유는 다음과 같이 정리할 수 있습니다.

< 학생들에게 쉽지 않은 이유 >

1. 주도적으로 사고하고 결정해야 함
IB 수업에서는 단순히 지식을 전달받는 것이 아니라, 스스로 탐구하고 질문을 던지며, 해결 방법을 설계해야 합니다. 이 과정은 익숙하지 않은 학생들에게 부담과 혼란을 줄 수 있습니다. 특히 한국처럼 정답 중심 교육에 익숙한 학생들은 '무엇이 맞는 답인지 모르겠다'라는 불안감을 느끼기도 합니다.

2. 과정 중심의 평가에 대한 책임감
IB는 학습 결과뿐 아니라 과정 전체에 대한 자기성찰과 증거 제시를 요구합니다. 학생은 자신의 선택과 결과를 논리적으로 설명하고 정당화해야 하기 때문에, 꾸준한 성찰과 기록, 자기 관리 역량이 필요합니다.

3. 정답이 없고 복잡한 질문에 익숙해져야 함
IB는 '왜?', '어떻게?'를 묻는 복합적이고 다차원적인 질문을 중심으로 수업이 전개됩니다. 학생은 불확실성을 견디고, 관점을 확장하고, 자신만의 의미를 형성해야 하므로 학습 과정이 단순하지 않습니다.

< 교사에게 쉽지 않은 이유 >

1. 답을 알려주는 것이 아니라 방향을 안내해야 함
교사는 '가르치는 사람'이 아니라, 질문을 던지고, 학생이 스스로 탐색할 수 있도록 환경을 설계하는 사람입니다. 이는 교사에게 철저한 사전 준비, 유연한 수업 설계, 깊이 있는 질문력, 개별 피드백 능력을 요구합니다.

2. 평가가 어렵고 시간 소모가 큼
IB 수업에서는 정답 유무가 아니라 학생의 사고 과정, 협업, 표현력, 자기성찰 등을 평가합니다. 이를 위해 교사는 루브릭 기반의 평가, 포트폴리오 검토, 구체적 피드백 제공 등을 반복적으로 수행해야 하며, 이는 상당한 시간과 에너지를 소모합니다.

3. 학생의 다양성을 인정하고 유연하게 대응해야 함
같은 학습목표를 주더라도 학생마다 접근 방식, 표현 방식, 관심 분야가 다릅니다. 교사는 이를 비교하지 않고 존중하며 개별적으로 지원해야 하기 때문에 높은 전문성과 인내심이 필요합니다.

IB 수업은 학생과 교사 모두에게 '지적 도전'의 시간입니다. 하지만 그만큼 성장과 변화, 자율성과 의미 있는 배움을 제공하는 시간이기도 합니다. 쉬운 수업은 아니지만, 미래를 살아갈 힘을 기르게 하는 수업이라는 점에서 그 어려움은 교육적으로 큰 가치가 있습니다.

학교가 미래지향적으로 변화하려면
■ 학생은 불확실한 미래를 살아갈 존재

○ '불확실한 미래'가 주는 의미는

'예측하지 못하거나 다양한 답을 요구하는 미래 세상을 살아가야 할 학생들'
　학교 교육 관련, '불확실한 미래'는 어떤 일이 일어날지 정확하게 예측할 수 없는, 오직 하나인 답은 존재하지 않는 세상이다. 기술은 너무 빠르게 발전하고, 세상은 급변한다. 우리가 아는 오늘의 직업은 내일 사라질 수 있고, 지금 존재하지 않는 직업이 미래가 될 수 있다.
　'무엇이 될 것인가'보다 '무엇을 할 수 있는 사람인가'를 묻는 시대에 학교는 어떠한 곳이 되어야 할까? 정해진 지식을 외우는 일보다 중요한 것은, 변화를 받아들이고 새로운 길을 찾을 수 있는 힘을 기르는 일이다. 미래의 직업은 지금 존재하지 않을 수 있지만, 그 직업을 만들어내고, 적응하고, 협업할 수 있는 역량은 오늘부터 길러나갈 수 있다. 따라서 학교는 더 이상 단순한 지식을 제공하는 곳이 아니라, 미래를 실험하고 자신을 설계해보는 성장의 공간이어야 한다.
　불확실한 미래가 의미하는 것은 두려운 대상이 아니라, 교육이 바뀌어야 할 이유로 귀결되어야 한다. 그리고 그 변화의 중심에는, 그러한 세상에 당당히 도전할 수 있는 능력을 갖추는 학생이 있어야 할 것이다.

> AI 견해

* **'불확실한 미래'가 학교 교육에 시사하고 있는 것은 무엇일까?**

'불확실한 미래'가 학교 교육에 시사하는 것은 단순히 새로운 기술을 가르치자는 차원을 넘어, 교육의 목적과 방식 전반에 대한 근본적인 재검토를 요구한다는 점입니다. 구체적으로 보면 다음과 같은 몇 가지 핵심적인 시사점이 있습니다.

1. 지식 중심 교육의 한계

불확실한 미래에서는 오늘 배운 지식이 내일은 무의미해질 수 있습니다. 과거처럼 '정답을 외워 두면 되는 교육'으로는 학생들이 변화에 적응할 수 없습니다. 학교는 지식의 전달을 넘어 학습의 방법과 태도를 기르는 곳이어야 합니다.

2. 자기 주도성과 창의성의 중요성

앞으로는 기계나 인공지능이 대체할 수 없는 역량이 더 중요해집니다. 학교는 학생들이 스스로 문제를 정의하고, 다양한 관점에서 해답을 탐색하며, 협력과 도전을 통해 성장하는 경험을 보장해야 할 것입니다.

3. 진로 교육의 재정의

과거의 진로 지도는 '어떤 직업을 목표로 할 것인가'를 중심에 두었습니다. 하지만 미래에는 직업 자체가 빠르게 변합니다. 진로 교육은 '어떤 직업을 택할 것인가'가 아니라 '어떤 삶을 살고 싶은가'라는 질문에서 출발해야 합니다.

4. 지속 가능한 배움의 역량 강화

학생들은 학교를 졸업해도 계속해서 배우고 적응해야 합니다. 학교는 '한 번 배우면 끝나는 학습'이 아니라 '평생학습 역량'을 기르는 기초를 마련해야 합니다.

5. 정서적 회복탄력성(Resilience)의 함양

불확실한 시대에는 실패나 변화가 더 빈번합니다. 학교는 성취만을 강조하기보다 실패를 학습의 일부로 여기고, 회복할 수 있는 힘을 기르는 문화를 만들어야 합니다.

불확실한 미래가 학교 교육에 시사하는 것은, 이제 학교가 '정해진 답을 가르치는 공간'에서 '스스로 답을 찾아가는 힘을 기르는 공간'으로 바뀌어야 한다는 점입니다.

◦ 미래를 꿈꾸게 하는 교육

이제 세상은 '정답을 잘 아는 사람'보다 '새로운 답을 만들어내는 사람'을 요구한다. 기술과 환경, 가치관이 빠르게 변화하는 사회에서는 과거의 지식 의존으로는 답을 만들어 갈 수 없다. 그러한 점을 감안할 때 학생은 더 이상 지식을 암기하고 답을 맞히는 존재가 아니라, 문제를 새롭게 정의하고, 다양한 관점에서 해석하며, 자신만의 답을 만들어낼 수 있는 존재가 되어야 한다.

따라서 미래를 꿈꾸게 하는 교육은 '무엇을 아느냐'보다 '어떠한 분야에서 어떻게 생각하고, 무엇을 만들어내느냐'에 중심을 두어야 한다. 수업은 교사가 가르치는 지식의 전달이 아니라, 학생이 스스로 사고하고 탐구하며, 실패를 통해 더 나은 해결을 모색하는 가운데 실험의 장이 되어야 한다.

이제 학교 교육은 정해진 답 대신, 더 나은 질문과 새로운 해결책을 고민하면서 역량을 키워나가는 가운데 어떠한 학생도 미래를 꿈꾸게 하는 교육을 적극적으로 실천해 나갈 수 있어야 할 것이다.

AI 견해

* **'학생 개개인이 미래를 꿈꿀 수 있는 교육'이 의미하는 것은?**

'학생 개개인이 미래를 꿈꿀 수 있는 교육'이라는 표현은 단순히 직업적 목표를 세우는 것 이상의 의미를 지닙니다. 핵심은 다음과 같이 정리할 수 있습니다.

1. 불확실성 속에서 자기 방향을 찾는 힘

정해진 진로가 보장되지 않는 시대에서, 학생이 스스로 자신의 재능과 흥미를 탐색하며 미래를 설계할 수 있는 능력을 갖추게 하는 것, 미래 변화에 휘둘리지 않고 자신이 선택한 방향을 지속적으로 조정할 수 있는 자기 주도성을 기르는 것을 의미합니다.

2. 역량 중심의 성장

특정 직업이나 지위가 목표가 아니라, 학생이 가진 핵심 역량(문제 해결력, 창의성, 협력 능력 등)을 극대화해 어떤 상황에서도 새로운 기회를 만들어낼 수 있게 하는 것으로, '무엇을 알고 있는가'보다 '무엇을 할 수 있는가'를 중심으로 교육 목표를 전환하는 것을 말합니다.

3. 자기 이해와 정체성 형성

자신의 강점과 약점, 흥미와 가치를 깊이 이해해 '나는 누구이며, 어떤 삶을 원하는가'라는 질문에 답할 수 있어야 합니다. 이를 통해 미래의 삶을 자신답게 그릴 수 있는 주체적 시각을 갖게 될 것입니다.

4. 꿈의 현실화 과정 지원

막연한 희망이 아닌, 구체적인 실행 계획으로 연결될 수 있도록 경험과 학습의 기회를 제공하는 것입니다. 그러기 위해서는 프로젝트, 탐구 활동, 커뮤니티 기반 학습을 통해 꿈을 실험하고 수정할 수 있는 장이 마련되어야 할 것입니다.

이 교육은 '학생 스스로가 자신의 가능성을 발견하고, 불확실한 환경 속에서도 미래를 능동적으로 설계하고 구체화하는 힘을 갖게 하는 것'을 의미합니다.

■ 따라서 학교 교육의 방향은
◦ 학생 개개인의 실질적인 성장과 발전을 말할 수 있는 교육

'오븐은 밀가루 반죽을 제각각인 빵으로 구워낸다.'

지금까지의 우리나라의 초·중·고 교육은 모든 학생에게 똑같은 내용을 가르치고, 같은 시험을 치르게 한 뒤 점수로 줄을 세우는 구조이다. 마치 똑같은 규격과 품질의 벽돌을 만들어내는 벽돌공장에 비유할 수 있을 것이다.

하지만 시대는 바뀌었다. 이제 세상은 더 이상 하나의 정답, 하나의 방식만을 요구하지 않는다. 다양한 문제에 대해 각자 다른 해석과 해법을 제시할 수 있는 창의력, 비판적 사고력, 협력, 공동체 역량 등을 요구한다. 그럼에도 불구하고 학교는 여전히 벽돌공장의 역할을 벗어나지 못하고 있다면?

이제 학교는 학생 한 명 한 명이 가진 능력과 적성, 속도, 가능성을 인정하고, 그들이 스스로 '익어갈 수 있는 시간과 환경'을 제공하는 곳이어야 한다.

오븐은 같은 재료라도 온도와 시간, 조리 방식에 따라 전혀 다른 결과물을 만들어낸다. 오븐은 밀가루 반죽을 변화시켜 간다. 강요하지 않고, 조급해하지 않으며, 저마다의 방식으로 빵이 완성되도록 돕는다. 교육도 그래야 한다. 학생에게 일률적인 지식과 정답을 요구하는 대신, 개개인이 필요에 의하여 나름대로 지식과 경험을 가능하게 하는 교육을 제공함으로써, 학생이 자신의 미래를 향한 발전을 실현시켜 나가게 하는 것이다.

미래를 이야기하면서도 여전히 과거의 벽돌을 찍어내고 있다면, 결국 학생들의 삶과 동떨어진 체계가 될 수밖에 없다. 이제는 학교의 본질을 다시 묻고, 변화의 중심에 학생을 놓아야 한다. 모든 학생이 자기만의 색깔로 익어가면서 미래지향적인 성장을 가능하게 하는, 그런 교육이 필요한 시대이다.

| AI 견해 |

* '알게 하다' 대신에 '미래지향적인 성장'을 강조하게 된다면 학교 교육은 어떠한 변화를 예상할 수 있을까?

'알게 하다' 대신 '미래지향적인 성장'을 학교 교육의 중심 개념으로 삼게 될 경우, 교육의 목적, 방식, 평가, 교사의 역할, 학생의 태도 등 학교 전반에 걸쳐 질적 전환이 일어납니다. '배움'에서 '미래지향적인 성장'으로 전환될 때 예상되는 학교 교육의 변화는 다음과 같습니다.

1. 지식 전달 중심에서 역량·인간 중심 교육으로
 기존 교육은 '얼마나 많이 배웠는가'를 중심으로 했다면, 이제는 '어떤 사람으로 성장하고 있는가'를 중심으로 삼게 됩니다. 이는 교과 내용보다 학습자의 정체성, 삶의 방향, 실천 역량이 교육의 핵심이 됨을 의미합니다.

2. 정답 중심 수업에서 탐구 중심 수업으로
 '배움'이 지식을 습득하는 과정이었다면, '성장'은 질문하고 탐색하고 재구성하는 과정입니다. 교실은 이제 정답을 가르치는 곳이 아니라, 생각을 키우고 시도하는 공간으로 바뀝니다.

3. 일회성 시험 중심에서 지속적인 피드백 중심 평가로
 점수는 성취의 끝이 아니라 성장의 단서로 인식됩니다. 평가의 초점은 성적이 아니라 학생이 어떤 과정을 거쳐 변화했는가, 무엇을 더 시도하려 하는가로 이동합니다.

4. 교사는 지식 전달자가 아닌 성장의 조력자로 변화
 교사의 역할은 수업을 이끄는 사람이 아니라, 학생 개개인의 가능성과 여정을 돕는 사람이 됩니다. 개별화된 피드백, 자기성찰 지도, 진로 연계 활동 등 학생의 삶 전반에 관여하는 전문성이 강조됩니다.

5. 학생은 학습자에서 자기 삶의 설계자로 변화
 학생은 수업에서 지식을 배우는 수동적 존재가 아니라, 자기 삶을 스스로 만들어가는 주체로 변화합니다. 수업은 자기 탐색, 자기표현, 선택과 책임의 경험이 중심이 됩니다.

 '배움'은 출발점이 될 수 있지만, '미래지향적인 성장'은 학교 교육의 본질을 다시 묻게 합니다. 지식을 넘어 자신을 알고, 삶을 설계하고, 세상과 연결되는 힘을 기르는 교육으로의 전환, 그것이 미래 교육의 필수적인 방향이다.

◦ 제각각 1등이 되게 하는 교육

'교육인데 왜 애써 꼴찌를 만들고 있을까?'

우리 교육은 한 줄로 세우는 경쟁의 교육을 당연시해왔다. 학생들은 국어, 수학, 영어 등의 교과 성적을 합산하여 높은 점수를 받으면 '1등'이고, 가장 낮은 점수이면 '꼴찌'라는 낙인이 찍히게 된다. 대학 입시에 연계되는 수능은 아예 전국의 모든 고3 학생을 1등급에서 9등급으로 구분함으로써, '우리가 한우인가? 등급을 매기게.'라고 자조적인 탄식을 하게도 한다.

그렇다면 학교에서 1등이지 않았던 학생들은 성인이 되어서도 패자로 살아가고 있을까? 실상은, 꼴찌였던 친구들이 더 적극적으로 살아가고 있으며, 오히려 사회에 많은 영향력을 미치기도 한다. 현재의 교과 총합에 의한 서열화 시스템이 얼마나 비교육적인지를 보여주는 명백한 증거이다.

'제각각 1등이 되게 하는 교육'은 모든 학생이 자신만의 강점과 흥미를 바탕으로 성장하고, 각자의 길에서 최고가 되도록 돕는 교육을 의미한다. 누군가는 과학 실험에 몰두하고, 누군가는 사람들과 소통하는 능력을 발휘하며, 또 다른 누군가는 예술로 세상을 표현할 수 있다. 중요한 것은 서로 다른 목표와 방식이 모두 교육의 중심이 될 수 있어야 한다는 점이다.

이러한 교육은 더 이상 '누가 더 잘하느냐'가 아니라 '누가 어떻게 성장하느냐'를 중시하게 된다. 경쟁이 아니라 자기 성장에 초점을 두고, 제각각 1등이 되게 하는, 학생 개개인의 성장과 발전을 지원하게 될 때 가능한 일이다.

이제 '학생 제각각이 1등이 되게 하는 교육'은 우리 교육이 나아가야 할 본질적인 방향이며, 실질적인 미래 교육의 출발점이 되어야 할 것이다.

| AI 견해 |

* **한국의 초·중·고 교육 관련, 주입식 교육으로 교과 점수 100점으로 1등을 놓치지 않았던 사람이 사회로 진출했을 때 나타날 수 있는 부정적인 성향을 예시하면?**

한국의 전형적인 '주입식 교육' 환경에서 전 과목 시험에서 100점으로 늘 1등을 유지하던 학생이 사회 진출 후 겪거나 나타낼 수 있는 부정적인 성향은 다음과 같은 예시들이 있을 수 있습니다.

1. 창의적 문제 해결 능력 부족

정해진 답과 지시된 방식을 충실히 따라 시험 성적을 잘 받는 데 익숙해져 있어, 새로운 상황이나 불확실한 문제에 직면했을 때 어떻게 접근해야 할지 난감해합니다. 창의적인 발상보다는 기존의 틀 안에서 문제를 해결하려는 경향이 강해, 혁신적인 아이디어를 제시하기 어려울 수 있습니다.

2. 자기 주도성과 도전 의식 부족

학교에서 요구하는 '바른 답'을 찾는 데만 집중했던 경험 때문에, 스스로 목표를 설정하고 도전하는 과정을 겪어본 적이 적습니다. 실패에 대한 두려움이 커지고, 모범답안이 없는 과제나 업무에서 방어적으로 행동하여 성장 기회를 놓칠 수 있습니다.

3. 과도한 경쟁심과 타인 배려 부족

'1등'을 놓치지 않으려는 경쟁적인 환경에 익숙해져 협력이나 팀워크보다 개인 성취를 우선시하는 태도가 고착화될 수 있습니다. 자신의 능력을 '점수' 등 결과로만 평가해 왔기 때문에, 타인이 비슷한 성과를 내지 못할 경우, 쉽게 무시하거나 이해하지 못한 태도를 보일 위험이 있습니다.

4. 완벽주의 성향과 스트레스 취약성

늘 높은 점수를 받아야 한다는 압박감을 오랫동안 겪어온 결과, 사소한 실패나 부족함도 용납하지 못하게 되기 쉽습니다. 완벽함을 추구하다가 실수나 작은 실패에도 큰 스트레스를 받거나, 심리적 부담으로 인해 우울감, 번아웃 등에 빠질 가능성이 높습니다.

5. 주어진 지침 외의 상황 대처 능력 부족

명확한 지침이나 정답이 존재하지 않는 상황(예: 창업, 시장 변화 대응, 복합적 갈등 해결 등)에서 어떻게 의사결정을 해야 할지 혼란스러워합니다. 스스로 사고하고 판단하는 훈련이 부족해, 예상치 못한 문제를 맞닥뜨렸을 때 '정답을 찾아 헤매는' 태도로 일관할 수 있습니다.

6. 인간관계와 의사소통 기술 미숙

학교에서 주입식 수업을 듣고, 혼자 공부해 고득점을 받는 과정에서 협업이나 토론식 학습 기회가 상대적으로 적었다면, 사회생활에서 동료와의 소통 방법을 충분히 익히지 못했을 수 있습니다. 감정적으로 민감한 갈등 상황이나 의사소통이 중요한 프로젝트에서, 논리 중심으로만 접근하여 상대방의 감정을 배려하지 못하거나, 주장만 강조해 갈등을 키울 수 있습니다.

7. 고정 관념에 빠진 사고방식

명확하게 '정답이 정해진' 학습 경험에 기반해, 삶의 다양한 가치를 유연하게 수용하기 어렵거나 규정된 틀에서 벗어나지 못하는 사고방식을 취할 수 있습니다. 조직문화나 추세의 변화에 유연하게 적응하지 못하며, 새로운 방식을 배우는 데 저항감을 느끼게 됩니다.

요약하자면, 주입식 교육 환경에서 늘 1등을 유지해 온 경험은 단기간에는 높은 성과처럼 보이지만, 실제 사회에서는 '문제 해결력', '의사소통 능력', '협업 능력', '유연한 사고' 등 다양한 역량이 필요합니다. 따라서 이러한 역량을 스스로 개발·보완하지 않을 경우, 사회 진출 후 위와 같은 부정적인 성향이 나타날 가능성이 높습니다.

* 한국의 교육이 전체 1등이 아니라 모든 학생이 제각각 1등이 되게 하는 교육으로 전환된다고 하면 어떠한 평가를 받을 수 있을까?

한국의 교육이 '전체 1등'이 아닌 '모든 학생이 제각각 1등'이 되게 하는 방향으로 전환된다면, 국내외에서 다음과 같은 긍정적 평가를 받을 수 있을 것입니다.

1. 학생 개개인의 가능성을 존중하는 교육
'모든 학생이 제각각 1등'이라는 방향은 학생마다 다른 강점과 재능을 인정하고 존중하는 교육 철학으로 해석됩니다. 이는 획일적인 기준이 아닌 다양성과 개별성을 중시하는 미래 지향적 교육이라는 점에서 높은 평가를 받을 수 있습니다. 해외 사례와 비교하면, 핀란드, 덴마크 등은 이미 학생 개개인의 성장과 자기 주도성을 존중하는 시스템으로 전환해 교육 선진국으로 인정받고 있습니다. 한국도 유사한 방향성을 보인다면 이들과 어깨를 나란히 하게 될 것입니다.

2. 경쟁 중심 교육에서 성장 중심 교육으로의 전환
기존의 '서열화', '전국 1등'을 중심으로 한 경쟁 교육은 학생 간 비교와 낙오를 양산해왔습니다. 이에 반해 '자기만의 1등'을 지향하는 교육은 개인의 성장 여정을 중심에 둔 교육으로, 정서적 안정, 자존감 향상, 지속 가능한 학습 동기를 가능하게 합니다.

3. 공정한 평가와 미래 역량 중심 교육의 강화
'제각각 1등'이 되기 위해서는 기존의 절대적 평가 기준(점수, 등수)을 넘어서는 성장 중심의 평가체제가 필수입니다. 이는 루브릭 기반의 성취 수준 평가, 포트폴리오, 자기 평가 등 다양한 형태의 미래지향적 평가 혁신을 동반하게 되며, 글로벌 교육의 흐름과도 맞닿아 있습니다.

4. 사회적 신뢰와 공교육 회복의 계기
성적이 아닌 학생 각자의 성취와 성장을 중심으로 한 교육은 부모, 교사, 학생 간의 신뢰를 회복하고 사교육 의존도를 줄이는 계기가 될 수 있습니다. 이는 공교육 정상화의 중요한 토대가 됩니다.

5. 미래 사회 대응 역량 강화
AI, 자동화, 초연결 사회에서는 일률적 지식보다 창의력, 문제 해결력, 자기 주도성이 핵심입니다. 제각각 1등이 되게 하는 교육은 다양한 문제 해결 능력을 갖춘 인재를 양성한다는 점에서 미래 사회에 적합한 인재상에 부합됩니다.

정리하자면, '모든 학생이 제각각 1등이 되게 하는 교육'은 학생 중심, 경쟁이 아닌 성장 중심, 획일화 아닌 다양성, 낙오 없는 모두의 가능성을 실현하는 교육으로 평가될 수 있습니다. 이는 교육의 본질 회복은 물론 미래 사회 준비라는 측면에서도 국내외적으로 교육의 패러다임 전환 사례로 높이 평가될 수 있습니다.

○ 강력한 힘을 갖는 공교육

'초·중·고 교육이 절대적인 영향을 미치는 대학 입시'

한국의 학생에게 대학 입시는 많은 영향을 미친다. 그런데 지금의 입시는 교과 지식이 중심이 된다. 교과서 지식의 학습은 사설학원이 훨씬 더 효과적이다. 검정고시를 통한 자격 획득으로 대학 입시 응시 자격을 가질 수도 있다. 대학 입시를 위하여 자퇴한 후 재택 교육, 대안 학교 등을 선택하는 학생이 적지 않음이 그러한 근거이다. 이는 결과적으로 공교육을 약화시키는 결정적인 요인이 된다. 학생들이 학교보다 학원에서의 교육을 더 신뢰할 수밖에 없는 구조를 만들고 있는 것이 우리 교육의 현실이다.

그렇다면 초·중·고 교육과정이 대학 입시에 절대적인 영향을 미치게 된다면 어떠한 변화를 예상할 수 있을까? 초·중·고 학교에서 단계적으로 경험하는 학습활동이 대학 입시에 절대적인 영향을 미친다면, 학교는 더 이상 '형식적인 이수 기관'이 아닌, 학생의 삶과 진로를 설계하고 성장을 말할 수 있는 곳이 된다. 교사는 단순한 지식의 전달이 아닌 교육의 본질에 집중할 수 있으며, 학생도 학교 교육만으로 자신의 미래를 설계할 수 있는 역량을 길러나가게 된다.

초·중·고 교육에서 검증되는 학생의 활동은 단지 시험 점수가 높은 학생이 아니다. 자기 주도적인 학습을 통해 목표를 설정하고 도전하며, 그 과정에서 얻은 교과적 사고력과 핵심역량, 그리고 진로와 연계된 체계적인 과정을 거친 학생이다. 이러한 학생이 정당하게 평가받는 대학 입시가 된다면 사교육이 필요할까?

공교육이 강력해지기 위해서는 반드시 초·중·고 학교에서 검증된 학생이 대학 입시에서 결정적으로 인정받는 구조가 되어야 한다. 학교 교육 자체가 학생의 미래 역량을 길러나가는 실질적인 역할을 하게 됨으로써 학생이나 학부모가 무시할 수 없게 될 때, 공교육은 비로소 강력한 힘을 갖는 교육 시스템이 될 것이다.

| AI 견해 |

* 한국의 공교육 정상화 관련, '대학 입시를 중시하는 학부모들이 무시할 수 없는 초·중·고 교육'이라 하면 어떠한 교육이 되어야 할까?

'대학 입시를 중시하는 학부모들이 무시할 수 없는 초·중·고 교육'을 구축하기 위해서는, 단순히 이상적인 교육을 논하는 것이 아니라, 대학 입시와 직결되는 실질적 효과를 갖춘 교육체계가 필요합니다. 이를 위해 다음과 같은 방향을 고려할 수 있습니다.

1. 대학이 인정하는 평가와 기록 체계 구축
- 역량 기반 평가와 입시 연계: 현재 한국의 대입에서 '학교생활기록부(학생부)와 연계된 평가'가 실질적 영향력을 가지려면, 학생의 역량이 신뢰할 수 있는 방식으로 평가되고 기록되어야 합니다. 이를 위해 '학생의 성장 과정'을 반영하는 정교한 평가 시스템을 구축해야 합니다.
- 학업 역량과 핵심역량이 균형 있게 반영된 평가: 단순 지필 시험 점수가 아닌, 문제 해결력, 탐구력, 협업 능력, 자기 주도적 학습력 등을 반영하는 평가 방식이 대학 입시에서도 가치를 가지도록 설계해야 합니다.
- 고교학점제와 대학 전형 연계: 고교학점제에서 학생이 선택한 과목과 학업 성취가 대학 입시에 직접적인 영향을 미치도록 하여, 부모들이 선택과목과 학습 과정을 신중하게 고려하게 만듭니다.

2. 경쟁력이 있는 학업 성취 시스템
- 개념 기반 학습 + 심화 탐구: 학부모들이 가장 중요하게 생각하는 것은 결국 '성적'이므로, 공교육 내에서 개념을 명확히 이해하고 이를 활용하여 문제를 해결할 수 있는 역량을 키우는 방식으로 교육을 운영해야 합니다.
- 단순 문제 풀이가 아닌 '사고력과 문제 해결력' 중심의 교육: 예를 들어, 수학이나 과학 교육에서 정형화된 문제 풀이 훈련이 아니라, 개념을 기반으로 문제를 해결하는 과정에 집중하는 방식이 되어야 합니다. 대학이 원하는 '사고력과 응용력'과 연결될 수 있도록 말입니다.
- 국제적 기준과의 정합성: IB(International Baccalaureate)나 AP(Advanced Placement) 등과 같은 국제적 평가 기준을 도입하여, 학부모들이 사교육 없이도 공교육을 통해 '국제적 경쟁력 있는 교육'을 받을 수 있도록 해야 합니다.

3. 학생의 미래 경쟁력을 보장하는 진로 연계 교육
- 진로와 연계된 학업 설계: 학부모들이 공교육을 무시하지 않으려면, 공교육이 대학 입학뿐만 아니라 학생의 미래 직업과 사회 진출에 실질적인 도움을 준다는 확신을 줘야 합니다.
- 초·중·고 연계된 커리어 포트폴리오 시스템 구축: 학생들이 초등학교부터 자신의 관심사와 강점을 탐색하고, 중학교에서는 다양한 활동을 통해 구체화하며, 고등학교에서는 이를 바탕으로 전문성을 키울 수 있는 교육과정이 필요합니다.
- 고교 선택과목과 대학 전공의 직접적 연결: 특정 고등학교 과목을 이수한 학생이 관련 전공을 선택할 경우, 가산점을 부여하는 등의 방식으로, 학업 과정과 대학 입시의 연결성을 강화할 필요가 있습니다.

4. 초·중등 교육의 실질적 변화
- '자기 주도적 학습'이 실현되는 시스템: 학부모들이 사교육을 줄이고 공교육을 신뢰하려면, 공교육 내에서 학생이 스스로 목표를 설정하고 이를 성취하는 과정을 체계적으로 지원해야 합니다.
- 교사의 역할 변화 – 피드백 중심의 학습 지원: 단순히 지식을 전달하는 것이 아니라, 학생이 스스로 학습할 수 있도록 피드백을 제공하고 방향을 잡아주는 역할을 해야 합니다.
- '문제 해결형 학습'과 '프로젝트 기반 학습' 강화: 학생들이 단순히 시험 대비가 아니라, 실제 대학과 사회에서 필요한 역량을 키우는 방식으로 교육이 이루어져야 합니다.

결론은, 대학이 신뢰할 수 있는 평가와 기록 체계, 경쟁력 있는 학업 성취 시스템, 진로와 연계된 실질적 교육과정, 학생의 주도성을 키우는 학습 환경 등 네 가지 요소가 충족된다면, 대학 입시를 중시하는 학부모들도 공교육을 무시할 수 없게 될 것입니다. 결국, 공교육이 '대학 입시와 무관한 이상적인 교육'이 아니라, 대학 입시를 포함하면서도 학생의 미래 경쟁력을 높이는 교육이 되어야 합니다.

한국적인 교육의 필요성(K - 교육)

'또 다른 기적을 만들어가야 할 한국의 교육'

한국은 짧은 기간 동안 비약적인 경제 발전과 함께 문화, 기술, 외교 등 다양한 분야에서 세계적인 위상을 차지하게 된 나라이다. 이러한 성장의 배경에는 교육이 절대적인 역할을 하였다. 표준화된 교육과정, 입시 중심 교육, 암기식 학습들이 짧은 시간 내에 많은 인재를 양성하는 데 효과적이었다. 이러한 교육 방식은 한국이 선진국의 기술과 지식을 빠르게 흡수하고 적용하는 데 기여했으며, 결과적으로 '한강의 기적'을 이룩하는 원동력이 되었다.

그러나 이제 한국은 더 이상 따라가는 나라가 아니다. 세계 속의 한국은 세계 10위권의 경제 규모, 반도체, 조선, 방산 기술, IT 등 통신 기술, 한류를 선도하는 K-pop, K-drama, 영화, 음식 등, 분단국가라는 특수한 상황 속에서도 민주주의와 경제 발전을 이룩했다는 점에서 개발도상국들의 모델이 되고 있다.

이런 상황에서 기존의 교육체계는 한계에 부딪힐 수밖에 없다. 창의성보다 순응을, 비판적 사고보다 정답 찾기를 강조하는 교육 방식으로는 세계를 선도해 나갈 수 없기 때문이다.

이제 한국이 도약하기 위해서는 새 한국만의 교육 철학과 방법론이 필요하다. 다른 나라의 교육 모델을 무비판적으로 수용하거나, 과거의 성공 방식을 따르는 것이 아닌, 한국의 문화적 강점과 현대 사회의 요구를 결합한 새로운 교육이어야 한다.

한국적 교육이란 단순히 전통문화나 역사 교육을 강화하는 것이 아니다. 그것은 한국 사회의 특성과 강점을 기반으로, 미래 사회에 필요한 역량을 키우는 교육이다. 공동체 의식, 부모의 교육열, 성취 지향적 문화, 빠른 변화에 대한 적응력 등 한국 사회의 강점을 활용하면서, 창의성, 다양성, 자율성을 존중하는 교육 시스템으로의 전환이 반드시 이루어져야 한다.

한국적 교육의 성공은 한국이 세계 무대에서 단순한 경제 강국을 넘어, 새로운 가치와 비전을 제시하는 문화 강국, 사상 강국으로 발전하는 데 핵심적인 역할을 할 수 있다. 교육이 한국의 과거 성공을 이끌었듯이, 한국적 교육이 미래를 앞서갈 수 있을 때 또 다른 성공으로 이어질 것이다.

> **AI 견해**

* 한국은 짧은 기간에 기적과도 같은 발전을 이룬 나라이다. 거기에는 '따라가기 위한 교육'이 중요한 역할을 하였다 할 것이다. 하지만 이제 교육은 달라져야 한다. 어떠한 변화가 필요할까?

한국의 교육은 산업화 과정에서 '따라가기 위한 교육'이 중요한 역할을 해왔습니다. 즉, 선진국의 기술과 지식을 신속하게 습득하고, 표준화된 인재를 대량으로 양성하는 방식이 한국의 경제 발전에 기여했습니다. 하지만 이제 한국 사회가 직면한 현실은 과거와 크게 달라졌습니다. 단순한 '따라가기'만으로는 더 이상 지속 가능한 경쟁력을 유지할 수 없으며, 다음과 같은 변화가 필요합니다.

1. 목표 설정 방식의 변화: '따라가기'에서 '앞서가기'로
기존 교육은 정해진 정답을 빠르게 찾고 익히는 데 초점을 맞췄다면, 앞으로는 새로운 문제를 정의하고 해결하는 능력을 길러야 합니다. 이를 위해 학생들에게 자기 주도적 학습과 창의적인 문제 해결 역량을 기를 수 있도록 해야 합니다. 단순히 시험 점수와 입시를 위한 공부가 아니라, 스스로 목표를 설정하고 이를 달성하는 과정이 중요해져야 합니다.

2. 평가 방식의 변화: 순위 경쟁에서 성장 평가로
현재 한국의 교육 시스템은 여전히 '누가 더 잘하느냐'에 초점을 맞춘 순위 경쟁이 중심입니다. 하지만 미래 사회에서는 개인의 성장과 역량 발달을 평가하는 방식이 필요합니다. 성취도 평가뿐만 아니라, 과정 중심 평가와 피드백을 강화하여 학생들이 자신의 배움을 체계적으로 쌓아갈 수 있도록 해야 합니다.

3. 교육내용의 변화: 지식 전달에서 역량 개발로
기존의 교육은 표준화된 지식 전달을 중심으로 이루어졌지만, 이제는 학생들이 자신의 진로와 관심에 맞는 역량을 키울 수 있도록 지원해야 합니다. 이를 위해 고교학점제와 같은 개별 맞춤형 학습이 더욱 의미 있게 운영되어야 하며, 초등·중등 교육에서도 다양한 경험을 통해 학생들의 자기 탐색이 이루어져야 합니다. 단순히 '알고 있는 것'보다 '활용할 수 있는 것'이 중요해지고 있으며, 이를 뒷받침하는 교육과정이 필요합니다.

4. 수업 방식의 변화: 교사 중심에서 학생 중심으로
여전히 교사 주도의 강의식 수업이 많지만, 학생들이 스스로 목표를 설정하고 해결해 나가는 경험이 중요합니다.
따라서 학습주제 단위로 수업을 조직하고, 학생들이 목표를 내재화하여 학습을 수행하는 방식으로 변화해야 합니다. 교사의 역할도 단순한 지식 전달자가 아니라, 학생들이 학습 과정에서 의미 있는 목표를 설정하고 달성할 수 있도록 조력자로 변화해야 합니다.

5. 대학 입시와 교육의 연계: 역량 기반 평가로 전환
'따라가기 위한 교육'이 유지되는 가장 큰 이유 중 하나는 대학 입시 때문입니다. 따라서 교육의 변화가 실질적인 영향을 가지려면 대학 입시 또한 역량 기반 평가와 연계될 필요가 있습니다. 학생들이 배운 내용을 시험으로만 평가하는 것이 아니라, 실제 역량과 성장 과정이 반영될 수 있도록 입시제도를 개편해야 합니다.

한국 교육이 과거의 성공 방식을 그대로 유지한다면, 더 이상 세계적인 경쟁력을 갖추기 어려울 것이다. 이제는 '따라가기'에서 '앞서가기'로, '순위 경쟁'에서 '성장 평가'로, '지식 전달'에서 '역량 개발'로 변화해야 한다. 이를 위해 목표 설정 방식, 평가 방식, 교육내용, 수업 방식, 대학 입시 연계 등 교육의 전반적인 구조적 개혁이 필요하다.

■ 그러한 교육을 실천하려면
◦ 사라져야 할 전체 서열화

'대체 왜 서열화하고 있는 것일까?'

단지 대학 입시를 위한 이유에 지나지 않는다면 너무 의미가 없는 것 아닐까?

1등은 나머지 등수를 무의미하게 만든다. 학교가 성인 사회도 아닌데 1등 이외에는 모두를 절망하게 만드는, 더 나아가 꼴찌를 만드는 교육이어야 할 이유가 있을까? 일부 교과에서는 꼴찌이지만 특정 분야는 뛰어난 인재가 있을 수 있는데, 전체 서열화가 그러한 학생을 놓치고 있는 것 아닌가?

교육은 훈련이나 연수와는 다르다. 결과 중심의 특정 기술이나 지식의 습득에 초점을 맞춘다면, 교육은 학생의 전인적 성장과 발달을 목표로 한다. 훈련이나 연수는 정해진 기간의 교육 효과가 중시된다. 따라서 가르친 내용을 중심으로 평가하여 서열화할 때 효과가 크다. 하지만 교육은 미래를 향한, 학생 개개인이 자신의 잠재력을 발견하고, 비판적 사고력을 키우며, 사회 구성원으로서 필요한 가치관과 태도를 형성하게 하는 역할을 할 수 있어야 한다. 미래 사회에 필요한 역량을 갖추는 것이 실질적인 성과가 되어야 한다.

미래를 지향하는 교육이라면 어떠한 이유로도 교과 총합 점수에 의한 전체 학생의 서열화는 존재해야 할 이유가 없는 것이다.

| AI 견해 |

* '훈련이 아닌 교육이 이루어져야 할 학교'라는 관점에서 '교과 총합 점수에 의한 모든 학생을 서열화하는 교육'의 문제점을 지적하면?

학교는 단순한 지식 주입과 성적 경쟁을 위한 훈련장이 아니라, 학생 개개인의 성장과 미래 역량 개발을 위한 교육 공간이어야 합니다. 하지만 '교과 총합 점수에 의한 서열화'는 이러한 교육 본질을 훼손하며, 다음과 같은 문제점을 야기합니다.

1. 학습이 목표가 아닌 경쟁이 목표가 됨

학생들은 학습의 의미와 가치보다는 점수를 올리는 데 집중하게 됩니다. 실패를 학습 과정의 일부로 받아들이기보다 점수 하락을 두려워하며 도전을 피하게 됩니다. 창의적 사고, 깊이 있는 탐구, 자기 주도적 학습 태도가 위축되는 것입니다.

2. 학생의 다양한 성장 가능성을 무시

교과 총합 점수는 정량적 평가만을 강조하여 학생 개개인의 특성과 강점을 반영하지 못합니다. 예술, 체육, 창의적 활동 등 다양한 능력을 가진 학생들은 불이익을 받을 가능성이 높아, 개성을 살릴 기회를 박탈당합니다. 평가가 학문적 성취에만 집중될 경우, 실제 사회에서 요구되는 협력, 문제 해결, 도전정신 등의 핵심역량을 배양하는 데 한계가 있습니다.

3. 교육이 아닌 '훈련'으로 전락하는 학습 환경 조성

획일적 기준으로 서열화된 학생들은 '평가를 위한 학습'에 길들여지고, 교육이 아닌 점수 획득 훈련을 받게 됩니다. 이는 시험 기술(문제 풀이 스킬) 중심의 학습을 강화하고, 학생들이 학문을 탐구하고 사고하는 능력을 저하시킵니다. 학습이 본래 자기 탐색과 성장을 위한 과정임에도 불구하고, 단순한 경쟁 도구로 변질되고 맙니다.

4. 정서적, 심리적 문제 심화

성적 서열화로 인해 낙오자로 분류되는 학생들은 자존감 저하와 학습 동기 상실을 경험합니다. 상위권 학생들도 경쟁 압박에 시달리며 과도한 스트레스와 불안감을 겪게 됩니다. 궁극적으로, 학습 자체에 대한 흥미를 잃고 수동적인 태도를 지니게 될 가능성이 커집니다.

5. 협력보다는 경쟁을 부추기는 교육환경 형성

점수 중심의 서열화 교육은 학생 간 협력을 방해하고, 서로를 경쟁자로 인식하도록 만듭니다. 집단 지성, 협업을 통한 문제 해결 등 미래 사회에서 필수적인 역량을 기를 기회가 제한됩니다. 단기적 성과에 집중하는 환경 속에서, 장기적 사고와 융합적 사고를 키우는 교육이 이루어지기 어려워집니다.

'교과 총합 점수에 의한 서열화'는 교육을 단순한 훈련과 경쟁으로 변질시키며, 학생 개개인의 다양한 가능성과 미래 역량을 성장시키는 데 한계를 보입니다. 학교는 학생들이 자신을 탐색하고, 협력하고, 세상을 이해하며, 미래를 준비하는 교육의 장이 되어야 하며, 평가 또한 이러한 방향으로 이루어져야 합니다.

* 일본의 교육도 한국과 마찬가지로 서열화한다. 하지만 학교 교육은 입시 서열화보다 중요하게 여기는 요소가 있다 한다. 어떠한 것인가?

일본의 학교 교육은 한국에 비해 입시 서열화보다 더 중요하게 여기는 요소들이 있습니다. 이는 일본 교육이 '학교생활 전체'를 중시하고, '인간으로서의 성장'을 강조하는 방향으로 운영되기 때문입니다. 다음은 대표적인 요소들입니다.

1. 전인적 성장과 인성교육
'사람됨'을 기르는 교육이 일본 교육의 핵심 가치 중 하나입니다. 문부과학성은 교육기본법 및 학습지도요령에서 학생이 '타인과 더불어 살아가는 힘'을 기르는 것을 매우 중요하게 다룹니다. 단순한 교과 성취가 아닌, 성실성, 협력성, 책임감 등을 학교생활 전반을 통해 평가하려 합니다.

2. 부카츠(部活, 동아리 활동)의 중시
일본의 중고등학교는 부카츠 활동(운동부, 문화부 등)을 정규 교육과정에 준하는 중요 활동으로 여깁니다. 부카츠를 통해 리더십, 팀워크, 인내, 협동심, 자기 관리 등 핵심역량을 자연스럽게 기릅니다. 이 활동이 학교 소속감과 자율성을 높이는 주요 수단이 되며, 대학 입시에도 일부 반영됩니다.

3. '종합적 학습의 시간' 운영
교과 수업 외에 진로 탐색, 사회 문제 탐구, 지역사회 연계 활동 등을 수행하는 시간이 있습니다. 학생 스스로 주제를 정하고 탐구하거나 발표하는 활동이 이루어지며, 자기 주도성, 탐구력, 표현력을 키우는 것에 목적이 있습니다.

4. 학급경영과 학생 자치 활동
학생이 자신이 속한 학급이나 학교를 운영하는 주체로 참여하도록 유도합니다. 학급 회의, 위원회 활동, 학교 행사 준비 등을 통해 민주적 참여 태도와 책임감을 배웁니다. 이는 단순한 '참여'가 아니라 학교 교육의 핵심 경험으로 간주됩니다.

5. 학교생활기록부의 '생활면 평가' 비중
일본은 학교생활기록부에 학생의 태도, 동아리 활동, 봉사 활동, 특별활동 등을 비교적 상세히 기록합니다. 대학의 종합형 입시나 학교 추천형 입시에서는 이 '생활면 평가'가 매우 중요하게 작용할 수 있습니다.

일본의 학교 교육은 입시 서열화보다는 인간적인 성장, 공동체 생활, 자율성과 책임감의 함양을 더 중요하게 여깁니다. 교과 성적은 전체 교육의 일부일 뿐, 학생이 학교에서 어떤 태도로 살아가는가를 중요하게 보고, 이를 입시에도 일정 반영하려 합니다.

◦ 학생 개개인의 자기개발의 중시

AI 기반 사회는 더 이상 지식의 양을 겨루는 경쟁을 불필요하게 만든다. 따라서 학교도 달라지지 않으면 안 된다. 학생 개개인의 자기개발이 학교 교육의 핵심 가치가 되어야 하는 이유이다.

그러한 교육이 실현되기 위해서는 초등교육부터 자기성찰을 통해 '나는 누구인가', 자기연찬을 통해 '무엇을 할 수 있는가', 자기계발을 통해 '어떤 사람이 되고 싶은가'를 탐색할 수 있는 충분한 기회를 가질 수 있어야 한다. 그렇게 될 때 중등·고등 교육은 훨씬 더 주체적이고 방향 있는 학습으로 이어질 수 있다. 단순히 지식을 배우는 것에 그치지 않고 '이러한 활동이 나에게 어떤 의미가 있었는가?', '나의 성장은 어떠해야 하는가?'를 돌아보는 활동이 병행될 수 있기 때문이다.

이제 학교는 어떠한 활동이든 '학생이 무엇을 얻었는가'를 말할 수 있는 곳이어야 한다. 더 나아가 '그것이 어떻게 학생의 삶을 변화시키는가'가 되어야 한다.

어떠한 교육 활동일지라도 반드시 자기성찰, 자기연찬, 자기계발로 이어질 때, 학생은 학교 안에서뿐 아니라, 학교 밖의 세상에서도 스스로 배우고 성장하는 사람으로 살아갈 수 있는 역량 자원이 되는 것은 당연한 일이다.

AI 견해

* **학교가 학생 자신의 자기성찰, 자기연찬, 자기계발을 포함하는 자기개발을 핵심 가치로 삼을 때 어떠한 교육을 기대할 수 있을까?**

학교가 자기성찰, 자기연찬, 자기계발을 포함한 자기개발을 핵심 가치로 삼을 때, 교육은 다음과 같은 방향으로 전환될 수 있습니다.

1. '정답'보다 '의미'를 찾는 교육
학생들은 단순히 주어진 지식을 암기하고 정답을 맞히는 데 그치지 않고, 배움의 이유를 스스로 묻고, 자신의 삶과 연결 지으며 의미 있는 학습 경험을 추구하게 됩니다. 교육은 의문을 품고 해석하는 과정이 되고, 학생의 내적 동기와 성장을 자극합니다.

2. 자기주도 학습의 강화
스스로를 성찰하고 연찬하며 계발하는 힘은 곧 학습의 주도권을 학생에게 돌리는 교육으로 이어집니다. 학생은 자신의 학습목표를 이해하고, 과정을 조율하며, 결과를 평가할 수 있는 능동적인 학습자로 성장합니다.

3. 과정 중심의 평가와 피드백 문화
자기개발 중심 교육에서는 결과만이 아니라 과정에서의 성찰과 발전이 중요한 평가 요소가 됩니다. 루브릭 기반의 수행평가, 포트폴리오, 자기 평가 등이 활성화되고, 학생은 자신의 강점과 약점, 관심과 목표를 지속적으로 탐색하고 조정합니다.

4. 교과 간 융합과 학습주제 중심 교육
자기개발은 단일 교과 내에서만 이루어지기 어렵습니다. 복잡한 현실 문제를 해결하는 학습주제 중심 수업과 융합형 프로젝트 학습이 강화됩니다. 학생은 지식과 역량을 실생활에 적용하며 자신만의 배움의 길을 설계해 나갑니다.

5. 삶과 진로에 연계된 교육
자기성찰과 자기계발은 학생에게 '나는 누구이며, 어떻게 살 것인가?'를 묻는 활동입니다. 진로교육이 단순한 직업 탐색을 넘어, 삶의 방향을 설정하는 교육으로 확장되며, 학생은 학교에서 자신의 삶과 진로를 꾸준히 탐색·설계·보완할 기회를 가지게 됩니다.

6. 교사의 역할 변화
교사는 지식을 전달하는 존재에서, 학생의 성찰과 성장 과정을 이끄는 촉진자(facilitator), 멘토, 동반자로 전환됩니다. 학생의 성장을 조력하기 위한 개별 피드백, 상담, 맞춤형 지도 등이 핵심 업무가 됩니다.

학교가 자기개발을 핵심 가치로 둘 때, 교육은 더 이상 '가르치는 교육'이 아니라 학생 스스로 자신을 길러나가는 교육, 즉 자기 주도적 성장을 지원하는 시스템으로 전환됩니다. 이는 미래 사회에서 필요한 역량인 자기 관리 능력, 자기 표현력, 자기 설계 능력을 길러내는 핵심 토대가 됩니다.

■ 초·중·고 학교급의 장점을 살리는 교육
◦ 의미가 부여되는 초·중·고 학교급

우리나라 학생에게 초·중·고 학교가 각각 어떠한 곳인지를 묻는다면 어떠한 대답을 기대할 수 있을까?

우리나라의 학교급 체계는 나름의 교육적 의미를 가진다. 초등학교는 모든 학생이 기초적인 문해력과 수리력, 사회적 기본 역량을 길러 나가는 곳이다. 중학교는 다양한 교과를 경험하며 자신에 대해 탐색하고, 고등학교는 진로와 진학을 구체화하는 단계로 이어진다. 발달 단계에 따른 이런 구분은 학생의 성장을 돕는 데 효과적인 틀이다.

문제는, 대부분의 학생, 학부모, 심지어 교사까지도 초·중·고 학교급 구분이 발달 단계의 의미보다 지식 습득의 확장 차원으로 여긴다는 점이다. 그 결과, 선행학습이 당연시되면서 초등은 이미 중등 교과를, 중등은 고등 교과를, 고등은 대학 교재를 다루는 상황이 벌어진다. 그렇다 보니 초등학교에서는 어떠한 것이 이루어져야 하며, 중학교는 그것을 어떻게 발전시켜 나가고, 고등학교는 심화하는 활동으로 대학 진학, 또는 사회 진출을 가능하게 하는 교육을 놓칠 수밖에 없다.

학교급 구분은 교육 내용이 의미 있어야 하는 것은 물론이고, 학생 개개인의 삶과 진로와 연계되는 학습 경로와 속도, 내용을 조정할 수 있도록 하는 체계일 필요가 있다. 일정한 체계를 유지하면서도, 그 안에서 학생이 선택하고 조율할 수 있는 성장과 발전이 가능한 구조가 될 때 대학 교육으로 이어지는 합리적인 체계가 될 수 있는 것이다.

AI 견해

* **한국의 교육은 왜 초·중·고 학교급으로 구분되어 있을까?**

한국의 교육이 초·중·고(초등학교-중학교-고등학교)로 구분되어 있는 이유는 역사적·발달적·제도적 요인이 복합적으로 얽혀 있습니다. 핵심적인 이유를 간단히 정리해 보면 다음과 같습니다.

1. **아동·청소년 발달 단계에 맞춘 구분**: 인간 발달심리학에 따르면, 아이들은 연령에 따라 인지·정서·사회적 역량이 달라집니다. 각 학교급은 발달 단계별로 교육내용과 방법을 달리 설계합니다.
   - 초등학교(만6~12세): 기초적 지식과 생활 습관, 기본 학습 능력 형성.
   - 중학교(만13~15세): 추상적 사고, 자기 주도 학습의 기초, 집단 속 역할 의식.
   - 고등학교(만16~18세): 심화된 학문 학습, 진로 탐색과 준비, 사회적 책임감.

2. **교육과정 단계별 성취 체계**: 단계적으로 교육과정을 조직하는 것이 국가 단위 표준화에 유리합니다.
   - 초등: 기초 교육 (문해력·수리력·민주시민의 기본).
   - 중등: 공통 기본 교육 (핵심 교과 강화, 기본 역량 확대).
   - 고등: 선택과 진로 준비 (심화·선택 과목, 고교학점제 등).

3. **역사적 제도 도입**
   - 일제강점기 이후 일본의 학제를 수용하면서 6-3-3제(초6·중3·고3)가 기본이 됐습니다.
   - 해방 이후 미국식 교육체계와 절충하며 유지되었습니다. 1950년대 이후 법제화되어 지금까지 큰 틀은 유지되고 있습니다.

4. **사회적 기능 구분**: 학교급별로 역할이 분명합니다.
   - 초등학교: 모든 아이의 기본 교육 기회 보장.
   - 중학교: 의무교육 완결(현재 한국은 중학교까지 의무교육).
   - 고등학교: 대학 진학·취업 준비를 위한 심화 교육.
   - 진학·선발·졸업 제도를 설계하기 위해 명확한 구분이 필요했습니다.

5. **행정적·법적 필요성**
   - 학년 구분이 있어야 교사 자격, 학교 행정, 예산 배분, 교과서 편찬, 평가 체계를 효율적으로 운영할 수 있습니다.
   - 학교급에 따라 교원 임용 체계, 교육 정책 지원 방식이 달라집니다.

한국 교육의 초·중·고 구분은 발달 단계와 교육 목표에 맞추고, 사회적·행정적 제도를 운영하기 위해 만들어진 합리적 구획입니다.

■ 달라져야 하는 대학
◦ '좋은 대학'에서 '좋은 전공'을 내세우는 대학

우리나라는 학사나 석사, 박사 학위를 따고도 특정 직업 없이 빈둥거리는 백수가 적지 않다고 한다. 왜 그럴까?

대부분 학생은 자신이 어떠한 능력이나 재능, 적성을 지니고 있는지 확인할 겨를도 없이 학교와 학원을 오가다가 고3이 되어서야 진로를 고민하게 된다. 그런데 그들의 선택은 '좋은 전공'이 아닌 '좋은 대학'에 집중된다. 학생이나 학부모, 심지어 교사에게도 '좋은 대학'이 지닌 이미지가 너무 강하기 때문이다.

하지만 '좋은 대학'을 기준으로 진학하게 되었을 때 학생들은 자신의 꿈과 희망에 의한 만족할 만한 학교생활과 사회 진출은 쉽지 않은 일이다. 많은 학생이 대학 입학 후에 전과, 재수 등을 고려하고 실천하고 있음은 우리 교육 시스템에 대한 부정적인 실상을 말해주는 근거라 할 것이다.

'좋은 대학' 중심은 졸업 후도 문제가 된다. 근거가 빈약한 상태에서 선택한 대학, 자신의 능력이나 관심사와 무관할 수 있는 전공이다 보니 취업은 쉽지 않고, 취업이 되었다 하더라도 전문적인 연수 없이는 업무가 불가능하다. 회사도 다시 신입사원 연수에 많은 시간과 노력, 비용 등을 투자해야 하는 것이 현실이다.

그렇다면 대학이 '좋은 대학'이 아닌 '좋은 전공'을 강조하는 방향으로 나아간다면 어떠한 변화를 기대할 수 있을까? 이는 교육의 본질에 더욱 가까워지는 변화가 될 것이다. 교육은 본래 개인의 잠재력을 최대한 발현시키고, 사회에 기여할 수 있는 역량을 키우는 과정이다. 따라서 '좋은 전공'을 내세울 때 학생들은 단순한 학위 취득이나 사회적 지위 확보가 아닌, 자신의 관심 있는 분야에서 전문성을 키워나갈 기회를 얻게 된다. 이러한 변화는 개인의 성장과 행복, 그리고 사회의 지속 가능한 발전을 위한 중요한 전환점이 될 수 있다.

대학도 간판을 위한 경쟁이 아니라, 학생 개개인의 적성과 능력을 최대한 발휘할 수 있는 교육 환경을 만들어가야 한다. '좋은 전공'을 내세우는 대학 교육은 이러한 변화의 중요한 출발점이 될 것이다.

> **AI 견해**
>
> * **한국의 교육 관련, 전공 중심의 대학 입시가 될 때 기대할 수 있는 효과는?**
>
> 전공 중심의 대학 입시제도가 도입되거나 강화될 경우, 다음과 같은 긍정적 효과를 기대해볼 수 있습니다.
>
> 1. 학업 및 진로의 명확성 제고
> 고등학교 때부터 희망 전공이나 관심 분야를 비교적 일찍 설정하고 준비하게 되면서, 개인별 목표와 방향이 더욱 분명해질 수 있습니다. 이는 전공 관련 과목 학습 동기를 높이고, 대학 입학 후에도 학업 및 진로를 흔들림 없이 이어갈 가능성을 높여줍니다.
>
> 2. 전공 적합성 높은 학생 선발
> 대학 측면에서는 전공 관련 역량, 적성, 열의가 뚜렷한 학생들을 선발할 수 있게 되므로, 입학 후 학업 적응도와 만족도가 높아질 수 있습니다. 이는 전공 이탈률(전과, 자퇴 등)을 낮추고, 전공의 전문성을 심화하는 데 도움을 줍니다.
>
> 3. 교육과정의 심화 및 다양화
> 전공을 미리 확정해 입학하게 되면, 해당 전공과 관련된 선이수 과목이나 심화 프로그램을 고등학교 단계에서부터 도입·운영하기가 수월해집니다. 이는 전공 특화 교육과정을 보다 체계적으로 마련하고, 학습자별 차별화된 교육 경로를 구축할 수 있도록 도와줍니다.
>
> 4. 학생 진로 탐색 교육 활성화
> 전공 중심 전형의 취지를 살리려면 학생들에게 더 이른 시점부터 다양한 진로 체험, 동아리 활동, 교내외 프로젝트 기회 등이 제공되어야 합니다. 이는 고등학교 교육 단계에서 학생의 진로 의사결정 역량을 강화하고, 다양한 활동을 통해 전공 이해도를 높이는 방향으로 진전될 수 있습니다.
>
> 5. 대학의 전공 특성 강화 및 경쟁력 제고
> 대학들은 '우리 학과(전공)에 적합한' 학생을 찾는 데 집중하면서, 각 전공의 고유 역량과 교육자원을 더욱 강조하게 됩니다. 따라서 각 전공의 경쟁력을 높이기 위한 특성화 전략, 산학 협력 프로그램, 교수·교육 환경 개선 등에 투자할 동기가 생깁니다.
>
> 6. 학생-대학 간 상호 매칭 효과 증대
> 단순히 '대학 네임밸류'가 아닌 '전공 적합도'를 기준으로 입시와 입학이 진행될 경우, 학생과 대학 모두에게 보다 '맞춤형 매칭'이 이루어집니다. 대학 입장에서는 해당 전공을 배우고자 하는 동기부여가 높은 학생들을 확보하고, 학생들도 졸업 후 진출하고자 하는 분야와 밀접한 교육을 받을 가능성이 커집니다.
>
> 7. 교육 성취도 및 전문성 향상
> 전공 선택이 분명하면, 학생들은 해당 분야에 대한 전문 역량을 일찍부터 쌓기 위해 노력하게 됩니다. 대학 재학 중 관심 분야에 더욱 몰입할 수 있으므로, 장기적으로는 전문인력 양성과 연구·개발 역량 강화에도 긍정적인 영향을 줄 수 있습니다.
>
> 이러한 기대 효과가 실질적으로 발휘되려면, 전공 선택 시점이 너무 이르거나 획일적으로 강제되지 않도록 유연성을 확보해야 합니다. 또한 고등학교 교육과정에서 다양한 진로 탐색 기회를 제공하여 학생들이 자신의 흥미와 적성을 충분히 파악할 수 있도록 지원하는 것이 중요합니다.

◦ 전공 중심의 대학 입시

우리 교육의 심각한 문제점은 '좋은 대학' 중심의 대학 입시가 초·중·고 교육의 현실적인 목표가 되고 있다는 점이다. '좋은 대학'에 맞춘 교육 시스템은 공교육을 암기와 문제 풀이 중심의 교육으로 변질되게 하는 것은 물론 학생을 점수로 줄 세우는 것을 당연시하게 된다.

또한 지식이 중심이 되는 입시이기 때문에 초·중·고 교육을 거치든 그렇지 않든 별 차이가 없다. 출석 위주의 학교 교육 또는 학교로 나가지 않더라도 재택 교육, 학원 수강 등에 의한 지식을 확보할 수 있다면 원하는 대학 입학까지 가능한 체계로 인하여 대학 교육까지 의미 없게 만들고 있는 것이다.

그렇다면 초·중·고 교육을 거치면서 다양한 교육을 통하여 진로의 선택, 수정, 보완, 변경, 발전 등과 관련된 근거 자료에 의하여 대입 응시 자격을 준다면 어떻게 될까? 초등교육을 졸업할 때 진로의 방향을 선택하게 하고, 중학교에서 자기개발 활동으로 자신이 선택한 진로의 방향과 관련된 발전, 수정, 변경 등에 관련된 활동이 이루어지며, 그 결과에 의하여 고교학점제를 성공적으로 이수한 학생에게 전공 중심의 대학 입학 응시 자격을 주는 것이다.

대학이 원하는 학생은 높은 점수가 아니라, 스스로 학습의 목적을 자각하고, 자신의 진로에 맞는 역량을 키워나갈 수 있는 학생이다. 초·중·고 교육을 통하여 진로와 관련된 지식과 역량 길러나가기, 그러한 것들과 관련된 성장 과정 중심의 평가 결과, 전공 적합성과 관련된 자료에 의하여 학생을 선발하게 된다면 지금의 대학 입시는 획기적으로 변한다.

초·중·고 교육에서 교과 지식이나 교과 역량, 핵심역량과 관련된 검증이 가능하다면 학생이 대학 전공으로 이어질 수 있는 대입이 될 것이고, 지금처럼 대부분 학생이 오직 최고의 대학 입학을 목표로 함으로써 생겨나는 문제점도 저절로 사라질 것이다. 초·중·고 교육이 정상화되는 것은 물론, 대학 교육도 제자리를 찾을 수 있게 된다.

이제 교육은 대학이 필요로 하는 학생 선발을 존중하게 될 때 공교육도 본연의 길을 되찾을 수 있음을 자각해야 할 것이다.

> **AI 견해**
>
> * **대학 입시가 전공 적합성을 중시함으로써 초·중·고 교육에서의 '자기개발의 흔적'이 가져올 수 있는 교육적인 효과를 제시하면?**
>
> 대학 입시가 전공 적합성을 중시하게 되면, 초·중·고 교육에서 학생 개인의 '자기개발의 흔적'은 단순한 활동의 결과를 넘어, 교육의 방향성과 질을 바꾸는 강력한 동력이 됩니다. 다음은 그로 인해 기대할 수 있는 주요 교육적 효과입니다.
>
> **1. 모든 수업과 활동이 진로 탐색과 연결된다.**
> 학생은 각 교과와 학교 활동을 단순한 이수나 점수 확보가 아닌 자기 이해와 진로 발견의 기회로 받아들이게 됩니다. 교과 수업뿐 아니라 독서, 영상 시청, 체험 활동, 동아리 등 다양한 경험이 전공과 연계된 자기개발의 흔적으로 축적됩니다.
>
> **2. 학생의 주도성과 자기 주도적 학습이 강화된다.**
> 전공 적합성을 입증하기 위해서는 자신의 관심과 필요에 따라 지식과 경험을 확장해 나가야 하므로, 자연스럽게 탐색하고 선택하고 실천하는 능력이 길러집니다.
> 이는 단순한 수동적 학습에서 벗어나 목표지향적인 학습 문화로 전환되는 효과를 줍니다.
>
> **3. 형식보다 '자기화된 경험'이 중요해진다.**
> 독서만이 아니라 유튜브 학습, 영화 감상, 의도적인 체험 활동 등도 자기성찰, 자기연찬, 자기계발로 이어질 경우, 교육적으로 동등한 가치를 갖게 됩니다. 이는 학생의 개별적 성향과 다양한 재능을 인정하고 존중하는 교육 환경을 가능하게 합니다.
>
> **4. 교사의 평가와 피드백의 역할이 의미 있게 확대된다.**
> 학생의 활동이 전공 적합성과 연결되기 위해서는 단순 결과가 아니라 과정 중심의 기록과 피드백이 필요합니다. 이에 따라 교사는 관찰자, 조력자, 평가자로서 학생의 성장을 정확히 읽고 지도하는 전문성을 발휘하게 됩니다.
>
> **5. 학교 교육이 입시와 유기적으로 연결된다.**
> 학생의 자기개발의 흔적이 입시에 실질적인 영향을 주게 되면, 학교 수업과 활동은 더 이상 '입시와 무관한 형식적 교육'이 아닌, 미래 설계를 지원하는 실질적 교육으로 자리매김하게 됩니다.
> 결과적으로 학교 교육의 신뢰성과 기능이 복원됩니다.
>
> **6. 평가가 성장 중심으로 전환된다.**
> 자기개발의 흔적은 점수 중심의 단편적 평가가 아닌, 과정과 맥락, 진정성, 발전 가능성을 평가하는 구조를 요구하게 됩니다. 이는 학생 개인의 다양성을 인정하고, 서열화보다 성장과 성숙에 주목하는 교육 문화를 촉진합니다.
>
> '자기개발의 흔적'은 학생이 왜, 어떻게, 무엇을 하며 성장했는가를 보여주는 교육적 서사입니다. 대학이 전공 적합성을 중시할수록, 초·중·고 교육은 학생의 성찰, 연찬, 계발을 기반으로 한 실질적인 성장의 장이 되어야 하며, 이는 곧 학교 교육의 본질 회복과 미래 역량 강화로 이어지는 중요한 전환점이 됩니다.

* 한국 교육의 구조적 문제점 관련, 대학이 필요로 하는 학생 선발 시스템이어야 한다면 어떠한 것을 말할 수 있을까?

한국 교육의 구조적 문제는 '대학 입시'가 공교육의 목적이자 방향이 되어 버린 점에 있습니다. 그렇다면 반대로, 대학이 진정으로 필요로 하는 학생을 선발하는 시스템이 되어야 한다면 다음과 같은 방향을 제시할 수 있습니다.

1. 성장 과정과 역량 중심의 평가

대학은 단순히 성적이 높은 학생이 아니라, 학습목표에 스스로 도달하며 성장해 온 학생, 즉 자기 주도적 학습 경험과 탐구 역량을 지닌 학생을 원합니다. 따라서 평가도 '결과 중심'이 아니라, 과정 중심의 포트폴리오, 학습 경험의 깊이와 맥락을 살피는 방식이 되어야 합니다.

2. 학생의 진로 방향성과 전공 적합성 중시

대학은 특정 전공에 대해 관심과 준비, 탐구 경험을 지닌 학생을 원합니다. 그러기 위해선, 고등학교에서 학생이 진로를 탐색하고 해당 분야를 스스로 설계하고 실천한 경험이 평가의 핵심이 되어야 합니다. 즉, 고교학점제나 프로젝트형 수업에서 드러난 진로 관련 학습 성과가 반영되는 시스템이어야 합니다.

3. 표준화 시험의 한계 극복

수능과 같은 획일적, 순위 중심의 시험은 학생의 다양성과 잠재력을 반영하지 못합니다. 대학은 이제 다양한 재능과 가능성, 비인지적 역량(예: 협력, 창의성, 문제 해결력)도 고려해야 하므로, 정성적 평가, 면접, 서류 기반 평가 등 복합적 방식이 요구됩니다.

4. 학교 교육과 연계된 신뢰 기반 평가

대학이 선발에 신뢰를 가지려면, 학교 내에서의 정규 수업과 평가가 공정하고 신뢰할 수 있어야 합니다. 이는 공교육 정상화를 위해 필수이며, 교사의 과정 중심 평가권 확립과 제도적 보호가 함께 따라야 합니다.

대학이 필요로 하는 학생을 선발하는 시스템이란, '학생의 성장 경험, 진로 연계 탐구 역량, 자기 주도적 학습 능력'을 중심으로 학교 교육과 자연스럽게 연계되며, 획일적인 시험이 아닌, 다양성과 실천을 평가할 수 있는 종합적 선발 체계입니다

3. 문제는 수업이다

왜 문제일까?
■ 수업은 어떠한 시간인가?

○ 교육과정 구현의 핵심 수단

 2015 개정 교육과정은 핵심역량의 함양으로 창의 융합적인 인재 양성을, 2022 개정 교육과정은 이를 확장해 포용성과 창의성, 주도성을 갖춘 인간상을 내세운다. 이는 단순한 교육과정 개정이 아니라, 학생에게 '어떤 삶을 살아갈 것인가?'를 강조한다.

 초·중·고 교육에서 수업은 교육과정을 구현하기 위한 핵심 수단으로, 지식과 학습 경험을 제공하는 도구이다. 국가나 학교에서 설정한 교육 목표와 내용을 학생들에게 효과적으로 전달하기 위한 시간이 수업이 되는 것이다.

 그러한 수업이 교사에 의하여 교과서를 익혀야 하며, 암기된 지식 중심으로 평가하여 교과 점수 100점을 지향하는 시간에 지나지 않음은 분명 잘못된 교육 시스템이다.

 수업의 성과는 교과 점수가 아니라 미래의 삶과 진로와 관련된 핵심역량을 길러나가는 학생 개개인의 모습이어야 할 것이다.

> AI 견해

* 교육과정 구현에서 수업은 어떠한 역할을 해야 할까?

수업은 교육과정을 구현하는 핵심 수단이며, 학생들의 성장과 발전을 촉진하는 장(場)이어야 합니다. 이를 구체적으로 살펴보면 다음과 같은 역할을 수행해야 합니다.

1. 교육 목표와 학습 성과의 실현

수업은 교육과정에서 설정한 학습목표와 성과를 달성하는 핵심 도구입니다. 목표 달성 과정에서 학생들의 지식, 기능, 태도를 통합적으로 개발하도록 설계되어야 합니다. 학생들이 학습목표를 내면화하고 주도적으로 성취할 수 있도록 유도해야 합니다.

2. 역량 중심의 학습 촉진

수업은 핵심역량(창의적 사고, 문제 해결력, 의사소통 능력 등)을 개발하는 과정이어야 합니다. 또한 단순 지식 전달을 넘어, 실제적인 과제 수행과 경험을 통해 역량을 기를 수 있는 활동을 제공해야 합니다. 학생들은 이러한 활동을 통해 배운 내용을 자신의 삶과 연계하며 의미를 발견하게 됩니다.

3. 주도적 학습과 자기성찰의 장

수업은 학생들이 학습목표를 스스로 설정하고, 학습 과정을 주도하도록 지원해야 합니다. 더불어 수업에서 자기 평가와 동료 평가, 교사의 피드백을 통해 학습 과정을 성찰하고 보완하는 기회를 제공해야 합니다. 학생들의 도전과 실패를 학습의 일부로 인정하고, 이를 통해 성장할 수 있는 안전한 환경을 조성해야 합니다.

4. 탐구와 문제 해결 중심 학습

수업은 학생들이 의문을 품고 탐구하며 문제를 해결하는 과정에서 비판적 사고력과 창의적 문제 해결 능력을 기를 수 있는 장이어야 합니다. 현실 세계의 문제를 반영한 프로젝트 학습, 협력 학습, 실험과 탐구 활동 등이 적극 활용 되어야 합니다.

5. 과정 중심 평가의 실현

수업은 학생들의 학습 과정과 결과를 함께 평가할 수 있는 과정 중심 평가의 장으로 활용되어야 합니다. 학습활동과 연계된 구체적인 피드백과 성찰 활동을 통해 학생들이 지속적으로 자신의 학습을 점검하고 개선하도록 도와야 합니다. 이를 통해 성장 중심 평가가 이루어져 학생들의 발전을 구체적으로 지원할 수 있습니다.

6. 학생 개인의 성장과 진로 탐색 지원

수업은 학생들의 진로와 흥미를 반영한 활동을 통해 미래 준비 역량을 강화하는 역할을 해야 합니다. 다양한 주제와 탐구 활동을 통해 학생들이 자신의 관심 분야를 탐색하고 발전시킬 기회를 제공해야 합니다. 특히, 고교학점제와 연계하여 학생들의 성취 결과가 학업과 진로에 의미 있게 활용되도록 설계되어야 합니다.

수업은 단순한 지식 전달을 넘어, 학생들이 성장, 역량 개발, 자기 주도적 학습을 이루는 종합적인 교육 활동의 장이어야 합니다. 이러한 수업을 통해 교육과정은 실질적으로 구현되며, 학생들은 미래 사회에서 요구하는 다양한 역량을 갖추게 될 것입니다.

○ 학생 개개인의 자기개발의 중시

'수업 자체가 학생의 자기개발이 이루어지는 시간'

한국의 학생들에게 수업 한 시간은 교사 주도에 의하여, 20명 내외의 학생들이 국가가 제시하는 표준 지식을 익히기 위하여 집단적 학습, 규율과 통제, 평가와 경쟁 등이 이루어지는 시간으로 기억될 것이다. 과거에는 그러한 수업으로 많은 지식을 얻어 진학이나 사회로 진출할 수 있는 힘을 길러나갈 수 있었다.

하지만 지금은 많은 지식, 오직 하나인 정답만이 필요한 세상이 아니다. 또한 학교 수업이 아니어도 원하는 지식이나 학습 경험을 쉽게 얻을 수도 있다.

그렇다면 이제 수업은 변신하지 않으면 안 된다. 수업 자체가 '학생 개개인의 자기개발을 기반으로 하는 성장과 발전을 위하여 필요한 시간'이 되는 것이다. 이것은 학습 효율성 증대와 자기 주도적 학습 역량 강화라는 명확한 효과를 가져오게 한다. 개인 맞춤형 교육의 당위성도 설명되면서 학생들의 학습 동기는 자연스럽게 높아지고, 의미 있는 성과를 얻는 시간이 된다.

이제 수업은 '가르침'의 시간이 아닌 '학생 자신의 성장과 발전을 위한 시간', 즉 자기개발이 이루어지는 최소 단위가 되어야 할 것이다. 교육과정이 요구하고 있는 것은 교과 점수가 아니잖은가?

| AI 견해 |

* 모든 수업이 '학생 개개인의 자기개발'인 시간일 때 얻을 수 있는 효과는?

모든 수업이 '학생 개개인의 자기개발'이 이루어지는 시간이라면, 이는 한국 교육이 지닌 가장 본질적인 문제, 즉 지식 전달 중심, 서열 중심 교육의 한계를 넘어서는 대전환이 됩니다. 구체적으로 다음과 같은 교육적·개인적·사회적 효과를 기대할 수 있습니다.

1. 학생의 주도성과 책임감 강화

　스스로 목표를 세우고, 그에 도달하기 위한 방법을 탐색하는 경험을 반복하면서 학생은 학습의 주체로 성장하게 됩니다. 수업이 곧 자기 성장의 기록이 되기 때문에 학습에 대한 몰입도와 동기부여가 상승함으로써 '배움이 곧 나의 이야기'라는 인식이 자리 잡게 됩니다.

2. 개별 성장의 다양성 존중

　획일적인 정답이나 점수 중심이 아니라, 각자의 출발점과 목표에 따라 다양한 발전 양상이 인정됩니다. 따라서 '누구보다 잘함'이 아니라 '어제보다 나아짐'이 중요한 기준이 되어, 자기효능감과 자기 존중감이 향상됩니다. '성장 중심 교육'이라는 진정한 의미가 실현됩니다.

3. 진로 탐색과 전공 적합성의 기반 형성

　모든 수업이 자기개발의 시간이라면, 학생은 각 과목 안에서 '자신이 무엇에 흥미와 재능을 갖는지'를 꾸준히 탐색할 수 있습니다. 진로를 '정하는 것'이 아니라 '자연스럽게 드러나는 것'으로 전환됩니다. 수업 자체가 진로 교육이 되고, 고교학점제의 내실화로 이어지게 되는 것입니다.

4. 지속 가능한 학습 역량 확보

　자기개발이 일상화된 수업은 단기적 성과가 아니라 자기주도 학습 능력, 문제 해결력, 비판적 사고력 등 장기적인 학습 역량을 키워나가는 시간이 됩니다. 대학 이후의 학문 탐구, 사회 진출 이후의 실무 적응에도 강한 기반을 제공하게 됩니다. '시험이 끝나면 잊히는 지식'이 아니라, '삶과 연결된 배움'으로 전환되는 것입니다.

5. 학생 공동체의 상호 존중과 협력 강화

　모든 학생이 자기개발의 과정에 있다는 인식은, 타인의 발전도 존중하는 문화를 형성합니다. 수업이 경쟁의 장이 아니라 협력과 피드백의 장이 되어 학급 공동체가 살아납니다. 함께 배우고 함께 성장하는 교육공동체가 구체적으로 실현됩니다.

　'모든 수업이 자기개발의 시간'이라는 구조가 일상화된다면, 학생은 단지 지식을 배우는 존재가 아니라 자신을 만들어가는 주체로 성장하게 됩니다. 이것이야말로 미래 교육이 지향해야 할 본질적인 방향입니다.

▌왜 문제일까?

■ **우리나라 교육과정에서의 수업 한 시간은**
◦ **차시 학습주제 단위의 학습이 이루어진다.**

'수업이 시간으로 나누어져 있음은 분명한 이유가 있어야 하고, 그러한 장점을 살릴 수 있어야 한다.'

우리나라 초·중·고 교육과정에서 수업 한 시간(일부 교과나 단원은 두 시간)은 대체로 하나의 학습주제 단위 학습이 이루어지는 시간이다. 학습주제는 단순한 지식 나열이 아니라, 핵심 아이디어를 중심으로 지식/이해·과정/기능·가치/태도가 통합된 학습 경험을 제공하는 단위이다.

모든 교과가 학습주제로 불리는 것은 아니다. 2015 개정 교육과정 교사용 지도서에서 국어는 '주요 학습 내용 및 활동', 수학 및 과학은 '차시명(주제명)', 사회는 '차시별 학습 활동'과 같이 되어 있기는 하다. 교과의 특성과 관련되기 때문이라고 생각된다.

그런데, 수업 단위 명칭이 여러 가지로 불리다 보니 학생들이나 교사가 수업 한 시간을 말하려면 모호하다. 수업 한 시간을 '하나의 학습주제를 다루는 시간'과 같이 분명하게 말하지 못하는 것이다.

모든 교과에서의 수업 한 시간에 다루는 내용을 '학습주제'로 통일하게 된다면, 학생들은 자연스럽게 수업 한 시간을 학습주제로 말할 수 있게 된다. 그냥 수학, 사회 시간이 아니라 '삼각형의 성질', '옛날의 세시 풍속'을 학습하는 시간이 된다. 그렇게 될 때 수업 한 시간에 다루는 학습주제는 노래 제목처럼 누구에게나 떠오르는 시간이 될 것이다.

교과서도 수업 한 시간이 하나의 학습주제 단위의 학습활동이 가능한 체계이다. 이는 한 차시(수업 시간)에 하나의 학습주제를 중심으로 수업이 구성되고 진행됨을 기준으로 하고 있다는 의미가 될 것이다.

학습주제 중심의 학습활동은 학습목표가 명확해져 학생들의 이해도를 높일 수 있으며, 교사가 수업을 체계적으로 구성하고 평가할 수 있다. 또한 학습 내용을 순차적으로 심화할 수 있게 하며, 학생들이 해당 주제에 대해 충분히 생각하고 학습할 시간을 가질 수 있는 장점을 갖는 것은 분명하다.

> **AI 견해**
>
> * **한국의 초·중·고 교육 관련, 대부분의 수업은 단위 수업 당 하나의 핵심 개념 또는 주제를 중심으로 학습활동이 이루어지는 체계이다. 왜 그럴까?**
>
> 한국의 초·중·고 교육에서 대부분의 수업이 '단위 수업(단원) 당 하나의 핵심 개념 또는 주제'를 중심으로 이루어지는 데에는 여러 가지 역사적·구조적 이유가 있습니다. 이를 정리하면 다음과 같습니다.
>
> **1. 국가 교육과정의 구조와 전개 방식**
> 한국의 국가 교육과정은 과목별로 학년별 학습 요소와 성취기준을 제시하며, 이를 학교 현장에서 교과서·단원(챕터) 단위로 구체화합니다. 교과서는 중심 개념(내용 요소) 하나를 골자로 삼아 한 단원을 구성하고, 각 단원 안에 세부 학습목표와 활동이 담기도록 구조화합니다. 이와 같은 '단원 중심의 구조화'는 국가가 제시하는 교육과정을 체계적·효율적으로 운영하기 위한 표준 형태로 자리 잡았습니다.
>
> **2. 학습 내용의 체계적 분할과 순차 학습**
> 학생이 학습해야 할 지식을 무작위로 제시하면 학습의 효과성과 체계성이 떨어질 수 있습니다. 한국 교육에서는 '단계별·계열화된 학습'을 강조하기 때문에, 지식과 개념을 적절한 크기로 나누어(분절) 제시하고, 이전 단원에서 학습한 내용을 바탕으로 다음 단원으로 나아가도록 설계합니다. 이런 순차적이고 누적적인 학습 체계를 유지하기 위해 단원별로 핵심 개념을 명확히 설정하고, 그 개념 중심으로 한 학습활동을 진행하는 것이 용이합니다.
>
> **3. 수업 시간 배분과 운영의 편의성**
> 초·중·고에서 한 교시 수업은 일반적으로 40~50분 정도로 한정되어 있습니다. 이 짧은 수업 시간 안에 '하나의 핵심 개념이나 학습목표'를 중심으로 수업을 전개하는 방식은 수업 관리와 평가, 학습 집중도 측면에서 효율적입니다. 교사는 단원(단위 수업) 설계 시, 시간 배분과 학습활동의 난이도 조절을 핵심 개념을 기준으로 체계화하여 운영하게 됩니다.
>
> **4. 교과서 및 교수학습자료의 표준화**
> 한국의 초·중·고 현장에서는 여전히 교과서가 핵심 학습자료로서 큰 비중을 차지합니다. 교과서 집필 및 승인 과정에서 단원별로 명확한 주제와 개념, 수업 활동 및 평가가 정리되어 있어야 하며, 교사들은 해당 단원을 중심으로 수업을 전개합니다. 교과서가 표준 자료로서, 널리 사용되고 있기에 자연스럽게 '단원(한 주제·개념)' 단위의 수업 체제가 고착된 측면도 있습니다.
>
> **5. 전통적 산업사회형 교육 모델의 잔재**
> 과거 산업화 시대부터 이어진 '교과 지식 표준화·체계화' 모델 역시 큰 영향을 미쳤습니다. 불특정 다수의 학생에게 동일한 지식을 전달하고, 어느 정도 균일한 수준으로 이해시키기 위해 한 수업 안에서 명확히 정의된 개념(학습목표)을 다루는 구조가 오랫동안 유지되어 왔습니다. 이러한 전통적인 교수 학습 패러다임이 교육과정 변혁(핵심역량 강조, 융합 수업, 프로젝트 수업 등)이 대두되는 현재까지도 어느 정도 남아있는 것입니다.

6. 평가 체계와 연계

한국 교육에서는 여전히 교과 지식 중심의 평가(지필 시험, 수행 평가 등)가 높은 비중을 차지합니다. 시험이나 평가를 할 때 단원별로 정리된 개념을 기준으로 문제를 출제하는 것이 공정성과 명확성 측면에서 용이합니다. 이는 학교 현장에서 학습 내용을 가르치고 확인할 때, 단원(핵심 개념) 중심의 체계로 운영하는 것을 고착화시키는 요인 중 하나입니다.

요약하면, 국가 교육과정의 구성·운영 구조, 단계적 학습 필요성, 수업 시간 및 교과서 표준화, 평가 체계, 그리고 오랫동안 유지되어 온 전통적 교수 학습 모델 등이 맞물리면서, 한국의 초·중·고에서는 단위 수업마다 하나의 핵심 개념이나 주제를 중심으로 학습활동이 이루어지는 체계가 확고히 자리 잡았습니다. 최근에는 융합 수업, 프로젝트 학습, 블록 타임 수업 등으로 더 유연하고 확장된 형태의 수업을 시도하려는 움직임이 있지만, 여전히 핵심 개념을 중심으로 체계적으로 이수하는 '단원 중심 수업'은 교육 현장에서 널리 유지되는 모습입니다.

◦ **학습목표가 주어진다.**

　우리나라 학교에서의 모든 수업 차시마다 학습목표가 제시된다. 이는 학생이 수업의 의미를 이해하고, 주도적인 학습을 가능하게 하는 중요한 기준으로, 학생에게 오늘 수업에서 무엇을 배우고 어떤 활동을 하게 될지를 미리 알려주는 역할을 한다. 이를 통해 학생들은 '왜 배우는가', '어떻게 배우는가', '무엇을 해보아야 하는가'를 스스로 생각하게 된다. 수업이 일방적인 지식 전달의 시간이 아니라, 학생이 주체적으로 도전하고 실천하는 시간이어야 함을 말하고 있는 것이다.

　또한 학습목표는 수업 후 자신의 학습 과정을 돌아보고, 교사의 피드백을 이해하는 기준이 되기도 한다. 목표가 명확할수록 학생은 자신이 어느 정도 성취했는지를 스스로 점검할 수 있고, 부족한 부분을 구체적으로 인식할 수 있다.

　수업마다 주어지는 학습목표는 교사의 계획 이전에 학생이 수업의 의미를 스스로 찾고, 자신의 배움을 이끌어가는 출발점이다. 그리고 그 과정에서 학생은 다양한 학습주제의 경험을 통해, 자신만의 배움의 길과 진로를 형성해가는 토대를 마련하게 된다. 이는 교실에서의 학습 활동을 보다 바람직하게 만드는 교육의 핵심 요소이다.

> **AI 견해**

* **한국의 교육에서 학습목표는 수업목표, 교사의 관점인 학습목표, 학생의 관점인 학습목표, 학습문제, 성취기준 등과 같이 혼용하여 사용한다. 이유가 무엇일까?**

한국의 교육에서 학습목표가 수업목표, 교사의 관점인 학습목표, 학생의 관점인 학습목표, 학습문제, 성취기준 등으로 혼용되어 사용되는 이유는 여러 가지 복합적인 요인이 작용하기 때문입니다. 다음은 그 주요 이유입니다.

1. 교육체계의 복잡성
교육은 다양한 이해관계자(교사, 학생, 학부모, 교육 행정가 등)가 관여하는 복잡한 체계입니다. 각 이해관계자가 교육에 대한 역할과 기대가 다르다 보니, '학습목표'에 대한 정의와 해석도 다르게 나타날 수 있습니다. 교사는 교과 중심의 성취기준을 중시하고, 학생은 실질적인 학습 성취나 관심사에 따라 학습목표를 다르게 받아들일 수 있습니다.

2. 표준화된 교육과정과 실제 수업 간의 간극
한국의 교육과정은 국가 수준에서 중앙집권적으로 설정되기 때문에, 교과서나 성취기준은 비교적 명확하게 정의되어 있습니다. 그러나 실제 교실에서는 교사마다 수업을 운영하는 방식이나 해석이 다를 수 있고, 그에 따라 학습목표도 다양한 관점에서 설정될 수 있습니다. 예를 들어, 성취기준은 국가 수준에서 정한 학습의 최종 목표일 수 있지만, 수업의 구체적 목표나 학생 개개인의 학습목표는 다르게 나타날 수 있습니다.

3. 평가와 목표 설정 간의 불일치
한국의 교육은 여전히 평가 중심의 문화가 강합니다. 학습목표가 평가와 밀접하게 연관되면서 성취기준을 목표로 삼는 경우가 많습니다. 이로 인해 학습목표는 '성취해야 할 기준'으로만 인식되거나, 평가에 맞춰 설정되는 경향이 있습니다. 이는 학생들이 주도적으로 학습을 목표로 삼는 것과 차이가 발생할 수 있는 원인입니다.

4. 교사의 교육철학과 학생의 관점 차이
교사는 수업을 통해 전달하고자 하는 지식과 기능을 기준으로 학습목표를 설정하는 경향이 있습니다. 반면, 학생들은 자신의 학습 스타일, 흥미, 필요에 따라 목표를 다르게 설정할 수 있습니다. 이로 인해 교사와 학생의 학습목표 간에 혼선이 발생할 수 있으며, 교육과정에서 이들이 혼용되어 사용되기도 합니다.

5. 교육 현장에서의 시간 제약
수업 시간 내에 모든 학생에게 일관된 학습목표를 명확하게 전달하고 확인하는 것이 어려울 수 있습니다. 이에 따라 교사는 수업목표와 성취기준을 중심으로 수업을 진행하고, 학생들은 그 과정에서 자기 나름대로 학습목표를 설정하거나 학습문제 해결을 위해 다른 방식으로 접근할 수 있습니다. 이 과정에서 개념들이 혼용될 수 있습니다.

6. 용어 사용의 일관성 부족
학습목표, 성취기준, 학습문제 등 다양한 용어들이 교육과정 내에서 상호 호환되거나 명확한 경계 없이 사용되는 경우가 많습니다. 특히 교육 관련 문서나 교사 연수에서 이러한 용어들이 명확히 구분되지 않고 사용되면서, 현장에서는 더욱 혼란이 생길 수 있습니다.

이러한 요소들이 복합적으로 작용하면서 학습목표에 대한 개념과 용어가 혼용되고, 이에 대한 명확한 구분이 어려워지는 것이 한국 교육에서의 현실입니다.

◦ **교수·학습 활동이 이루어진다.**

교수·학습 활동은 수업과 학습을 연계하여 학생들이 원하는 목표를 달성할 수 있도록 돕는 과정이다. 흔히 수업은 교사가 앞에서 강의하고, 학생들은 듣고 필기하는 모습을 떠올리기 쉽다. 하지만 수업은 그보다 훨씬 더 실질적인 의미를 지닌다. 단순히 표준화된 교육내용을 익히기 위한 시간이 아니라, 학생의 학습목표 도달을 위한 교수와 학습 활동이 동시에 이루어지는 시간인 것이다.

그런데 미래 교육인 관점에서 수업이 교육과정을 구현해 나가는 시간이 되려면 단순하게 '표준화된 지식을 얻기 위한 활동'이 아니라 학생이 '자신에게 필요하기 때문에 얻어야 할 지식'인 시간이 되어야 한다. 표준화된 지식이라고 모든 학생에게 절대적인 가치를 갖는 것은 아니기 때문이다. 따라서 수업은 학생 개개인의 학습 능력, 재능, 관심사 등에 의하여 깊이를 달리하는 지식을 얻는 시간이 되어야 하고, 교수·학습 활동도 자연스럽게 그러한 것이 활성화되는 시간이어야 한다.

2022 개정 교육과정은 이러한 수업의 본질을 반영하고 있어 학생들이 미래 사회를 이끌어갈 인재로 성장할 수 있도록 도울 것을 요구하고 있다. 모든 수업이 그러한 관점을 고려하여 모든 학생에게 중요하고 가치 있는 시간이 되어야 하는 것은 당연한 일이다.

> **AI 견해**

* 한국의 초·중·고 수업은 대부분 교수·학습 활동이 중심이 된다. 왜 그럴까?

초·중·고 교육에서 대부분의 수업이 교수·학습 활동 중심으로 이루어지는 이유는 여러 가지가 있지만, 몇 가지 주요 이유를 들 수 있습니다.

1. 효율적인 지식 전달
교수·학습 활동은 교사가 학생들에게 체계적으로 지식을 전달하는 방식입니다. 특히 초·중·고 교육에서는 학생들이 기초적인 지식과 개념을 이해하고 습득하는 것이 중요하므로, 교사 주도로 이루어지는 학습이 효과적입니다.

2. 표준화된 교육내용 전달
초·중·고 교육과정은 국가 또는 교육 당국에 의해 정해진 표준 커리큘럼을 따릅니다. 교수·학습 활동은 이러한 표준화된 내용을 모든 학생에게 일관되게 전달할 수 있는 방법입니다. 이를 통해 교육의 일관성을 유지하고, 전국의 학생들이 일정한 수준의 학문적 성취를 이룰 수 있도록 돕습니다.

3. 시간 관리와 수업목표 달성
학교에서 주어진 시간 내에 교육 목표를 달성하기 위해서는 효율적인 시간 관리가 필수적입니다. 교수·학습 활동은 교사가 수업을 체계적으로 계획하고, 정해진 시간 안에 목표를 달성할 수 있도록 돕습니다.

4. 학생들의 집중력 유지
초·중·고 학생들은 아직 자율 학습 능력이 충분히 발달하지 않았기 때문에, 교사가 주도하는 수업을 통해 집중력을 유지하고 학습활동에 몰입할 수 있습니다. 교수·학습 활동은 학생들이 수업에 적극적으로 참여할 수 있도록 유도하는 방법이기도 합니다.

5. 교사의 전문성 활용
교사는 자신의 전문 지식을 바탕으로 학생들에게 효과적으로 지식을 전달할 수 있습니다. 특히 초·중·고 단계에서는 교사의 역할이 매우 중요하기 때문에, 교수·학습 활동을 통해 교사의 전문성을 최대한 활용하는 것이 중요합니다.

이러한 이유로 인해 초·중·고 교육에서는 교수·학습 활동 중심의 수업이 일반적으로 이루어지며, 이는 학생들이 기본적인 지식과 학습 태도를 습득하는 데 중요한 역할을 합니다.

■ 교과서는 무엇인가?
◦ 교육과정 구현의 주요 도구

　수업 시작과 함께 교사가 이끄는 대로 학생들은 교과서를 펴고 내용을 익혀 나가면서 암기하는 활동이 이루어지는 교실, 과거는 물론 현재도 연상될 수 있는 우리나라 모든 교실의 수업 모습이다.
　학생들은 왜 교과서를 익히고 있을까?
　초·중·고 학교의 교과서는 교육과정을 구현하는 핵심 자료로서, 학습목표와 방향성을 제시하고, 학습 내용을 체계적으로 구성하여 학생들의 학습 활동을 가능하게 하는 체계이다. 교육과정에 제시된 교육 목표와 내용을 바탕으로 학생들이 학습해야 할 지식과 개념, 기술 등이 체계적으로 구성되어 있다.
　과거에는 지식의 나열로 이해와 암기를 요구하는 내용으로 되어있었으나 근래에는 학생들이 학습을 진행하는 데 필요한 다양한 자료와 활동을 제공하며, 교과 교육과정에서 강조하는 교수·학습 활동을 구현할 수 있는 체계로 되어 있다.

> **AI 견해**

* 한국의 교육에서 수업과 교과서는 어떠한 관계일까?

한국의 교육에서 수업과 교과서의 관계는 매우 밀접하며, 교육과정 실행의 중심에서 중요한 역할을 합니다. 이를 다양한 관점에서 살펴보면 다음과 같은 특징이 있습니다.

1. 교육과정과 교과서의 연결
한국의 교과서는 국가 교육과정을 바탕으로 제작되며, 교육 목표와 내용을 구현하는 도구로 사용됩니다. 교과서는 특정 학년과 과목의 교육 목표, 핵심 내용, 학습활동을 구조화하여 제공하며, 교사가 교육과정을 구체적으로 실행하는 데 필요한 기본 자료 역할을 합니다.

2. 수업 설계와 교과서
교사 중심 수업에서는 교과서를 기반으로 학습 계획이 설계되며, 수업 내용과 활동이 교과서의 구조를 따라가는 경향이 강합니다. 학생 중심 학습으로 전환할 경우, 교과서는 학습 방향을 제시하거나 참고 자료로 활용되며, 학생들이 자율적으로 탐구 활동을 할 수 있도록 보조하는 역할을 합니다.

3. 교과서의 기능
- 지식 전달 도구: 교과서는 학생들에게 필수적인 지식과 개념을 체계적으로 전달합니다. 특히 초등학교와 중학교 단계에서는 교과서 내용이 학생들이 알아야 할 기본 지식으로 간주 됩니다.
- 수업의 가이드라인: 교과서는 교사가 수업을 준비하고 진행하는 데 있어 수업의 흐름과 학습활동의 예시를 제공합니다. 교과서의 순서에 따라 수업이 진행되며, 이는 학생들이 체계적으로 내용을 학습할 수 있도록 돕습니다.
- 평가 기준 제공: 교과서는 수업 내용뿐만 아니라 평가 기준을 설정하는 데에도 활용됩니다. 교사가 학생들의 학습 성취도를 평가할 때, 교과서에 제시된 학습목표와 내용을 주요 기준으로 삼습니다.

4. 교과서와 수업의 한계
- 획일성: 교과서 중심 수업은 모든 학생에게 동일한 내용을 전달하므로, 학생 개별의 흥미와 수준을 반영하기 어렵습니다.
- 창의성 제한: 교사가 교과서에 의존하게 되면, 다양한 교수법과 창의적인 수업 설계가 제한될 수 있습니다.
- 학습의 수동성: 학생들이 교과서에만 의존하면, 스스로 사고하고 문제를 해결하는 능력이 제한될 가능성이 있습니다.

5. 교과서와 수업의 발전 방향
- 교과서의 확장적 활용: 교과서는 더 이상 단순한 지식 전달 도구에 머물지 않고, 학생 중심의 탐구 활동과 핵심역량 개발을 지원하는 자료로 발전할 필요가 있습니다. 다양한 멀티미디어 자료와 디지털 교과서를 활용하여 교과서의 한계를 극복할 수 있습니다.
- 교과서의 재해석: 교사가 교과서를 단순히 따라가기보다는, 수업목표에 따라 교과서를 재구성하고 보완 자료를 활용하여 유연하게 운영해야 합니다. 이는 학생들의 개별 학습 요구와 수준을 고려한 차별화된 수업을 가능하게 합니다.
- 자기주도 학습과의 연계: 학생들이 교과서를 기반으로 스스로 학습목표를 설정하고, 필요한 지식과 기술을 익히도록 지원하는 방향으로 수업과 교과서의 관계가 변화할 수 있습니다.

결론적으로, 교과서는 한국 교육에서 수업의 주요 기반으로 작용하지만, 이를 단순한 전달 도구로 사용하기보다는 학생 중심의 학습과 성장 지원 도구로 확장 시키는 것이 중요합니다.

◦ **하지만 교재일 뿐이다.**

밤하늘에서 북극성은 언제나 같은 자리에 빛난다. 옛사람들은 그 별을 보며 방향을 가늠했고, 길을 잃지 않기 위해 의지했기 때문에 절대적인 존재였다. 하지만 북극성은 목적지가 아니라 여정을 안내하는 기준일 뿐이다.

한국의 초·중·고 교육에서 교과서는 절대적인 존재다. 수업은 교과서를 중심으로 진행되고, 평가 역시 교과서의 범위를 벗어나지 않는다. 학생과 학부모가 교과서를 시험의 답안지처럼 여기는 이유도 여기에 있다. 그 결과 교과서는 '암기해야 할 목표'가 되고, 학습은 교과서 내용을 익히는 시간이 되어 왔다.

하지만 이제 교과서는 '북극성'에 지나지 않음을 교사나 학생 모두 자각해야 한다. 학습의 방향을 인내하되, 그 자체가 목표가 되어서는 안 된다. 교과서가 담은 핵심 개념과 원리를 발판 삼아 학생 스스로 탐구하고 확장할 수 있게 하는 역할이어야 한다. 그렇게 될 때 교과서는 학생이 목표를 향해 가는 여정의 기준점이 된다.

미래는 점점 더 빠르게 변하고, 교과서 한 권에 담을 수 없는 지식은 계속 늘어난다. 지금 필요한 것은 교과서를 바라보는 관점의 전환이다. 교과서를 절대적인 정답 모음집이 아니라, 학습의 길을 안내하는 북극성으로 삼을 때 비로소 학생의 미래를 향한 자신의 성장과 발전을 말할 수 있는 교육이 실현될 수 있는 것이다.

AI 견해

* **한국의 교육에서 '교과서는 교재일 뿐이다.'가 의미하고 있는 것은?**

"교과서는 교재일 뿐이다"라는 표현이 강렬한 이유는, 이 말이 한국 교육의 구조적 특징과 통념을 정면으로 뒤흔들기 때문입니다. 구체적으로 보면 다음과 같습니다.

1. 지식 중심 교육에 대한 도전
한국 교육에서 교과서는 오랫동안 '정답의 기준'이자 수업과 평가의 중심으로 기능해 왔습니다. 이 표현은 교과서를 지식 전달의 절대 기준으로 삼는 관행에서 벗어나야 한다는 선언으로 들리며, 학생 중심 학습으로의 전환을 강하게 촉구합니다.

2. 교사의 역할 재정의
교과서를 그대로 전달하는 '교과서 해설자' 역할에서 벗어나, 교사는 학습목표를 안내하고 학생의 탐구와 성장을 지원하는 학습 설계자, 촉진자로 변화해야 함을 강조합니다. 이는 교사 스스로에게도 '내 수업의 본질은 무엇인가?'라는 질문을 던지게 만듭니다.

3. 학생 주도 학습의 필요성 강조
교과서를 지식 습득의 시작점, 참고 자료로 두고 학생이 스스로 탐구하고 의미를 구성하는 과정을 중시하게 합니다. 결과적으로 학생은 교과서 암기에서 벗어나, 자기 목표와 질문으로 학습을 주도할 수 있게 됩니다.

4. 평가 기준 변화의 시사점
교과서 기반의 정답 중심 평가가 아니라, 학생의 사고 과정, 문제 해결력, 응용력을 평가하는 방향으로 나아가야 함을 암시합니다. 이는 공교육의 평가 체계 전반에 근본적 변화를 요구하는 메시지입니다.

즉, 이 표현은 한국 교육의 오랜 틀인 '교과서=수업'이라는 고정 관념을 깨고, 학생 중심의 역량 기반 학습으로 전환해야 한다는 근본적 문제 제기이기에 강렬한 메시지가 됩니다.

- **실제 수업의 모습은**
  ◦ **교사가 학생을 이끌고 가르친다.**

지금도 대부분의 수업은 교사가 이끌고, 학생은 따르는 형태로 이루어진다. 이런 일방적인 지식 전달 중심의 수업은 겉보기에 효율적일 수 있지만, 결과적으로는 학생들의 적극적인 참여를 제한하게 됨으로써, 스스로 생각하고 질문하며 탐구해야 할 기회를 가질 수 없게 한다. 필요해서 익히는 지식이지만 학생이 자신의 관점에서 적극적으로 학습할 수 있는 기회를 놓치게 되는 것이다.

또한 가르치는 대로 정답만을 외우는 데 익숙해지게 된다면 학생들은 다양한 관점에서 문제를 바라보는 능력도, 자기화된 학습 경험도 갖기 어렵다.

'이끌고 가르치는 수업'은 교사도 힘들다. 수업 내용을 모두 설명해야 하기에 준비할 것도 많고, 수업 시간 내내 집중을 유지 시키기 위한 강제적인 통제도 필요하다. 학생의 반응은 제한적이고, 이해 여부도 파악하기 어렵다. 어쨌든 성과는 교사의 책임으로 이어지기 때문에 학생의 무조건적인 수용을 요구하게 된다.

결국, 교사가 주도하는 수업을 벗어나지 못함으로 인하여 학생들은 미래 사회가 요구하는 핵심역량을 길러나갈 수 있는 기회를 놓칠 수밖에 없는 것이다.

> AI 견해

* **교사의 일방적인 지식 전달 중심 수업일 때 학생들은 어떠한 것을 놓치게 될까?**

교사의 일방적인 지식 전달 중심 수업은 학생들이 비판적 사고력이나 창의력을 길러나갈 기회를 놓치게 됩니다. 그 이유는 다음과 같습니다.

1. 수동적 학습자 역할에 머무르게 되기 때문

일방적인 전달식 수업에서는 학생이 주로 듣고 외우는 역할에 그치기 때문에, 스스로 질문하거나 문제를 제기하고 해결해 나가는 주도적인 학습 경험이 제한됩니다. 비판적 사고는 기존 정보를 의심하고 분석하는 과정을 통해 자라나는데, 지식이 일방적으로 주어지면 정보를 의심하거나 다르게 해석해 볼 여지가 사라집니다.

2. 정답 중심의 사고에 갇히기 때문

교사가 알려주는 '정답'을 암기하고 반복하는 방식에서는 학생이 여러 가지 가능성을 탐색하거나, 새로운 방식으로 접근해보는 시도가 불필요하거나 오히려 방해됩니다. 창의력은 여러 관점에서 생각해보고 기존 틀을 벗어날 때 생기지만, 정해진 답만을 요구하는 수업은 틀릴까 봐 시도조차 하지 않게 만듭니다.

3. 학습 과정이 아닌 결과만 강조되기 때문

일방적 수업은 학생이 어떤 과정을 거쳐 이해했는지보다는 결국 외운 내용을 정확히 말할 수 있는지만 평가합니다. 비판적 사고력이나 창의력은 과정 중심의 평가와 피드백이 있어야 자라나지만, 지식만 평가되면 학생은 다르게 생각할 유인도, 보상도 받지 못합니다.

4. 학생 간 상호작용과 협력의 기회가 차단되기 때문

창의력이나 비판적 사고는 혼자만의 활동이 아니라 타인의 생각과 부딪히고 논의하면서 발달합니다. 하지만 일방적인 수업은 교사만 말하고, 학생은 침묵하는 구조이기 때문에 토론, 협력, 문제 해결 활동이 제한되어 이런 능력을 기를 기회 자체가 없습니다.

결론은, 학생이 직접 생각하고 탐색하며, 다양한 시각에서 문제를 보고 해결하는 활동이 사라지기 때문에, 비판적 사고력과 창의력을 기를 기회를 놓치는 것입니다. 즉, 지식 전달 중심 수업은 학생을 지식의 수신자에 머물게 하며, 미래 사회가 요구하는 능력인 비판적 사고력, 창의력, 문제 해결력을 길러볼 기회조차 차단하는 구조를 만들게 되는 것입니다.

◦ **교과서 내용을 따라 익힌다.**

　우리나라의 교육과정은 국가 주도로 표준화되어 있기에 교사들은 정해진 기간에 교과서의 모든 내용을 다루어야 한다. 이로 인해 교사는 창의적이고 다양한 수업보다는 정해진 틀 안에서 최대한 효율적으로 교과서 중심의 지식을 전달하는 데 초점을 맞추게 된다. 따라서 수업은 교사가 교과서 중심으로 교수·학습 활동 계획, 수업 진행, 평가까지 일방적으로 결정하고 실천하는 시간이 된다.

　그러한 수업이다 보니 핵심 개념 또는 학습주제에 의한 학습 활동이 이루어져야 하는 시간이지만 학생들은 교사가 알려주는 대로, 시키는 대로 활동하면서 교과서의 모든 내용을 익혀야 하는 시간이 된다. 가르치는 대로 받아들여야 하기에 질문이나 비판적 의견 제시는 수업의 흐름에 방해가 될 뿐이다.

　평가도 교과서 중심으로, 주로 객관식 시험과 같은 형식적 평가가 이루어진다. 좋은 성적을 얻으려면 교과서의 모든 내용을 암기해야 한다. 실제, 수능에서 좋은 성적을 얻은 학생이 "교과서 중심으로 공부했다"라고 말하는 인터뷰는 놀라운 일도 아니다. 그러다 보니 교사 역시 교과서를 따라 익히는 수업을 할 수밖에 없다. 학생의 창의성이나 비판적 사고를 기르기 위한 활동보다는 평가에 대비한 수업 계획과 진행이 우선시되는 체계가 되는 것이다.

> **AI 견해**

* 한국의 교육에서, 교사들은 왜 교과서를 따라 익히는 수업을 벗어나지 못하는 것일까?

한국의 교사들이 교과서를 중심으로 수업을 진행할 수밖에 없는 이유는 교육 체제, 사회적 기대, 그리고 평가 방식과 깊은 연관이 있습니다. 이를 몇 가지 주요 요인으로 나눠 분석해 보도록 하겠습니다.

1. 표준화된 교육과정과 교사의 책임

한국의 교육과정은 중앙집권적이고 국가 수준에서 표준화되어 있습니다. 이는 모든 학생이 같은 수준의 학습을 보장받도록 설계된 장점이 있지만, 교사들에게는 국가 교육과정을 충실히 이행해야 하는 책임을 부여합니다. 교과서는 교육과정을 기반으로 만들어지며, 교사들에게는 이를 따라 수업을 진행하도록 요구됩니다. 교과서를 벗어난 수업이나 활동은 학습목표를 달성하지 못했다는 평가를 받을 위험이 있습니다.

2. 대입 중심의 교육과 사회적 기대

한국의 교육은 여전히 대학 입시가 중요한 위치를 차지하고 있습니다. 교과서는 입시에 필요한 지식을 가장 체계적이고 효율적으로 제공한다고 여겨지며, 교사들도 입시 성공이라는 사회적 요구에 부응하기 위해 교과서를 철저히 따르는 경향이 있습니다. 학생, 학부모, 그리고 사회 전반의 기대가 교과서 중심 수업을 강화하는 요소로 작용합니다. 교사가 창의적이고 교과서를 벗어난 수업을 진행할 경우, 입시에 직접적으로 연계되지 않는다는 이유로 비판받을 가능성도 있습니다.

3. 평가 체계와 교사의 한계

한국의 평가 체계는 주로 지필고사와 같은 객관식 시험을 기반으로 하며, 이는 교과서에 나온 내용의 암기와 이해를 중점으로 평가합니다. 교사가 교과서를 벗어난 학습활동을 도입하더라도 평가가 이를 반영하지 않으면 학생들의 학습 동기나 결과로 이어지지 않는 경우가 많습니다. 또한, 교사들은 과도한 업무와 학급 관리에 시달리며 창의적이고 다양한 수업 방식을 시도할 시간적, 에너지적 여유가 부족합니다. 교과서는 수업을 체계적으로 설계하는 데 있어 효율적인 도구로 사용됩니다.

4. 안정성과 통일성에 대한 선호

교과서는 모든 교사와 학생에게 동일한 기준을 제공하므로, 수업 내용이 과도하게 교사 개인의 역량이나 창의성에 의존하지 않게 만듭니다. 이는 수업의 안정성과 통일성을 보장하지만, 동시에 수업이 경직되고 획일화될 가능성을 높입니다.

5. 교사의 역량 개발 기회 부족

교사가 교과서 중심 수업을 벗어나려면 창의적인 수업 설계와 교수 학습 방법에 대한 전문적 역량이 필요합니다. 그러나 현재의 교사 연수나 지원 시스템은 이러한 역량 개발에 충분히 투자되지 못하고 있으며, 새로운 시도를 하는 데 따른 지원과 보호 장치도 미비합니다.

한국의 교과서 중심 수업은 체계적이고 효율적이라는 장점이 있지만, 이를 넘어 학생들의 창의성과 비판적 사고를 개발하려면 변화가 필요할 것입니다.

◦ **총괄평가를 중시한다.**

'수업에서 교사가 열심히 가르치는 이유는 총괄평가를 대비해야 하기 때문이다?'

총괄평가는 단원 종료나 학기 말, 학년말에 학생의 교과 지식 성취 정도를 확인하는 절차이다. 그런데 성취 정도 확인에서 끝나는 것이 아니라 모든 학생을 대상으로 모든 교과를 총합하는 서열화(초등학교는 성적을 표면화하지는 않지만 그렇다고 무관한 것은 아니다.), 교사의 시험 출제와 성적 관리 등에서 많은 부작용을 만든다.

총괄평가는 대부분 지필평가 위주이고 정답 찾기가 중심이 되기 때문에 학생들은 모든 교과 시험을 단기간에 준비하게 된다. 그 결과, 특정 과목에서의 강점이나 흥미는 묻히고, 실수 하나로 서열은 달라진다. 점수가 학생의 한 학기, 한 학년의 모든 교육의 성과를 대변하는 것이다.

교사도 자유롭지 않다. 한 문항의 난이도나 채점 기준이 학생의 석차에 영향을 미치기 때문에, 출제와 채점에 따르는 공정성 부담과 민원 스트레스는 상상 이상이다. '시험에 나오는 것만 가르쳐 주세요'라는 학생의 요구도 떠올려야 한다. 다양한 교과 특성이 점수로 귀결되니, 역량 중심 수업은 결코 쉬운 일이 아니다.

더 큰 문제는 이 평가 구조가 AI 기반 사회가 요구하는 역량 교육에 맞선다는 점이다. 인공지능이 정답을 빠르게 찾아주는 시대를 열고 있지만, 학생들은 여전히 정답을 얼마나 잘 기억했는지를 기준으로 평가받는다. 창의성, 비판적 사고력, 문제 해결력, 협업 능력처럼 AI가 대체하기 어려운 인간 고유의 능력은 총괄평가 속에 묻힐 수밖에 없다.

총괄평가는 본래 학생의 학습 성취를 확인하고 다음 학습을 설계하는 데 활용되어야 한다. 그러나 지금처럼 교과 지식 중심의 점수와 서열화에 머문다면, 교육은 학생이나 교사 모두에게 의미 없이 부담만 주는 구조가 될 뿐이다.

| AI 견해 |

※ 한국의 교육은 여전히 총괄평가가 중시된다. 미래 교육인 관점에서 문제점을 지적하면?

한국 교육에서 '총괄평가'를 중시하는 전통은 오랜 기간 학업 성취도를 단시간에 측정하고 변별력을 확보하기에는 유효했을 수 있으나, 미래 교육의 관점에서 보면 여러 가지 문제점이 존재합니다. 미래 사회가 요구하는 역량(창의성, 협업, 비판적 사고, 소통 능력 등)을 기르는 데에는 기존의 총괄평가 중심 문화가 한계를 노출하기 때문입니다. 주요 문제점을 정리하면 다음과 같습니다.

1. 학습 과정보다는 결과 중심의 평가

총괄평가는 보통 학기 말 시험이나 국가 주관 평가와 같이 일정 시점의 '결과'에만 초점을 둡니다. 이로 인해 학생이 '어떻게' 학습해 왔는지, 학습 과정에서 어떤 역량과 태도를 기르게 되었는지 등에 대한 정보를 놓치기 쉽습니다. 미래 교육에서는 학습 과정에서의 문제 해결력, 협력 능력, 창의적 사고 과정 등을 중시하므로, 결과 중심 평가만으로는 이 역량들을 정확히 파악하기 어렵습니다.

2. 창의성과 문제 해결 역량 저해

총괄평가는 '정답' 위주의 평가가 이루어지는 경우가 많습니다. 학생들은 문제를 다양하게 접근하기보다는 주어진 답을 빠르고 정확하게 찾아내는 데 집중하게 됩니다. 이러한 방식은 창의적 사고와 같은 개방형 해결 과정을 경험할 기회를 제한하고, 새로운 아이디어를 탐색하는 태도를 약화시킬 가능성이 큽니다.

3. 경쟁 심화와 학습 동기 저하

총괄평가의 결과가 성적 또는 서열화로 직결되다 보니, 학생 간 경쟁이 과도하게 발생합니다. 이는 학습의 본질적 목적(성장과 자기개발)보다는 '성적' 그 자체에만 집중하게 만들며, 학습에 대한 내적 동기를 저하시킬 수 있습니다. 미래 교육은 협업과 공동체적 학습을 강조하는데, 지나친 경쟁 문화는 공동 작업·프로젝트 기반 학습에 부정적 영향을 미칠 수 있습니다.

4. 즉각적 피드백과 학습 성찰 부족

총괄평가는 시험 종료 후 단순 점수로 피드백이 이루어지는 경우가 많습니다. 학생들은 자신의 오류나 부족한 부분을 명확하게 파악하기 어렵고, 교사도 시험 결과만으로는 각 학생이 어떤 과정을 거쳐 어디에서 막혔는지를 알기 힘듭니다. 따라서 미래 교육에서는 학습 진행 과정에서 즉각적인 피드백과 성찰이 중요합니다. 학습자가 자기 주도적으로 부족한 부분을 보완하고 역량을 개발할 수 있도록 돕는 '형성 평가', '과정 중심 평가'가 필수적이라 할 수 있습니다.

5. 다양한 역량 평가의 한계

미래 사회에서 요구되는 역량은 지식의 양뿐 아니라, 문제 해결 능력, 협업 능력, 소통 능력, 인성, 창의적 태도 등 매우 다양합니다. 지필 시험 방식의 총괄평가는 이처럼 복합적이고 다면적인 역량을 충분히 반영하기가 쉽지 않습니다. 실제 상황에서 과제 수행이나 프로젝트를 통해 드러나는 역량은 시험 한 번으로 파악하기에 한계가 있습니다.

6. 교육 혁신 및 미래 인재 양성에의 장애

AI와 4차 산업혁명 등으로 미래 사회는 예측하기 어려운 복잡한 문제들이 늘어날 것으로 전망됩니다. 이를 해결하려면 융합적 사고, 비판적 사고, 창의적 사고, 협업 능력 등 다양한 역량을 균형 있게 기르는 교육이 필요합니다. 그러나 총괄평가 중심의 제도와 문화가 오랫동안 견고하게 자리 잡고 있어, 교육 혁신 과정에서 새로운 평가 방식을 도입하기 어렵게 만드는 구조적 문제가 존재합니다.

결국 미래 교육은 학습자의 '성장'을 중심에 두고, 학습 과정에서 얼마나 의미 있는 경험을 쌓았는지를 평가하는 방향으로 변화해야 합니다. 총괄평가 또한 완전히 배제하기보다는, 다양한 평가 방식과 균형 있게 실시하여 학생이 실제로 필요로 하는 역량을 기르고 자기 주도적 성장을 할 수 있도록 지원하는 것이 중요합니다. 이러한 변화가 이루어져야 한국 교육이 미래 사회에서 요구하는 역량과 가치에 부합하는 인재를 양성할 수 있을 것입니다.

■ 그러한 수업이다 보니
◦ 학생은 주도적으로 '해볼 일'이 없다.

교육과정은 학생의 핵심역량 함양을 내세운다. 하지만 학교 교육의 핵심 수단인 수업은 교사에 의하여 교과서를 익혀야 하는 시간이고, 그렇게 얻은 결과를 평가하여 점수로 나타내기 때문에 학생들이 주도적으로 해볼 일이란 거의 없다. 실제 학생들이 활발하게 움직이는 수업을 볼 수 있지만, 대부분 알려주는 대로, 하라는 대로 따라 활동하는 모습일 가능성이 적지 않다.

문제는 이런 수업으로는 역량을 기를 수 없다는 점이다. 역량은 많은 지식의 축적을 의미하는 것이 아니다. 학생의 주도적인 활동 기회를 통하여 성공적인 경험은 물론 시행착오, 실수, 실패를 겪는 도전이 가능하게 될 때 자라나는 힘이다. 그런데 교과서 따라 익히기 중심인 수업에서는 그런 경험 자체를 가질 수 없다.

그러한 수업은 교사에게도 부담이다. 학생의 학습 능력에 관계 없이 지식 전달이 진행되어야 하기 때문에 대부분 중간 능력 수준의 학생을 대상으로 이끌게 된다. 높은 수준이거나 최하위 수준, 학년이나 학교급을 넘어서는 선행이 진행된 학생들은 무시할 수밖에 없다. 결국 교사는 지치고, 학생은 성장의 기회를 놓치는 수업이 되는 것이다.

AI 견해

* **'학생이 주도적으로 할 수 있는 일이 없는 수업'은 많은 것을 생각할 수 있다. 구체적으로 어떠한 것일까?**

학생 개개인을 위한 수업에서 학생은 주도적으로 할 수 있는 일이 없다는 것은 교육의 방식이나 구조가 학생 중심이 아니라 교사 중심으로 운영되고 있다는 것을 의미할 수 있습니다. 이러한 상황은 다음과 같은 문제들을 내포하고 있을 수 있습니다.

1. 학생 참여 부족
학생들이 수업 과정에서 주도적으로 참여하지 못하면, 학습에 대한 동기가 떨어질 수 있습니다. 이는 학습의 효과를 저하시키고 학생들의 흥미나 열정을 감소시킬 수 있습니다.

2. 수동적 학습 경험
학생들이 수업에서 수동적인 역할만을 하게 되면, 문제 해결 능력이나 비판적 사고 능력 같은 중요한 역량을 개발하기 어려워진다. 이는 궁극적으로 학생들이 독립적인 학습자로 성장하는 데 장애가 될 수 있습니다.

3. 개별적 요구 미충족
각 학생의 특성과 필요에 맞춘 교육이 이루어지지 않고, 모든 학생에게 같은 방식이 적용될 경우, 개별 학생의 학습 요구와 잠재력을 충분히 발휘하지 못하게 됩니다.

4. 창의성 및 혁신 부족
학생들이 자신의 아이디어와 생각을 자유롭게 표현하고 실험할 기회가 부족하면, 창의적인 사고와 혁신적인 접근이 억제될 수 있습니다.

5. 교육 목표와 방향성 문제
역량 기반 교육은 학생들이 필요로 하는 실질적인 능력을 개발하는 것을 목표로 하지만, 학생들이 수업에서 주도적인 역할을 하지 못한다면 이러한 교육 목표가 제대로 달성되지 않을 수 있습니다.

이러한 문제를 해결하기 위해서는 교육 방법론을 학생 중심으로 전환하고, 학생들이 스스로 학습 과정을 설계하고 실행할 기회를 제공하는 것이 중요합니다. 또한, 학생들의 의견을 반영하고, 개별적인 차이와 필요를 고려한 맞춤형 교육을 제공하는 것이 필요합니다. 이를 통해 학생들은 자신의 잠재력을 최대한 발휘하고, 필요한 역량을 효과적으로 개발할 수 있게 됩니다.

◦ 개개인의 학습 능력을 인정할 수 없다.

'모든 학생에게, 모든 교과 점수 100점을 요구해야 할 이유가 있는가?'
20여 명 내외의 학생들이 함께하는 교실, 학생들은 수학에 탁월한가 하면, 예술적 감성이 뛰어난 학생도 있다. 어떤 학생은 시각적 자료를 통해 빠르게 이해하고, 또 다른 아이는 직접 체험하면서 배운다. 이처럼 다양한 능력과 개성을 가진 학생들에게 100점 수준의 지식을 요구하는 수업이라면 문제가 될 수밖에 없다.

가장 큰 문제는 학습 성취도의 양극화다. 빠르게 이해하는 학생들은 지루한 시간이 되지만 학습 능력이 떨어지는 학생은 기초 개념도 제대로 습득하지 못한다. 이것들은 결국 교육격차를 만들게 된다. 어쨌든 주어진 교육내용을 모두 익혀야 하는 시간이 되어야 하니 교사는 중간을 선택하면서 1등과 꼴찌를 버리는 수업을 진행할 수밖에 없다.

그러한 현실은 학생의 정서적인 반응으로 이어진다. 학습 부진을 경험하는 학생들은 자존감이 낮아지고 학습 의욕을 잃어간다. '나는 공부를 못해'라는 부정적 자아개념이 형성되며, 이는 전반적인 학교생활과 미래 진로 선택에까지 영향을 미친다. 반대로 뛰어난 학생들 역시 자신의 수준에 맞는 도전적인 과제를 만나지 못해 학습에 대한 흥미를 갖지 못한다.

지금의 수업은 학생 개개인의 학습 능력을 인정할 수 없는 시간이 됨으로 인하여 심각한 교육 손실로 이어지고 있는 것이다..

AI 견해

* 수업이 학생 개개인의 학습 능력을 고려하지 않을 때 적극적인 참여에 어떠한 영향을 미치게 될까?

수업이 학생 개개인의 학습 능력을 고려하지 않을 경우, 학생들의 참여에 부정적인 영향을 미칠 가능성이 매우 높습니다. 그 이유는 다음과 같이 요약할 수 있습니다.

1. 동기 저하
학생 개개인의 학습 능력을 무시하면, 학습 수준이 낮은 학생은 자신의 학습이 무가치하다고 느끼거나 따라가기 어렵다는 좌절감을 경험할 수 있습니다. 반면, 학습 능력이 높은 학생은 자신이 도전할 기회를 잃었다고 느껴 흥미를 잃을 수 있습니다. 이로 인해 학생들은 학습 동기가 떨어지고, 적극적으로 참여하지 않게 됩니다.

2. 수업 내용과 개인적 연관성 부족
학생들의 학습 능력을 고려하지 않은 수업은 개인적 필요와 관심사를 반영하기 어렵습니다. 이는 학생들이 수업 내용과 자신을 연결 짓기 힘들게 하며, 학습에 몰입하거나 주체적으로 참여하는 동기를 약화시킵니다.

3. 평등한 참여 기회 제한
모든 학생이 같은 방식으로 학습해야 한다고 요구할 경우, 일부 학생은 참여할 기회를 제한받을 수 있습니다. 예를 들어, 이해가 느린 학생은 자신감을 잃고 참여를 포기할 가능성이 높아지며, 이해가 빠른 학생은 이미 알고 있는 내용을 반복하게 되어 지루함을 느낄 수 있습니다.

4. 사회적 관계에 미치는 영향
학습 능력을 인정하지 않는 환경에서는 학생들 간 비교가 더욱 강화될 가능성이 있습니다. 이는 경쟁 심화, 낮은 자존감, 또는 소외감을 초래할 수 있으며, 결국 수업 활동에 대한 공동체 의식과 협력적 참여를 저해할 수 있습니다.

5. 역량 발휘 기회의 감소
학생 개개인의 강점과 약점이 무시될 경우, 그들의 학습 역량과 잠재력을 발휘할 기회가 감소합니다. 학생이 자신이 의미 있는 기여를 할 수 없다고 느낄 경우, 참여에 대한 의지가 크게 약화될 수 있습니다.

학생 개개인의 학습 능력이나 수준을 고려하지 않고 일률적인 방식으로 수업이 진행되면, 학생들은 자기 학습에 대한 동기와 흥미가 낮아지고 소외감을 느끼기 쉽습니다. 이는 곧 수업에서의 적극적인 참여를 방해합니다. 예를 들어, 학습 속도가 빠른 학생은 수업이 지루하게 느껴지고, 학습 속도가 더딘 학생은 따라가기 어렵다고 느껴 의욕을 잃게 됩니다. 결국 학생들의 학습 욕구와 자기 효능감(self-efficacy)이 떨어져 참여도가 전반적으로 낮아지는 결과를 초래하게 됩니다.

◦ **자신의 학습된 자원을 활용할 일이 없다.**

　과거와 달리 지금의 학생들은 학교 수업이나 독서, 체험, 인터넷 등 다양한 방법과 경로로 많은 자신의 학습 자원을 얻고 있다. 그것은 학업 성취도 향상뿐만 아니라 지적 성장, 자기 주도적 능력 개발, 사회적 역량 강화 등 다각적인 의미를 갖고 있는 것들이다.

　그런데 지금의 수업에서는 이러한 자원들을 적절하게 활용할 기회가 주어지지 않는다. 대부분 교사 중심의 교과서의 새로운 지식을 받아들이는 활동이 중심이 되기 때문에 학생들은 학습된 자신의 자원을 활용할 일이 거의 없는 것이다.

　실질적인 역량 중심 교육은 학생들의 기존 경험을 토대로 새로운 지식을 쌓아가는 과정이어야 한다. 예를 들어, 세계 문화를 배우는 수업에서 학생들의 여행 경험이나 영상 시청 경험이 있다면 학습활동에 유용하게 활용할 수 있어야 한다. 환경 문제를 다룰 때는 학생들이 SNS에서 접한 환경 캠페인 사례가 실제적인 학습자료가 될 수 있어야 한다. 우리 말을 잘하지 못하는 다문화 학생과 함께하는 활동은 오히려 다양한 언어나 문화에 접할 기회이다. 음악이나 연극 등 공연에 참여했던 학생의 경험은 중요한 자신의 자원이다. 학생의 이러한 것들은 같은 주제라도 학생마다 다른 경험과 관점으로 수업을 더욱 다양한 시간으로 만들 수 있다.

　특히 독서는 자기개발에 유용한 수단이다. 무턱대고 독서를 강조할 것이 아니라 학습 자원으로서의 가치를 알 수 있는 기회가 일상적으로 주어진다면 스스로 독서 생활에 몰입하게 된다.

　학생 개개인이 갖고 있는 학습 자원을 다양하게 활용하면서 새로운 지식을 얻는 활동이 일상적으로 이루어지는 수업은 학교가 추구해야 할 미래 교육의 지향점이라 할 것이다.

> **AI 견해**

* '학생에게 학습된 자신의 자원을 활용할 기회가 주어지지 않는 수업'이 의미하고 있는 것은?

'학생에게 학습된 자신의 자원을 활용할 기회가 주어지지 않는 수업'이라는 표현은 다음과 같은 교육적 문제를 함의하고 있습니다.

1. 지식 중심, 일방적 전달 수업의 한계

이러한 수업은 교사가 주도하여 정해진 내용을 일률적으로 설명하고, 학생은 그 내용을 수동적으로 받아들이는 구조입니다. 학생이 이미 알고 있거나 체득한 사고력, 표현력, 문제 해결력, 협업 능력 등은 발현되지 못합니다. 결과적으로 역량은 '학습되었으나 사용되지 못한 자원'으로 방치됩니다.

2. 학생의 주도성과 참여가 배제된 수업

학생에게 스스로 질문하고, 선택하며, 탐색하고, 표현할 기회가 주어지지 않는다면 이미 갖추고 있는 역량을 활용하고 확장할 계기가 사라집니다. 역량은 훈련이나 실천을 통해 강화되는 것이므로, 활용되지 않으면 형식적으로만 존재하게 됩니다.

3. 역량 중심 교육과의 단절

교육과정에서는 '핵심역량'을 기르도록 요구하지만, 실제 수업에서 학생이 그 역량을 적용해 보는 경험이 없다면, 역량은 실질적인 성장으로 이어지지 못합니다. 이는 곧 교육과정과 수업의 불일치, 즉 실행력의 결핍을 의미합니다.

4. 학생의 성장을 가로막는 구조적 문제

학습된 역량이 발휘되지 못하는 수업은 학생의 내면적 동기와 학습 자율성이 저하됩니다. 역량을 활용하지 않으면, 학생은 자신의 가능성과 능력에 대한 자각 기회조차 얻지 못한 채 평가의 대상으로만 남게 됩니다.

'자원을 활용할 수 없는 수업'은 학생이 배운 것을 '활용해 볼 수 없는 수업'이며, 이는 곧 '학생의 성장을 멈추게 하는 수업'을 의미합니다. 수업은 단지 가르치는 시간이 아니라, 학생이 자신이 지닌 것을 꺼내어 사용하고 확장해 가는 실천의 장이 되어야 합니다. 그렇지 않으면, 교육은 성장을 위한 자원을 주고도, 그 성장을 방해하는 모순적 구조에 머무르게 됩니다.

◦ 목표지향적인 공동체 활동을 경험할 수 없다.

'목표지향적인 활동은 다양한 상호작용의 장점을 극대화한다.'
　수업이 학생 스스로 움직이면서 누군가와 함께 협력하며, 의미 있는 목표를 향해 나아가는 시간이 될 때 어떠한 것을 얻게 될까? 동료와 함께 목표지향적인 활동은 자연스럽게 보고, 듣고, 느끼게 되며, 그 속에서 알고, 배우고, 나누고, 함께하고, 발전해 나가는 활동이 활성화된다. 수업 안에서 문제를 해결하고 의견을 조율하며 누군가를 도와 성과를 만들어낸 경험이기에 교사의 의도적인 주입보다 훨씬 더 깊은 학습 기회가 되는 것이다.
　무엇보다 중요한 점은, 이러한 활동은 강요되지 않아도 학생이 스스로 몰입하게 된다는 점이다. 나를 알고, 서로가 다름을 인정하게 되며, 서로에게서 배우며, 저절로 성장과 발전 단계로 나가게 된다. 실패해도 도움을 받을 수 있고, 잘했을 때는 함께 기뻐할 수 있는 환경 속에서 학생 자신은 타인과의 관계 속에서 자극을 받으며 성장하게 된다. 성인이 되었을 때 상호작용이 이루어지는 공동체 활동 경험은 더욱 의미 있는 직무 성과로 이어지는 효과를 기대할 수 있다.
　교사 주도에 의한 교과서 중심의 수업은 학생의 목표지향적인 공동체 활동 속에서 다양한 상호작용의 경험 기회를 갖게 됨으로써 얻을 수 있는 자연스러운 학생 개개인의 발전 기회를 놓치고 있는 것이다.

AI 견해

* 학생에게 목표지향적인 공동체 활동 경험이 중요한 이유는 무엇일까?

학생에게 목표지향적인 공동체 활동 경험이 중요한 이유는, 그것이 강요되지 않으면서도 오히려 더 깊은 교육 효과를 끌어내는 실천적 배움의 장이기 때문입니다.

1. 스스로 참여할 수 있기에 자발성과 몰입이 높아진다

공동체 활동은 시험처럼 강제되지 않지만, 명확한 목적을 향해 함께 움직이기에 학생은 '해야 해서'가 아니라 '하고 싶어서' 참여하게 됩니다. 이러한 자발적인 참여는 단순한 수동적 학습보다 훨씬 강력한 몰입과 학습 효과를 만들어냅니다.

2. 역할 수행을 통한 실질적 역량 강화

자신이 맡은 역할을 통해 협력, 소통, 자기 관리, 창의적 문제 해결 등 실제적인 핵심역량을 체득합니다. 이 역시 누가 시켜서 억지로 한 것이 아닌, 공동의 목표를 이루기 위한 자연스러운 실천 속에서 길러지는 것이므로 더 오래, 더 깊게 남는 학습이 됩니다.

3. 비교와 평가가 아닌 의미 있는 성취의 경험

시험 점수처럼 타인과 비교되는 것이 아니라, 공동의 성과에 기여한 경험은 학생에게 자존감과 공동체적 성취감을 동시에 부여합니다. 이는 실패조차 배움이 되는 안전한 환경을 제공하며, 학생의 자기효능감을 키워줍니다.

4. 진로와 자기 이해를 돕는 자연스러운 탐색 기회

공동체 안에서 다양한 역할을 맡아보는 과정은 자신이 어떤 일에 흥미와 적성을 느끼는지, 무엇에 책임감을 느끼고 몰입할 수 있는지를 스스로 발견하는 기회가 됩니다. 이러한 진로 탐색은 시험보다 훨씬 효과적인 자기 이해의 과정이 될 수 있습니다.

5. '함께'의 가치를 스스로 깨닫게 된다

공동체 활동은 굳이 강조하지 않아도 '함께 살아가는 삶'의 의미를 체험적으로 알게 하는 활동입니다. 이 과정에서 학생은 타인의 입장을 이해하고, 협력의 가치를 자연스럽게 내면화합니다.

목표지향적인 공동체 활동은 학생에게 억지로 시키지 않아도 오히려 더 강한 학습과 성장을 끌어내는 교육적 경험입니다. 자발성에서 출발하고, 협력 속에서 역량을 기르고, 실패마저 의미 있는 성찰로 만드는 이 활동은, 시험과 교과 중심의 교육이 줄 수 없는 살아 있는 배움의 기회라 할 수 있습니다.

○ **단위 수업에서 평가와 피드백을 받을 일이 없다.**

교육적인 평가와 피드백은 학생들의 학습 경험을 풍부하게 하고, 교사와 학생 간의 상호작용을 강화하며, 수업의 질을 높이게 해주는 중요한 요소이다.

그런데 교사 주도의 수업은 평가와 피드백을 받을 일이 없거나, 있다 하더라도 성격 자체가 다르다. 고작해야 가르친 지식을 얼마나 알고 있는지 확인하는 수준이거나 수업 참여 자세를 평가하여 충고하는 수준을 넘어설 수 없기 때문이다. 결국, 학생들은 단위 수업에서 자신의 주도성과 성과를 확인하면서 발전해 나갈 기회를 놓친다.

의미 있는 교육은 많은 지식이 아니라, 학생이 자신의 성장을 수시로 확인할 기회를 지니게 될 때 다음 단계로의 발전을 기대할 수 있게 한다. 단위 수업에서 자신의 활동을 긍정적인 평가와 함께 피드백을 받게 될 때 학생에게 그 시간은 너무나도 소중한 경험이 되는 것은 당연한 것 아닐까?

| AI 견해 |

* 교사 주도로 알려주는 대로, 시키는 대로 활동하고 있는 점, 수업 후 학생들은 복습, 학원 수강 등으로 자연스러운 피드백으로 이루어지는 점 등을 고려한다면 단위 수업에서의 학생의 행위에 대한 평가는 모순이 아닐까?

아주 본질적인 지적입니다. 말씀하신 대로 교사가 주도하고 통제하는 수업 구조에서 학생의 행위를 평가하는 것은 구조적으로 모순이 내포된 평가일 수 있습니다. 이 문제를 조금 더 구조적으로 짚어보면 다음과 같습니다.

1. 학습의 자율성이 배제된 상황에서의 '행위 평가'는 왜곡될 수밖에 없다.

    교사가 내용을 선정하고, 방법을 제시하며, 진행을 통제하는 수업이라면, 학생은 기본적으로 수동적인 수용자에 머물게 됩니다. 이 상황에서 '행위'를 평가한다는 것은 결국 얼마나 잘 따랐는가를 보는 것이며, 이는 학생의 의지나 창의, 사고력, 문제 해결 능력과는 무관한 평가가 됩니다. 즉, 교사의 설계에 얼마나 순응했는가를 평가하는 셈이 되어, 교육적 평가로서의 타당성이 크게 훼손됩니다.

2. 학생의 실제 학습은 수업 외부에서 일어나는데, 수업 내 행동 평가가 과연 유의미한가?

    학생들은 수업 이후 복습, 학원 수강, 과제 제출, 시험 대비 등을 통해 실제 학습을 완성합니다. 그런데도 교실 안에서의 한정된 '행위'만을 평가 기준으로 삼는다면, 이는 전체 학습의 일면만을 보는 매우 제한된 평가이며, 실질적 성장을 반영하기 어렵습니다.

3. 결국 평가의 대상과 책임의 주체가 어긋나있다.

    교사 주도 수업에서는 학생의 행위는 결과가 아니라 반응에 가깝습니다. 그런데도 평가의 책임은 학생에게 전가되고, 교사의 수업 설계나 운영은 면책되는 구조가 됩니다. 이는 교육적으로 불공정한 구조이며, 학습자 중심 평가라는 원칙과도 상충합니다.

4. 진정한 평가는 학생 주도 상황에서만 가능하다.

    학생이 스스로 선택하고 탐색하고 구성한 활동과 산출물, 그에 따르는 과정과 반응을 평가하는 것이야말로 평가의 본래 기능(진단과 성장 유도)을 충실히 반영할 수 있습니다. 다시 말해, 평가하려면 먼저 '자율성'이 보장되어야 하며, 교사 주도 수업 구조에서는 원천적으로 평가가 부적절하거나 왜곡될 수밖에 없습니다.

    교사 주도 수업에서 학생의 행위를 평가한다는 것은, '교사가 시킨 대로 했는가'를 평가하는 것이지, '학생이 무엇을 할 수 있게 되었는가'를 평가하는 것은 아닙니다. 따라서 이는 평가 본연의 목적과 교육철학에서 볼 때 모순이며 형식적일 수밖에 없습니다. 학생의 성장과 역량을 평가하고자 한다면, 먼저 학생이 주도적으로 선택하고 해결할 수 있는 수업 구조가 전제되어야 한다는 것이 핵심입니다.

◦ 학생은 수업 한 시간의 성과를 말하지 못한다.

수업이 끝났지만, 학생이 '오늘 내가 무엇을 배웠는지 잘 모르겠어요.'라고 답한다면?

학생이 수업을 마친 후, 스스로 '나는 오늘 무엇을 알게 되었고, 어떤 점에서 성장했는가?'를 말할 수 없다면, 그 수업은 배움의 본질을 놓칠 수밖에 없다. 이는 단순한 지식 전달에 그친 수업, 또는 학습목표와 활동이 단절된 수업, 혹은 학생의 개별적 참여와 반응을 고려하지 않은 수업의 결과라 할 것이다.

미래 교육에서 수업은 학생이 스스로 성과를 확인하고, 자신의 학습을 정리하며, 다음 배움의 방향을 그려보는 시간까지 포함할 수 있어야 한다. 하지만 지금의 교육에서는 교사 중심의 설명이 끝나는 순간 수업도 끝난다. 학생은 수업의 중심이 아니라 교사를 진행하게 하는 존재에 지나지 않을 수도 있는 것이다.

이러한 수업에서는 학습목표에 대한 의미도, 성찰의 기회도, 피드백도 말할 수 없다. 결과적으로 학생은 자신이 어떤 지식을 이해했고, 어떤 역량을 기를 수 있었는지조차 설명하지 못한다. 이는 학습에 대한 주인의식 상실로 이어지며, 수업 시간은 점점 의미 없는 시간으로 변해간다.

학생이 자신의 성과를 말하지 못하는 수업은 결국 교육이 학생을 놓치고 있다는 경고이다. 그러한 경고를 인식하고 대처해 나가는 것, 그것이 미래 교육의 출발점이라 할 것이다.

| AI 견해 |

* '수업이 끝났지만, 학생은 자신의 성과를 말할 수 없다.'가 지적하고 있는 것은?

'수업이 끝났지만, 학생은 자신의 성과를 말할 수 없다.'라는 것은 다음과 같은 의미를 내포합니다.

1. 학습목표의 불명확성

수업에서 명확한 학습목표가 설정되지 않았거나 학생들이 목표를 내면화하지 못했음을 의미합니다. 학생들이 수업이 끝난 후 자신의 학습 성과를 인식하지 못했다는 것은, 무엇을 배우고 성취했는지 명확하게 이해하지 못한 상태를 반영합니다. 이는 학습목표와 활동 사이의 연결성 부족 또는 수업 진행의 비효율성을 나타낼 수 있습니다.

2. 자기 주도적 학습 경험의 부재

학생들이 수업 과정에서 주도적으로 참여하거나 성찰할 기회를 지니지 못했음을 의미합니다. 지식 전달 중심의 수업에서는 학생들이 단순히 교사의 지시를 따르는 데 그치고, 자신의 학습 과정을 성찰하거나 성과를 평가할 기회를 놓치기 쉽습니다. 결과적으로, 학생들은 자신의 학습 상태를 파악하지 못한 채 수동적인 학습 태도를 유지하게 됩니다.

3. 과정 중심 평가와 피드백 부족

학생들은 수업 과정에서 피드백을 통해 자신의 강점과 약점을 인식하고 성과를 구체화할 수 있습니다. 그러나 피드백이 없거나 형식적인 평가만 이루어진 경우, 학생들은 자신의 성취를 확인하거나 향후 보완할 부분을 인식하지 못하게 됩니다. 이는 성과를 기반으로 한 자기성찰과 성과 공유의 기회를 상실하게 만듭니다.

4. 학습과 평가의 단절

수업이 단순히 지식 전달에 그치고, 학습 결과를 평가하거나 적용해 보는 기회가 주어지지 않았을 가능성을 시사합니다. 이때 학생들은 배운 내용을 구체적으로 설명하거나 실제 문제 상황에 적용하지 못하게 되는데, 이는 학생들이 학습 내용과 성과를 자신의 삶과 연결 짓지 못한 상태를 의미합니다.

5. 수업 참여와 의미 형성의 실패

학생들이 수업에서 의미 있는 경험을 하지 못했을 가능성이 큽니다. 참여와 소통이 부족한 수업에서는 학생들이 학습 내용을 수동적으로 받아들이기 때문에 주체적 사고와 성찰의 기회가 부족합니다. 이로 인해 학생들은 자신의 학습 성과를 말하거나 내면화된 이해를 표현하지 못하게 됩니다.

6. 학습 결과와 성장의 불확실성

수업이 끝난 후 학생들이 자신의 성과를 인식하지 못했다는 것은, 학습의 산출물이 명확하게 드러나지 않았음을 의미합니다. 이는 단순 암기 중심의 학습이나 결과보다는 과정만 강조한 수업 설계의 문제로 이어질 수 있습니다. 학생들은 배운 내용을 구체적으로 표현하거나 적용할 기회가 부족하기에 성취감을 느끼기 어렵습니다.

이 표현은 수업이 끝난 뒤 학생들이 무엇을 배우고, 어떤 성과를 얻었는지 스스로 평가하거나 설명할 수 없는 상태를 지적합니다. 이는 학습목표의 불명확성, 과정 중심 평가와 피드백 부족, 수업의 수동적 운영에서 기인할 수 있습니다. 따라서 수업은 목표 명료화 → 과정 중심 평가 → 자기성찰 기회 제공 → 성과 공유 및 피드백 강화로 이어지는 구조를 통해 학생들이 학습 성과를 구체적으로 표현하고 발전시킬 수 있는 환경을 조성해야 합니다.

◦ 더군다나 비판적 사고력을 강조하지 못한다.

세계 교육은 미래 역량 관련, '4C'(Critical thinking, Creativity, Collaboration, Communication)를 강조한다. 그런데 우리의 교육과정은 자기 관리 역량, 지식정보처리 역량, 창의적 사고 역량, 심미적 감성 역량, 협력적 의사소통 역량, 공동체 역량 등 여섯 가지 핵심역량을 제시하고 있다. 이 중 어디에도 '비판적 사고력'은 없다. 왜 그럴까?

비판적 사고력은 단지 논리적 분석 능력이나 부정적인 반론 제기를 뜻하는 것은 아니다. 그것은 주어진 일을 다각도로 검토하며, 더 나은 해결책을 모색하려는 태도와 사고이어야 한다.

그런데 이러한 태도는 권위와 정답 중심의 교육 문화와 충돌하기 쉽다. 학교에서 학생의 질문은 교과 진도를 염두에 두어야 하는 교사나 순종적인 학생에게는 '불편함'이 된다. 게다가 입시 중심의 교육 구조는 비판적 사고를 지도하기도, 평가하기도 까다롭다. 정답이 정해진 문제를 빠르고 정확하게 푸는 것이 중요한데, 전달되는 내용을 의심하고 다르게 접근하려는 사고는 오히려 '비효율'로 여겨질 수 있다. 창의적 사고력이라는 넓은 틀 속에 비판적 사고를 포함시켰다고 하겠지만, 솔직히 현장에서 받아들여지기 어렵고 실행이 부담스러운 역량을 아예 전면에 드러내지 않는 선택을 했다 할 것이다.

비판적 사고력이 빠진 핵심역량 체계는 지금의 교육 현실과 적당하게 타협하고 있는지도 모른다. 하지만 그것은 학생이 자기 생각을 지니게 하는 것을 어렵게 만들고, 사회적 문제를 분석하고 개선하려는 능력을 제한한다. 결국 상징성에 그치는 비판적 사고력인 것이다.

> **AI 견해**

* **한국의 실정에서, 교육과정에 '비판적 사고력' 반영은 실천으로 이어지기는 어렵기 때문에 의도적으로 배제한 것으로 보아야 할까?**

한국 교육과정에서 '비판적 사고력'이 명시적으로 독립되지 않은 배경에는 단순한 통합적 분류 이상의 현실적·문화적 고려와 제약이 작용하고 있다고 보는 것이 설득력 있습니다. 왜 '비판적 사고력'을 의도적으로 배제했을 가능성이 있다고 할 수 있을까요?

1. 권위 중심 교육 문화와의 충돌 우려
한국의 학교 문화는 아직도 교사 중심, 지시 중심, 권위 중심의 구조가 강하게 남아 있습니다. 이런 구조에서 학생이 자신의 생각을 바탕으로 질문하거나 비판하는 태도는 때때로 '도전'이나 '불순종'으로 간주될 수 있습니다. 비판적 사고는 주어진 전제를 검토하고, 논리를 따지고, 대안을 제시하는 능력입니다. 하지만 한국 교육 현실에서는 이런 활동이 '틀을 깨는 것'이 '문제를 일으키는 것'처럼 받아들여지기 쉽습니다. 따라서 교육과정 설계 단계에서부터 '실제 교육 현장에서 받아들여지기 어려운 역량은 명시하지 않겠다'라는 정치적·현실적 판단이 개입되었을 가능성이 큽니다.

2. 입시 중심 교육과의 부조화
비판적 사고는 다각도로 분석하고, 정답을 의심하며, 다양한 가능성을 모색하는 사고방식입니다. 하지만 한국의 입시 시스템은 빠르고 정확한 정답 도출, 기계적인 풀이, 모범 답안 재현을 요구합니다. 비판적 사고는 평가하기 어렵고, 오히려 '정답 중심 사고'와 충돌합니다. 그래서 실제 수업에서는 비판적 사고가 아니라 기출문제 분석력이 더 중요하게 작동합니다.

3. 교육 행정의 부담 회피
비판적 사고를 제대로 길러주려면 열린 토론 문화, 다양한 자료 활용, 정답 없는 과제를 통한 평가, 교사 역량 강화 및 재교육이 필요합니다. 하지만 이는 학교 현장의 준비 부족, 교사 업무 과중, 평가 시스템 개편 필요성 등 정책적 부담을 유발합니다. 결국, 이러한 현실을 감안한 절충안으로 '창의적 사고력'이라는 보다 폭넓은 개념 안에 '비판적 사고'를 포함하는 방식을 택한 것이라 볼 수 있습니다.

한국 교육과정에서 '비판적 사고력'이 명시적으로 빠진 것은 단순한 통합의 문제가 아니라, 실질적 교육 현실에서 그것을 구현하기 어렵다는 판단에 따른 '의도적 생략'에 가깝습니다. 이는 권위적 문화, 입시 체제, 행정 부담 등 여러 복합 요인이 작용한 결과라 할 수 있습니다.

- 결과적으로 핵심역량을 길러 나가는 시간이 될 수 없다.

교과 점수는 있지만, 핵심역량은 말하지 못한다면?

2015, 2022 개정 교육과정은 핵심역량의 함양을 강조한다. 교과별 성취기준도 이를 중심으로 재구성되어 교육과정 설계 및 교과서 집필에 반영한다. 하지만 핵심역량을 교육과정 설계에 반영한다는 것만으로 의미가 있을까?

핵심역량은 교사나 교과서가 알려주거나 경험하게 하여 길러나갈 수 있는 성질은 아니다. 어떤 일과 관련하여 문제를 파악하고, 탐색하고, 협력하고, 표현하고, 성찰할 기회가 일상이 될 때 가능한 일이다. 다시 말해, 핵심역량을 길러 나가는 교육은 학생이 실제로 '할 일'이 주어져 해결해 나가게 하고, 그러한 과정과 결과가 평가와 피드백으로 강화될 때 의미가 있다. 교사 설명 중심, 정답 암기 중심, 과제나 숙제 중심의 수행으로 흘러간다면, 핵심역량 함양이라는 말은 그저 교육과정에 등장하는 상징적인 용어에 지나지 않을 수밖에 없다.

핵심역량은 추상적 개념이 아니라, 수업 내에서 학생들의 구체적인 학습활동을 통해 습득되고 발휘되는 실질적인 능력이 되어야 한다. 핵심역량을 말하면서도 수업은 그대로라면, 그 교육은 말뿐인 변화일 뿐이다. 핵심역량이 진짜 교육의 중심이 되려면, 수업부터 바꿔어야 하는 이유이다.

> **AI 견해**

* 한국의 교육에서 핵심역량 함양 강조는 수업과 어떠한 관계가 되어야 할까?

한국 교육에서 '핵심역량 함양'을 강조하는 것이 단지 교육과정 문서나 구호에 그치지 않으려면, 그것은 반드시 수업과 긴밀하게 연결되어야 한다. 핵심역량은 학생이 수업을 통해 실제로 '길러야 할 역량'이기 때문입니다.

1. 수업은 핵심역량이 실질적으로 '길러지는' 시간이어야 한다.

핵심역량은 단순히 알게 되거나 암기하는 지식이 아니라, 학생이 활동과 경험을 통해 발휘하고 성장시켜야 하는 능력입니다. 따라서 수업은 학생이 문제를 탐구하고 스스로 해결해보는 역할 중심 수업이거나, 다양한 관점에서 사고하고 표현해보는 의사소통 기반 수업, 감정, 태도, 협력 등을 실질적으로 경험할 수 있는 상호작용 중심 수업 등과 같이 핵심역량이 '작동하는 장면'이어야 합니다.

2. '무엇을 가르칠 것인가'보다 '어떻게 배우게 할 것인가'가 중요해진다.

핵심역량은 지식 그 자체보다 지식을 활용하고 적용하며 사고하고 협력하는 과정에서 나타납니다. 예를 들어, '광합성'을 배우는 수업이라면 그 지식을 설명하는 데 그치지 않고, 식물의 생존 조건을 분석해 보고, 다른 생명체와의 관계를 탐색하며, 자료를 수집하고 정리하거나 조별로 토의하는 활동 속에서 학생의 핵심역량(정보처리, 협력, 창의적 사고 등)이 자연스럽게 발휘되어야 합니다.

3. 학습목표가 '역량 자원' 중심으로 바뀌어야 한다.

전통적인 수업은 주로 지식 중심의 성취기준을 따라왔지만, 핵심역량을 강조하는 교육은 학생이 어떤 역량 자원을 얻었는가에 주목해야 합니다. 따라서 수업 설계 시, '이 수업을 통해 학생이 어떤 역량을 키울 수 있을까?', '학생 스스로 무언가 해 볼 수 있는 기회가 주어졌는가?', '수업 후 학생은 무엇을 할 수 있게 되었는가?'와 같은 질문들이 중심이 되어야 합니다.

4. 평가와 피드백도 역량 중심으로 재구조화되어야 한다.

핵심역량 중심 수업은 평가도 달라야 합니다. 단순 정답 채점이 아니라, 활동 과정, 협력 방식, 사고의 전개, 자기성찰 등을 포함하는 역량 기반 루브릭 평가와 서술형 피드백이 뒤따라야 비로소 수업이 역량 함양과 실제로 연결될 수 있습니다.

한국 교육에서 핵심역량 함양을 강조한다는 것은 수업이 '지식 전달의 장'에서 '역량을 기르는 시간'으로 전환되어야 함을 의미합니다. 수업 안에서 학생은 문제를 해결하고, 협력하고, 표현하고, 스스로 성찰해야 하며, 교사는 그 과정을 설계하고 안내하는 학습 촉진자(facilitator)로서 역할을 해야 합니다.

■ **물론 교사들은 다양한 수업을 실천하지만**
◦ 교사에 의한 교과 재구성

　교과 재구성은 교사가 국가 교육과정을 학교 실정에 맞게 재구성하는 것이다. 하지만 이에 대한 두 가지 주요 문제점을 제기할 수 있다.
　먼저, 역량 교육의 관점에서 보면 교사 중심의 재구성은 한계가 있다. 아무리 잘 재구성된 내용이라도 이는 교사의 시각일 뿐, 학생들에게는 또 다른 형태의 교과서에 불과할 수 있다.
　다음은 교과 재구성을 위한 현실적인 시간 제약이다. 교사들은 이미 수업과 평가, 행정 업무로 바쁜 상황에서 교과 재구성을 위한 추가 시간을 확보하기란 쉽지 않다. 공개 수업과 같이 일 년에 한두 번인 수업일 때나 가능한 일이다.
　교과 재구성은 교사가 아닌 학생이 주체가 되어, 개인의 학습 능력, 재능, 관심사에 따라 학습목표를 설정하고 실행으로 이어지게 될 때 비로소 의미가 있다 할 것이다.

| AI 견해 |

* 교사에 의한 교과 재구성은 학생에게 또 하나의 교과서이거나 또 다른 경험 기회에 지나지 않는다고도 할 수 있다. 교사의 노력에 비해 그리 큰 효과를 기대할 수 없는 것이 현실이 아닐까?

교사에 의한 교과 재구성이 항상 긍정적인 효과를 가져오지는 않을 수 있습니다. 교과 재구성의 효과는 다양한 요소에 의해 영향을 받을 수 있기 때문입니다. 학생에게 교사의 교과 재구성이 '또 하나의 교과서'나 '또 다른 경험'으로 느껴진다면, 그 원인을 다음과 같이 생각해 볼 수 있습니다.

1. 재구성의 목적 미흡
   교과 재구성이 단순히 새로운 내용이나 방법을 도입하기 위한 목적으로만 이루어진 경우, 학생들에게 큰 변화나 효과를 느끼기 어렵습니다.

2. 학생 참여 부족
   교과 재구성 과정에서 학생들의 의견이나 필요성을 충분히 고려하지 않으면, 학생들이 그 내용에 공감하거나 관심을 가지기 어렵습니다.

3. 리소스 부족
   교사가 교과를 재구성하려 할 때, 필요한 교재, 도구, 시간, 지원 등의 리소스가 부족하다면 그 효과는 제한적일 수 있습니다.

4. 변화에 대한 저항
   모든 변화에는 저항이 따르는 법입니다. 학생만이 아니라 교사나 학부모 등 다른 스테이크홀더들의 변화에 대한 저항도 교과 재구성의 효과를 떨어뜨릴 수 있습니다.

5. 지속성 부족
   교과 재구성 후에도 지속적인 모니터링과 평가, 그리고 필요에 따른 수정이 이루어지지 않으면 초기의 노력이 허사가 될 수 있습니다.

6. 교사의 전문성 부족
   교과 재구성은 교사의 전문성과 경험에 크게 의존합니다. 교사가 해당 내용이나 방법에 대한 깊은 이해나 능력이 부족하다면, 교과 재구성의 효과는 제한적일 것입니다.

그러나 그러한 문제점들을 인식하고 개선하기 위한 노력을 통해, 교사의 교과 재구성은 학생에게 더 효과적이고 의미 있는 학습 경험을 제공할 수 있습니다. 교사는 교육의 최전선에서 학생들의 반응과 필요성을 직접 느끼기 때문에, 그들의 노력과 투자는 교육의 질을 높이는 데 결정적인 역할을 할 수 있습니다.

◦ 배움 중심 수업

　배움 중심 수업은 학생들이 스스로 학습을 진행하고, 자신의 학습 경험을 통해 성장할 수 있도록 하는 수업 방식이다. 이는 학생들의 자기 주도적 학습 능력을 강화하고, 개별화된 학습 경험을 제공한다는 점에서 매우 긍정적이라 할 것이다. 하지만 이것의 실천은 근본적인 문제점을 갖고 있다.

　우선, 교사 역량 부족과 업무 부담이다. 배움 중심 수업은 교사에게 창의적인 수업 설계와 개별 피드백 제공을 요구하지만, 준비되지 않은 교사는 이를 효과적으로 수행하기 어렵다. 동시에 다양한 구성인 학생의 학습 과정을 세심히 관리해야 하므로 교사의 업무량이 과도하게 늘어날 가능성이 있다.

　또한, 학생 간 학습 격차가 확대될 우려도 있다. 자기주도 학습 능력이 높은 학생은 배움 중심 수업의 혜택을 누리지만, 그렇지 못한 학생은 뒤처질 가능성이 크다. 이는 결과적으로 학업 격차를 심화시킬 수 있다.

　평가 시스템의 한계도 지적할 수 있다. 현재의 성적 중심 평가 체계는 학생의 학습 과정과 성장을 중시하는 배움 중심 수업과 충돌한다. 학생과 학부모는 여전히 시험과 성적에 초점을 맞추게 되고, 이는 교육의 방향성을 모호하게 만든다.

　학부모와의 갈등도 잠재적인 장애물로 작용할 수 있다. 대학 입시와 직접적으로 연결되지 않는 교육 방식에 대해 학부모들이 신뢰를 갖지 못한다면, 학교와의 마찰이 불가피하다.

　배움 중심 수업은 의미 있는 교육임에도 불구하고 모든 학교에 정착되기에는 많은 문제점을 갖고 있다 할 것이다.

AI 견해

* **한국의 교육에서 많은 학교가 배움 중심 교육을 실천하고 있다. 미래 교육을 지향하는 관점에서 문제점을 지적한다면?**

한국의 교육체계는 최근 몇 년 동안 '배움 중심 교육'을 강조하면서 많은 변화를 겪고 있습니다. 그러한 변화는 전통적인 교육 방식에서 벗어나 학생 개개인의 학습 능력과 관심사에 맞춘 교육을 제공하려는 노력의 일환입니다. 그러나 미래 교육을 지향하는 관점에서 보면, 여전히 해결해야 할 문제점들이 존재합니다.

1. 평가 방식의 한계
현재의 교육 평가 방식은 주로 시험 성적에 중점을 둡니다. 이로 인해 학생들은 지식의 본질적인 이해나 심층 학습보다는 시험에 대한 대비에 더 많은 시간과 노력을 투자하게 됩니다. 배움 중심 교육이 추구하는 교육의 본질과는 상반되는 결과를 초래할 수 있습니다.

2. 자원의 불균형
모든 학교가 개인화된 학습 환경을 제공하기 위한 충분한 자원을 갖추고 있지 않습니다. 이로 인해 일부 학생들은 배움 중심의 교육 혜택을 누리기 어려울 수 있습니다.

3. 교사의 역할 변화
배움 중심 교육은 교사의 역할을 전통적인 지식 전달자에서 학습의 멘토나 코치로 바꾸려고 합니다. 그러나 그러한 변화를 수용하고 실행하기 위해서는 교사들에게 적절한 교육과 지원이 필요합니다.

4. 교육 커리큘럼의 유연성
현재의 교육 커리큘럼은 여전히 고정적이며, 학생들의 다양한 배경과 관심사에 맞춰 조절하기가 어렵습니다. 미래의 교육은 그러한 유연성을 요구합니다.

5. 사회적 인식과 기대
여전히 많은 부모와 사회는 전통적인 교육 방식과 성적 중심의 가치관을 지지합니다. 이로 인해 학교와 교사들은 새로운 교육 방식을 도입하는 데 어려움을 겪을 수 있습니다.

미래 교육을 지향하는 한국의 교육체계는 그러한 문제점들을 극복하기 위한 전략과 방법을 모색해야 합니다. 이를 위해서는 교육자, 학생, 부모, 그리고 사회 전반의 교육에 대한 인식과 태도를 변화시켜야 할 필요가 있습니다.

활동 중심 수업

활동 중심 수업은 학생들이 직접 활동에 참여하게 하는 것을 강조하는 수업이다. 학생들이 자신의 경험을 바탕으로 문제를 발견하고 해결하는 활동이 중심이 된다. 그러한 활동 속에 자기 주도적 학습 강조, 창의력과 협업 능력의 향상, 실제 상황에 대한 대처 능력 등을 키워나가게 된다.

하지만 학생의 활동에 초점을 맞추다 보면 수업목표와 내용을 놓칠 수 있고, 모든 학생의 목표 달성의 어려움, 자원과 시간의 한계도 문제가 된다. 또한 모든 학생에게 적극적인 참여와 목표 도달을 바랄 수도 없다. 개별 학생의 상황이나 능력 차이, 수업 환경 등이 모두 다르기 때문이다.

활동 중심 수업은 교사가 학생들을 적극적으로 이끄는 것뿐만 아니라 학생들이 자발적으로 참여하고 발휘할 수 있는 환경이 제공되어야 하며, 교사의 열정과 역량은 물론 현실적인 제약 사항이 해결되지 않으면 의미 있는 성과를 기대할 수 없을 것이다.

| AI 견해 |

* **한국의 교육 관련, 많은 교사가 활동 중심 수업에 관심을 갖는다. 하지만 일상적으로 이루어지기에는 쉽지 않다. 어떠한 어려움이 있을까?**

한국에서 활동 중심 수업에 관한 관심이 높아지고 있음에도 불구하고, 일상적으로 이를 실천하는 데에는 여러 어려움이 있습니다. 주요 문제점들을 지적한다면 다음과 같습니다.

1. 시간 및 자원의 제약
 활동 중심 수업은 종종 추가적인 시간과 자원을 필요로 합니다. 준비 시간, 수업 자료 개발, 활동에 필요한 재료 구매 등은 교사에게 추가적인 부담을 줄 수 있습니다.

2. 클래스 규모와 관리
 한국의 많은 학교에서는 클래스 크기가 비교적 큰 편입니다. 활동 중심 수업은 작은 그룹이나 개별 학생과의 상호작용이 필요한 경우가 많아, 큰 클래스에서는 효과적인 관리와 개별적인 지도가 어려울 수 있습니다.

3. 평가 시스템의 제한
 현재의 학교 평가 시스템이 주로 시험 중심일 경우, 활동 중심 수업의 결과를 적절히 평가하고 반영하기 어렵습니다. 활동 중심 학습의 성과를 전통적인 성적 체계에 통합하는 것은 교사에게 도전이 될 수 있습니다.

4. 교사의 교육 및 준비 부족
 활동 중심 수업을 효과적으로 운영하기 위해서는 교사의 특별한 교육과 준비가 필요합니다. 이러한 방식에 대한 충분한 교육과 경험이 없는 교사에게는 도전적일 수 있습니다.

5. 학부모와의 소통
 일부 학부모는 전통적인 학습 방식에 더 익숙할 수 있으며, 활동 중심 학습의 가치와 효과에 대해 의문을 가질 수 있습니다. 이로 인해 교사와 학부모 간의 의사소통에 어려움이 발생할 수 있습니다.

6. 교육 정책과의 불일치
 교육 정책이나 교육과정이 활동 중심 수업을 충분히 지원하지 않을 경우, 교사들은 기존의 교육 체계와 새로운 방식 사이에서 갈등을 경험할 수 있습니다.

7. 획일적인 교육 문화
 한국의 교육 문화가 아직은 전통적인 주입식 교육에 더 익숙할 수 있어, 활동 중심 수업의 도입과 적용이 더딜 수 있습니다.

 이러한 문제들을 해결하기 위해서는 교사 교육 및 개발, 교육 정책의 변화, 학부모와의 의사소통 강화, 자원의 적절한 배분 등이 필요합니다. 활동 중심 수업이 학생들에게는 매우 유익할 수 있지만, 이를 효과적으로 실천하기 위해서는 학교 시스템과 교육 문화의 변화가 필수적입니다.

◦ 교과별 수업모형과 수업기법의 활용

과거의 교육에서 수업모형과 수업기법은 지식 전달을 위한 교사의 전문성과 수업의 질을 보장하는 핵심 도구였다. '표준 지식을 어떻게 가르칠 것인가'에 대한 교사의 계획과 실행은 수업의 성패를 가르는 기준이었고, 수업의 체계성을 높이는 역할을 해왔다. 그러나 미래교육인 관점이라면 이 전통적 틀은 오히려 문제점이 된다.

수업모형은 보통 정해진 단계와 과정을 따른다. 이는 복잡하고 융합적인 문제 해결을 요구하는 미래 사회의 역량과는 거리가 멀다. 다양하고 창의적인 접근, 예측할 수 없는 결과를 허용하는 유연한 학습이 중요한 시대에, 정해진 틀에 의한 진행은 오히려 제약이 될 수 있다.

수업기법 역시 특정 학습활동에는 유용하지만, 학생이 자신의 학습을 성찰하고 조절하는 능력을 기르는 데에는 한계가 있다. 예를 들어, 말을 조리 있게 하지 못하는 학생에게 적극적인 토론 참여 요구는 너무 치명적이다.

미래 교육은 지식의 양보다도 학습자의 자기 주도성, 반성적 사고, 자기개발 등이 중시되어야 한다. 교사가 계획한 모형이나 기법을 넘어, 학생의 목표지향적인 탐구와 자기화된 학습활동이 더 효과적일 수 있는 것이다.

디지털 기반의 학습 환경 또한 새로운 도전이다. AI 튜터, 빅데이터 기반 피드백, 온라인 개별 학습 플랫폼이 확산되면서 기존의 대면 수업 중심 기법은 더 이상 중심이 될 수 없다. 이제는 기술과 연결되는 새로운 교육 설계와 운영 전략이 요구된다.

수업모형과 수업기법은 여전히 수업의 구조화나 교사 전문성에는 유용한 수단이기는 하다. 하지만 미래 교육이라면 틀이나 도구에 갇히지 않는 학습 활동이 더 의미 있는 시간이 될 수 있음을 놓치지 말아야 할 것이다.

| AI 견해 |

* **한국의 교육 관련, 교사들은 교과별 수업모형과 수업기법을 적극 활용하려 한다. 하지만 역량을 길러나가는 교육이라는 관점에서는 오히려 문제가 될 수 있을 것이다. 어떠한 것이 될까?**

한국 교사들이 교과별 수업모형과 수업기법을 적극적으로 활용하는 것은 수업의 다양성과 효율성을 높일 수 있다는 점에서 긍정적입니다. 그러나 역량을 길러나가는 교육이라는 관점에서는 몇 가지 문제가 발생할 가능성이 있습니다.

1. 수업기법의 도구화
교사들이 수업모형과 기법을 지나치게 강조하면, 수업이 특정 틀이나 형식에 갇혀 역량 함양보다는 모형의 활용 자체가 목적이 되는 현상이 발생할 수 있습니다. 학생의 실질적인 문제 해결 능력, 비판적 사고력, 창의성 등 역량 강화보다는 교사 중심의 수업 실행이 강조됩니다.

2. 학생의 자율성과 주도성 제한
교사가 수업기법을 정교하게 설계하고 이를 엄격히 적용하면, 학생들이 스스로 문제를 해결하거나 창의적으로 사고할 기회를 잃게 될 수 있습니다. 이는 학생의 자율성과 주도성을 제한하는 결과를 낳습니다. 학생은 교사의 지시에 따르며 기법에 맞춘 활동을 수행하지만, 역량 기반 교육의 핵심인 자기주도 학습 능력은 충분히 길러지지 않을 수 있습니다.

3. 기법 적용의 획일화
수업기법이 교과별로 고정된 틀로 적용되면, 학생 개개인의 다양성과 흥미를 고려하지 못할 가능성이 큽니다. 특히, 역량을 기르는 교육은 학생의 개별적 특성과 상황에 맞춘 접근이 필요한데, 고정된 기법은 이를 충분히 반영하기 어렵습니다. 학생마다 다른 학습 수준과 요구를 충족시키지 못해 학습 격차가 심화될 수 있습니다.

4. 실질적인 역량 개발의 부재
수업기법이 강조되면 지식 전달이나 단기적인 성과에는 유리할 수 있지만, 장기적으로 학생들이 자신의 지식을 실제 맥락에서 활용하는 능력을 기르는 데 한계가 있습니다. 역량 중심 교육은 학습 내용을 실제 상황에서 적용하는 것을 중시하지만, 기법 중심 수업은 이 부분을 간과할 수 있습니다. 학생들은 시험 성적에는 강하지만, 실제 사회에서 요구되는 문제 해결 능력이나 협업 능력은 부족하게 됩니다.

5. 교사의 유연성 저하
특정 모형이나 기법에 지나치게 의존하면 교사의 유연성이 저하될 수 있습니다. 이는 다양한 상황과 학습자의 요구에 맞춘 수업을 설계하거나 즉각적인 변화를 주는 데 어려움을 초래합니다. 역동적이고 창의적인 수업보다는, 정형화된 수업이 반복될 가능성이 높아집니다.

결론적으로, 교과별 수업모형과 기법은 도구일 뿐, 목표가 될 수 없습니다. 역량을 기르는 교육은 학생 개개인의 참여와 자기 주도성을 중심으로 설계되어야 하며, 기법은 이를 뒷받침하는 보조 수단으로 사용될 때 가장 효과적일 것입니다.

그렇다면 어떠한 수업이어야 할까?
■ 인식의 대 전환이 필요한 수업

◦ 버려야 할 수업에 대한 고정 관념

'과감히 버려야 할, 수업은 교사가 교과서를 가르치는 시간이라는 인식'

수업은 교사가 학생들에게 교과서 내용을 가르치는 시간이라는 인식은 우리나라 국민이라면 누구나 갖고 있다 할 것이다. 초·중·고 교육에서 교과서는 과거의 기준과 수준에 의한 표준화된 지식을 담고 있다. 그것은 과거의 교육에서는 큰 의미가 있었지만, 하루가 다르게 변화하는 세상, AI가 기반이 되는 세상에서는 제한적일 수밖에 없다.

이제 수업은 단순히 교과 지식을 습득하는 시간, 즉 국가가 제시하는 표준화된 지식을 익히는 시간에서 벗어나지 않으면 안 된다. 교사에 의한 단방향 지식 전달과 수용해야 하는 학생이 아니라 학생들이 자신의 내면에 변화를 일으키는 시간, 스스로 무엇을 얻고 있는지를 인식하는 시간이 되어야 한다. 그러한 수업은 표준 지식을 얻는 것은 물론 학생이 자기 주도적으로 탐구하고, 스스로의 삶과 연결 지어 생각하고, 협력과 소통을 통해 새로운 관점을 경험할 수 있었는지를 말할 수 있을 때 실현될 수 있다.

교사의 역할 역시 달라져야 한다. 교사는 가르치는 사람이 아니라, 학생 개개인이 필요에 의하여 지식이나 경험을 얻을 수 있도록 돕는 조력자가 되어야 한다. 지식의 전달자에서 학습의 안내자, 동행자가 되는 것이다.

학생이 전달받는 존재에서 성장하는 존재가 되는 시간일 때, 수업 한 시간은 비로소 살아 있는 시간이 된다 할 수 있을 것이다.

AI 견해

* **한국의 교육 관련, '버려야 할 수업에 대한 고정 관념'을 말한다면 어떠한 것을 지적할 수 있을까?**

한국 교육에서 '버려야 할 수업에 대한 고정 관념'을 지적하자면, 다음과 같은 대표적인 다섯 가지를 들 수 있습니다.

1. **'교사는 지식을 전달하는 사람'이라는 고정 관념**
   - 문제점: 교사가 교과서 내용을 해설하고, 학생은 받아 적는 구조는 지식 중심, 일방향 수업으로 고착화 됨.
   - 버려야 할 이유: 이는 학생의 사고력, 문제 해결력, 탐구력, 주도성을 억제하며, 교육의 본질인 '성장'과 '이해'를 제한함.
   - 대안: 교사는 안내자, 촉진자, 조력자로서 학생의 자기 주도적 탐구와 공동체 활동을 설계하고 지원해야 함.

2. **'모든 학생은 같은 목표, 같은 방식, 같은 속도로 배워야 한다'라는 고정 관념**
   - 문제점: 획일적 수업과 평가 방식은 다양한 학습자 특성과 발달 단계 무시
   - 버려야 할 이유: 이는 학생의 강점, 흥미, 수준을 무시한 채 평균에 맞추는 비효율적인 교육을 낳음.
   - 대안: 개인 맞춤형 학습, 역량 기반 수업, 수준별 활동 및 선택 중심의 학습 경로 필요.

3. **'수업은 교과서 순서대로 진도를 나가는 것'이라는 고정 관념**
   - 문제점: 교과서는 예시일 뿐인데도, 그것이 수업의 틀로 오용되어 창의적 구성이나 주제 중심 접근이 억제됨.
   - 버려야 할 이유: 이는 수업을 교과서 복제 활동으로 전락시키고, 맥락 없는 학습을 반복하게 만듦.
   - 대안: 학습주제 기반의 수업 구성, 융합적 활동, 실생활 맥락 속 탐구 중심 수업 필요.

4. **'수업은 정답을 찾는 시간'이라는 고정 관념**
   - 문제점: 정답 중심 수업은 사고의 유연성을 차단하고, 다양한 해결 방식이나 사고의 깊이를 무시함.
   - 버려야 할 이유: 실패와 시행착오를 통한 학습이 배제되며, 창의성과 탐구심이 위축됨.
   - 대안: 문제 해결 중심 수업, 질문 기반 수업, 다양한 해석과 관점이 존중되는 수업 필요.

5. **'수업의 평가는 오직 지필고사로만 해야 한다'라는 고정 관념**
   - 문제점: 시험 위주 평가는 단기 암기 능력만을 측정하며, 수업 참여, 역량 성장, 탐구 과정은 무시됨.
   - 버려야 할 이유: 이는 교실 수업과 평가의 괴리를 만들고, 교과 역량과 핵심역량의 발현을 막음.
   - 대안: 루브릭 기반 수행평가, 산출물 평가, 포트폴리오, 과정 중심 피드백 등 수업과 연계된 평가 구조 필요.

이러한 고정 관념들은 교사와 학생 모두의 역할을 고정화하고, 한국 교육이 미래 지향적으로 나아가는 데 걸림돌이 됩니다.

따라서, 학생의 자기 주도성, 다양성, 문제 해결력, 공동체성, 진로 탐색 등을 중심에 둔 수업 구조로의 전환을 위해 과감히 버려야 할 인식들입니다.

* **IB에서, 학생들은 수업 한 시간을 어떠한 시간이라고 생각할까?**

IB에서 학생들은 수업 한 시간을 단순한 지식 전달의 시간이 아니라, 탐구와 사고를 확장하는 경험의 시간이라고 여깁니다. IB 학생들이 일반적으로 수업 한 시간에 대해 표현하는 방식은 다음과

같은 특징을 가집니다.

1. '질문을 던지고 탐구하는 시간' → Inquiry-based Learning (탐구 기반 학습)

　　IB에서는 학생들이 단순히 교사의 설명을 듣는 것이 아니라, 스스로 질문을 던지고 답을 찾아가는 과정이 강조됩니다. 학생의 시각에서는 '오늘 수업에서는 선생님이 답을 주지 않고, 우리가 직접 해결해야 할 질문을 던지셨어요. 처음에는 어렵지만, 탐구하다 보면 스스로 이해하게 돼요.'라는 인식이 필요합니다. 예를 들면, 교사가 '지구 온난화가 왜 발생할까?'라는 질문을 던지면, 학생들은 스스로 자료를 조사하고 토론하며 개념을 발견해 나가는 시간이 됩니다.

2. '생각을 연결하고 확장하는 시간' → Concept-based Learning (개념 중심 학습)

　　IB 수업에서는 개별적인 지식이 아니라, 핵심 개념(Key Concepts)을 중심으로 다양한 학문적 맥락을 연결합니다. 학생의 시각에서는 '오늘 배운 개념이 여러 과목과 연결된다는 걸 깨달았어요. 역사에서 배운 혁명개념이 문학과도 관련이 있더라고요.'가 됩니다. 예를 들면, '변화(Change)'라는 개념을 중심으로 과학, 역사, 경제에서 변화가 어떻게 나타나는지 탐구하는 수업이 됩니다.

3. '실생활과 연결되는 시간' → Real-world Application (실생활 적용 학습)

　　IB는 학생들이 배운 개념을 실제 세계 문제와 연결하는 것을 중요하게 여깁니다. 학생의 시각은 '오늘 수업에서 환경오염을 공부했는데, 단순히 개념을 외우는 게 아니라, 실제 우리가 해결할 방법을 생각하는 시간이었어요.'가 됩니다. 예를 들면, 단순히 '환경오염의 원인'을 배우는 것이 아니라, 지역사회의 환경 문제를 조사하고 해결 방안을 기획하는 프로젝트를 수행하는 것을 들 수 있습니다.

4. '내 생각을 표현하고 토론하는 시간' → Discussion & Reflection (토론과 성찰 중심 학습)

　　IB에서는 학생들이 자신의 생각을 정리하고, 타인의 의견을 듣고, 함께 논의하는 과정을 강조합니다. 학생의 시각에서는 '선생님이 정답을 말해주시는 게 아니라, 우리가 토론하면서 서로의 생각을 발전시키는 시간이었어요.'가 됩니다. 예를 들면, 윤리학 수업에서 '인공지능의 윤리적 문제'에 대해 찬반 토론을 진행하며 논거를 정리하고, 상대방의 의견을 분석하는 활동이 이루어지게 됩니다.

5. '나만의 목표를 설정하는 시간' → Student-centered Learning (학생 중심 학습)

　　IB에서는 교사가 정해진 내용을 주입하는 것이 아니라, 학생들이 스스로 목표를 설정하고 배움을 이끌어갑니다. 학생의 시각에서는 '내가 오늘 수업에서 배우고 싶은 목표를 직접 세우고, 그것을 달성하기 위해 어떤 방법을 사용할지 고민했어요.'인 시간이 됩니다. 예를 들면, '오늘 수업에서 내가 꼭 해결해야 할 질문은 무엇인가?'를 스스로 정한 후, 수업 시간 동안 이에 대한 답을 찾는 활동을 하게 됩니다.

　　결론적으로 'IB 학생들은 수업을 어떻게 인식하는가?'는 '새로운 질문을 만들고 탐구하는 시간', '과목 간 개념을 연결하는 시간', '실제 문제를 해결하는 시간', '토론하고 내 생각을 표현하는 시간', '스스로 목표를 설정하고 학습하는 시간'이 됩니다. 즉, IB 수업은 단순한 '지식 전달'이 아니라 '학생이 능동적으로 배우고 탐구하는 시간'으로 정의됩니다. 만약 한국 교육이 IB처럼 '교과목을 넘어서는 학습주제 단위 수업', '목표지향적 해결 활동', '과정 중심 평가'로 변화한다면, 한국 학생들도 수업을 단순한 '지식 습득의 시간'이 아니라, '능동적으로 사고하고 탐구하는 시간'으로 인식할 가능성이 높아질 것입니다.

◦ 버려야 할 평가에 대한 고정 관념

'평가는 교과 점수가 전부가 아니다.'

우리나라는 학생을 교과 점수로 줄 세우는 평가를 당연시한다. 그런데 점수가 말해 주지 못하는 것이 있다. 학생이 그 점수에 도달하기까지 어떤 관심을 가졌고, 어떤 과정을 거쳤는지, 그 점수가 어떤 의미가 있는지 등에 관한 이야기는 빠져 있다. 따라서 교과 점수는 학생의 특정 교과에 대한 지식은 말할 수 있지만, 미래를 향한 성장의 가능성으로서는 큰 의미가 없다.

지금의 평가에서 특정 교과의 0점이나 기준 미달은 사회적 낙인과 차별을 받는 것은 물론 보충 수업이나 재시험 등의 의무로 이어진다. 학생에게는 엄청난 부담과 스트레스가 될 수밖에 없다. 단지 교과서의 모든 내용을 암기하지 않았거나 못했다는 것에 대한 대가로는 너무 아픈 결과이다.

하지만 평가의 관점을 바꾸면 이야기가 달라진다. 교과 지식과 교과 역량을 '전문성'과 '적극적 관심사'의 깊이로 보고, 핵심역량을 공동체 안에서의 참여와 몰입 정도로 살펴본다면, 평가의 초점은 점수가 아닌, 실질적인 학생의 성장과 발전을 돕는 역할이 된다. 특정 교과에서의 '지식의 미달'은 실패가 아니라 '관심이 적거나 힘든 교과'를 판별해 주는 역할일 뿐이다. 학생이 감당할 수 있는 최소한의 지식 습득만을 요구할 뿐, 낙인이나 보충 지도를 강요받을 이유가 전혀 없는 것이다.

교사에게도 평가는 점수를 매기는 도구가 아니라 학생 개개인의 의미 있는 학습과 성과를 얻게 하는 도구가 된다. 누가 1등인지가 아니라, 어떤 방식으로 성장 중인지, 그것을 어떻게 인정해주고, 더 발전해 나가게 할 것인가가 일상적으로 이루어지는 수업의 전환을 가능하게 한다.

학교 역시 변화한다. 점수 중심 경쟁이 사라지면 교실은 서열이 아닌 협력이 전개되는 장이 된다. 공교육은 '시험 준비'가 아닌 '미래 준비'의 공간으로 바뀐다. 이러한 평가 구조는 전공 적합성 중심 평가, 고교학점제의 정착, 대학 입시의 변화를 이끄는 핵심 기반이 된다.

  이제 평가는 학생이 '얼마나 잘했는가'가 아니라, '어디까지 왔고, 앞으로 무엇을 할 수 있는가'를 묻고 도약하게 할 수 있는 평가로 바뀌어야 한다. 그것이 학생의 미래를 준비시키는 진짜 교육의 시작이라 할 것이다.

| AI 견해 |

* 평가가 점수가 아닌 해당 주제 지식/교과 역량 관련 수준이나 관심 정도, 핵심역량을 길러나가는 정도가 중심이 될 때 얻을 수 있는 효과를 제시하면?

평가가 '점수' 중심이 아니라 학습주제 관련 지식·교과 역량에 대한 이해의 깊이와 관심 정도, 그리고 핵심역량을 길러나가는 정도를 중심으로 이루어진다면, 다음과 같은 교육적 효과를 기대할 수 있습니다.

1. 학생에게 주는 효과
- 성장의 출발점을 존중받는 경험
  '미달'이라는 낙인이 아닌, 관심 수준에서도 인정받는 평가 구조는 학생이 "나는 아직 시작 단계지만, 괜찮다"라는 자신감을 준다. 자기주도 학습의 촉진, 자존감 회복으로 이어지게 되는 것입니다.
- 성장 궤적 인식 및 자기 목표 설정 가능
  점수가 아니라 '내가 지금 어디쯤 와 있는가'를 알 수 있게 합니다. 관심 → 기초 → 적용 → 확장이라는 단계적 성장 인식이 학생 스스로 다음 목표를 설정하게 할 수 있습니다.
- 전문성 기반 진로 탐색 강화
  특정 교과 지식이나 주제에 대한 지속적 관심과 확장 노력이 전공 적합성과 진로 포트폴리오로 연결되면, 시험 성적 중심에서 벗어나, 자신의 흥미 기반 진로 설정이 가능해집니다.

2. 교사에게 주는 효과
- 수업의 본질 회복: 학습을 위한 평가
  평가가 점수 산출이 아니라 학생 이해와 지도 방향 제시 도구가 됩니다. 교사는 '누가 90점인가'보다 '누가 어떤 방식으로 성장 중인가'에 집중할 수 있습니다.
- 맞춤형 피드백과 지원 가능
  각 학생의 관심 정도나 역량 수준에 따라 차별화된 피드백을 제공할 수 있으며, 수업 설계와 지도 전략의 세분화가 쉬워집니다.
- 교과 전문성 기반의 수업 재구성 가능
  지식 전달보다 지식의 탐구와 확장 중심 수업이 가능해집니다. 교사도 '내 수업이 학생의 탐구를 어떻게 이끌고 있는가'를 성찰할 수 있습니다.

3. 학교와 교육 시스템에 주는 효과
- 점수 중심 경쟁 구조 완화
  점수가 아닌 관심과 성장의 서사 중심 평가가 이루어지면 서열화 경쟁에서 해방됩니다. 따라서 교실에서도 심리적 안정감, 협력 분위기가 조성됩니다.
- 진정한 '공교육 정상화'에 기여
  사교육이 따라갈 수 없는 학생 개별 성장 중심 평가 체계가 구축됩니다. 학교가 '시험장'이 아니라 학생 성장의 본거지로 재인식됩니다.
- 대입·진로 중심 평가 혁신 기반 마련
  점수 기반 입시에서 전공 적합성 중심 평가 구조로 전환할 수 있습니다. 고교학점제, 학생부 종합 전형 등과 연계되어 평가 구조의 질적 도약으로 이어집니다.

4. 핵심 메시지 정리
점수는 학생을 분류하지만, 수준과 관심, 역량은 학생을 이해하고 성장하게 합니다. 학생이 '잘 했는가'보다 '어디까지 왔는가', '왜 흥미를 느꼈는가'보다 '앞으로 무엇을 할 수 있는가'를 함께 말할 수 있는 평가가 될 때 비로소 교육은 학생의 미래를 위한 준비가 됩니다.

◦ 교과서에 대한 재인식

과거의 교육에서 교과서는 학생들에게 세상을 이해하는 '창'이자, 배움의 출발점이었다. 교육과정에 의하여 선정된 지식을 학년별, 학교급별로 나누어 가르치면 학생들은 시간과 노력을 들여 암기만 하면 된다. 그렇게 익힌 지식은 세상이 원하는 유용한 지식이 되었다.

그러나 지금은 교과서만으로는 세상의 변화를 따라잡을 수 없는 시대로 상황이 달라졌다.

첫째, 지식의 흐름이 너무 빨라졌다. 디지털 기술의 발달로 새로운 정보가 하루가 다르게 쏟아지고 있다. 교과서가 출간될 때쯤이면 이미 낡은 지식이 되어 버리는 경우도 있다. 과거처럼 정답을 외우는 것만으로는 학생들이 현실 문제에 대응할 수 없는 것이다.

둘째, 사회가 요구하는 능력이 달라졌다. 정형화된 문제 풀이보다 복잡하고 예측 불가능한 문제를 해결하는 역량이 중요해졌다. 창의적 사고, 협력, 의사소통 능력은 교과서의 정답 중심 수업으로는 키우기 어렵다.

셋째, 학생들의 삶과 진로도 다양해졌다. 모든 학생이 같은 목표를 향하던 시대는 지났다. 각자의 재능과 관심사, 진로 방향에 따라 배움의 내용과 방법이 달라져야 하지만, 교과서 중심 교육은 이러한 다양성을 반영하지 못한다.

마지막으로, AI와 디지털 시대는 인간의 역할을 새롭게 요구하고 있다. 단순 지식 전달이나 복잡한 계산은 기계가 대신할 수 있다.

교과서는 여전히 중요한 참고 자료다. 그러나 이제 교과서는 '배움의 기준점'일 뿐, 배움 그 자체가 될 수는 없다. 학생 스스로 학습목표를 세우고, 탐구와 문제 해결 과정을 통해 지식을 삶과 연결하는 교육으로 나아가야 한다. 미래 사회가 요구하는 힘은, 교과서를 넘어서지 않으면 안 되는 것이다.

> **AI 견해**

* 과거의 교육에서 교과서는 중요한 역할을 하였다. 하지만 지금은 교과서에서 익힌 지식만으로는 대처해 나갈 수 없는 세상이 되고 있다. 이유를 제시하면?

지금은 과거와는 다른 세상이기 때문에, 과거의 교육처럼 교과서 중심의 교육만으로는 대응하기 어렵습니다. 그 이유는 다음과 같습니다.

1. 지식의 속도와 양의 변화

과거에는 지식의 축적과 전달이 느렸고, 교과서가 신뢰할 수 있는 유일한 지식의 통로였습니다. 하지만 지금은 디지털 기술의 발달로 지식이 빠르게 생성·확산하고 있으며, 교과서에 실릴 때쯤이면 이미 낡은 정보가 되기도 합니다.

2. 문제 해결 중심의 미래 사회

현대 사회는 정답이 정해진 문제보다 복잡하고 다양한 문제를 해결할 수 있는 능력을 요구합니다. 교과서는 정형화된 지식과 모범 답안을 중심으로 구성되어 있어, 창의적 사고나 실제적 문제 해결에 한계가 있습니다.

3. 개인화된 성장과 진로의 중요성

모든 학생이 동일한 교과서를 중심으로 같은 내용을 학습하던 시대는 지났습니다. 현재는 학생 개개인의 관심, 재능, 진로에 따라 학습이 다양화되어야 하며, 교과서 중심 교육은 이러한 개별성을 반영하기 어렵습니다.

4. 역량 중심 교육으로의 전환

단순한 지식 암기보다 비판적 사고, 의사소통, 협업, 자기 주도성과 같은 핵심역량이 더 중요해졌습니다. 교과서 중심 수업은 여전히 '가르칠 내용'에 집중되므로, 역량 함양 중심의 교육 방식과 충돌할 수 있습니다.

5. AI·디지털 시대의 도래

AI, 자동화, 디지털 도구는 인간의 지식 암기나 계산 능력을 대체하고 있습니다. 따라서 인간은 기계가 할 수 없는 창의성, 통찰력, 융합적 사고를 중심으로 교육받아야 하며, 전통적인 교과서 중심 교육은 이를 담기 어렵습니다.

지식 전달 중심의 교과서 교육은 일정 부분 여전히 필요하지만, 미래를 준비하는 데에는 한계가 있습니다. 지금의 교육은 교과서를 참고 자료로 삼되, 학생이 주도하고 문제를 해결해가는 과정 중심의 수업으로 전환되어야 할 때입니다.

■ 학생 개개인의 자기개발에 연계되는 수업
◦ 모든 학생에게 의미 있는 시간

'모든 학생에게 의미가 있는 수업'은 학생 개개인의 다양한 배경, 관심사, 학습 스타일을 고려해 수업 내용과 방식이 각자에게 유의미한 시간이 되는 수업을 말한다.

학생 개개인은 학습의 속도가 다르고, 관심 분야가 다르며, 도달할 수 있는 방식 또한 제각각 다르다. 아무리 필요한 지식이라 할지라도 일률적인 도달 수준, 과정과 방식이 아니라 학생 자신의 능력 수준과 관심사에 의하여 나름대로 학습하게 한다면 어떠한 학생에게도 모든 수업은 의미 있는 시간이 된다. 이러한 수업이 일상이 된다면 학교에서 '꼴찌인 학생', '공부 못하는 학생' 등과 같은 표현은 더 이상 존재하지 않을 것이다. 사실, 학생 모두가 교육과정이 제시하는 표준 지식을 100점이 될 수 있도록 익혀야 할 이유는 없잖은가?

수업이 어떠한 학생에게도 '나는 이 시간을 통해 무엇을 얻었고 어떻게 성장했는가'를 말할 수 있는 시간이 되고, 지식이든 경험이든, 성찰이든 깨달음이든, 어떤 방식으로든 자기 개발로 이어진다면 그 수업은 충분히 가치 있다고 말할 수 있을 것이다.

AI 견해

* 미래 지향 교육 관련, '모든 학생에게 의미 있는 수업'이라고 한다면 어떠한 의미가 될까?

모든 학생에게 의미 있는 수업"은 미래 지향 교육에서 단순히 지식 전달을 넘어서, 학생 개개인의 삶과 성장, 그리고 미래와 연결되는 경험을 제공한다는 뜻을 담고 있습니다. 몇 가지 핵심 의미를 정리하면 다음과 같습니다:

1. 개인 맞춤적 의미

모든 학생은 배경, 관심사, 역량 수준이 다릅니다. 따라서 '의미 있는 수업'은 획일적인 목표 강요가 아니라, 학생이 스스로 학습목표를 자기화하고 각자 도달할 수 있는 방식과 수준에서 배움의 가치를 찾을 수 있는 시간입니다.

즉, 성적 상위권 학생만 이해하고 성과를 내는 수업이 아니라, 모든 학생이 자기 성장을 체감할 수 있는 수업이어야 합니다.

▌그렇다면 어떠한 수업이어야 할까?

2. 지식·역량·자기개발의 통합
  지식 습득에서 멈추지 않고, 교과 지식 + 교과 역량 + 핵심역량을 함께 길러주는 과정입니다.
  예를 들어, 과학 수업이라면 단순한 실험 결과를 암기하는 것을 넘어, 협력적 소통(팀 활동), 창의적 사고(새로운 가설 세우기), 자기관리(실험 과정 기록)까지 아우르는 경험을 제공합니다.

3. 삶과 진로로 이어지는 연결성
  수업은 학생의 현재와 미래를 연결해야 의미를 갖습니다. 즉, 학생이 배운 것을 자기 삶에 적용하거나, 진로 탐색의 단서로 삼을 수 있을 때 수업은 진정한 가치를 지닙니다.
  예: 음악 시간에 단순히 노래 부르기를 넘어, "내 감정을 표현하는 방법"을 배우고, 이는 예술적 진로뿐 아니라 의사소통·공동체 활동에도 확장될 수 있습니다.

4. 성장과 발전을 보여주는 수업
  '의미'는 순간의 즐거움에만 머물지 않고, 수업 이후 학생이 '내가 전보다 나아졌다'는 발전을 실감할 수 있을 때 생깁니다. 즉, 수업은 학생의 자기성찰-자기연찬-자기계발의 흔적을 남기고, 이를 포트폴리오나 루브릭으로 확인할 수 있어야 합니다.
  정리하면, "모든 학생에게 의미 있는 수업"은 학생 개개인이 자기 성장을 경험하고, 배운 것을 자신의 삶과 미래와 연결하며, 공동체 속에서 역량을 확장할 수 있는 시간을 의미합니다.

* **한국의 초·중·고 학생들은 교과서를 암기하여 평가에서 좋은 성적을 받으면 우수한 학생이 된다. '교과서 암기', '좋은 성적', '우수한 학생' 중심은 학생 개개인의 '의미 있는 수업'에 어떠한 영향을 미치고 있을까?**

  '교과서 암기', '좋은 성적', '우수한 학생' 중심의 교육은 학생 개개인의 '의미 있는 수업' 경험을 심각하게 제약하게 됩니다. 구체적으로 다음과 같은 영향을 미칩니다.

1. 학습의 목적이 '이해'가 아닌 '기억'으로 전락
  학생들은 수업 시간에 내용을 깊이 있게 탐구하기보다는, 시험에서 맞히기 위한 지식의 외우기에 집중하게 됩니다. 결과적으로, 배운 내용이 자신의 삶과 연결되지 못하고, 지식이 도구가 아닌 목표 자체가 되어버립니다.

2. 자기 주도성과 탐구심의 억제
  암기 중심 수업에서는 정답이 이미 정해져 있기에, 학생의 질문, 시도, 탐색은 불필요하거나 방해 요소로 취급됩니다. 이는 학생이 수업에서 자기 생각을 표현하거나 문제를 주도적으로 해결할 기회를 차단하게 됩니다.

3. 개인의 흥미·재능·관심이 배제된 '획일적' 학습
  모든 학생이 동일한 교과서 내용을 같은 방식으로 암기하고 평가받는 구조는, 학생 개개인의 다양성을 무시합니다. 이로 인해, 자신의 관심사나 강점을 살리는 수업이 어렵고, 수업은 나와는 무관한 '남의 이야기'가 됩니다.

4. '좋은 성적'이 '좋은 학습'을 의미하지 않게 됨
  '우수한 학생'이라는 타이틀은 주로 점수에 따라 부여되므로, 실질적인 사고력, 창의력, 문제 해결력 등은 평가되지 않습니다. 이런 분위기에서는 성장과 발전의 과정이 아니라 결과만이 중요해지고, 의미 있는 학습 과정은 무시됩니다.

5. 수업의 목적이 '나를 위한 시간'이 되지 못함
  이상적인 수업은 학생이 자신의 생각, 관심, 삶과 연결하여 배우는 시간이어야 합니다. 그러나 암기 중심 수업은 교사와 교과서 중심으로 진행되어, 학생에게 '의미 있는 시간'으로 인식되기 어렵습니다.

  '교과서 암기 → 좋은 성적 → 우수한 학생'이라는 고정된 등식은, 학생 개개인이 수업을 자기 삶과 연결하고 주도적으로 참여하는 기회를 앗아갑니다. 이는 결국, '배우는 기쁨'도, '성장하는 경험'도 사라진 수업으로 이어지며, 미래를 준비하는 힘을 기를 수 없는 교육으로 전락하게 됩니다.

◦ 학생 개개인의 중시

지금의 학생들에게 '오늘 수업은 무엇을 얻는 시간이었지?'라고 물으면 어떠한 대답을 들을 수 있을까? 대부분 학생은 교과서 몇 페이지이거나, 교사가 시키는 대로 활동했던 시간을 떠올릴 것이다. 심지어 '뭘 배웠는지 모르겠다'라는 대답도 있을 것이다. 모든 학생이 교사가 이끌고 가르치는 대로 교과서를 따라 익히는 시간이었다면 당연한 대답이다.

미래 교육이 지향해야 할 수업의 모습은 단순히 지식을 전달하는 것이 아니다. 학생 개개인이 자신의 생각을 펼치고, 도전을 감행하며, 작든 크든 성취를 경험하는 시간이 되어야 한다. 어떠한 학생도 의미 있는 활동을 하게 될 때 비로소 수업은 살아 있는 교육의 장이 된다. 수업이 학생 개개인의 내적 동기를 끌어내고, 자기 효능감을 키우며, 비판적 사고와 창의성을 자연스럽게 길러가는 시간이 되는 것이다.

모든 수업이 학생 개개인의 생각과 도전, 성취를 담아내는 시간이 된다면, 그 교실은 더 이상 낡은 틀에 갇힌 공간이 아닌, 학생 한 사람 한 사람을 위한 성장의 무대가 되는 것이다.

AI 견해

* **모든 수업이 '학생 개개인의 생각, 도전, 성취를 경험하는 시간'이 될 때 어떠한 효과를 기대할 수 있을까?**

  모든 수업이 '학생 개개인의 생각, 도전, 성취를 경험하는 시간'이 된다면, 단순한 학업 성취를 넘어서서 다음과 같은 교육적·심리적·사회적 효과를 기대할 수 있습니다.

1. 학습 동기의 질적 변화

   학생이 '생각'과 '도전'을 통해 자신만의 질문과 목표를 세우면, 학습은 더 이상 '해야 할 일'이 아니라 '하고 싶은 일'이 됩니다. 이러한 내적 동기는 단기적인 성적보다 훨씬 지속적인 자발적 학습 태도로 이어집니다.

2. 자기 효능감과 자신감 강화

   도전을 시도하고 성취를 체험하면, 학생은 '나는 할 수 있다'라는 감각을 얻게 됩니다. 실패를 하더라도, 그 시도 자체가 가치 있는 경험으로 인정되므로 좌절보다 성장의 자산이 쌓입니다.

3. 비판적 사고와 창의성의 발달

   자신의 생각을 탐구하고, 다양한 해결 방안을 시도해 보는 과정에서 비판적 사고력과 창의적 문제해결력이 발달합니다. 이는 단순 지식의 재생산이 아니라, 지식의 재구성과 적용으로 이어집니다.

4. 학습의 개인화와 맞춤형 성장

   학생 개개인이 선택한 과제와 목표를 중심으로 학습이 이루어지므로, 각자의 수준과 속도에 맞는 맞춤형 성장 경로가 형성됩니다. 이는 학습 격차를 자연스럽게 줄이고, 개별 역량을 존중하는 교육을 실현합니다.

5. 자기개발의 일상화

   수업 시간이 곧 자신의 생각을 확장하고, 도전하고, 성취하는 시간이 되면, 학생에게 자기개발은 특별한 일이 아니라 일상의 일부가 된다. 이는 평생학습 역량으로 연결되며, 장기적으로 사회와 진로에 적응할 힘을 길러줍니다.

6. 관계적 학습문화 조성

   학생이 서로의 생각과 시도를 공유하고, 도전을 존중받으며, 성취를 함께 축하하는 문화가 생깁니다. 교실이 경쟁이 아닌 협력과 상호 인정의 장이 될 수 있습니다.

   모든 수업이 학생의 생각, 도전, 성취를 담아내는 시간이 될 때, '배움은 교과서 속 정답을 암기하는 것이 아니라, 자신만의 답을 만들어가는 과정'이라는 교육의 본질이 실현됩니다. 그 결과, 학생들은 지식과 역량을 넘어서, 자기 삶을 주도하는 태도와 자신감을 얻게 될 것입니다.

◦ 학생의 자기개발로 이어지는 수업의 성과

지금의 학생들은 늘 경쟁하지 않으면 안 된다. 친구와 비교되고, 성적과 등수에 따라 자신의 가치를 평가받는다. 그러나 진정한 경쟁은 타인과의 싸움이 아니다. 가장 치열하고 의미 있는 경쟁은 바로 '자기 자신과의 경쟁'이다.

학교 교육이 자기개발을 강조할 때, 그 의미는 단순히 '무언가를 더 잘하게 되는 것'에 머물지 않는다. 자기개발은 어제의 나보다 오늘의 내가 얼마나 나아졌는지를 스스로 인식하고, 다시 내일을 준비하는 과정이다. 그리고 그 과정은 곧 자신과의 경쟁이다.

학생이 자신의 학습목표를 스스로 설정하고, 해결 방법을 고민하며, 작은 성과를 경험할 때 비로소 자기개발은 시작된다. 학습 결과가 단지 점수가 아닌 '내가 얼마나 변화했는가'로 평가될 때, 아이들은 더 이상 남을 의식하지 않는다. 대신, 스스로 정한 기준을 넘어서는 의미 있는 성장을 경험하게 된다.

'학습 포트폴리오 전시회'나 '학습 포트폴리오 공유'와 같은 활동은 이러한 자기개발 과정을 시각화해 주는 좋은 방법이라 할 것이다. 친구의 변화된 모습에 자극을 받고, 자신의 발전을 말할 수 있게 되는 자리에서 아이들은 비교가 아닌 자기성찰을 통한 도전을 배울 수 있기 때문이다.

자기개발은 결국 자신과의 약속을 지켜내는 힘이다. 포기하고 싶었던 순간을 넘고, 어제의 나를 넘어서는 과정을 반복할 때, 학생은 자신이 삶의 주인이라는 사실을 조금씩 체감할 수 있게 한다.

미래 교육이 지향해야 할 방향은 단순한 학습 성취가 아니라, 성장에 대한 신념과 실천을 품은 아이를 길러내는 일이다. 그리고 그 시작은 바로 자신과의 경쟁을 끌어내는 자기개발이 되어야 할 것이다.

AI 견해

* 모든 수업이 자기개발에 연계되는 시간이 될 때, 서열화 수준의 경쟁을 이끌어 낼 만한 방안을 제시하면?

모든 수업이 학생 개개인의 자기개발에 초점을 두는 구조라면, 기존의 '점수 중심, 정답 중심, 서열화 중심'의 경쟁은 무력화됩니다. 그렇다고 해서 경쟁 자체가 완전히 사라져야 하는 건 아닙니다. '자기개발 중심의 수업'에서도 건강한 경쟁은 가능합니다. 단, 경쟁의 기준과 방식이 달라져야 합니다. 다음은 그 방향을 제시합니다.

1. 서열화 대신 '성장 수준의 비교'로 경쟁 유도

기존의 서열화는 획일적 기준(예: 점수)으로 누가 더 잘했는지를 매기지만, 자기개발 중심 수업에서는 개인의 출발점 대비 성장 정도를 기준으로 경쟁이 가능합니다. "처음에는 발표를 어려워하던 학생이, 두 달 만에 학급 발표자가 되었다."라고 동료 평가나 교사 피드백을 통해 가시화하면 학생들 간에 성장 경쟁이 일어납니다.

2. '다양한 분야'에서 서로 다른 강점으로 경쟁

모든 수업이 자기개발 중심이면, 학생마다 빛나는 분야가 다릅니다. 즉, 모두가 1등이 될 수 있는 경쟁 구조가 가능해집니다. 운영 방식은 수업 산출물, 문제 해결 아이디어, 팀워크 기여도, 성실성 등 평가 지표를 다양화하고, 교사는 루브릭으로 다양한 측면의 성장 수준을 기록하며, 학생 스스로 자신의 강점 분야를 인식하고, 그 분야에서 우수함을 드러내게 합니다.

3. 성과의 공유 및 피드백을 통한 '자극 기반 경쟁'

경쟁은 '이기려는 의지'가 아니라 '자극받아 성장하고 싶은 마음'에서 출발할 수도 있습니다. 공개 피드백 시간에서 친구의 독창적인 접근법이나 깊이 있는 질문을 보며 자극받게 되며, 공동체 내에서 타인의 성장을 인정하고, '나도 저 정도는 해보고 싶다'라는 건강한 경쟁을 유도하게 됩니다.

4. 학기별 '자기개발 성장 포트폴리오 경연'

학기마다 자기개발 성과를 정리한 포트폴리오를 기반으로 학생 간 발표와 공유의 장을 운영합니다. 외부 전문가, 타 학년 학생, 교사, 학부모 등이 참여하는 심사 구조로 공정성과 다양성을 확보하게 됩니다. 이때 순위보다 '주제별 우수상'이나 '성장상', '발상의 전환상' 등을 중심으로 구성할 필요가 있습니다.

5. 대학 입시 및 사회 연계 기반의 경쟁 구조

고등학교에서는 자기개발 성과(예: 역량 기반 루브릭, 학습 포트폴리오)를 대입의 전공 적합성 판단 근거로 활용할 수 있습니다. 이는 단순 성적 서열이 아닌 '분야별 경쟁력'으로 이어집니다. 특정 주제 관련 성취와 탐구가 심화되어 관련 전공 진학에 유리한 경쟁력을 갖게 합니다.

자기개발 중심의 수업에서도 서열화의 요소는 방향만 바꾸면 충분히 의미 있게 작동할 수 있습니다. 단, 서열화의 기준이 더 이상 일률적이어서는 안 되며, 성장과 다양성, 자기 주도성이 평가와 경쟁의 핵심으로 자리 잡을 때, 오히려 더 강력하고 긍정적인 경쟁 문화를 형성할 수 있습니다.

■ 교사에게도 합리적이어야 할 수업
◦ 교사도 감당할 수 있는 수업

과거의 교육에서는 교사가 알고 있는 지식과 기술만으로도 수업이 가능했다. 하지만 지금은 교사의 '가르치다'가 결코 쉬운 일이 아니다. 하루가 다르게 변화하는 세상을 다 수용할 수 없기 때문이다.

'가르치다'가 가능하기 위해선 많은 시간과 노력이 필요하다. 교재 연구, 디지털 도구의 활용, 맞춤형 교육, 자료 준비까지 교사들은 실제 수업 시간보다 몇 배 더 많은 시간을 투자해야 한다. 초등 교사는 말할 것도 없고, 고교학점제가 시행되고 있는 고등학교 교사들은 자신의 전공을 넘어서는 2~3개의 유사 과목을 가르쳐야 하는데 교재 연구 없이는 '가르치다'가 쉬운 일이 될 수 없다.

실제 가르치는 것도 만만하지 않다. 다양한 능력 수준이나 관심사, 흥미 등이 제각각인 학생에게 일률적인 지식의 주입은 결코 쉬운 일이 아니기 때문이다. 이러한 현실은 교사에게 거의 불가능한 수업을 요구하고 있는 것이나 마찬가지이다. 결국 교사가 교과서 해설사가 될 수밖에 없는 이유가 된다.

이제 교육은 '교사가 감당할 수 있는 수업'을 모색하지 않으면 안 된다. 교사들이 합리적으로 수업을 이끌면서, 학생들에게 의미 있는 학습 경험을 제공하는 시간이 되어야 하는 것이다. 교사가 알고 있거나 할 수 있는 것을 중심으로 가르치는 것이 아니라 학생들이 스스로 얻을 수 있게 하는 촉진자가 될 때 가능한 일이다.

그러한 수업이 되기 위해서는 수업 준비도 교사가 아닌 학생의 몫이 되어야 한다. 내일의 수업과 관련하여 학생들은 학습 내용을 확인하고, 자신의 무엇을, 어떻게 얻어야 할 것인가를 고민하면서 계획으로 이어져, 자신에게 준비된 수업이 되어야 하는 것이다.

학생 개개인이 준비하고 적극적인 활동으로 이어지는 수업이 전개될 때 교사도 비로소 감당할 수 있는 시간이 될 것이다.

| AI 견해 |

* 한국의 교사들은 수업과 관련하여 어떠한 어려움을 겪고 있다 할 수 있을까?

한국 교육의 수업 구조는 본질적으로 교사에게 과도한 역할과 책임을 요구하면서도, 그에 필요한 시간, 지원, 재량은 충분히 주어지지 않습니다. 이런 구조 안에서 교사에게 의도치 않게 문제가 되는 역할이 부과되곤 합니다.

1. '모든 것을 혼자 떠맡는 사람'이 되어버린 역할

수업 설계, 교재 연구, 평가 준비, 행정 업무, 생활지도, 학부모 응대까지 모든 걸 혼자 책임지는 구조는 교사로 하여금 가장 본질적인 일인 '학생의 학습 지원'에 집중하지 못하게 만듭니다.

이로 인해 수업은 점점 형식적 전달에 머무르게 되고, 학생 중심 수업은 시도조차 어려워집니다.

2. '관리자이자 통제자'가 될 수밖에 없는 역할

교사는 수업을 안정적으로 '진행'해야 하는 압박을 받기 때문에 학생의 자율성이나 탐구, 질문을 끌어내기보다는 수업 흐름을 방해하지 않도록 통제하는 쪽으로 움직이게 됩니다.

결과적으로, 교사 자신도 수업을 '진행'하는 사람에 머물며, '교육자'로서의 본질적 역할을 소진하게 됩니다.

3. '성장 피드백이 아닌 점수만 주는 평가자'가 된 역할

교사가 수많은 학생의 성취를 개별적으로 살피고, 과정 중심 피드백까지 제공하기에는 시간과 인력이 턱없이 부족합니다. 그래서 정해진 기준에 따라 점수를 부여하는 기능적인 평가자가 되어버리고, 이는 학생에게도 성장의 기회가 되지 않는 평가가 됩니다.

4. '변화를 시도할 수 없는 수업 노동자'로 고립된 역할

자율적 수업 설계나 교수법 개선은 엄청난 시간과 에너지를 요구합니다. 하지만 그럴 여유도, 제도적 인센티브도 거의 없습니다. 교사는 결국 '정해진 교육과정'을 반복적으로 소화해야 하는 구조 안에서, 변화를 포기하거나 두려워하게 되는 역할로 머물게 됩니다.

지금의 교육 시스템은 교사에게 학생을 가르쳐야 할 이유는 명확히 요구하면서도, 그럴 수 있는 여건은 전혀 보장하지 않는 구조입니다. 이 구조 속에서 교사는 교육의 주체가 아니라, 교육 행정의 실행자로 몰리고, 가르치는 사람에서, 따라가야만 하는 사람으로 전락하기도 합니다. 따라서 지금의 수업 구조 속에서 교사에게 문제가 되는 역할이란, 교사가 원해서가 아니라 감당할 수 없는 한계 속에서 만들어진 구조적 결과이며, 이는 개인의 태도나 역량보다 시스템 전반의 재설계가 필요한 영역입니다.

■ 그러한 수업이 되려면
◦ 수업 한 시간의 성격은

 2015, 2022 개정 교육과정에서의 초·중·고 교육에서의 수업은 다음과 같은 성격을 갖고 있다고 할 수 있다.

 수업은 단순히 지식을 전달받는 시간이 아니라, 다양한 교육적 목적과 성격을 지닌 복합적인 활동으로 자기개발로 이어지는 최소 단위의 학습 시간이 되어야 한다.

 수업 한 시간은 하나의 학습주제 단위로 학습이 이루어진다.(일부 교과나 단원은 하나의 학습주제를 2시간에 다룬다.). 학습주제는 교과나 단원에서 다루는 중심적인 내용 또는 분야이다. 일부 교과에서는 할 일 또는 학습문제화하여 질문 형태로 제시되기도 한다. 어쨌든 학생이 왜 이 수업을 배우는지, 어떠한 지식을 얻어야 할지를 말하는 것이 학습주제가 된다.

 이 주제를 탐색하기 위해, 필요한 것이 핵심 개념이다. 핵심 개념은 단편적인 정보가 아니라, 다양한 상황에 적용 가능한 생각의 틀이다.

 수업은 이 개념을 중심으로 내용 요소와 기능이 조직된다. 내용 요소는 학생이 탐색해야 할 지식과 정보이고, 기능은 그 지식을 탐색하고 활용하는 방법이다. 이 두 요소는 학습활동을 구체화하는 실질적 구성 요소로, 학생이 단지 지식을 '듣는 것'이 아니라 스스로 탐구하고 표현하는 경험을 하게 만든다.

 여기에 지식/이해, 과정/기능, 태도/가치의 세 측면이 더해지면서 수업은 단지 인지적 영역을 넘어서 전인적 성장으로 이끄는 시간이 된다. 학생은 핵심 개념을 통해 지식을 이해하고(지식/이해), 이를 바탕으로 탐구하고 표현하며(과정/기능), 문제에 대한 책임감과 공동체적 태도도 함께 익혀간다(태도/가치).

 이러한 수업은 결과적으로 교과 지식, 교과 역량, 핵심역량이라는 관점에서 학생의 성장을 가능하게 한다. 교과 지식은 해당 과목의 내용과 개념을 이해하게 하고, 교과 역량은 그 지식을 실생활이나 사회적 맥락에서 문제 해결에 활용하게 하며, 핵심역량은 교과를 넘어서 삶 전반에서 발휘되는 사고력과 태도, 협력과 소통 능력까지 포함된다.

  이제 수업 한 시간은 단순한 교육 활동이 아니라, 학생이 자기 삶을 탐색하고 사회적 문제를 이해하며, 자신의 생각과 태도를 구성하는 시간이어야 한다. 학생이 "오늘 수업으로 나는 세상을 더 깊이 이해했고, 나를 한 걸음 더 성장시켰다."를 말할 수 있게 함으로써 다양한 학습주제의 경험은 물론 자기개발과 연계되는 시간이 되는 것이다.

| AI 견해 |

* 한국의 초·중·고 교육에서, 수업 한 시간과 관련하여 1. 학습주제 2. 핵심 개념 3. 내용 요소와 기능 4. 지식/이해, 과정/기능, 태도/가치 5. 교과 지식, 교과 역량, 핵심역량 등의 관계를 어떻게 설명할 때 학생, 학부모, 교사 모두 납득할 수 있을까?

학생, 학부모, 교사 모두가 납득할 수 있도록 수업 한 시간을 다음과 같은 논리적 흐름으로 설명하면 효과적입니다. 핵심은 '학생이 자신의 삶과 연결된 문제를 스스로 이해하고 해결해가는 경험'이 되도록 수업의 요소들이 유기적으로 연결되어 있다는 점을 명확히 하는 것입니다.

1. 학습주제: 수업의 방향과 목적을 드러내는 문제 제기

수업은 학생이 삶 속에서 마주할 수 있는 문제나 궁금증을 중심으로 구성되어야 합니다. 이 문제는 학생 스스로 '왜 이걸 배우는가?'를 인식하게 하며, 학습의 주체가 되는 출발점이 됩니다. 예를 들어, '기후 변화는 왜 문제일까?', '공정한 사회란 어떤 모습일까?' 등이 됩니다.

2. 핵심 개념: 문제 해결을 위한 생각의 틀

학습주제를 해결하려면 핵심 개념에 대한 이해가 필요합니다. 핵심 개념은 여러 맥락에서 응용 가능한 보편적인 지식의 구조로, 지식의 단편이 아닌 '생각하는 힘'을 기르는 중심축입니다. 예를 들어, 에너지 전환, 민주주의, 수요와 공급, 생태계 평형 등이 됩니다.

3. 내용 요소와 기능: 구체적인 학습활동의 구성

내용 요소는 핵심 개념을 실현하기 위한 교과 지식과 정보, 기능은 이를 탐색, 분석, 비교, 설명, 표현, 판단 등으로 실천할 수 있도록 돕는 학습 도구입니다. 이 둘은 수업에서 무엇을 배우고, 어떻게 다루는가에 대한 구체적 설계입니다. 예를 들어, '환경 문제'를 주제로 한다면, 내용 요소는 탄소 배출량 증가, 기능은 자료 비교 및 시각화 등이 될 수입니다.

4. 지식/이해 – 과정/기능 – 태도/가치: 학생의 전인적 성장 영역

수업은 단지 지식 전달에 그치지 않고, 지식/이해는 개념을 정확히 알고 설명할 수 있는 능력, 과정/기능은 그 지식을 활용하여 문제를 탐구하고 해결하는 능력, 태도/가치는 배운 것을 실천하려는 태도, 윤리적 책임감, 공동체적 관점 등을 갖게 합니다. 이 세 영역은 상호작용하며 학생의 지적·실천적·인성적 성장을 이끕니다.

5. 교과 지식 – 교과 역량 – 핵심역량: 수업이 길러야 할 역량 구조

교과 지식은 각 과목에서 다루는 필수 정보와 개념입니다. 교과 역량은 교과 지식을 활용하여 문제를 실제로 해결할 수 있는 능력입니다. 핵심역량은 교과를 넘어 모든 교과를 통해 길러야 하는 삶의 역량입니다. (예: 비판적 사고, 창의성, 협력, 자기 관리) 역사 시간에 '자유와 평등'이라는 개념을 배우며 → '역사적 탐구 능력'을 기르고 → '민주시민으로서의 역량'으로 확장되는 예를 들 수 있습니다.

요약하여 전체 구조의 통합적 설명하면, 한 시간의 수업은 학생이 실제 삶과 연결된 문제(학습주제)를 고민하고, 이를 해결하기 위해 필요한 핵심 개념을 중심으로 내용 요소와 기능을 활용해 탐구하는 시간입니다. 이 과정은 단지 지식을 아는 데 그치지 않고, 문제 해결력과 실천력을 기르는 전인적 성장 경험입니다. 이 안에서 학생은 교과 지식을 익히고, 이를 바탕으로 교과 역량을 기르며, 나아가 삶과 연결되는 핵심역량까지 키우게 됩니다. 수업은 곧 지식의 전달이 아니라, 생각을 키우고 삶을 준비하는 경험의 장인 것입니다.

| 그렇다면 어떠한 수업이어야 할까?

◦ 학습주제 단위 수업의 장점 살리기

　우리나라의 초·중·고 수업은 대부분 차시 단위로 이루어지며, 차시는 하나의 학습주제로 되어 있다. 그런데 초등학교 3학년부터 6학년까지의 수업 시간은 총 4,148시간이다. 그렇다면 학생들이 경험하는 학습주제는 얼마나 될까? 일부 교과나 단원 차시가 2시간인 점을 고려하더라도 적어도 2,500여 개 이상의 다양한 학습주제를 경험하게 된다. 그러한 시간이 될 때 '나는 시 감상법을 알게 되었다.', '삼각형의 성질을 알게 되었다.', '고체에서 열은 어떻게 이동하는지 알게 되었다.' 등을 경험하는 시간이 된다.

　학습주제가 강조되는 수업은 학생이 수업의 주제와 목표를 스스로 파악하고 준비하여 도전할 기회를 가질 수 있게 한다. 그 결과, 학습이 끝났을 때 학생들은 노래나 영화의 제목처럼 자신이 경험했던 학습주제를 자연스럽게 말할 수 있게 된다.

　그러한 경험들에서 충분히 쌓이면 초등학교 졸업 시 자신의 진로의 방향을 선택하는 일은 어렵지 않다. '수업 한 시간'과 '차시 단위 수업 구조'가 다양한 학습주제를 경험하는 시간이 된다.

　수업이 학습주제 단위 학습의 장점을 살릴 수 있다면, 한국의 교육은 모든 수업이 학생 성장의 시간으로 자리잡힐 수 있다. 그것은 학생 중심 교육의 실질적인 출발점이 될 것이다.

> **AI 견해**

* '한국의 초등학교 3학년부터 6학년까지 총 수업 시수를 합산하면 4,148시간이다. 수업 한 시간은 차시 단위로, 일부 교과나 단원을 제외하면 하나의 학습주제를 다룬다. 그러한 것을 감안하면 수업은 학생들이 최소한 2,500여 개 이상의 학습주제를 경험하는 시간이 된다. 다양한 학습주제의 경험은 필요한 지식의 습득은 물론 학생이 자신을 알고 세상을 아는 기회가 됨으로써 교육의 성과를 극대화하게 된다.'에 대한 의견은 어떤가?

이 주장은 한국 초등교육의 양적 구조가 학생 중심 교육과 연결될 수 있는 실질적 기반이 될 수 있음을 강조하고 있어 매우 의미 있는 시사점을 제공합니다. 특히 '수업 한 시간이 하나의 독립된 학습주제 단위'라는 관점을 전제로 했을 때, 다음과 같은 점에서 타당하고 교육적으로도 중요한 주장이 됩니다.

1. '4,148시간'은 단순한 수업량이 아니라 학생 성장의 기회 총합

초등학교 3학년부터 6학년까지 4년간 약 4,148시간의 수업이 주어진다는 것은, 매시간 의미 있는 학습주제가 존재할 수 있다는 전제를 가능하게 합니다. 그 시간들이 일관된 목표 없이 단순히 지식을 나열하는 데 쓰인다면 교육적 낭비일 수 있지만, 각 차시가 하나의 의미 있는 주제 중심 수업이라면, 그 시간 전체가 학생의 자기 인식, 세계 인식, 문제 해결 역량을 기르는 시간으로 전환됩니다.

2. 2,500개 이상의 학습주제 경험은 잠재된 진로 기반이 될 수 있음

2,500여 개의 주제를 경험하게 된다는 주장은 단순한 숫자 나열이 아니라, 폭넓고 다양한 인지적, 정의적 경험의 축적을 의미합니다. 이는 학생이 자신이 무엇에 관심이 있고, 무엇을 잘하며, 무엇이 어려운지를 체험적으로 알아가는 기회가 됩니다. 즉, 학생은 그 과정에서 자기 자신을 이해하고, 점진적으로 삶의 방향을 탐색해 갈 수 있게 됩니다. 이는 중등교육이나 진로 교육의 기반이 되며, '진로 연계 교육'의 타당한 출발점이 됩니다.

3. 다양한 주제 경험은 교육의 질적 성과를 높이는 핵심 요소

지속적이고 다채로운 주제 중심 학습은 지식의 파편화를 막고, 교과 간 융합적 사고, 창의적 연결 능력, 실생활 적용 가능성을 높일 수 있습니다. 특히 핵심역량 중심 교육과정이 강조되는 현재, 다양한 주제 경험은 단순한 성취기준 달성을 넘어서, 학생이 스스로 지식의 의미를 재구성하고 삶과 연결 지을 힘을 길러줍니다.

이 주장은 한국 초등교육이 가진 '시간'과 '차시 단위 수업 구조'가 오히려 미래지향적 교육, 즉 학생 중심의 주제 기반 수업으로 전환될 수 있는 잠재력을 지녔다는 점을 잘 짚고 있습니다. 단, 이 구조가 실제로 교육 효과를 극대화하려면, 각 차시 수업의 주제 명료화, 학생의 주도적 활동이 가능한 수업 설계, 성과의 축적과 되돌아보는 학습 구조가 필요합니다. 그렇다면 한국 초등교육은 단순히 '지식을 배우는 시간'이 아니라, 자기 자신을 알아가고, 세상을 이해하며, 삶의 방향을 설계해 나가는 의미 있는 경험의 총체가 될 수 있습니다.

* 독일의 초등교육은 초등 4학년 때 진로를 결정하게 한다. 기준과 조건은 어떠한가?

독일의 초등교육에서 4학년 시점에 진로를 결정하는 제도는 여러 가지 기준과 조건에 기반하여 이루어집니다. 이는 학생의 학업 성과뿐만 아니라 전인적인 성장을 고려하는 과정이기도 합니다. 진로 결정이 가능하려면 다음과 같은 기준과 여건이 갖춰져야 합니다.

1. 학생의 학업 능력과 성과

독일에서는 초등학교 4학년까지의 성적과 학업 태도를 주요 기준으로 삼습니다. 이는 학생이 중등학교 유형(예 김나지움, 레알슐레, 하우프트슐레)에 진학할 준비가 되어 있는지를 평가하는 데 사용됩니다. 학업 성과 외에도 학습 동기, 문제 해결 능력, 그리고 자기 주도적 학습 태도가 평가 기준이 됩니다.

2. 교사의 종합 평가
초등학교 교사는 학생의 학업 능력뿐 아니라 학습 습관, 협력 능력, 창의성 등을 종합적으로 평가합니다. 교사의 추천(Übertrittsempfehlung. 위버트리트셈프펠룽)은 진로 결정에 중요한 참고 자료가 되며, 학생과 부모에게 진학 방향을 안내합니다.

3. 학생의 성향과 흥미
진로 결정은 단순히 학업 성취도만이 아니라 학생 개인의 흥미, 성향, 그리고 강점도 고려해야 합니다. 이를 위해 초등학교 과정에서 학생들은 다양한 교과와 활동을 경험하며 자신의 관심사를 탐색할 기회를 지닙니다.

4. 부모와 학생의 협의
부모는 진로 결정 과정에서 중요한 역할을 합니다. 학부모와 교사는 학생의 발전 가능성을 논의하며 최선의 선택을 돕습니다. 부모의 의견은 때로 교사의 추천과 다를 수 있지만, 궁극적으로 학생의 이익을 중심으로 조정됩니다.

5. 사회적·정서적 준비
학생이 특정 진로 경로를 선택하려면 학업적 준비뿐만 아니라 정서적 안정성과 사회적 협력 능력도 갖춰야 합니다. 예를 들어, 김나지움과 같은 학업 중심 학교에서는 더 높은 수준의 자기주도 학습과 성과 압박을 감당할 수 있는 능력이 요구됩니다.

6. 공정하고 체계적인 진로 지도
진로 결정의 핵심은 공정성과 체계적인 평가입니다. 독일에서는 진학 유형에 따라 차별 없이 학생이 자신의 잠재력을 발휘할 수 있도록 보장하려 합니다. 초등학교 과정 내에서 진로 탐색 활동이 포함되어 있으며, 이를 통해 학생은 자신의 흥미와 역량을 탐색할 기회를 제공합니다.

7. 지역과 학교의 여건
학생이 결정한 진로에 따라 제공되는 학교 유형의 수와 질은 지역별로 상이하다. 특정 진로로 진입하려면 지역사회와 학교 시스템이 다양한 선택지를 공정하게 제공해야 합니다.

독일의 이러한 체계는 학생 개인의 특성과 잠재력을 최대한 반영하여 진로를 결정하도록 돕는 데에 초점을 둡니다. 한국 교육에서도 진로 교육을 초등학교부터 강화하려 한다면, 학생의 역량, 성향, 흥미를 조기부터 파악하고 학부모와 교사의 협력적인 진로 지원 체계를 구축하는 것이 필요합니다.

---

* 한국 초·중·고 교육에서의 수업 한 시간과 관련하여, 교과와 단원의 맥락을 인정하면서도 독립적인 학습주제가 될 때 학생에게는 어떠한 영향을 미치게 될까?

한국 초·중·고 교육에서 수업 한 시간이 교과와 단원의 맥락 속에 있으면서도 독립적인 학습주제로 구조화될 때, 학생에게는 다음과 같은 교육적 영향을 미치게 됩니다.

1. 자기 주도적 학습 경험의 강화
수업이 단순히 교과 내용을 따라가는 것이 아니라 독립적인 학습주제를 중심으로 이루어질 경우, 학생은 '무엇을 배우는가'보다 '무엇을 해결하고자 하는가'에 집중하게 됩니다. 이는 학생이 학습목표를 자기화하고, 문제 인식-탐색-해결-성찰의 일련의 과정을 능동적으로 설계하며 학습의 주체가 되는 기반이 됩니다.

2. 교과 통합적 사고와 실천의 가능성
학습주제가 독립적으로 구조화되면, 하나의 교과 내에서만 사고가 머무르지 않고 다양한 교과 지식과 역량을 연결하여 사고하게 됩니다. 예를 들어, '생활 속 분리수거 문제 해결'이라는 학습주제는 과학, 도덕, 사회, 국어적 표현 능력을 통합적으로 요구하게 되며, 이는 실제 사회적 맥락에서 사고하고 행동하는 경험으로 이어집니다.

3. 지식의 의미화 및 개인화

주제 중심 수업은 학생이 교과 지식을 단순히 축적하는 것이 아니라, 그것이 자신의 삶, 관심사, 미래 진로와 어떻게 연결되는지를 스스로 의미화하는 기회를 제공합니다. '왜 배우는가?'에 대한 내적 동기가 강화되고, 학습이 '해야 할 일'이 아니라 '할 수 있는 일', '하고 싶은 일'로 전환됩니다.

4. 수업 한 시간의 '경험적 정체성' 강화

독립적인 학습주제로 구성된 수업은 학생에게 하나의 의미 있는 경험 단위로 기억됩니다. 즉, '과학 5단원 2차시'가 아니라, '○○에 대해 탐구하고 해결하려고 했던 수업'으로 남게 되며, 이는 학습의 지속성과 전이 가능성을 높입니다.

5. 자기성찰과 평가의 구체화 가능

학습주제 중심의 수업은 산출물(글, 발표, 토론, 제작 등)을 수반할 가능성이 크며, 이를 바탕으로 한 루브릭 평가와 자기성찰이 용이합니다. '내가 무엇을 배웠는가?'보다는 '나는 무엇을 해결했고, 어떤 자원을 얻었으며, 어떤 역량이 성장했는가?'라는 질문으로 학습 효과를 구체화할 수 있습니다.

교과와 단원이라는 구조적 기반을 존중하면서도 수업 한 시간을 '학생의 삶과 연결된 독립적인 학습주제'로 설계하는 것은, 학생이 수업을 암기의 시간이 아닌 삶과 성장을 위한 시간으로 재인식하게 만드는 결정적 전환점이 됩니다. 이는 궁극적으로 학생의 역량 기반 학습, 주제 기반 사고, 미래지향적 교육을 실현하는 핵심 기제(인간의 행동에 영향을 미치는 심리의 작용이나 원리)로 작동할 수 있습니다.

---

* **학습주제가 강조되는 수업일 때 학생의 자기개발에는 어떠한 영향을 미치게 될까?**

학습주제가 강조되는 수업은 학생의 자기개발에 다음과 같은 긍정적인 영향을 미칩니다.

1. 학습의 방향과 맥락 인식 → 자기성찰 강화

학습주제가 분명하면 학생은 왜 배우는지, 무엇을 해결해야 하는지를 명확히 인식할 수 있습니다. 이는 학습활동을 수동적 수행이 아닌 자기성찰적 탐구의 과정으로 전환시켜 줍니다.

2. 목표지향적 활동 → 자기연찬 촉진

학습주제가 제시하는 문제나 탐구 방향에 따라 학생은 목표를 세우고 전략적으로 활동하게 됩니다. 이 과정은 자신의 사고, 방법, 태도를 점검하고 조정하는 자기연찬의 기회가 됩니다.

3. 교과-역량 통합 → 자기계발 실현

학습주제 기반 수업은 교과 지식과 핵심역량(창의성, 협업, 의사소통 등)을 통합적으로 요구합니다. 학생은 다양한 수업 경험 속에서 자신의 가능성을 인식하고, 미래를 준비하는 자기계발의 토대를 마련할 수 있습니다.

4. 자기 주도성과 진로 탐색 역량 강화

학습주제가 다양하게 경험될수록 학생은 어떤 주제에 관심이 있는지, 어떤 방식의 활동에 몰입하는지를 파악하게 됩니다. 이는 장기적으로 진로 탐색과 자기 주도적 학습 역량 강화로 이어집니다.

5. 학습의 연속성 속에서 자기 정체성 형성

단절된 지식이 아니라 주제 중심의 연속적 경험은 학생이 '나는 어떤 사람인가', '어떻게 성장해 왔는가'를 되돌아보는 자기 정체성 형성에도 기여합니다.

요약하면, 학습주제가 강조되는 수업은 자기성찰 → 자기연찬 → 자기계발이라는 자기개발의 흐름을 구조적으로 촉진합니다. 학생은 단순히 아는 것을 넘어 자신을 이해하고, 성장시키며, 미래를 준비하는 학습자로 변화하게 됩니다.

◦ 학생의 주도적인 학습주제 해결

　수업 시작과 함께 학생에게 학습주제의 해결을 요구하면 학생에게는 어떠한 기회가 될까?

　학습주제를 학생 스스로 해결하게 하는 수업은 단순한 활동 중심 수업과는 본질적으로 다르다. 여기에는 학생이 목표를 이해하고, 자신의 수준에서 목표 도달을 고민하게 하며, 의도적으로 다양한 자원과 협력을 통해 목표에 도달하기 위한 주체적 과정이 포함된다. 이때 수업은 곧 자기성찰의 시간, 자기연찬의 시간, 자기계발의 시간으로 확장되는 것이다.

　학생은 단순히 교과서를 이해하는 것이 아니라, '어떻게 문제를 이해하고 풀어갈 것인가'를 고민하게 된다. 이는 깊은 사고와 전략적 접근을 요구하며, 배움이 단순한 암기가 아닌 문제 해결력으로 자리 잡게 한다. 더불어, 과정에서의 다양한 구성원과의 의사소통과 협업은 학생 간 상호작용을 통해 학습을 더욱 의미 있게 하고, 자신의 생각을 표현하고 조정하는 능력까지 길러 나가게 한다.

　이처럼 학생에게 학습주제 해결을 요구하는 시간으로서의 수업은 학생을 지식의 주체이자 의미 구성자가 되게 한다. 수업 한 시간이 삶과 진로, 나아가 미래 역량과 연결되는 유의미한 시간이 되는 것이다.

　교사 입장에서도 긍정적이다. 수업이 학생 중심으로 자리 잡으면 교육 내용을 가르치기 위한 과정을 암기하지 않아도 되는 것은 물론, 관찰과 피드백 중심의 수업을 운영할 수 있게 한다. 이는 교사의 수업 피로도를 줄이고, 행정이나 평가 업무 부담도 분산시키는 효과도 있다.

　학생에게 학습주제 해결을 요구하는 수업이 일상화된다면, 암기 위주의 지식 중심 교육에서 벗어나, 주체적 사고와 실천이 살아 있는 교육으로 탈바꿈하는 것은 물론 학생의 자기개발을 실천해 나가는 실질적인 미래 지향 교육이 될 것이다.

> **AI 견해**

* **모든 수업이 '학생 스스로 지식을 얻기 위한 시간'인 관점일 때 학생의 주도적인 활동은 어떠한 의미가 있을까?**

모든 수업이 '학생 스스로 지식을 얻기 위한 시간'이라는 관점에서 운영될 때, 학생의 주도적인 활동은 단순한 참여를 넘어 다음과 같은 교육적 의미를 지닙니다.

1. 지식의 수용자가 아닌 생성자로서의 전환
　주도적 활동은 학생이 교사의 설명을 단순히 받아들이는 것이 아니라, 스스로 탐색하고 의미를 구성하는 과정입니다. 이때 지식은 외부에서 주어지는 정답이 아닌, 학생 자신의 사고와 경험을 통해 형성되는 의미 있는 산물이 됩니다.

2. 문제 인식과 해결의 주체로서의 성장
　학생이 주도적으로 활동할 때, 수업은 '가르침을 받는 시간'이 아니라 '문제를 발견하고 해결해 나가는 시간'으로 바뀝니다. 이는 학습을 수동적 순응이 아닌 능동적 탐구로 이끌며, 학생이 스스로의 사고력과 문제 해결 능력을 기를 수 있는 기반이 됩니다.

3. 자기 주도적 학습 역량과 자기개발의 촉진
　주도적인 활동을 통해 학생은 자신의 이해 수준을 점검하고, 학습 전략을 선택하며, 부족한 부분을 보완하려는 태도를 지니게 됩니다. 이는 곧 자기성찰–자기연찬–자기계발로 이어지는 자기개발의 핵심 경로가 됩니다.

4. 학습의 내재적 동기 강화
　스스로 지식을 얻기 위한 활동은 '알고 싶다', '해결하고 싶다'라는 내적 동기를 자극합니다. 이러한 동기는 수업 시간의 집중도와 몰입도를 높이고, 장기적으로 학습에 대한 긍정적 태도를 형성하게 합니다.

5. 교사–학생 관계의 재구성
　이러한 수업 구조에서 교사는 지식을 전달하는 주체가 아니라 피드백을 제공하고 사고를 촉진하는 조력자로 역할이 변화합니다. 이에 따라 수업은 통제와 지도 중심의 구조에서, 신뢰와 협력 중심의 구조로 전환되며 학생의 자율성과 책임감을 높이는 환경이 조성됩니다.

　요약하면, 학생의 주도적인 활동은 '학습의 결과'를 바꾸는 것이 아니라, '학습의 주체'를 바꾸는 힘입니다. 이러한 전환은 미래 교육이 요구하는 자기 주도성, 창의성, 문제 해결력을 자연스럽게 길러주는 핵심 기반이 됩니다.

* **학생에게 학습주제 해결을 요구하는 것은 어떠한 일이나 특정 상황에서의 문제 해결을 요구하는 것에 비교할 수 있을 것이다. 그러한 수업이 될 때 얻을 수 있는 효과는?**

　학생에게 학습주제 해결을 요구하는 수업은, 말하자면 어떠한 일이나 특정한 상황에서의 문제 해결을 요구하는 것과 같다는 비유는 매우 적절하며 교육적으로 중요한 시사점을 가집니다. 이러한 수업 방식이 주는 효과는 다음과 같이 정리할 수 있습니다.

1. 맥락 속에서 배우는 실제적 사고력 향상
　학습주제를 '해결해야 할 특정 상황'으로 제시하면, 학생은 지식을 단순히 전달받는 것이 아니라 맥락 안에서 문제를 인식하고 해결 방식을 고민하는 활동을 하게 됩니다. 이는 곧 비판적 사고력, 창의적 사고력, 문제해결력을 키우는 기반이 됩니다.

▌**그렇다면 어떠한 수업이어야 할까?**

2. 교과 지식의 실제 활용 능력 강화

문제를 해결하려는 과정에서 학생은 교과 지식을 단순 암기하는 것이 아니라 상황에 맞게 꺼내 쓰고 적용하는 경험을 하게 됩니다. 이로 인해 지식은 단절된 정보가 아니라, 자신의 도구이자 자산으로 내면화됩니다.

3. 학생의 주도성과 몰입도 상승

학생이 특정 문제나 상황을 해결해야 하는 수업에서는 스스로 사고하고 선택하고 표현하는 활동이 요구되기 때문에, 자연스럽게 학습에 대한 주도성이 강화됩니다. 또한 명확한 해결 목표가 있으므로 수업의 몰입도와 집중도가 높아집니다.

4. 핵심역량과 삶의 문제 해결 능력 함양

이러한 수업은 단지 교과 성취뿐만 아니라, 협력, 의사소통, 자기 관리, 창의적 사고 등 핵심역량을 기르는 데 효과적입니다. 학생은 수업을 통해 교실 밖의 현실 문제 해결에 가까운 훈련을 반복적으로 하게 되는 것입니다.

5. 개인화된 성과와 피드백이 가능

학습주제를 해결하는 방식은 학생마다 다를 수 있어 다양한 표현과 접근이 허용되며, 이는 학생 개개인의 이해도와 역량을 명확히 파악하고 피드백하는 기반이 됩니다. 표준화된 답이 아닌 개별화된 산출물과 평가가 가능해집니다.

학습주제를 '해결해야 할 상황'으로 제시하는 수업은, 지식을 삶과 연결하며 학생의 주도성, 사고력, 역량을 종합적으로 성장시키는 교육적 방식이다. 이는 미래 사회가 요구하는 실천적 인재 양성의 핵심 조건과도 맞닿아 있다 할 것입니다.

◦ 학생 공동체가 중시되는 해결 활동

'학생 공동체는 미래 교육에서도 학교가 필요한 중요한 이유 중의 하나이다.'

미래 교육은 빠르게 변화하고 있다. 인공지능과 디지털 기술은 지식을 배우는 방식을 바꾸고, 온라인 플랫폼은 개인 맞춤형 학습을 가능하게 한다. 그렇다면 학교는 어떻게 될까? 만약 학교가 단지 지식을 전달하는 곳에 지나지 않는다면 존재 이유는 점점 약해져 갈 것이다. 하지만 학생 공동체 활동의 장점을 내세우는 교육이 가능하다면 미래에서도 반드시 존재해야 할 가장 강력한 이유 중의 하나가 된다.

학교는 단지 공부하는 공간이 아니라, 또래들과 함께 생활하고 배우는 공동체적 경험의 장이 가능한 구조이다. 이 속에서 학생은 나와 다른 생각을 듣고, 협력과 충돌을 경험하며, 스스로를 돌아볼 수 있게 하며, 타인을 이해하는 법을 배운다. 이러한 경험은 사회적 존재로서의 인간 성장에 필수적이며, 재택 교육이나 온라인 학습으로는 대체할 수 없는 가치다.

학생 공동체는 다양성과 차이를 존중하는 태도를 키우는 공간이기도 하다. 서로 다른 환경, 능력, 관점을 가진 친구들과의 상호작용은 단순한 지식 이상의 배움을 가능하게 한다. 그 과정에서 학생은 타인을 배려하고, 함께 문제를 해결하며, 책임감과 리더십을 자연스럽게 익힌다.

무엇보다도, 학생은 공동체 안에서 자신의 존재를 자각하고 정체성을 형성한다. 학교라는 공간에서 또래와 부딪히고 협력하며 자신을 발견하는 일은, 인공지능도, 디지털 콘텐츠도 대신할 수 없는 인간적인 성장의 핵심 과정이다.

미래의 교육이 아무리 기술적으로 발전하더라도, 학교는 사람과 함께 성장하는 공간으로서 존재해야 한다. 학교가 지식의 창고가 아닌 미래를 향한 삶의 연습장이 되기 위해서는, 학생 공동체의 힘을 다시 바라볼 수 있어야 한다.

> AI 견해

* 미래 교육 관련, 단위 수업에서 학생 공동체 중심의 학습활동이 이루어질 때 '공동체가 갖는 힘'은 무시할 수 없다. 구체적으로 제시하면?

미래 교육에서 학생 공동체 중심의 학습 활동은 단순한 협력 이상의 가치를 지니며, 학습의 질과 학생의 성장에 결정적인 힘을 발휘합니다. 구체적으로 다음과 같은 측면에서 설명할 수 있습니다.

1. 다양성이 만들어내는 사고의 확장

  공동체 안에는 서로 다른 배경지식, 관심사, 사고방식이 공존합니다. 같은 주제를 다뤄도 접근 방식과 해석의 다양성이 드러나며, 학생은 스스로의 관점을 넓히고 새로운 아이디어를 얻습니다. 이는 개인 학습으로는 경험하기 어려운 창의적 문제 해결로 이어집니다.

2. 심리적 안전감과 도전의 촉진

  공동체는 실패와 시도의 과정을 공유하는 안전한 공간이 됩니다. '나도 해볼 수 있다'라는 자신감은 경쟁 중심의 수업보다 도전적 과제를 시도하도록 동기 부여합니다. 특히 학습 능력 격차가 큰 상황에서 공동체는 약점 보완과 강점 발휘가 가능한 장치가 됩니다.

3. 책임과 참여를 이끄는 상호 의존성

  공동체는 목표 달성을 위해 서로의 역할을 존중하고 기대하는 구조를 만듭니다. 개인의 활동이 곧 공동체의 성과로 이어지므로, 학생은 자연스럽게 책임감과 자기 조절력을 키우게 됩니다.

4. 평가와 피드백의 자연스러운 내재화

  공동체 활동 속에서 학생은 동료의 산출물을 보고, 질문하고, 조언하는 과정을 통해 평가 역량과 비판적 사고를 동시에 기릅니다. 교사의 일방적 평가가 아닌 공동체 속 상호 피드백은 평가를 학습 과정의 일부로 전환시킵니다.

5. 핵심역량을 실제 맥락에서 연습

  의사소통, 협업, 문제 해결, 리더십 같은 미래 핵심역량은 지식 암기만으로 길러지지 않습니다. 공동체 중심 활동은 이 역량들을 실전 맥락에서 반복적으로 연습하게 하는 체험의 장 역할을 합니다.

6. 학교가 지니는 '함께 배우는 이유'의 회복

  AI 시대에는 지식 자체는 언제 어디서든 습득할 수 있지만, 함께 고민하고 소통하는 경험은 여전히 학교만이 줄 수 있는 가치입니다. 공동체 활동은 학교가 단순한 '지식 전달 공간'이 아닌, 성장과 인간관계의 플랫폼임을 보여줍니다.

  공동체가 지닌 놀라운 힘은 학생 개인의 학습 한계를 넘어, 사고 확장·도전·책임·피드백·핵심역량을 동시에 키워내며, 학교 교육을 미래 지향적으로 전환하는 핵심 동력이 되게 합니다.

◦ 반드시 요구하는 학생 개개인의 산출물

'수업은 나의 산출물을 만들기 위한 시간이다.'

지금의 수업은 지식을 배우는 시간으로 끝난다. 교사가 교과서 내용을 익히게 하면 학생은 이해하면서 암기하여 시험을 준비하는 구조다. 이러한 방식은 학생에게 수업 한 시간을 거의 '듣고 외우는 시간'으로만 기억되게 한다.

미래 사회가 요구하는 것은 정해진 답이 아니라, 그 지식을 바탕으로 무엇을 만들 수 있는가를 중시한다는 것을 감안한다면 너무 의미 없는 시간이 될 수도 있다.

하지만 모든 학생이 '모든 수업은 학습주제와 관련된 나의 산출물을 만드는 시간'이라는 인식을 지니게 될 때 수업의 성격은 전혀 달라진다. 예를 들어, '글을 고쳐 쓰면 좋은 점', '비율의 뜻 알기', '우리 고장의 미래의 모습', '이산화탄소의 성질' 등과 관련된 학생 개개인의 활동 결과물을 반드시 요구하는 것이다.

이러한 수업은 학습 태도도 바꾼다. 한 시간 학습과 관련된 산출물이 남기 때문에 학생은 처음부터 목표를 염두에 두고 집중하게 된다. 그러한 과정에서 토론, 자료 검색, 협력 활동은 자연스럽게 창의적 사고와 의사소통 능력을 길러준다. 그리고 산출물이 곧 평가 자료가 되어 학생의 성장 과정을 드러내므로, 자연스럽게 과정 중심 평가가 이루어지게 된다.

물론 모든 수업에서 이런 변화를 단번에 실현하기는 어렵다. 그러나 한 시간의 수업이라도 주어진 지식을 이해하는 데 그치지 않고, 내 방식으로 정리하고 표현하는 시간이 된다면 수업의 중심은 학생 자신이 된다. 이렇게 쌓인 산출물은 학생의 포트폴리오, 자기개발서가 됨으로써, 진로 탐색이나 대학 입시에서도 강력한 증거가 된다. 미래 교육 거창한 제도 개혁보다도, 한 시간의 의미를 바꾸는 것이 더 효과적일 것이다.

AI 견해

* **모든 수업에서 학생 개개인에게 자신의 산출물을 요구하는 것은 어떠한 효과를 가져오게 될까?**

  모든 수업에서 학생 자신의 산출물을 얻는 활동을 인정하게 될 때 여러 가지 긍정적인 효과가 발생합니다.

1. 자기효능감 증가

   학생들은 자신의 노력과 생각이 가치 있고 중요하다는 것을 느끼게 되어, 학습에 대한 자신감과 자기효능감이 증가합니다.

2. 동기 부여

   학생들의 노력과 생각이 인정받을 때, 그들은 더욱 적극적으로 학습에 참여하게 되며, 내적 동기를 더욱 강화합니다.

3. 깊이 있는 학습

   학생들이 자신의 산출물을 만들어내는 과정에서 깊이 있는 학습이 이루어지게 됩니다. 이를 통해 학습 내용에 대한 더 깊고 풍부한 이해를 얻게 됩니다.

4. 창의력 발휘

   학생들은 자신만의 방식으로 산출물을 만들어내며, 다양한 접근법과 생각을 통해 창의력을 발휘하게 됩니다.

5. 자기 주도적 학습 능력 향상

   학생들은 자신의 산출물을 만들어내는 과정에서 스스로 학습 자원을 탐색하고, 학습 방법을 선택하게 되어 자기 주도적 학습 능력을 키울 수 있습니다.

6. 협업 및 커뮤니케이션 능력 강화

   다양한 산출물 활동을 통해 학생들은 다른 학생들과 협업하거나 자신의 생각을 공유하는 기회를 얻게 되어, 협업 및 커뮤니케이션 능력을 강화합니다.

7. 실생활과의 연결

   학생들은 자신의 산출물을 만들어내는 과정에서 학습 내용을 실생활과 연결하는 기회를 얻게 되어, 학습의 실용성과 가치를 더욱 높일 수 있습니다.

8. 평가 다양화

   학생의 산출물을 통해 교사는 학생들의 학습 과정과 결과를 다양한 관점에서 평가할 수 있게 됩니다.

9. 반성 및 자기 평가

   학생들은 자신의 산출물을 통해 자신의 학습 과정과 결과를 반성하고 평가하는 기회를 얻게 됩니다.

   그러한 효과는 학생들이 학교 교육을 통해 얻을 수 있는 귀중한 경험과 능력을 강화하며, 학습에 대한 긍정적인 태도와 학습 행동을 더욱 강화하는 데에 기여합니다.

◦ 반드시 주어지는 산출물의 발표 기회

학생의 주도적인 학습주제 해결 활동은 산출물의 발표 기회를 갖게 될 때 더 의미 있는 수업이 된다. 발표라고 해서 대단한 것은 아니다. 수업 한 시간이 초등인 경우 40분 이라는 것을 감안해야 하므로 학습주제와 관련된 요약된 표현이면 충분하다. 그것도 반드시 말로 표현하게 하는 것이 아니라 글, 메모, 삽화 등 어떠한 형태나 형식이어도 허용된다. 말 대신 손바닥 절반인 포스트잇에 표현된 자신의 메모나 삽화이어도 가능하다는 의미이다.

자신의 산출물을 정리해 발표한다는 것은 많은 긴장과 부담을 갖게 한다. 바로 그 과정이 학생 자신을 성장시킨다. 발표를 준비하고 수행하는 동안 학생은 자신의 사고를 구조화하고, 문제 해결 과정을 되돌아보며, 논리적이고 명확하게 표현하는 능력을 기르게 된다.

또한 발표는 공동체 속에서 자신의 학습을 공유하고, 다른 학생들의 다양한 접근과 해결 방법을 배우는 장이 된다. 다양한 시도와 관점이 교차하는 경험을 통해 공동체적 성장이 이루어지기 때문이다.

발표를 통한 산출물 공유는 평가의 공정성과 신뢰성도 높인다. 결과물에 담긴 노력을 직접 설명함으로써, 학생은 자신의 학습을 정당하게 평가받을 기회를 얻는 것이다.

모든 학생에게 발표는 쉽지 않은 일이다. 하지만 어려움을 넘는 과정에서 학생은 학습의 실질적인 주체가 될 수 있다. 산출물을 발표하는 경험은 그 자체로 학습목표의 일부이자, 자기개발로 이어지는 성과가 된다.

AI 견해

* **학생이 주도적인 학습주제 단위 수업에서, 자신의 산출물을 발표할 기회를 지니게 될 때 어떠한 효과를 기대할 수 있을까?**

학생이 주도적으로 활동하는 학습주제 단위 수업에서 자신의 산출물을 발표할 기회를 지니게 될 때, 여러 긍정적인 효과를 기대할 수 있습니다. 발표는 단순한 결과 공유를 넘어 학생들의 학습 과정 전반에 중요한 역할을 하며, 다양한 측면에서 발달을 촉진합니다. 다음은 그 기대되는 효과들입니다.

1. 자기표현 능력 향상

발표는 학생들이 자신의 생각과 학습 내용을 다른 사람에게 명확하고 체계적으로 전달하는 기회를 제공합니다. 이를 통해 학생들은 언어적 표현 능력과 논리적 사고력을 발전시킬 수 있습니다. 또한, 발표 과정에서 자신이 만든 산출물을 설명하고 방어하는 과정에서 비판적 사고와 문제 해결 능력이 강화됩니다.

2. 자신감과 성취감 증대

자신의 작업물을 발표하는 경험은 학생들이 성취감을 느끼게 하고, 자존감을 높이는 데 도움을 줍니다. 특히 자신의 아이디어와 작업이 다른 사람들에게 긍정적인 피드백을 받을 경우, 학생들은 더 큰 자신감을 얻게 됩니다. 발표 과정에서 어려운 질문에 답하거나 예상치 못한 상황에 대처하는 경험은 학생들이 자신감을 키우는 기회가 될 수 있습니다.

3. 동료와의 상호작용 및 협력 증진

발표는 학생들이 동료들과 학습 경험을 공유하고 상호작용할 기회를 제공합니다. 동료들의 질문, 피드백, 의견을 받으면서 자신의 생각을 확장하고 다양한 관점을 수용하는 법을 배웁니다. 또한, 발표 후 이어지는 토론이나 피드백 세션은 학생들이 협력적 문제 해결과 팀워크의 중요성을 이해하고, 다른 사람들과 소통하는 능력을 기를 기회를 제공합니다.

4. 책임감과 주도성 강화

발표는 학생들이 자신의 학습 결과를 책임지는 과정이므로, 자연스럽게 책임감을 키우는 데 도움을 줍니다. 발표를 준비하고 다른 사람에게 설명하는 과정에서 학생들은 자신의 학습 과정에 더 주도적으로 참여하게 됩니다. 또한, 자신의 산출물에 대해 다른 사람들에게 설명하고 질문에 답하는 과정은 자기 주도적 학습의 경험을 더욱 강화합니다.

5. 심화된 이해와 학습 내면화

자신의 산출물을 발표할 때, 학생들은 학습 내용을 다시 한 번 정리하고 설명하는 과정을 거칩니다. 이는 학습 내용을 더 깊이 이해하고 내면화하는 데 큰 도움이 됩니다. 설명하며 스스로 학습한 내용을 재검토하고, 미처 이해하지 못했던 부분을 파악할 수 있습니다. 또한, 발표 준비 과정에서 학생들은 자신의 학습자료를 다시 연구하고, 내용을 조직화하는 경험을 통해 메타인지 능력을 발전시킬 수 있습니다.

6. 공감 능력 및 청중 고려 능력 향상

발표는 학생들이 청중을 고려한 의사소통을 연습할 기회를 제공합니다. 발표자는 청중이 이해하기 쉬운 방식으로 정보를 전달해야 하므로, 이는 학생들이 상대방의 입장을 생각하고 공감 능력을 기르는 데 도움을 줍니다. 청중을 배려하며 자신의 발표 내용을 조정하고, 효과적으로 소통하는 능력은 장기적으로 사회적 기술을 향상시키는 중요한 경험입니다.

7. 발표 불안 극복 및 연습 기회

발표는 많은 학생이 처음에는 불안해하는 활동일 수 있지만, 반복적인 발표 경험을 통해 발표 불안을 극복하는 기회가 됩니다. 이러한 경험을 통해 학생은 자신을 표현하는 것에 관한 두려움을 줄이고, 더욱 자연스럽고 자신감 있게 발표할 수 있게 됩니다. 이는 학업뿐만 아니라, 사회생활이나 직업적 상황에서도 중요한 발표 능력을 향상하는 데 중요한 경험이 될 수 있습니다.

8. 평가 및 피드백을 통한 자기 성장

발표 후 받는 교사나 동료들의 피드백은 학생들에게 자신의 산출물이나 학습 과정에서 부족한 부분을 발견하고 개선할 기회를 제공합니다. 이러한 피드백은 학생들이 자신의 학습을 성찰하고, 더 나은 결과를 내기 위한 동기부여가 됩니다. 또한, 다른 학생들의 발표를 듣고 피드백을 주는 경험 역시 자신이 발표할 때 어떻게 개선할 수 있을지 배우는 좋은 기회가 됩니다.

9. 리더십 발휘 및 성장

발표를 통해 학생들은 자신이 학습한 내용을 다른 사람들에게 가르치거나 리드할 수 있는 기회를 얻게 됩니다. 이는 리더십을 발휘하고 강화하는 데 중요한 경험이 될 수 있습니다. 발표자는 자신의 학습을 이끄는 주체로서, 청중을 끌어들이고 그들의 관심을 이끄는 리더십을 배양할 수 있습니다.

학생이 자신의 산출물을 발표하는 과정은 표현력, 자신감, 책임감을 기르는 기회일 뿐만 아니라, 학습의 심화와 자기 주도적 학습을 촉진하는 중요한 경험입니다. 발표 경험을 통해 학생들은 자신의 학습 내용을 더 깊이 이해하고, 동료들과의 상호작용을 통해 다양한 관점을 배우며, 사회적 능력을 키우게 됩니다.

◦ 학생 개개인을 지원하는 평가

2022 개정 교육과정은 '과정 중심 평가'를 강조하고 있다. 그것은 서열화하기 위한 평가에서 학생의 발전과 성장을 돕는 평가로의 전환을 뜻한다. 지식 전달 중심인 수업을 고수한다면 '과정' 자체가 그리 의미 있는 것이 될 수 없기 때문이다.

그런데 이 평가가 실효성을 가지려면 수업 자체의 근본적인 변화가 필요하다. 수업 따로, 평가 따로가 아니라 수업의 일부가 되는 것이다.

학생이 스스로 학습주제를 해결해 나가는 활동은 단순한 지식 전달을 넘어, 사고하고 탐색하며 표현하는 학습 경험이다. 당연히 평가가 함께 이루어져야 하며, 결과만이 아니라 과정까지 함께 평가됨으로써 학생의 학습 활동을 지원하는 역할을 할 수 있어야 한다.

학생을 지원하는 평가는 개개인이 문제를 어떻게 인식했고, 어떤 방식으로 접근했으며, 어떤 시행착오를 거쳐 결과를 만들었는지가 중요한 관점이 된다. 이를 평가하고 피드백하게 될 때 학생은 자신이 어디에서 성장하고, 무엇을 더 보완해야 하는지와 관련된 유용한 정보를 얻게 된다. 교과 지식을 넘어서는 핵심역량까지 함께 평가하게 됨으로써 학생의 전인적 성장을 지원하는 실질적인 도구가 된다.

평가가 학습의 일부가 될 때 수업은 표준 지식을 익히는 것은 물론 자기성찰, 자기연찬, 자기계발로 이어지는 자기개발을 가능하게 하는 시간이 되는 것은 당연한 일이다.

> **AI 견해**
>
> * 미래 지향 교육에서 평가가 학생 개개인을 돕는 역할을 하려면 어떠해야 할까?
>
> 미래 지향 교육에서 평가는 단순히 학생을 서열화하거나 점수를 매기는 수단이 아니라, 학생 개개인이 성장하고 자기 주도성을 기를 수 있도록 돕는 역할을 해야 합니다. 구체적으로 몇 가지 관점을 제시해볼 수 있습니다.

1. 개인의 성장과 발달에 초점
평가는 학생이 현재 어떤 수준에 있는지, 어떤 점에서 성장했는지, 앞으로 무엇을 더 시도할 수 있을지를 보여주는 거울이어야 합니다. 이를 위해 이전 성취와 현재 성취를 비교하고, 개선과정을 함께 살펴보는 성장 중심 평가(growth-oriented assessment)가 필요합니다.

2. 과정 중심 평가
결과뿐 아니라 학습 과정에서의 시도, 실패, 반성, 개선 등을 함께 기록하고 인정해야 합니다. 루브릭이나 학습 포트폴리오처럼 학생의 노력과 탐색의 흔적을 체계적으로 담아내는 평가가 유용합니다.

3. 피드백의 구체성과 실행 가능성
"잘했어요"나 "더 노력하세요" 같은 추상적 언급은 큰 도움이 되지 않습니다. "이 부분에서는 아이디어가 새로웠고, 이 부분은 자료 근거가 부족했어요. 다음에는 더 다양한 사례를 찾아보면 좋겠습니다."처럼 구체적이고 행동으로 옮길 수 있는 피드백을 제공해야 합니다.

4. 학생의 자기 평가와 성찰 포함
학생이 스스로 자신의 학습을 돌아보고, 강점과 약점을 점검하며, 다음 목표를 세울 기회를 가져와야 합니다. 이를 통해 학습의 주인이 되는 책임감을 기를 수 있습니다.

5. 다양성과 유연성을 존중하는 평가
모든 학생이 같은 속도, 같은 방식으로 배우지 않습니다. 평가 방법과 시점을 다양화해 학생 개인의 학습 스타일과 필요에 맞춰야 합니다. 예컨대 구술, 프로젝트, 시뮬레이션, 토론 등 다양한 형태로 성취를 드러낼 수 있도록 해야 합니다.

미래 지향 교육에서 평가는 '당신이 어디에 있고, 어떻게 성장할 수 있으며, 무엇을 더 시도해 볼 수 있을지'에 대한 명확한 길잡이가 되어야 합니다. 학생에게 '부족함'을 낙인찍는 것이 아니라 '성장의 기회'를 제시하는 평가가 진정한 도움을 줍니다.

* **한국의 교육은 표준 지식을 중시하지 않을 수 없다. 과정 중심 평가가 모든 수업에 적용될 때 학력 저하 문제가 생기지 않을까?**

과정 중심 평가(과정 평가, formative assessment)를 모든 수업에서 적용한다고 해서 반드시 학력 저하가 발생하는 것은 아닙니다. 오히려 과정 중심 평가가 제대로 운영된다면 학습의 질을 높이고, 학생들의 사고력과 문제 해결력을 강화하는 데 기여할 수 있습니다. 다만, 한국 교육 환경에서 과정 중심 평가가 정착되면서 학력 저하가 우려되는 몇 가지 요인들을 고려할 필요가 있습니다.

1. 과정 중심 평가의 핵심은 '학습 향상'이지 '평가 완화'가 아니다
과정 중심 평가는 학습 과정에서 학생들이 개념을 이해하고 적용할 수 있도록 지속적인 피드백을 제공하는 방식입니다. 만약 과정 중심 평가가 단순히 평가 부담을 줄이거나 학습목표를 낮추는 방식으로 운영된다면 학력 저하로 이어질 가능성이 있습니다.

2. 명확한 학습목표 설정과 성취기준의 엄격한 관리 필요
과정 중심 평가가 효과적으로 작동하려면 각 수업이 명확한 학습목표를 설정하고, 성취 기준(competency 기준)을 철저히 관리해야 합니다. 학생들이 '어떤 점에서 성장하고 있는지', '어떤 부분이 부족한지'에 대한 객관적인 기준이 없다면 학습 효과가 떨어질 수 있습니다. 예를 들어, 목표 자체가 불분명하거나 평가 기준이 느슨하면 학생들이 필수적인 개념을 놓칠 위험이 있습니다.

3. 학습 성과를 객관적으로 확인할 수 있는 평가 방식과 병행해야 함
과정 중심 평가가 단순히 수행 과정(예: 토론 참여, 발표, 보고서 작성 등)을 기록하는 것에 그친다면, 학습 성과를 명확하게 검증하기 어렵습니다. 따라서 과정 중심 평가를 적용하더라도 '핵심 개념을 이해하고 적용하는지' 확인할 수 있는 객관적인 평가 방식(예: 지필 평가, 프로젝트 기반 평가, 심층 면담 등)과 병행해야 합니다. 학생들이 배운 개념을 실제 문제 해결에 활용할 수 있도록 '사고력 중심 문제'를 포함하는 평가 체계를 마련해야 합니다.

4. 교사의 평가 전문성 및 피드백 역량 강화 필요

교사가 학생 개개인의 학습 과정을 정확하게 분석하고 적절한 피드백을 제공할 수 있어야 합니다. 하지만 한국의 공교육 현실에서 교사 1명이 많은 학생을 지도하는 경우, 개별적인 피드백 제공이 어려울 수 있습니다. 따라서 교사들이 평가 및 피드백 역량을 높일 수 있도록 충분한 연수와 지원이 필요합니다.

5. 학생들의 자기 주도적 학습 역량을 강화해야 함

과정 중심 평가의 효과를 극대화하려면 학생들이 스스로 학습목표를 설정하고, 자신의 학습을 조절할 수 있어야 합니다. 하지만 한국 학생들은 주로 지시받은 대로 학습하는 환경에 익숙하므로, 자기 주도적 학습 역량이 부족하면 과정 중심 평가가 기대만큼 효과를 내지 못할 가능성이 있습니다.

6. 학부모와 사회의 신뢰 확보가 필수

한국 사회는 여전히 성적을 객관적으로 비교할 수 있는 평가 방식을 중시하는 경향이 있습니다. 과정 중심 평가가 공정성과 신뢰를 얻지 못하면, 학부모들은 사교육을 더 선호하거나 평가 방식에 반발할 수 있습니다. 따라서 평가 결과가 신뢰할 수 있도록 공정성과 투명성을 보장하는 장치가 필요합니다.

결론적으로, 과정 중심 평가가 학력 저하로 이어지지 않도록 하기 위한 방향은 다음과 같습니다.

1. 과정 중심 평가와 성취 중심 평가(목표 달성 확인)를 병행하여 운영
- 과정 중심 평가를 통해 학습 과정에서의 성장을 지원하되, 최종적으로 학습 성과를 확인할 수 있는 평가 방식도 유지해야 함.

2. 학습목표와 평가 기준을 명확하게 설정
- 모든 평가 활동이 학습목표와 연계되도록 하고, 성취 수준을 구체적으로 정의해야 함.

3. 교사의 평가 및 피드백 전문성 강화
- 교사들이 학생 개개인의 학습 과정과 성장을 효과적으로 평가할 수 있도록 연수 및 지원 확대.

4. 학생의 자기 주도적 학습 역량 향상
- 단순한 수행 평가가 아닌, 학생이 스스로 학습목표를 설정하고 조절할 수 있도록 유도하는 방식으로 평가 설계.

5. 학부모 및 사회의 신뢰 확보
- 평가 방식과 결과의 공정성을 보장하고, 학부모에게 과정 중심 평가의 필요성과 효과를 설득할 수 있는 체계 마련.

과정 중심 평가가 단순히 '점수 부담을 줄이기 위한 방법'이 아니라 '학습의 질을 높이는 도구'로 활용된다면, 학력 저하 문제는 오히려 방지될 수 있습니다. 핵심은 평가의 '형식'이 아니라 '운영 방식'입니다.

학생에게 해결을 요구한다고?
■ 해결의 다양한 관점

◦ 동화 'Many Moons'에서 얻는 해결의 교훈

 1989년, 우리나라 초등학교(당시는 국민학교) 5학년 국어 교과서에는 미국의 동화 〈Many Moons〉를 번안한 〈새로 나온 달님〉이 실렸었다.
 〈Many Moons〉는 과일로 인한 배앓이 공주가 완치 조건으로 "달을 갖고 싶다"라고 하면서 시작된다. 왕은 나라 최고의 학자, 수학자, 마법사들을 불러 문제를 해결해 보라고 한다. 이들은 모두 과학적이거나 논리적인 방법으로 달의 크기와 거리, 무게를 계산하여 결국 '달을 가져오는 것은 불가능하다'라고 결론을 내린다.
 하지만 어린 어릿광대는 다르게 접근한다. 그는 공주가 원하는 달은 하늘에 떠 있기는 하지는 작고 반짝이는 물체임을 알게 된다. 그래서 작은 황금 공 모양의 달을 만들어 공주에게 선물하고, 결국 공주를 행복하게 만들어 준다.
 이 이야기를 교과적인 해결과 창의적인 해결의 관점에서 보면, 학자들과 마법사들은 '정답'을 찾기 위해 노력한 사람들이다. 그들은 교과서적인 지식과 정해진 절차에 따라 문제를 분석했지만, 오히려 그러한 분석이 문제를 풀지 못하게 만들었다.
 반면, 어릿광대는 '공주가 원하는 것' 자체에 집중했다. 거기에서 그에 맞는 새로운 방법을 찾아냈다. 그는 목표를 중심으로 문제를 다시 정의하고, 성과를 얻기 위한 창의적인 해결을 시도한 것이다.
 학생 주도의 학습주제 중심의 수업이라면 학생 개개인의 관점에 의한 다양한 해결이 가능한 시간이어야 한다. 교과적인 해결은 물론 문제를 다르게 보고 새로운 방법을 생각해 내는 창의적인 해결도 모두 허용되어야 한다.
 해당 교과와 관련된 학생 개개인의 '깊이를 인정하는 해결'과 '다양한 접근과 산출물을 허용하는 해결' 모두가 가능한 시간이 될 때 어떠한 학생도 적극적으로 참여하는 시간이 될 것이다.

> **AI 견해**
>
> * 어떤 일이 주어져 다양한 해결을 인정하게 될 때 '다양한 해결'과 관련된 요소는?
>
> '다양한 해결'과 관련된 요소를 정리하면 다음과 같습니다.
>
> 1. 문제 해결 접근 방식의 다양성
> 　동일한 문제에 대해 다양한 사고방식과 접근법을 허용하는지, 문제 해결 과정에서 창의적, 논리적, 분석적, 협력적 접근법이 모두 인정되는지 여부
>
> 2. 과정의 다양성 인정
> 　문제를 해결하는 과정에서 여러 단계와 방법을 수용하는지, 개별적 학습, 협력적 해결, 탐구 활동, 프로젝트 기반 학습 등 다양한 방법이 허용되는지 여부
>
> 3. 해결 방법의 차이를 인정하는 평가 기준
> 　단 하나의 정답이 아니라 다양한 해결책을 인정하는 평가 체계가 마련되어 있는지, 결과뿐만 아니라 과정, 논리성, 창의성, 응용력 등을 평가하는지 여부
>
> 4. 결과의 다양성 수용
> 　해결 결과가 단일한 정답이 아니라 다양한 방식으로 표현될 수 있는지, 해결 방법과 과정이 다르더라도 합리적인 근거와 논리성이 있다면 인정하는지 여부
>
> 5. 시행착오와 피드백의 역할
> 　해결 과정에서 실패, 오류, 수정 과정이 학습의 일부로 인정되는지, 다양한 해결 과정에 대한 건설적인 피드백이 제공되는지 여부
>
> 6. 학습자의 주도성과 개별성 존중
> 　학습자가 자기 주도적으로 자신만의 해결 방법을 탐색할 기회를 지니는지, 학습자의 관심사, 선호하는 방식, 경험이 반영될 수 있는지 여부
>
> 　이러한 요소들이 갖춰질 때, 교육이나 문제 해결 환경에서 다양한 해결이 존중되고 활성화될 수 있습니다.
>
> * '정답이 아닌, 어떻게 하면 성과를 얻을 수 있는가?'인 관점의 해결일 때 얻을 수 있는 효과를 제시하면?
>
> "정답만이 아닌, 어떻게 하면 성과를 얻을 수 있는가?"라는 관점의 해결은, 성과를 개인의 도달 수준을 허용하고 인정하는 것으로 전제할 때 다음과 같은 효과를 줍니다.
>
> 1. 개인별 성장 인정
> 　동일 기준이 아닌 자신의 출발점 대비 성장 폭을 성과로 인정함으로써 모든 학생이 자신의 수준에서 성취감을 경험하는 시간이 됩니다.

2. 학습 동기 지속
높은 절대 기준이 아니라 개인 맞춤형 목표가 제시되므로, 중도 포기 가능성이 줄어들며, 작은 성취도 다음 도전을 이끄는 발판이 됩니다.

3. 다양한 도달 경로 존중
목표 달성 방식·속도의 차이를 허용하여, 다양한 학습 전략과 창의적 접근이 가능합니다. '한 가지 정답·한 가지 방법'의 한계를 벗어납니다.

4. 자기 주도적 학습 강화
학생이 스스로 성과를 내기 위한 전략·과정·방법을 설계·점검할 수 있습니다. 단순 지식 습득이 아니라 성과 창출 역량을 기르게 됩니다.

5. 실패의 학습 전환
목표 미달도 다음 성과를 위한 과정으로 인정하기 때문에 실패를 성장 기회로 받아들이는 회복 탄력성(resilience)이 형성됩니다.

6. 평가의 실질화
점수 중심이 아니라 도달 수준 + 과정을 평가하므로, 피드백이 구체적이고 실천 가능하게 됩니다. 이것은 학생·교사·학부모 모두 발전 방향을 명확히 파악할 수 있게 합니다.

"어떻게 하면 성과를 얻을 수 있는가?"라는 관점의 해결은, 학생을 서열이 아닌 자신과의 비교 속에서 성장시키고, 다양한 학습 경로를 인정하며, 결과뿐 아니라 성과를 만들어낸 과정까지 가치 있게 만들어 줍니다.

- **학생의 해결이 가능한 근거는**
  ◦ 어떠한 학생도 기본적인 해결 역량을 갖추고 있다.

    배가 고플 때 울기 시작하는 아기, 엄마가 먹여주는 것을 거부하면서 뒤범벅이 된 얼굴로 짜장을 먹는 아기, 안쓰러울 정도로 스스로 일어서려는 아기. 이러한 아기들의 적극적인 시도는 무엇을 의미하고 있는 것일까?

    인간은 태어나면서부터 주변 환경을 탐색하고 문제를 해결하려는 본능적 성향을 갖고 있다. 거기에다 생존과 적응을 위해 문제 해결 능력을 발달시켜 왔다. 아이들은 세상에 대한 궁금증을 해결하고자 다양한 시도를 하며, 이 과정에서 자연스럽게 문제 해결의 기초를 쌓아가는 것이다.

    그러한 과정을 거친 학생들이기에 본능적으로 문제를 해결하려는 능력을 갖추고 있다. 거기에다 지금의 세상은 과거와 현저히 다르다. 성인들이 겪었던 '과거의 학생'이 아니다. 어떠한 문제가 생겼을 때 다양한 해결 방법을 인정한다면, 어떠한 학생이라도 해결에 도전할 수 있는 기본적인 해결 역량을 갖추고 있다 할 수 있을 것이다.

AI 견해

* 학생의 주도적인 해결 활동과 관련하여 '과거의 학생이 아니다.'라고 할 때 어떠한 근거를 들 수 있을까?

    '과거의 학생이 아니다.'라는 표현은 현대 학생들의 성격, 배경, 경험, 그리고 요구사항이 과거의 학생들과 다르다는 것을 의미합니다. 이는 여러 가지 측면에서 이해될 수 있습니다.

1. 기술과 디지털 네이티브
    현대 학생들은 디지털 기술에 익숙하며, 그들의 생활에 스마트폰, 태블릿, 컴퓨터 등의 기기가 깊숙이 들어와 있습니다. 그러한 기술적 환경 속에서 자라나며, 그들의 학습 스타일과 정보 접근 방식도 변화하고 있습니다.

2. 다양한 학습 리소스
    인터넷의 발전으로 학생들은 전통적인 교과서나 교실 내에서의 교육만이 아니라 다양한 온라인 리소스와 플랫폼을 통해 정보와 지식을 얻을 수 있습니다.

3. 주도적 학습의 중요
    전통적인 교사 중심의 교육 방식보다는 학생 중심의 교육 방식이 강조되면서, 학생들의 주도적 학습과 창의적 사고가 중요하게 여겨지고 있습니다.

4. 다양한 배경과 경험
현대 사회는 글로벌화, 다문화주의, 사회적 다양성이 강조되는 시대로, 학생들 각각의 배경과 경험도 다양해지고 있습니다.

5. 변화하는 사회와 미래의 요구
4차 산업혁명, 인공지능, 로봇 기술 등의 발전으로 미래의 직업과 사회가 어떻게 변화할지 예측하기 힘들어지면서, 학생들이 갖추어야 할 역량과 태도 역시 변화하고 있습니다.

그러한 측면에서 '과거의 학생이 아니다.'라는 표현은 교육자들과 학교가 현대 학생들의 특성과 요구에 맞추어 교육 방식과 커리큘럼을 재편해야 한다는 것을 강조하는 메시지로 해석될 수 있습니다.

* 다양한 해결과 관련하여, '타고난 인간의 본능'이라 할 때 어떠한 예시를 들 수 있을까?

'다양한 해결'과 관련해서 타고난 인간의 본능을 예로 든다면, 다음과 같이 정리할 수 있습니다. 즉, 태어날 때부터 지니고 있는 생존·적응·성취 지향적 성향이 어떻게 문제 해결 방식의 다양성을 만들어내는지를 보여주는 사례들입니다.

1. 생존 본능
위험 회피로, 화재가 났을 때 어떤 사람은 바로 탈출로를 찾고, 어떤 사람은 물을 가져와 불을 끄려 합니다. 이는 위험 상황에서도 사람마다 다른 해결 전략을 선택하게 합니다. 또한 식량이 부족할 때 일부는 저장, 일부는 사냥·채집, 일부는 교환·거래를 선택하기도 합니다.

2. 호기심과 탐구 본능
어린아이가 장난감이 망가지면 어떤 아이는 손으로 뜯어보고, 어떤 아이는 부모에게 물어보고, 어떤 아이는 비슷한 장난감에서 부품을 가져와 맞춰봅니다. 동일한 문제라도 호기심의 발현 방식이 다릅니다. 또한 같은 도구를 보고도 어떤 사람은 원래 용도대로 쓰고, 어떤 사람은 전혀 다른 용도로 재창조하기도 합니다.

3. 사회적 협력 본능
공동 목표가 있을 때 어떤 사람은 리더로 나서고, 어떤 사람은 지원·분석·연결 역할을 수행함으로써 본능적 사회성에 따라 해결 방식이 다양화됩니다. 일부는 자신의 해법을 널리 알리고, 일부는 한정된 사람에게만 공유하기도 합니다.

4. 도전과 성취 본능
같은 산을 오를 때 누군가는 가장 짧은 코스를 택하고, 누군가는 경치 좋은 우회로를 선택, 또 누군가는 전혀 다른 등반 도구를 사용합니다. 목표가 같아도 어떤 이는 경쟁을 통해 성취하고, 어떤 이는 협력을 통해 달성하기도 합니다.

5. 창의와 놀이 본능
아이들이 블록으로 성을 쌓을 때, 어떤 아이는 설명서대로 만들고, 어떤 아이는 전혀 새로운 구조물을 만듭니다. 지루한 일을 게임처럼 바꾸어 해결하는 습관, 즉, 타고난 인간의 본능은 '하나의 정답'이 아닌 다양한 해법의 토양이 됩니다.

위험 회피, 호기심, 사회성, 성취 욕구, 놀이성 등은 모두 다른 방식의 해결 전략을 낳고, 이로 인해 인간 사회는 위기 상황이나 목표 달성 과정에서 다채로운 해결 방법을 만들어 왔습니다.

◦ **교사가 적절한 해결 동기를 제공한다.**

학습주제에 의한 수업이라 할지라도 어떤 학생은 금세 몰입하고, 어떤 학생은 어려움을 겪기도 한다. 이처럼 다양한 출발점을 가진 학생들을 모두 수업에 끌어들이는 데 있어, 교사의 '적절한 동기 유발'은 결정적인 역할을 하게 된다.

여기서 말하는 동기 유발은 단순히 흥미를 끄는 활동이나 말로 시작되는 것이 아니다. 학생 각자가 자신의 수준과 관심에 맞는 지점에서 출발할 수 있도록 '관심의 문'을 열어주는 일이다. 학습주제의 의미를 학생의 삶이나 진로와 연결해 주고, 다양한 선택지를 제시하며, 도전의 가치를 자연스럽게 보여줄 때, 학생은 "왜 배워야 하지?"라는 질문에 스스로 답을 찾게 된다. 그렇게 수업은 '남의 이야기'가 아닌 '내가 해결해야 할 문제'로 바뀐다.

중요한 점은, 이러한 동기 유발은 학습이 빠른 일부 학생만을 위한 것이 아니라는 데 있다. 따라서 바람직한 동기 유발은 모든 학생이 각자의 방식으로 주제에 접근하고, 자기 속도로 몰입할 기회를 만들어 준다.

교사의 동기 유발은 단순히 수업을 시작하는 절차가 아니다. 그것은 학생이 배움 속에서 자기 자리를 찾고, 스스로 의미를 만들어 갈 수 있도록 돕는 교육의 실천이다. 이 과정을 통해 수업은 어떠한 학생도 해결에 참여할 수 있는, 의미 있는 시간이 된다.

> **AI 견해**

* **학습주제 단위 수업에서 교사의 적절한 동기 유발은 학습 능력, 재능, 관심사 등이 제각각인 학생의 주도적인 해결 활동에 어떠한 영향을 줄 수 있을까?**

학습주제 단위 수업에서 교사의 적절한 동기 유발은 학습 능력, 재능, 관심사 등이 제각각인 학생들에게 다음과 같은 중요한 영향을 줍니다.

1. 자신의 자리에서 출발할 수 있게 한다.

동기 유발이 잘 설계되면, 각 학생은 자신의 수준이나 관심사에 맞는 지점에서 학습에 접근하게 됩니다. 이는 소외감을 줄이고, 학습에 대한 심리적 장벽을 낮춰줍니다. 예를 들어, 수학에 약한 학생도 실생활 문제나 게임 요소로 접근하면 주제에 흥미를 느낄 수 있습니다.

2. 학습주제에 대한 의미를 발견하게 한다.

자신의 삶, 경험, 미래와 연관된 주제로 느껴질 때, 학생들은 내적 동기를 가지게 됩니다. 이는 단순한 지식 습득을 넘어 자기 주도적 탐구로 이어집니다.

3. 도전하려는 마음을 일으킨다.

적절한 동기 유발은 학생에게 '나도 해볼 수 있겠다'라는 자신감과 함께 '한번 도전해보고 싶다'라는 의욕을 부여합니다. 이는 수준과 재능의 차이를 뛰어넘는 행동의 출발점이 됩니다.

4. 다양한 접근 방식과 표현을 허용하게 한다.

흥미와 강점이 서로 다른 학생들이 자신에게 맞는 방식으로 학습주제에 접근하고 표현할 수 있게 됩니다. 결과적으로 학습 참여의 폭이 넓어지고 개별화된 성취 경험이 가능해집니다.

5. 교과 역량과 핵심역량의 발현 기회를 높인다.

학생이 스스로 주제에 몰입할 때, 문제 해결, 창의적 사고, 협업 등 다양한 역량이 자연스럽게 드러나게 됩니다. 이는 수업을 단순 지식 전달이 아닌 역량을 기르는 시간으로 전환됩니다.

6. 학습자 간 비교보다 자기 성장에 집중하게 한다.

각자의 출발점에서 의미 있게 학습에 몰입할 수 있으므로, 경쟁보다는 자기성찰과 성장 중심의 학습 태도가 강화됩니다.

적절한 동기 유발은 단순한 주제 흥미 유도에 그치지 않고, 서로 다른 학생들이 자기 자리에서 출발해서, 자기 방식으로 몰입하게 하며, 의미 있는 성취와 성장을 경험하게 하는 출발점이자 촉진제입니다.

◦ **교과서가 기준과 방향을 제공한다.**

교과서는 국가 교육과정에 따라 체계적인 핵심 개념이나 학습주제에 의한 학습을 가능하게 하는 교재이다. 따라서 교과서의 배경지식, 개념, 사례, 실험 자료 등은 학생의 해결 활동에 필요한 기준과 방향을 제공해 준다. 교과서를 참고하면 정보 탐색에 과도한 시간을 쓰지 않고도 목표 도달 활동이 가능한 것이다.

학생의 주도적인 해결 활동은 과정 중심 평가로 이어진다. 교과서는 과정 중심 평가에서도 근거 자료가 된다. 학생이 교과서를 어떻게 해석하고 활용했는지를 통해 주도성, 사고의 깊이, 문제 해결 과정을 평가할 수 있다. 이는 결과 중심이 아닌 성장 중심의 평가로 나아가는 데 실질적인 도움이 된다.

교과서를 매뉴얼이나 교본처럼 사용하지만 않는다면 학생의 주도적인 해결 활동에 IB보다 유리한 활동을 가능하게 하는, 유용한 정보를 제공해 주는 가치 있는 교재가 된다.

| AI 견해 |

* 한국의 초·중·고 교육 관련, 학생의 주도적인 활동이 필요한 수업일 때 교과서는 어떠한 도움을 줄 수 있을까?

학생의 주도적인 활동이 중심이 되는 수업에서 교과서는 단순한 지식 전달의 수단이 아니라, 탐구와 성찰, 해결의 출발점으로서 다음과 같은 도움을 줄 수 있습니다.

1. 학습주제와 방향을 명확히 제시

교과서는 국가 교육과정에 따라 정리된 핵심 개념과 학습주제를 체계적으로 담고 있습니다. 학생이 주도적으로 활동할 때도, '무엇을 중심으로 활동할 것인가'를 명확히 제시해 주어, 방향 설정과 목표 자기화에 도움을 줍니다.

2. 문제 해결을 위한 기초 자료 제공

학생의 탐구나 문제 해결 과정에서 필요한 기본 개념, 배경지식, 사례, 실험 자료 등이 이미 교과서에 정리되어 있습니다. 이는 학생이 불필요한 정보 검색에 소모되는 시간을 줄이고, 해결 활동에 집중할 수 있게 합니다.

3. 비판적 사고와 질문 유도

교과서의 도입 질문, 비교 내용, 설명 방식은 학생이 의문을 가지거나, 자기 관점에서 새롭게 접근할 수 있는 기반이 됩니다. 따라서 교과서는 학생의 자기 사고를 이끄는 사고의 틀이 될 수 있습니다.

4. 학생 간 공동 활동의 공통 기반

수업이 학생 개개인의 주도적 활동으로 진행되더라도, 교과서는 모두가 공유하는 자료이기에 의사소통과 협력 활동에서 기준점이 됩니다. 이는 학생 공동체 안에서의 상호작용과 협력적 해결을 촉진합니다.

5. 과정 중심 평가의 근거 자료 제공

학생이 교과서를 어떻게 활용했는가를 통해 과정 평가의 실마리를 얻을 수 있습니다. 예를 들어, 교과서의 어느 내용을 바탕으로 자신의 산출물을 만들었는가 등은 학생의 주도성과 학습 깊이를 평가하는 지표가 됩니다.

요약하면, 교과서는 학생의 주도적인 수업에서 정답을 주는 책이 아니라, 문제를 꺼내고 해결을 자극하는 책으로 재인식되어야 하며, 학습의 지도서가 아닌 탐구의 길잡이로 기능할 수 있습니다.

◦ **학생 개개인의 어떠한 도달 수준도 인정한다.**

'모든 수업이 학생 모두에게 완벽한 수준의 지식을 요구할 필요가 있을까?'
모든 학생에게 절대적인 수준의 목표 도달을 요구하는 것이 아니라, 학생 각자가 자신에게 맞는 목표를 세우고 그것에 도달하기 위한 활동을 요구하는 시간이 되는 것이다.

예를 들어, 어떤 학생은 100점이 아닌 20점 수준의 목표를 스스로 정할 수 있다. 이는 부족한 목표가 아니라, 자신의 현재 상태를 고려한 현실적인 출발점이다. 이렇게 도달 수준을 유연하게 정하는 것을 인정하면, 학생들은 각자의 속도와 깊이로 학습에 참여할 수 있다. 결과적으로 수업은 누구도 수업에서 소외되지 않는, '1등부터 꼴찌까지' 모두 자기 자신을 위한 시간이 된다.

이러한 수업에서는 평가도 달라진다. 학생 누구도 포기하지 않고 참여하므로 평가가 더 의미가 있게 된다. 하지만 현실에서는 때때로 수업에 참여하지 않는 학생도 있다. 예컨대 30명 중 3명이 잠을 자고 있다면, 이들을 평가할 수 없다는 문제가 생길 수 있다. 그러나 학생의 도달 수준을 인정하는 평가에서는 '잠을 잤다'라는 사실조차 중요한 관찰의 대상이 된다. 학습에 참여하지 않은 상태 그대로 기록되고, 이후 어떤 목표로 다시 시작할지를 함께 고민할 수 있는 근거가 된다.

평가는 단순히 점수를 매기기 위한 수단이 아니라, 학생의 성장과 회복을 돕기 위한 과정이다. 한 번 멈췄다고 해서 평가에서 배제되는 것이 아니라, 포기조차 다음 도전을 위한 시작점이 될 수 있다. '평가할 수 없는 학생'이 아니라, '아직 출발하지 못한 학생'이라는 의미이다.

이처럼 개별 도달 수준을 인정하는 수업에서는 모든 학생이 다양한 학습주제를 경험하고, 각자의 성취를 통해 자신감을 얻게 된다. 처음에는 기본 수준만 시도하던 학생이, 성공 경험을 통해 점차 더 높은 목표에 도전하게 되는 변화도 자연스럽게 일어난다. 나아가 학생은 자신이 어떤 교과에 흥미와 소질이 있는지 판단할 수 있는 근거를 얻게 되고, 이는 자기개발과 진로 탐색에도 큰 도움이 된다.

물론 완벽하지 않은 지식의 습득을 우려할 수도 있다. 하지만 지금 중요한 것은 완성된 정답이 아니라, 배우고자 하는 의지와 과정이다. 적극적인 참여는 스스로 부족함을 인식하고, 더 깊이 있는 학습으로 이어지게 만든다.

교과 지식 도달 수준을 인정하는 수업은 단순히 평가 방식을 바꾸는 것이 아니다. 그것은 학생의 현재를 존중하고, 미래를 열어주는 교육의 방향을 바꾸는 일이다. 그러한 학교 일상이 될 때, 모든 수업은 '한 명도 포기하지 않는 시간'이 되고, 경쟁이 아닌 실질적인 성장과 발전이 이루어지는 시간이 될 것이다.

| AI 견해 |

* 학습주제 단위 학생의 주도적인 해결 활동이 이루어지는 수업에서, 학생 개개인의 교과목별 도달 수준 인정은 어떠한 의미가 있을까?

학생 주도적으로 학습주제 해결 활동이 이루어지는 수업에서 학생 개개인의 교과목별 도달 수준 인정은 단순히 성취도를 평가하는 것이 아니라, 교육의 철학과 방향을 바꾸는 중요한 의미를 지닙니다. 다음과 같은 점에서 그 의미를 생각해볼 수 있습니다.

1. 학습의 과정과 성장을 존중하는 평가

학생이 주도적으로 해결에 참여하는 과정에서 무엇을 어떻게 배우고 성장했는지를 기반으로 도달 수준을 판단합니다. 이는 결과 중심의 서열화가 아니라, "지금 이 학생은 이 수준에 도달해 있으며, 다음 도약을 위한 준비가 되어 있다."처럼 개인의 발전과 노력의 궤적을 인정하는 평가가 됩니다.

2. 개별화된 교육 실현의 전제

교과별 도달 수준을 인정한다는 것은 학생이 같은 내용이라도 다양한 깊이와 속도로 접근할 수 있다는 것을 전제로 합니다. 즉, 수업은 획일적 지식 전달이 아니라 학생의 현재 위치에 맞는 개별화된 학습 설계로 나아가야 함을 뜻합니다.

3. 자기 주도성과 책임감 강화

학생 스스로 학습목표를 이해하고, 그에 도달하기 위한 해결 활동을 설계하고 실행한다면, 도달 수준에 대한 인정은 자기 평가와 성찰의 기준이 됩니다. 이는 학생이 수동적인 평가 대상이 아니라, 스스로 성장을 주도하고 기록하는 주체로 전환되는 계기입니다.

4. 교과 역량 중심 수업과 평가의 실현

교과의 본질은 단순한 지식 암기가 아닌, 문제 해결, 사고력, 표현력 등 역량의 종합적 발현입니다. 도달 수준 인정은 바로 이러한 역량의 발현 정도를 기준으로 평가함으로써, 교과 수업이 '시험 대비'가 아닌 역량 중심 학습의 장이 될 수 있도록 만듭니다.

5. 미래형 평가 체제의 기반

학생마다 도달 수준이 다를 수 있다는 것을 전제로 할 때, 교육은 성장과 발달을 촉진하는 평가 시스템을 갖추어야 합니다. 이는 루브릭 기반 평가, 포트폴리오, 과정 중심 피드백 등 미래지향적 평가체제의 정착을 의미합니다.

학생 개인인의 교과 도달 수준 인정을 통해, 교육은 '누가 더 잘했는가'가 아닌 '각자가 어디까지 도달했는가'라는 성장 중심의 관점으로 전환됩니다. 이는 학생 주도적 수업이 진정한 교육적 효과를 발휘하기 위한 핵심 조건이며, 모든 학생이 의미 있는 학습자이자 자기 성장을 책임지는 존재로 자리 잡게 하는 기반이 됩니다.

- **어떠한 과정이나 방법이어도 허용된다.**

'학생 자신의 재능, 관심사 등에 의한 해결이 존중되는 시간'
교과서의 흐름을 그대로 따라가야 하는 수업은, 학습 능력이 부족한 학생은 쉽게 학습을 포기할 수 있고, 능력이 뛰어난 학생은 교과서를 넘어서는 활동을 할 수 없게 한다. 표현이 유창한 학생은 토론에서 두각을 드러낼 수 있지만, 말이 서툰 학생은 아무리 뛰어난 사고력을 갖고 있어도 참여조차 어려워진다.

하지만 학생이 목표 도달을 위해 어떤 방법이든 선택할 수 있는 수업이 되면 상황은 달라진다. 교과서의 해결 과정을 따를 수도 있고, 전혀 다른 자신만의 방식으로 접근할 수 있다. 필요한 정보를 책에서 찾을 수도 있고, 스마트폰으로 검색하거나, AI를 활용해도 되며, 유튜브를 참고하거나, 전문가에게 전화로 물어볼 수도 있다. 표현 방식 역시 다양함을 허용한다. 어떤 학생은 글로, 또 어떤 학생은 말이나 그림, 영상으로 자신이 이해한 바를 표현할 수 있다. 다문화 학생이라면 가장 자신이 있는 언어를 그대로 사용함으로써 다른 학생들에게 새로운 경험을 제공하는 효과를 가져오게 한다.

이런 수업에서는 표현이 서툰 학생도, 협업에 강한 학생도, 창의적 사고가 편한 학생도 모두 자신만의 방식으로 수업에 참여하게 된다. 누구도 방식 때문에 소외되지 않고, 누구나 자신의 강점을 살릴 수 있다. 한정된 틀 속에서 몇몇만 선택되는 수업이 아니라, 모두가 움직이는 수업이 되는 것이다.

학생이 스스로 선택하고, 자신의 관점에서 다양한 시도를 해볼 수 있을 때, 그 수업은 모든 학생에게 의미 있는 시간이 된다. 중요한 것은 정해진 길을 얼마나 정확하게 따라갔는가가 아니라, 스스로 생각하고 시도하며 목표에 도달하려는 과정이다.

닫힌 수업이 학생을 선별하는 시간이라면, 열린 수업은 모든 학생의 가능성을 발견하고 확장하는 시간이다. 미래 교육이 지향해야 할 수업의 모습은 당연히 후자가 되어야 한다.

> **AI 견해**

* '어떠한 과정이나 방법도 허용되는 목표 도달 활동'은 어떠한 학생을 길러낼 수 있을까?

'어떠한 과정이나 방법도 허용되는 목표 도달 활동'을 통해 길러낼 수 있는 학생은 다음과 같은 특성을 갖춘 자율적이고 역량 있는 학습자입니다.

1. 자기 주도적으로 문제를 해결하는 학생

스스로 계획하고 실행하며, 필요할 시 전략을 수정할 줄 아는 능력을 갖춥니다. 교사의 지시 없이도 목표를 향해 능동적으로 움직이는 주체적 학습자가 됩니다.

2. 창의적이고 유연한 사고를 지닌 학생

하나의 정답이나 방식에 얽매이지 않고, 자신만의 독창적인 방법을 고안하거나 다양한 접근을 시도할 수 있습니다. 새로운 상황이나 문제에서도 유연하게 대처할 수 있는 사고력을 갖게 됩니다.

3. 실패를 두려워하지 않고 도전하는 학생

다양한 방법을 허용받음으로써 실패와 시행착오도 학습 일부로 경험합니다. 이로 인해 끈기, 회복력, 도전정신이 길러지며, 더 깊은 학습이 가능해집니다.

4. 자신의 학습을 성찰하고 성장시킬 줄 아는 학생

목표 도달의 '과정'을 중시하게 되면서 자신의 학습 방식과 태도를 되돌아보는 습관을 갖게 됩니다. 이를 통해 자기연찬과 자기계발이 이루어지며, 지속 가능한 성장 기반을 다지게 됩니다.

5. 다양성과 타인을 존중하는 학생

자신과 다른 친구들의 접근 방식이나 결과를 인정하며, 타인의 관점과 전략을 이해하고 협력할 줄 아는 태도를 기르게 됩니다.

'어떠한 과정이나 방법도 허용되는 목표 도달 활동'은 자기 주도성과 창의성, 실패를 견디는 힘, 자기성찰 역량, 다양성에 대한 존중을 갖춘 미래지향적인 학습자를 길러냅니다. 이는 정해진 정답만을 따르는 교육으로는 얻기 어려운, 진정한 역량 중심 교육의 성과입니다.

◦ 상호작용이 가능한 공동체가 함께한다.

　학생이 주도적인 활동일 때 학생 공동체는 강력한 힘이 된다. 혼자가 아니라 공동체 단위로 목표에 도전할 기회를 얻는 것은 단순한 협동 학습 그 이상의 의미를 지닌다. 학생 공동체는 그 안에 속한 모든 학생에게 스스로 움직이고 참여할 용기를 심어 주는 특별한 힘을 갖기 때문이다.

　무엇보다 공동체 활동은 '터놓을 수 있는 관계'를 만들어 준다. 혼자라면 질문조차 망설이던 학생도, 서로를 신뢰하는 분위기 속에서는 편안하게 이야기하고 의견을 나누게 된다. 이렇게 자연스럽게 소통하는 과정이, 학습에 대한 심리적 장벽을 낮추고 활동의 참여도를 높인다.

　또한 공동체 안에서의 목표지향적인 활동은 학생마다 방식과 속도가 달라도 '우리는 같은 목표를 향해 나아가고 있다'라는 공통의 의식을 공유하게 한다. 모두가 같은 방향을 바라볼 때 책임감과 몰입은 자연스럽게 생겨난다.

　이 과정에서 학생들은 저절로 서로를 인정하고, 장단점을 일깨워주며, 함께하는 가운데 역할을 분담하고, 다양한 의사소통을 시도하게 된다. 누군가는 개개인의 정보나 산출물을 정리하고, 누군가는 발표를 맡으며, 누군가는 아이디어를 구체화하는 역할을 하게 된다. 정해진 규칙이 없더라도 공동체 안에서는 각자의 자리가 생기고, 그것이 곧 배움의 동력으로 이어지는 것이다.

　이렇게 다양한 상호작용을 이어가다 보면, 학생들은 단순히 지식을 쌓는 것을 넘어 핵심역량을 길러 나간다. 협력하는 힘, 문제를 해결하는 사고, 자기 생각을 말로 표현하는 역량은 교과서에 적혀 있는 지시만으로는 얻을 수 없는 값진 배움의 기회가 된다.

　그리고 이 모든 과정은 평가와도 밀접하게 연결된다. 공동체 활동 속에서의 평가는 단순히 각자의 성과를 측정하는 데 그치지 않는다. 오히려 평가가 있다는 사실 자체가 학생 각자가 자신의 역할뿐 아니라 공동체 안에서의 상호작용에 더욱 책임감과 성취감을 느끼게 만든다. '평가를 통해 나뿐 아니라 우리 모두의 활동이 의미 있게 드러난다'라는 인식으로 상호작용을 더욱 활발하게 자극하는 계기가 되기 때문이다.

| AI 견해 |

* 학생의 목표지향적인 학습활동 관련, 상호작용이 가능한 공동체가 함께할 때 어떠한 효과를 얻게 될까?

학생의 목표지향적인 학습활동이 상호작용이 가능한 공동체와 함께하는 해결 활동으로 이루어질 때, 다음과 같은 긍정적인 효과를 얻을 수 있습니다.

1. 협력 능력 향상

공동체와의 상호작용을 통해 학생들은 협력의 중요성을 배우고, 효과적인 팀워크를 경험하게 됩니다. 각자의 역할을 이해하고 책임을 다하면서 공동의 목표를 달성하기 위해 협력하는 과정을 통해 협력 능력이 향상됩니다. 이는 이후 사회생활과 직업 세계에서도 중요한 자산이 됩니다.

2. 의사소통 능력 강화

공동체 내에서 목표를 달성하기 위해서는 명확한 의사소통이 필수적입니다. 학생들은 서로의 의견을 공유하고 조율하는 과정을 통해 의사소통 능력을 발전시킬 수 있으며, 이는 복잡한 문제를 해결하는 데 중요한 역할을 합니다. 이러한 능력은 논리적 사고와 설득력 있는 대화 능력으로 이어질 수 있습니다.

3. 다양한 관점 이해와 수용

공동체 활동은 다양한 배경과 관점을 가진 사람들이 함께 참여하는 경우가 많습니다. 학생들은 이러한 환경에서 서로 다른 시각을 이해하고 수용하는 경험을 하게 됩니다. 이는 비판적 사고를 기르는 데 도움이 되며, 학생들이 더욱 포용적인 태도를 가질 수 있도록 돕습니다.

4. 책임감과 주인의식 강화

공동의 목표를 향해 함께 나아가는 과정에서 학생들은 자신의 역할과 책임을 더욱 명확하게 인식하게 됩니다. 이를 통해 학습에 대한 책임감과 주인의식이 강화되며, 자신의 행동이 공동체의 성공에 미치는 영향을 체험하게 됩니다. 이는 개인의 학습 동기와 자기 주도성을 더욱 증진시킵니다.

5. 문제 해결 능력의 종합적 발전

공동체와 함께하는 해결 활동에서는 다양한 의견과 전략이 모여 문제를 해결하게 됩니다. 학생들은 이 과정에서 문제 해결에 필요한 다양한 접근 방식을 배우고, 이를 종합적으로 활용하는 능력을 기를 수 있습니다. 또한, 창의적인 아이디어와 혁신적인 해결책을 도출하는 경험을 통해 문제 해결 능력이 발전됩니다.

6. 자기효능감 증대

공동체 내에서 자신의 기여가 목표 달성에 중요한 역할을 한다고 느낄 때, 학생들은 자신이 할 수 있다는 믿음을 가지게 됩니다. 이는 자기효능감을 증대시키고, 더 큰 도전에 도전할 수 있는 자신감을 가지게 만듭니다. 또한, 성공적인 협력 경험은 학생들의 학습 의욕을 높이고, 지속적인 학습 동기를 부여할 수 있습니다.

7. 사회적 관계 형성 및 정서적 지원

공동체 활동을 통해 학생들은 동료들과의 관계를 형성하고, 정서적 지원을 받으며 성장할 수 있습니다. 이러한 경험은 학생들이 사회적 관계에서 중요한 기술을 배우고, 함께 성장하는 기쁨을 경험하게 합니다. 또한, 공동체 내에서 긍정적인 피드백과 격려를 받는 것은 학생들의 정서적 안정과 자신감을 높이는 데 기여합니다.

8. 집단 지성의 활용

공동체에서 다양한 아이디어와 지식을 공유함으로써 집단 지성을 활용할 수 있습니다. 학생들은 개별적으로는 생각해 내기 어려운 창의적인 해결책을 공동체 활동을 통해 도출할 수 있으며, 이는 학습의 깊이를 더하고, 더 나은 결과를 만들어내는 데 기여합니다.

결론적으로, 상호작용이 가능한 공동체와 함께하는 목표지향적인 학습 활동은 학생들에게 협력과 의사소통 능력을 비롯한 다양한 사회적, 인지적 역량을 기를 기회를 제공합니다. 또한, 이러한 경험을 통해 학생들은 학습 과정에서의 성취감을 느끼고, 자신감을 얻으며, 공동체 속에서 성장하는 기쁨을 누릴 수 있습니다.

◦ 개개인의 어떠한 산출물도 인정한다.

'어떠한 산출물이어도 박수를 받는다.'
 학습주제 해결 활동에서 학생 개개인의 산출물 요구는 완벽한 정답, 특정 형식이나 형태 등을 생각할 수 있기 때문에 학생 본인에게 적지 않은 부담이 된다. 따라서 선뜻 해결에 도전하지 못하거나 교과서 기준이나 방향을 따르는 산출물이 되어, 학생 전체가 비슷한 결과물일 수도 있다.
 하지만 학생 개개인의 활동 과정이나 결과물과 관련된 어떠한 산출물, 즉 수준이나 표현 형태, 표현 방식을 인정한다면 전혀 다른 상황이 된다. 말 한마디라도, 메모 한 줄이라도, 한국어가 아닌 영어나 베트남어이어도, 음악적이거나 미술적인 산출물이어도 모두 인정하는 것이다.
 다양한 산출물의 허용은 도전적인 해결을 이끌어 내는 것은 물론 자신의 어떠한 산출물에 자신감이 있는지 확인하면서 발전을 모색하는 계기가 된다. 성공적이든 실패이든, 남들이 인정하든 안 하든 자신의 산출물에 의미를 부여하면 되기 때문이다. 그림이든 글이든, 말이든 영상이든, 어떤 형식이든 허용될 때 스스로를 드러내고 성장시키는 활동으로 이어지는 것은 당연하다.
 학습주제와 연계하여 스스로의 방식으로 탐구하고 표현하며 '자신만의 결과물'을 만드는 활동은 자기성찰, 자기연찬, 자기계발로 연계될 수 있는 중요한 흔적이다. 수업이 단순한 배움의 장소를 넘어, 학생의 자기개발로 이어지는 시간이 되는 것이다.

> **AI 견해**

* **학생의 주도적인 학습주제 해결 활동이 이루어지는 수업에서 도달 수준, 형태, 형식 등 어떠한 산출물도 인정하게 될 때 학습주제 해결 의지에 미치는 영향은 어떠할까?**

　학생의 주도적인 학습주제 해결 활동이 이루어지는 수업에서 도달 수준, 형태, 형식 등 어떠한 산출물도 허용한다면, 이는 다음과 같은 방식으로 학습주제 해결 의지에 긍정적인 영향을 미치게 됩니다.

1\. 학습 동기의 다양성과 자율성 보장
　학생은 자신에게 익숙한 방식, 자신이 강점을 느끼는 표현 방법으로 문제를 해결할 수 있기 때문에 학습에 대한 심리적 장벽이 낮아지고, 도전 의지가 강화됩니다. 예를 들어, 말로 설명하길 좋아하는 학생은 발표로, 그림에 강한 학생은 시각 자료로, 글쓰기를 선호하는 학생은 에세이로 표현이 가능하게 됩니다.

2\. 실패에 대한 두려움 감소 → 시도 의지 강화
　정해진 정답이나 정형화된 결과물이 없기 때문에, 학생은 자신의 방식으로 도전할 수 있고, 그 과정에서의 실패조차도 '가능한 하나의 시도'로 인정받습니다. 이는 '틀려도 된다'라는 안전한 학습 환경을 조성하고 의욕적인 시도를 유도합니다.

3\. 자기 주도성과 창의성 증진
　형식이나 도달 수준의 제한이 없으면 학생은 문제 해결 방법을 스스로 설계하고, 자신만의 해결 방식을 고안하게 됩니다. 이는 단순한 지식 재현을 넘어 창의적 사고와 자기 주도적 학습 역량의 발달로 이어집니다.

4\. 학습의 의미와 연결 → 몰입도 증가
　학생 스스로 선택한 방식은 자신의 경험, 관심, 가치와 맞닿아 있는 경우가 많습니다. 이로 인해 학습활동이 '나의 이야기'가 되고, 학습주제 해결 자체에 몰입할 가능성이 커집니다.

5\. 다양성과 평등성의 기반 조성
　산출물의 형식과 수준을 획일화하지 않음으로써, 학습자 간 비교보다 개인의 성장에 초점을 맞추게 되며, 이는 다양한 학생들이 자신만의 방식으로 학습에 참여하고 인정받을 수 있는 기반이 됩니다.

　도달 수준과 형태, 형식을 제한하지 않는 수업은 학생의 학습주제 해결 의지를 북돋고, 자기 주도적 학습 태도와 창의적 문제 해결 능력을 강화하는 데 결정적인 역할을 합니다. 결과보다 과정 중심 수업을 가능하게 하며, 학생이 '자신만의 방식으로 해볼 수 있다'라는 믿음은 곧 '어떠한 주제도 해결할 수 있다'라는 자세로 연결됩니다.

■ 체계적인 학습이 될 수 있을까?
◦ 일정 시간 안에서의 해결해 볼 수 있는 기회이다.

'주어진 시간 안이라면 어떠한 해결이어도 된다.'

수업의 성격상, 어떠한 학습주제라 할지라도 새로운 내용이 중심이 된다. 학생의 주도적인 해결이 쉽지 않은 것은 물론, 학생들의 학습 능력, 재능, 관심사 등이 제각각 다르다는 것까지 감안하면 모든 학생의 적극적인 해결은 거의 불가능한 일이다.

그런데 여기에서의 해결은 완벽한 목표 도달이 아니라 '나름대로 해결해 볼 수 있는 기회'이다. 이것은 일정 시간 안에서 목표 도달 수준, 과정이나 방법 등 어떠한 것에도 구애받지 않고 자유로운 자신의 산출물을 얻을 기회를 말한다. 정답일 수도 있고, 틀린 답일 수도 있다. 교과서를 따르거나 넘어설 수도 있다. 곱셈일 때 구구단을 기억할 수 없으면 덧셈을 활용하고, 심지어 스마트폰의 계산 기능까지 활용해도 된다. 영어 시간일 때 통역 기능을 이용하여 문장 표현을 해도 된다. 시를 감상할 때 AI의 도움을 받아도 된다.

'기회'는 자신이 주체가 되어, 생각하고, 도전하고, 때로는 실패를 통해 깨닫는 시간이 되게 한다. 학생에게 주는 자극적인 도전 의식을 갖게 하는 것은 말할 나위도 없다.

또한 '기회'는 학생에게 또 다른 장점인 시간이 된다. 자기 주도성을 키우고, 문제를 해결하는 힘을 기르며, 실패도 학습의 과정이 되게 하고, 어떠한 성과이든 스스로 해냈다는 자부심으로, 자존감과 학습에 대한 내적 동기를 강화할 수 있기 때문이다.

모든 학생이 주도적인 활동으로 학습목표에 도달한다는 것은 쉬운 일 아니다. 하지만 짧은 시간이지만 자신의 의지에 의한 산출물을 얻는 활동을 해 나갈 수 있을 때 학생의 성장은 의미 있게 전개될 수 있는 것이다.

| AI 견해 |

* '학생이 해결해 볼 수 있는 기회'가 주어지는 수업이라면 어떠한 장점을 생각할 수 있을까?

'학생이 해결해 볼 수 있는 기회'가 주어지는 수업은 단순히 활동 중심 수업이나 흥미 유발 수업이 아닙니다. 이는 학습의 본질, 학생의 주도성, 교사의 전문성, 공교육의 신뢰 회복까지 모두 아우르는 교육적 핵심 구조로서 다음과 같은 구체적인 장점이 있습니다.

1. 학생의 '배움의 실질'을 보장한다

단순한 설명이나 암기가 아닌, 스스로 문제를 받아들이고 접근해보는 과정을 통해 학생은 지식을 단순히 듣는 것이 아니라 구성하고 체득하게 됩니다. 이는 곧 수업에서 실제로 얻는 것이 무엇인지 명확히 할 수 있는 배움의 구조입니다. '오늘 무엇을 배웠니?'가 아니라, '오늘 무엇을 스스로 해결해 보았니?'라는 질문이 가능해집니다.

2. 모든 학생의 참여를 가능하게 한다

해결 방법은 하나가 아니며, 해결의 깊이도 학생마다 다르기에 모든 학생이 자기 수준에 맞게 시도할 기회를 가질 수 있습니다. 참여의 전제가 정답이 아니라 '시도'가 되는 구조이므로, 소극적인 학생도 배움의 흐름 안으로 들어올 수 있게 됩니다. '나도 해볼 수 있다'라는 경험은 학습 동기를 만들어냅니다.

3. 교과 진도를 '학습 중심'으로 소화할 수 있게 한다

교사가 가르친 만큼 나아가는 진도가 아니라, 학생이 다루어 본 만큼 내면화되는 진도가 이루어집니다. 해결 기회를 중심으로 구성된 주제 활동은 교과의 핵심 개념을 체험적으로 다루게 하며, 진도는 설명 중심보다 느릴 수 있지만, 학습의 깊이는 더 깊어집니다. 진도는 양이 아니라 '도달한 질'이어야 합니다.

4. 학생의 자기성찰과 자기 평가가 가능해진다

자신이 무엇을 어떻게 해결해 보았는지를 돌아볼 수 있기 때문에, 수업 후 학생은 스스로의 학습 수준, 강점, 부족한 점을 점검할 수 있습니다. 이는 자기주도 학습의 기반이 되는 자기 인식 능력을 길러줍니다. '나는 오늘 어떤 방식으로 접근했고, 어떤 점이 어려웠는가'를 말할 수 있는 학생이 됩니다.

5. 교사는 피드백과 평가의 관찰자가 된다

교사는 더 이상 일방적인 전달자가 아니라, 학생이 어떻게 문제를 바라보고 해결하려 하는지를 관찰하고 지원하는 안내자가 됩니다. 이는 루브릭 기반의 평가와 연결되며, 학생의 사고, 전략, 태도까지 평가 가능한 수업이 됩니다. 평가가 단순한 점수화가 아닌, 학생 성장의 증거 수집 과정이 됩니다.

6. 공교육 수업의 신뢰를 회복할 수 있다

'모두에게 설명했다'가 아닌, '모두가 한 번은 해결자로 참여했다'라는 경험을 주는 수업은 학생과 학부모 모두에게 신뢰를 줄 수 있습니다. 특히 '진로·역량 중심 교육'과 연계될 수 있어, 공교육이 시험 준비 이상의 의미 있는 학습 공간이 될 수 있습니다.

학생에게 해결 기회가 주어지는 수업은 배움을 단순 수용이 아닌 능동적 구성으로 전환함으로써, 모든 학생이 자신의 수준에서 시도를 가능하게 하며, 설명 중심이 아닌 체득 중심 진도 소화, 루브릭 기반의 피드백과 자기성찰 가능, 전달자에서 관찰자·조력자로 전환하게 함으로써 학생의 의미 있는 경험이 축적되는 수업이 되게 합니다.

* '학생이 해결해 볼 수 있는 기회'가 주어지는 수업의 필요성을 제시하는 교육 이론은?

질문자님께서 강조하신 '학생이 해결해 볼 수 있는 기회가 보장되는 수업'은 단순한 실천적 제안이 아니라, 다음과 같은 여러 교육 이론들과 깊이 연결되어 있습니다. 아래에서는 그 핵심 개념들과 이론적 기반을 정리해드리겠습니다.

1. 구성주의(Constructivism) 학습 이론
- 대표 학자: Jean Piaget, Jerome Bruner, Lev Vygotsky
- 핵심 개념: 학습은 지식의 수동적 전달이 아니라, 학습자의 능동적 구성 과정
- 연계성: '해결해 볼 수 있는 기회'는 학생 스스로 문제에 접근하고, 시도하며, 의미를 구성하는 과정 그 자체이다. 특히 Vygotsky의 '근접 발달 영역(ZPD)' 개념은 학생의 현재 수준과 가능한 성장 사이를 연결하는 해결의 시도가 중요함을 강조한다.

2. 경험주의·실천 중심 학습 이론 (Dewey, Kolb)
- 대표 학자: John Dewey, David Kolb
- 핵심 개념: 학습은 직접적인 경험을 통한 반성과 탐색의 과정
- 연계성: Dewey는 학교 수업이 삶에서 유리된 전달 중심이 아니라, 문제 해결의 장이 되어야 한다고 보았다. Kolb의 '경험학습 순환 모델'(경험 → 반성 → 개념화 → 실행)은, 학생이 직접 해결해 보는 경험이 학습의 핵심임을 보여준다.

3. 문제 중심 학습(Problem-Based Learning, PBL)
- 대표 적용: 의과대학, 진로 탐색 수업, 융합 프로젝트
- 핵심 개념: 학습은 실제적인 문제 해결 과정을 통해 이루어진다.
- 연계성: '해결해 볼 수 있는 기회'는 단순히 활동 기회를 주는 것이 아니라, 지식·기능·태도가 통합적으로 작동하는 문제 상황을 경험하는 것이다. PBL은 학생의 주도성, 자기주도학습, 협업, 깊이 있는 이해 모두를 포함하는 구조이다.

4. 인지적 도제이론(Cognitive Apprenticeship)
- 대표 학자: Collins, Brown, Newman
- 핵심 개념: 전문가의 문제 해결 과정을 학습자가 관찰, 시도, 피드백, 자기화하는 일련의 흐름
- 연계성: 교사는 단지 설명하는 사람이 아니라, 학생이 자신의 해결을 시도해 볼 수 있도록 과제를 설계하고 피드백하는 조력자가 된다. 이 이론은 해결 과정에 대한 의미 있는 안내와 정교화된 피드백을 강조하며, 루브릭 기반의 평가로도 연결된다.

5. 학습 공동체 이론 (Community of Learners)
- 대표 학자: Ann Brown, Jean Lave & Etienne Wenger(상황학습)
- 핵심 개념: 학습은 개인의 노력과 공동체의 상호작용 속에서 발생
- 연계성: 학생이 해결해보는 경험이 타인과의 비교나 평가 대상이 아니라 공동의 의미를 만들어가는 과정이 될 때, 수업은 단절이 아니라 연결이 된다. 모든 학생이 다르게 접근하고 다르게 표현할 수 있도록 허용하는 구조는 학습 공동체 안에서의 다양성을 반영한다.

'해결해 볼 수 있는 기회'가 있는 수업은 단지 활동을 포함한 수업이 아니라, 학생이 능동적으로 의미를 구성하고, 삶과 연결된 문제를 탐색하며, 공동체 속에서 피드백과 성장을 경험하고, 교과의 개념을 자기화하며, 실패도 성장의 일부로 받아들이는 구조를 말합니다. 이는 단 하나의 이론이 아니라, 구성주의·문제 중심 학습·경험학습·인지 도제·학습 공동체 이론이 복합적으로 작동하는 수업 설계 원리입니다.

◦ **교사의 평가와 피드백이 따른다.**

　현직에 있을 때 교사들의 활동 중심 수업을 지켜볼 기회가 많았다. 공개 수업이라는 분위기를 감안하더라도 학생들의 활발한 참여는 높이 살 만한 수준이다. 하지만 안타까웠던 것은 시간 부족으로 인하여 학생들이 해결 활동 중이거나 결과를 얻는 단계에서 마무리된다는 점이다. 학생들의 활동이 해결로 끝나게 되니 의미 있는 학습이 될 수 있을까?

　물론 대부분 교과서 중심의 학습이어서 나중에 교과서를 참고하면 되겠지만 해당 시간에서의 개개인의 활동과 관련된 평가나 피드백 기회는 전혀 주어질 수 없으니 학생 개개인을 위한 수업이 될 리가 없다.

　학습주제 중심 수업에서 학생이 주도적으로 문제를 해결해 보는 활동은 그 자체로 중요한 의미를 지닌다. 학생 한 사람 한 사람의 생각과 방식을 관찰할 수 있기 때문이다. 교사는 이러한 활동 과정을 통해 평가와 적절한 피드백을 제공하게 된다.

　이때의 피드백은 정답 중심이 아니라, 학생이 어떤 흐름으로 문제를 이해하고 해결했는지를 함께 짚어주는 내용이 된다. 학생은 이를 바탕으로 자신의 사고 과정을 돌아보고, 지식과 경험을 스스로 정리하며 발전적인 학습 기회를 만들어 갈 수 있다.

　학생의 주도적인 해결 활동은 평가를 가능하게 하고, 그 평가가 다시 학생의 학습을 체계화하는 피드백을 가능하게 한다. 수업이 단순히 배우는 시간이 아니라, 자신만의 학습 구조를 탄탄하게 하는 시간이 되는 것이다.

| AI 견해 |

* 학습주제 중심 수업 관련, 학생의 주도적인 해결 활동은 개개인에 대한 평가와 피드백을 가능하게 한다. 체계적인 학습에는 어떠한 영향을 미칠까?

학습주제 중심 수업에서 학생의 주도적인 해결 활동이 개개인에 대한 평가와 피드백을 가능하게 할 때, 체계적인 학습에는 다음과 같은 긍정적인 영향을 미치게 됩니다.

1. 학습의 흐름과 구조 인식 강화
  학생이 주도적으로 문제를 해결하는 과정은 단편적인 지식 습득이 아니라, 문제의 맥락 이해 → 해결 방안 탐색 → 실행 → 성찰이라는 일련의 체계적인 사고 흐름을 경험하게 합니다. 교사는 이 흐름을 관찰하고 평가하며, 학생이 단계별로 무엇을 잘하고 무엇이 부족한지를 명확히 알 수 있습니다.

2. 개별화된 피드백을 통한 학습의 심화
  학습주제는 학생의 경험과 관심, 수준에 따라 다양한 해결 방식으로 전개될 수 있습니다. 이 과정에서 이루어지는 개별 평가와 피드백은 학생 각자의 사고방식과 역량에 맞춘 조정과 보완을 가능하게 하여, 학습의 깊이와 정교함을 높여줍니다.

3. 자기 점검과 성찰을 통한 체계적 자기조절 학습
  학생이 자신이 설정한 목표나 해결 방식에 대해 피드백을 받고 수정하는 경험은, 단순한 결과 중심 학습이 아닌 과정 중심의 자기조절 학습 능력을 키우는 데 도움이 됩니다. 이는 학습 내용을 구조적으로 재정리하고, 반복 학습의 전략을 세우는 데 기초가 됩니다.

4. 지식과 역량의 통합적 구조화
  단순한 지식의 암기가 아니라, 문제 해결 과정에서 사용된 지식과 발휘된 역량이 서로 연결되고 구조화됩니다. 교사는 이를 토대로 학생이 어떤 지식을 어떤 맥락에서 사용했는지를 분석하고 평가할 수 있으며, 학생도 스스로 그 체계를 정리할 수 있게 됩니다.

  학생의 주도적인 해결 활동에 기반한 개별 평가와 피드백은, 단순한 진도 중심 수업에서 놓치기 쉬운 체계적 학습 구조 형성에 크게 기여합니다. 학생은 자신의 학습 과정을 스스로 점검하고 정리할 수 있게 되며, 교사는 개별 학습자의 성장을 더욱 정밀하게 지원할 수 있게 됩니다. 이로써 수업은 단지 '배우는 시간'이 아니라 자신만의 학습 체계를 구축해 나가는 시간으로 전환됩니다.

◦ 교사에 의한 최종적인 학습 내용 정리

학생에게 해결 기회가 주어지는 수업일 때 마지막 단계에서의 교사에 의한 학습정리는 중요한 의미를 갖는다.

우선, 학생들의 다양한 학습 경험을 교과의 핵심 개념과 연결해 체계화할 수 있게 해준다. 또한, 개별 학습 과정에서 놓칠 수 있는 중요한 관점이나 개념을 보완하며, 학생들의 이해를 보다 완전하고 정확하게 한다.

또한 학생 자신의 목표지향적인 활동 성과를 스스로 평가할 수 있게 한다. 그러한 활동으로 교과 지식과 관련된 목표 도달 수준, 교과 역량 또는 핵심역량과 관련된 활동에서 긍정적인 점, 부정적인 점을 정리하면서 더 나은 학습활동으로 발전할 수 있게 한다. 모든 학생에게 요구하는 최소한의 지식은 최종 학습정리에서 요약된 내용을 기억하게 하는 것만으로도 의미가 있다.

교사의 학습정리는 학생들의 자기 주도적 학습활동에 의미와 가치를 부여하는 활동이다. 그렇게 될 때 자신의 학습 과정을 전체적인 맥락 속에서 이해하게 됨으로써, 더욱 깊이 있는 학습이 이루어지게 되며, 또한 미래 교육에서도 교사 존재 이유를 말해주는 중요한 이유가 된다.

| AI 견해 |

* **'개인별 평가와 피드백'과 '교사의 최종적인 학습정리'는 어떻게 활용하면 될까?**

'개인별 평가와 피드백'과 '교사의 최종적인 학습정리'는 수업의 마무리 단계에서 서로 다른 역할을 하면서도 유기적으로 연결되어야 합니다. 두 요소를 효과적으로 활용하는 방법은 다음과 같습니다.

1. **학습정리는 '공통의 기반'으로, 피드백은 '개인의 성찰'로**

교사의 학습정리는 수업에서 드러난 다양한 해결 방식과 생각들을 하나의 구조로 묶어 주고, 학습의 방향성과 핵심 내용을 정돈하는 데 사용합니다. 이는 모든 학생에게 공통의 이해 틀과 개념적 정리를 제공합니다. 이 정리를 바탕으로, 학생 개개인의 활동과 비교하며 피드백을 제시하면, 학생은 자신의 위치를 객관화하고, 무엇을 보완하거나 발전시켜야 하는지를 명확히 인식하게 됩니다.

2. **학습정리는 '다음 학습'으로, 피드백은 '다음 시도'로**

학습정리는 단원이나 주제의 흐름 안에서 이번 활동의 위치와 의미를 정리하고, 다음 활동과 자연스럽게 이어질 수 있도록 합니다. 개별 피드백은 학생이 자신의 성장을 어떻게 이어갈지를 고민할 수 있도록 돕는 실질적 안내가 되어야 합니다. 즉, '다음 활동에서 너는 이런 점을 좀 더 해보자'라는 식의 개인별 방향 제시가 중요합니다.

3. **학급 전체 공유와 개별 맞춤 지도가 동시에 이루어지도록**

수업 말미에 교사는 대표적 예시나 문제 해결 방식을 바탕으로 학습정리를 전체와 함께 진행하고, 이후 개인별 평가와 피드백은 기록물, 개별 상담, 짧은 코멘트 등의 방식으로 제공합니다. 또는, 학습정리 후 학생에게 자신의 결과를 되돌아보고 교사의 피드백을 바탕으로 간단히 정리해보는 활동을 부여하면, 두 요소가 자연스럽게 연결됩니다.

4. **서로를 보완하는 역할로 인식하기**

학습정리는 '이 수업에서 모두가 함께 도달해야 할 지점'을 제시하는 것이고, 개인별 피드백은 '그 지점까지 가는 각자의 경로에 대한 안내'라고 볼 수 있습니다.

'교사의 학습정리'는 공통의 이해를 위한 지도이고, '개인별 평가와 피드백'은 학생 개개인의 성장을 위한 나침반입니다. 이 둘을 분리하지 않고 정리 → 비교 → 성찰 → 보완의 흐름으로 연결할 때, 수업은 집단과 개인 모두에게 의미 있는 경험이 됩니다.

4. 학습목표 자기화가 변화시키는 수업

실제, 학생의 주도적인 해결이 가능할까?
- 학습주제 해결을 요구하지만

○ 해결해 나가지 못한다.

아무리 도달 수준, 방식과 방법 등을 허용하는 해결이라 하더라도 막상 할 일이나 문제가 주어졌을 때 학생들은 '어떻게 해결하라는 것인가?'에 부딪힐 수밖에 없다.

학생들이 주도적으로 학습문제를 해결하기 어려운 이유 중 하나는, 학습문제를 단지 '풀어야 할 과제'나 '정답을 찾아야 할 일'로만 보기 때문이다. 당연히 공식이나 기억되어있는 자원이 없으면 막히게 된다. 왜 이 문제를 해결해야 하는지, 최종적으로 무엇을 얻어야 하는지에 대한 고민 없이, 그저 정해진 방식 안에서 빠르게 답을 찾으려 하기 때문이다.

이러한 태도는 정답 중심의 교육 환경 속에서 자연스럽게 길러진 결과이다. 우리나라의 학생들은 문제를 자신이 탐색하고 해설해 나가야 할 기회로 보기보다는, 정답을 찾아야 하고, 그것도 실수가 없어야 한다는 분위기 속에서 자라왔기 때문이다.

미래 사회는 정해진 답이 없는 문제를 끊임없이 마주하게 될 것이다. 표준지식을 아는 것만으로는 부족하다. 학생들이 스스로 해결해 나가도록 하려면, 교과서의 해결 과정을 따라가는 학습을 넘어 해결 과정 자체가 중요시되는 수업이 절실한 이유이다.

> **AI 견해**

* 한국의 학생들은 교과서가 제시하는 해결 과정에 의하여 표준 지식을 얻는 체계에 익숙하다 보니 어떠한 문제나 일에 부딪혔을 때 어려움을 겪게 된다. 어떠한 것이 될까?

한국 학생들이 교과서의 해결 과정을 따라 표준 지식을 익히는 방식에 익숙하다 보니, 실제 상황에서 문제를 마주했을 때 나타나는 어려움은 다음과 같이 정리할 수 있습니다.

1. 문제 규정 능력 부족
교과서의 문제는 이미 문제와 조건이 정해진 상태에서 시작됩니다. 그러나 실제 상황은 문제 자체를 정의하고 범위를 설정하는 것부터 출발해야 하는데, 학생들은 이 단계에서 막히게 됩니다. 결과적으로 "무엇이 문제인지 모르는 상태"에 쉽게 빠집니다.

2. 비표준 상황에서의 불안
표준 지식과 정해진 풀이 절차에 익숙하다 보니, 새로운 맥락이나 비정형 문제를 만나면 해결 전략을 세우지 못합니다. 교과서 풀이가 적용되지 않으면 막막함과 불안감이 먼저 나타납니다.

3. 사고 전환의 경직성
정답 중심 사고에 익숙하여 여러 해석이나 다양한 접근을 시도하는 유연성이 부족합니다. 하나의 '정답 경로'만 찾으려 하므로, 문제 해결의 창의적 사고가 제약됩니다.

4. 실패·시도 경험 부족
교과서 풀이 과정은 실패나 오류를 경험하지 않는 '완성형 답안'을 제공합니다. 따라서 실제 문제에서 시행착오를 겪을 때 실패를 감당하거나 전략을 조정하는 경험이 부족합니다.

5. 메타 인지적 점검 결여
교과서 중심 학습은 '왜 이러한 과정인가'를 묻지 않게 합니다. 그 결과, 새로운 문제에서 자신이 아는 것과 모르는 것을 점검하고 전략을 재설계하는 능력이 약합니다.

교과서 해결 과정에 익숙한 학생들은 문제 정의, 전략 설계, 유연한 사고, 실패 대처 같은 실제 문제 해결의 핵심 단계를 경험하지 못해, 비표준 상황에서 스스로 해결하는 데 큰 어려움을 겪게 됩니다.

* '문제를 풀다'와 '문제를 해결해 나가다'는 어떠한 차이가 있을까?

"문제를 풀다"와 "문제를 해결해 나가다"는 겉으로 비슷해 보이지만, 행동의 성격과 과정, 사고의 깊이에서 차이가 있습니다.

1. 행동의 초점
- 문제를 풀다: 이미 제시된 문제에 대해 정해진 답을 찾아내는 행위로, 주로 정답 도출이 목적이며, 과정은 짧고 직선적일 수 있습니다. (예: 수학 시험에서 1+1의 값을 구함)
- 문제를 해결해 나가다: 주어진 상황이나 난관을 여러 과정을 거쳐 극복하는 행위로, 답이 하나가 아닐 수도 있고, 과정에서 문제 자체가 변형·재정의될 수 있습니다. (예: 프로젝트에서 예산 부족 문제를 단계별 대안으로 극복할 수 있다.)

2. 과정의 성격
- 문제를 풀다: 이미 틀이 있는 문제(교과서·시험 문제 등)에 접근하게 합니다. 정해진 방법이나 공식, 알고리즘 사용 등 결과 중심적입니다.
- 문제를 해결해 나가다: 정형화되지 않은 상황에서도 적용 가능합니다. 과정에서 새로운 방법 창

출, 협력, 조정 필요 등 과정 중심적입니다.

3. 사고의 깊이
- 문제를 풀다: 분석적·계산적 사고 중심입니다.
- 문제를 해결해 나가다: 분석 + 창의 + 사회적 협력 + 지속적 판단 등 복합적 사고 필요합니다.

4. 시간과 지속성
- 문제를 풀다: 비교적 짧은 시간 안에 완결을 요구합니다.
- 문제를 해결해 나가다: 장기적·반복적인 시도가 가능합니다.

5. 교육적 관점에서의 함의
"문제를 풀다"만 강조하면 학생은 정답 의존형이 되기 쉽습니다. 하지만 "문제를 해결해 나가다"를 경험하면 학생은 과정과 전략, 적응력을 키울 수 있습니다.

문제를 푸는 것은 '정답 찾기'이고, 문제를 해결해 나가는 것은 '상황을 바꾸는 과정'입니다. 전자는 공식이 있는 세계, 후자는 공식이 없을 수도 있는 세계에서 필요한 역량입니다.

■ 학습목표가 중시되어야 한다.
◦ 목표가 보일 때 해결도 보인다.

우리의 일상은 대부분 목표지향적이다. 학교나 회사에 가기 위하여 집을 나서는 것, 건강을 위하여 규칙적인 운동이나 균형 잡힌 식사를 하는 것, 자격증 취득을 위해 열심히 공부하는 것 등이 그러한 예이다.

점심 메뉴를 선뜻 선택하지 못하는 사람, 옷을 고르기 위하여 많은 시간을 들이면서 고민하는 사람들은 대체로 왜 점심을 먹어야 하는지, 옷을 사야 하는 이유가 무엇인지를 생각하는 단계를 놓쳤기 때문이라 할 것이다.

학생도 마찬가지이다. 교사가 학습문제를 제시하여 해결하라 하면 지금의 학생들에게는 불가능한 일이다. '해결해 나감으로써 도달하는 목표'에 익숙해 있기 때문이다. 목표가 보이지 않는데 해결을 모색할 수 있을까? 아무리 잘 만들어진 교과서가 있다 할지라도 학생들의 적극적인 해결 활동으로 쉽게 이어지지 않는 것은 당연한 일이다.

하지만 학생에게 '어떠한 것을, 왜 얻어야 하는가?'가 보인다면 어떠할까? 주어진 상황이나 여건에 따라 다르겠지만 어쨌든 학생들은 나름대로 최선을 다하여 해결해 나가려 할 것이다.

목표가 보인다는 것은 목표지향적 교육의 시작이다. 명확한 목표가 있을 때, 학생들은 단순히 지식을 습득하는 것을 넘어 어떻게 얻을지, 그 지식을 어떻게 활용할 것인지, 어떤 문제를 해결할 것인지와 같은 확장된 응용으로도 이어지게 된다. 이것이 바로 '왜 배우는가'에 대한 답을 제공하는 교육, 즉 학습의 의미와 목적을 되찾는 교육의 본질이라 할 것이다.

AI 견해

* **학습활동에서, 학생에게 목표가 보인다는 것은 학생의 주도적인 해결 활동에 어떠한 영향을 미치게 될까?**

학습활동에서 학생에게 목표가 보인다는 것은 단순히 '해야 할 일'이 명확하다는 것을 넘어서, 학습의 방향성과 의미, 자기 주도성을 가능하게 하는 핵심적인 조건입니다. 이러한 목표 인식은 학생의 주도적인 해결 활동에 다음과 같은 긍정적인 영향을 미칩니다.

1. 학습에 대한 내적 동기 유발
목표가 명확하면 학생은 '왜 이걸 해야 하는지'를 이해하게 되고, 이는 과제 수행의 의미를 부여합니다. 단순히 외부 지시에 따라 움직이는 것이 아니라, 스스로 해야 할 이유를 갖고 움직이게 됩니다.

2. 계획 및 전략 수립 가능
목표를 인식함으로써, 학생은 자신의 현재 상태를 기준으로 무엇이 부족한지, 어떻게 접근할지 판단하게 됩니다. 이는 자연스럽게 문제 해결 과정에 대한 계획 수립, 전략 선택으로 이어집니다.

3. 과정 중심의 자기 점검 활성화
목표가 있으면, 학습 도중에 '지금 잘 가고 있는가?', '이 방법이 맞는가?' 등의 자기 점검과 피드백 활동이 촉진됩니다. 이는 단순 수행이 아니라 성찰적 활동으로 학습을 전환합니다.

4. 실패에 대한 긍정적 해석과 지속적인 도전
명확한 목표는 실패를 단순한 '낙제'가 아닌, 목표 달성까지의 과정상의 정보로 받아들이게 합니다. '아직 목표에 도달하지 못했다'라는 인식은 도전의 지속성으로 이어지며, 이는 성장 마인드셋과 연결됩니다.

5. 협력 활동에서의 능동적 역할
목표를 공유한 상태에서는, 학생은 협력 과정에서도 수동적인 참여자가 아닌 자기 역할을 자각하고 수행하는 능동적 참여자가 됩니다. 이는 단체 활동에서도 책임감과 주도성을 강화합니다.

요약하자면, 학생에게 목표가 보인다는 것은 단순한 학습활동의 안내선이 아니라, 학생이 학습의 주체가 되기 위한 출발점입니다. 이는 곧 자기 주도적 문제 해결 능력, 자기조절 학습, 지속 가능한 성장으로 이어지는 기반이 됩니다.

* **학생에게 '해결하여 얻는 정답'과 '목표에 도달하기 위한 해결'은 각각 어떠한 의미가 될까?**

학습 과정에서 '해결하여 얻는 정답'과 '목표에 도달하기 위한 해결'은 얼핏 비슷해 보이지만, 학생이 학습을 어떻게 경험하고 의미화하느냐에 따라 전혀 다른 학습 태도와 결과를 가져옵니다. 두 가지 관점을 비교하면 다음과 같은 차이와 의미를 발견할 수 있습니다.

1. '해결하여 얻는 정답'이 가지는 의미
- 정확한 답변 도출에 대한 집중: 학생들은 '문제' 자체를 해결해야 하는 '과제'로 인식하고, 정답을 찾는 것이 최종 목표가 됩니다. 교사가 원하는 올바른 답을 제시해야 한다는 압박감이 형성될 수 있고, 학생에게는 평가의 중심이 '맞음' 또는 '틀림'으로 귀결된다고 여겨질 수 있습니다.
- 단기 성취 중심의 학습 태도: 빠르게 정답을 찾고, 문제를 해결하면 학습이 완료되었다고 느끼기 쉬워, 추가적인 탐구나 사고 확장으로 이어지기 어렵습니다. 시험이나 평가 상황에서 유효하지

만, 이러한 학습 태도가 장기적으로 깊은 이해와 지속적인 동기로 이어지지 않을 수 있습니다.
- 탐구 과정이나 사고 과정의 중요성 축소: 정답 도출 자체가 목적이 되면, 오류를 발견하고 수정하는 과정적 학습의 가치가 상대적으로 낮아집니다. 즉, 과정보다 결과가 더 중요하게 여겨져서, 문제 해결을 위한 다양한 시도와 창의적 접근이 제한될 가능성이 있습니다.

2. '목표에 도달하기 위한 해결'이 가지는 의미
- 학습 과정과 성장에 대한 집중: '목표에 도달하기 위해 해결한다'라는 것은 학습자가 해결 과정 전반을 체계적으로 경험하는 것을 강조합니다. 최종 답이 중요한 것은 맞지만, 목표에 접근하는 여러 가지 방법을 고민하고, 시행착오와 피드백을 통해 성장하는 과정 자체가 학습의 본질이 됩니다.
- 장기적이고 자기 주도적인 학습 태도 형성: 학생들은 목표지향적 학습을 통해, 단순히 정답을 찾기보다 목표와의 거리를 스스로 점검하고 개선해 나가는 능력을 키우게 됩니다. 이는 메타인지(메타 사고) 능력을 향상시키며, 장기적으로 학생의 학습 효능감(self-efficacy)과 동기를 높이는 데 기여합니다.
- 과정 속 시행착오와 협력을 통한 역량 강화: 목표에 도달하기 위해 다양한 방법을 시도하고, 실패와 오류를 수정하는 경험은 학생들이 문제 해결력을 실제로 길러가는 과정이 됩니다. 다른 학생과의 협력, 교사 및 동료의 피드백을 통해 비판적 사고, 의사소통, 협업 능력이 함께 발달할 수 있습니다.
- 학습과 삶의 연결고리 형성: '목표에 도달하기 위한 해결'은 보통 구체적인 상황이나 주제(프로젝트, 과제, 실생활 문제 등)와 연계되어 이루어집니다. 따라서 학생은 학습 내용이 실생활과 어떻게 연결되는지를 직접 체감하고, 학습에 대해 의미와 가치를 부여하게 됩니다.

3. 학생 관점에서의 두 관점 정리
- '해결하여 얻는 정답':
  의미: 결과(정답) 자체에 집중. 누가 봐도 맞는지 틀리는지를 빠르게 판단할 수 있음.
  장점: 명확한 평가 기준, 문제 해결의 즉각적 성취감.
  한계: 과정 및 사고 확장이 제한될 수 있고, 실패에 대한 두려움이 커질 수 있음.
- '목표에 도달하기 위한 해결'
  의미: 목표 달성을 위한 과정 전체가 학습의 핵심. 실패나 오류가 학습 과정의 일부로 수용됨.
  장점: 문제 해결력, 자기 주도성, 창의성, 협력 능력 등 미래 역량 함양에 도움. 학습에 대한 장기적 동기부여.
  한계: 단기적으로는 평가 기준이 불명확하다고 느낄 수 있으며, 교사와 학생 모두 과정 중심 평가를 위해 추가적인 노력과 시간을 들여야 할 수 있음.

학생에게 '해결하여 얻는 정답'은 즉각적이고 분명한 성취('맞혔다!')를 주지만, 종종 '다음 단계로 나아가는 사고 확장'이나 '학습의 본질적 의미'를 놓칠 위험이 있습니다. 반면에, '목표에 도달하기 위한 해결'은 정답을 넘어서는 과정적 경험, 성찰, 다양한 시도, 협력을 통해 학생이 자기 주도적이고 깊이 있는 학습 역량을 키우는 데 도움이 됩니다. 따라서 학습목표 설정과 해결 활동이 '과정을 통한 성장'을 중시하도록 설계된다면, 학생들은 학습을 더욱 가치 있고 의미 있는 것으로 인식하며, 결과적으로 정답을 얻는 것 이상의 폭넓은 역량을 갖추게 될 것입니다.

학습목표의 중요성

　교사의 지시에 따라 활발하게 움직이는 학생들에게 '학습목표가 무엇이니?' 물었을 때 선뜻 대답하지 못한다면?

　학생들이 활발하게 움직이는 수업일지라도 모두가 어떠한 것을 얻기 위한 활동인지 모른 채 활동하고 있다면, 그것은 단지 교사가 알려주고 시키는 대로 열심히 활동하는 시간에 지나지 않는다. 지금의 교육은 그러한 교육을 조장해 왔다. '이것은 시험에 나오는 거야.', '내가 하라는 대로 열심히 노력하면 100점을 맞을 수 있어.'와 같이, 수동적인 자세와 엄청난 노력을 요구하는 수업이 중심이 되어 왔기 때문이다.

　하지만 어떠한 학생도 학습목표를 명확히 안다면 적극적인 해결에 참여가 가능한 것은 물론 학습의 방향성, 자신의 학습 점검, '왜 배우는가'에 대한 동기 강화, 학습에 대한 책임감 향상 등에서 의미 있는 활동이 이루어진다.

　결론적으로 모든 수업은 반드시 학생 모두가 학습목표를 분명하게 말할 수 있게 될 때 의미 있는 활동이 가능한 것이다.

AI 견해

* 한국의 초·중·고 교육은 교과서가 중심이 되다 보니 대부분 단위 수업에서의 '모든 학생의 학습목표 이해'는 간과하게 된다. 어떠한 문제를 만들게 될까?

　단위 수업에서 '모든 학생의 학습목표 이해'를 간과하는 상황은 다음과 같은 구조적 문제를 만듭니다.

1. 수업 참여의 의미 상실
　학생은 수업의 목표를 알지 못한 채 교과서의 순서만 따라가게 됩니다. 이로 인해 '왜 배우는지' 모르는 상태에서 수업에 임하게 되고, 수업 참여가 형식화됩니다.

2. 표면적 학습과 단기 기억화
　목표가 분명히 제시되지 않으면 학습의 핵심과 비핵심을 구분하지 못해 암기 위주의 단편적 학습으로 흐릅니다. 결과적으로 평가 직후 쉽게 잊히는 지식이 되고, 사고 확장이나 응용으로 이어지지 못합니다.

3. 학생 간 이해 격차 심화
  목표를 명확히 인지하지 못한 학생은 수업 초반부터 학습 흐름에서 이탈합니다. 이는 학습 격차를 키우고, 교사의 추가 지원이 없으면 뒤처지는 학생이 누적되어 늘어나는 악순환을 만듭니다.

4. 교사의 평가·피드백 부재
  목표 이해가 전제되지 않으면 무엇을 기준으로 평가하거나 피드백해야 하는지 불명확해집니다. 결국 결과만 보는 점수 중심 평가로 귀결되고, 과정 중심 피드백은 사실상 불가능해집니다.

5. 자기주도 학습의 토대 상실
  학습목표는 학생이 자신의 활동을 계획하고 성찰하는 기준이 되어야 합니다. 목표 이해가 없는 수업은 '교사가 시키는 대로 따라가는 학습'으로 고착되어, 학생 스스로 학습을 조정하거나 목표를 확장하는 능력을 기르지 못하게 됩니다.

  교과서 중심 수업에서 목표 이해를 소홀히 하면, 수업이 단순한 내용 전달로 전락하고, 학생의 주도성·성찰·응용력이 발달하지 못하며, 결과적으로 의미 있는 배움이 사라집니다.

* '학습목표를 무시하거나 소홀히 하더라도 수업에는 문제가 없다.'라는 교사의 인식은 어떠한 문제점을 갖고 있을까?

  '학습목표를 무시하거나 소홀히 하더라도 수업에는 문제가 없다'라는 인식은 표면적으로는 수업이 겉보기에 잘 굴러가는 듯 보일 수 있다는 뜻이지만, 교육적으로는 매우 심각한 왜곡과 무책임한 태도를 내포하고 있습니다. 이 표현이 지닌 실제 의미와 문제점을 아래와 같이 분석할 수 있습니다.

1. 겉모습만 남은 수업의 정당화
  수업이 활동 중심, 분주한 참여, 시간 소진만으로도 그럴듯해 보일 수 있습니다. 하지만 이는 왜 그 활동을 하는지, 무엇을 위해 학습하는지에 대한 설명 없이 단순히 '수업을 했다는 사실'만 남기는 결과로 이어집니다. 수업은 존재하지만, 배움은 존재하지 않는 수업이 될 수 있습니다.

2. 학생의 주도성과 자기 성장을 외면
  학습목표는 학생에게 이 수업이 나와 무슨 관련이 있고, 무엇을 향해 가는지를 안내합니다. 이를 소홀히 한다는 것은 학생에게 학습의 이유와 방향 없이 무작정 따라오라고 강요하는 것입니다. 학생은 수동적 존재로 전락하고, 수업 참여는 의미 없는 반복이 될 수 있습니다.

3. 교사의 수업 설계 책임 회피
  학습목표 없이도 수업이 된다는 말은, 교사가 명확한 목표 설정과 구조화 없이도 수업을 진행해도 된다는 자기 면죄부가 될 수 있습니다. 이는 교육 전문성을 포기하는 태도로 해석될 수 있습니다. 수업이 우연적이고 단절적이며, 누적되지 않는 활동으로 전락할 수 있습니다.

4. 평가와 피드백의 정당성 상실
  목표 없이 이뤄진 수업에서 평가가 이루어진다면, 그것은 무엇을 근거로 한 평가인가? 라는 질문에 답할 수 없습니다. 공정성과 피드백의 근거가 사라지게 됩니다. 성장 중심 평가, 과정 중심 피드백은 실현 불가능하게 됩니다.

  '학습목표를 무시하거나 소홀히 하더라도 수업에는 문제가 없다'라는 말은, 학습의 본질을 망각한 교육의 자기 부정입니다. 이는 학생의 주체성, 수업의 의미, 평가의 정당성, 교사의 전문성 모두를 무너뜨릴 수 있는 위험한 생각입니다. 겉으로 보기에 수업은 문제없을지 몰라도, 그 속엔 배움도, 방향도, 성찰도 없는 '빈 수업'이 될 수 있습니다.

◦ 누구나 기억할 수 있는 학습목표

　대부분 사람이 한 번에 기억할 수 있는 단어의 개수는 평균 7±2개, 20~25자 내외의 글자라고 한다. 이것은 학습목표 진술에도 중요한 시사점을 준다. 학생이 목표를 기억하지 못하면 수업의 이유와 방향을 놓칠 수밖에 없다. 그런데 목표를 간결하게 제시한다면 학생은 수업 내내 자신이 집중해야 할 과제를 머릿속에 두고 활동할 수 있다.

　차시 단위의 학습주제에 '~을 안다', '~을 할 수 있다'와 같은 표현을 덧붙이는 시도는 이러한 측면에서 의미가 있을 것이다. 짧지만 핵심을 담은 목표는 학습 능력이나 관심 수준이 다양한 학생들에게 수업 참여의 실마리를 제공할 수 있기 때문이다. 또한 목표가 명확할수록 학생은 학습 후 스스로 성찰할 수 있고, 교사는 평가와 피드백의 기준을 분명히 할 수 있다.

　학습주제 중심 수업이 강조되는 교육과정에서, 목표는 학생 모두가 공유해야 할 '학습의 나침반'이어야 한다. 7±2개의 단어 안에 담긴 간결한 목표는 학생 스스로 그 나침반을 들고 움직이게 하는 출발점이 되게 할 것이다.

| AI 견해 |

* 학습목표 진술 관련, 한국의 초·중·고 교육이 표준 지식을 중시한다는 점을 감안할 때, 차시 단위의 학습주제에 '~을 안다', '~을 할 수 있다'를 붙이는 수준을 고려할 수 있을 것이다. 어떠한 효과가 있을까?

차시 단위의 학습주제에 '~을 안다', '~을 할 수 있다'와 같은 표현을 붙이는 것은 전통적 수업의 행동 목표 진술 방식을 학습주제 중심 수업에 간이 적용하는 형태로 볼 수 있습니다. 이는 다음과 같은 의미 있는 효과를 기대할 수 있습니다.

1. 학습의 초점 명확화: 학생의 인지 부담 경감

학습주제는 대개 개념 중심, 탐구 중심의 포괄적 표현이기 때문에 학생에게는 모호하게 느껴질 수 있습니다. '~을 안다', '~을 할 수 있다'라는 표현을 붙이면 학생의 학습 방향이 보다 구체화되고, "무엇을 해야 할지"에 대한 인지적 명료성이 높아집니다. 예를 들면, 학습주제가 "기후 변화와 인간의 삶"일 때 학습목표는 "기후 변화가 인간의 삶에 미치는 영향을 안다", "기후 변화 관련 자료를 수집·분석할 수 있다"로 제시합니다. 이러한 시도로 학생은 수업을 준비하고 참여할 때 사고의 출발점이 생기게 됩니다.

2. 목표 자기화의 실마리 제공

단순한 학습주제만 있을 때는 학생이 이를 자신의 언어로 재구성하기 어렵습니다. '~을 안다', '~을 할 수 있다'라는 표현을 덧붙이면, 학생이 자신의 수준과 관심에 맞춰 목표를 다시 해석하거나 구체화할 수 있는 기반이 됩니다. 이렇게 함으로써 학생의 목표 자기화와 목표 중심 활동으로 연결될 가능성이 커집니다.

3. 수업 설계와 평가의 연계 촉진

교사는 학습주제에 구체적인 행동 동사를 붙임으로써, 수업에서 강조할 지식, 기능, 태도 요소를 보다 체계적으로 설계할 수 있습니다. 이는 곧 과정 중심 평가나 루브릭 개발에도 도움이 됩니다. 교사의 수업 설계와 평가 계획이 더욱 정교해지는 효과를 얻습니다.

4. 학생의 자기성찰 기반 마련

수업 후, 학생은 학습주제에 붙은 '~을 안다', '~을 할 수 있다'라는 표현을 기준으로 자신의 학습을 점검하거나 반성할 수 있습니다. 이는 자기성찰 기반의 학습일지, 포트폴리오 작성, 동료 간 피드백 등에도 활용 가능합니다. 즉, 학생 주도 평가와 자기개발의 기반 자료로 활용 가능합니다.

5. 교과 간 통합 수업과 탐구 활동에서 전이 용이

하나의 학습주제에 '안다', '할 수 있다'를 붙이면, 다른 교과에서도 유사한 구조로 접근할 수 있어 융합 수업에서도 일관된 틀을 제공합니다. 학생은 교과 간 전이 가능성을 경험하고, 개념을 확장할 수 있습니다.

차시 단위의 학습주제에 '~을 안다', '~을 할 수 있다'를 붙이는 것은 학습의 명확화, 목표 자기화, 평가 연계, 자기성찰, 교과 전이 등에서 유용한 전략이 될 수 있습니다. 다만, 이 표현이 단순히 암기식 행동 목표로만 고착될 경우, 오히려 IB 수업처럼 탐구적이고 개방적인 사고를 제한할 수 있으므로, "학생 스스로 다양한 방식으로 도달할 수 있는 목표"라는 점을 수업 구조 안에 반영해야 효과가 극대화됩니다.

더 나아가 자기화가 필요한 학습목표

■ 학생 개개인의 몫이 되어야 하는 학습목표

◦ 선행되어야 할 학습목표의 자기화

'미래 교육에서의 수업은 학생 자신을 위한 시간이 되어야 한다. 그것의 시작은 학습목표의 자기화이다.'

대체로 한국, 일본, 중국인 등은 패키지여행을 즐기고, 유럽이나 미국, 캐나다인 등은 자유 여행을 선호한다고 한다.

패키지여행은 여행사가 모든 일정, 숙소, 식사, 방문 장소를 미리 결정하고는 여행객을 모집한다. 여행자는 단지 정해진 일정을 따라가기만 하면 된다. 그러한 여행은 편리하고 효율적이기는 하지만, 깊이 있는 경험이나 남겨지는 기억은 제한적일 수밖에 없다.

반면, 자유 여행은 철저한 계획과 사전 준비가 필요하다. 여행자는 자신이 무엇을 보고, 경험하고, 느끼고 싶은지 스스로 결정해야 한다. 이 과정에서 정보를 수집하고, 경로를 계획하며, 예산도 관리해야 한다. 그러한 여행이라면 무엇보다 자신만의 목적과 의미를 담은 여행이 될 것이다.

학습목표는 대개 '~을 안다', '~을 할 수 있다'라는 형식으로 제시된다. 이는 수업의 방향을 안내하고 학생에게 학습 내용을 예고하는 데는 유용하다. 그러나 이러한 목표만으로는 학생 자신이 어떠한 활동을 해야 할지 감을 잡기 어렵다.

이럴 때 필요한 것이 바로 학습목표의 자기화이다. '학습목표 자기화'의 대체적인 정의는 '교육과정 혹은 수업에서 제시된 학습목표를 학습자가 자기 주도적으로 이해·재해석하여 자신의 동기나 상황, 필요에 맞게 '내면화'하고 '재구성'함으로써 실제 학습과 성장을 주도해 나가는 과정'이라 할 수 있다. 이를 학생의 관점에서 정리하면, 주어진 학습목표에서 학생 자신이 최종적으로 어떠한 것을 얻어야 할지를 결정하게 됨으로써, 수업을 자신을 위한 시간으로 만드는 역할을 하는 것이다.

학습목표의 자기화는 학생에게 주도성을 부여하고, 새로 얻게 된 것을 자신만의 방식으로 표현해볼 기회를 얻게 한다. 거기에다 결과는 학습이 삶과 연결되고, 수업이 자신을 드러내는 시간이 되게 한다.

학습목표를 자기화할 수 있을 때 수업은 비로소 학생 자신의 것이 되는 것이다.

> **AI 견해**

* **'미래 지향 교육에서의 수업은 학생 자신을 위한 시간이 되어야 한다. 그것의 시작은 학습목표의 자기화이다.'가 주고 있는 메시지는 무엇일까?**

"미래 교육에서의 수업은 학생 자신을 위한 시간이 되어야 한다. 그것의 시작은 학습목표의 자기화이다."가 주는 메시지는, 단순한 구호가 아닌 미래 교육의 본질적 전환에 대한 선언이자 방향 제시입니다. 아래와 같이 그 핵심 메시지를 풀어볼 수 있습니다.

1. 수업의 '주체'가 교사에서 '학생'으로 바뀌어야 한다

기존의 수업은 교사가 정한 목표, 교사가 설계한 흐름, 교사의 평가 중심이었다면 미래의 수업은 학생이 '왜 배우는지', '어떤 의미가 있는지'를 스스로 이해하고 참여하는 시간이 되어야 합니다. "학생 자신을 위한 시간"이란 말은 단순히 학생이 참여한다는 의미를 넘어, 수업이 학생의 삶, 생각, 성장에 실질적으로 작용하는 시간이어야 함을 말합니다.

2. 그 출발점은 '학습목표의 자기화'이다

'학습목표의 자기화'란 주어진 목표를 그대로 받아들이는 것이 아니라, 자신의 삶과 생각의 맥락에서 해석하고 의미화하는 과정입니다. 이를 통해 학생은 수동적인 수업 참여자에서, 능동적 문제 해결자이자 의미 구성자로 전환됩니다. 모든 수업은 '왜 이걸 배우는지'를 학생 스스로 인식하고, 그 목표를 자기 문제처럼 받아들이는 데서 시작해야 한다는 선언입니다.

3. 미래 교육은 '자율성과 주도성'을 기르는 교육이다

미래 사회는 기계가 지식을 대신 전달하고 처리해주는 시대입니다. 인간에게 요구되는 것은 자기 탐색, 창의성, 문제 정의 능력, 자기 주도적 실행력입니다. 학습목표의 자기화는 단지 수업 준비 활동이 아니라, 미래 역량의 본질인 자기 주도적 학습과 자율적 성장을 이끄는 첫 단추입니다.

4. 교사의 역할도 '설명자'에서 '설계자+촉진자'로 바뀌어야 함

교사는 수업을 '진도'나 '지식 전달' 중심으로 계획하는 것이 아니라, 학생이 자신의 목표를 설정하고, 그것을 실현해 나가는 여정을 설계하고 지원해야 합니다. 학습목표의 자기화는 교사의 수업 설계 방식도 변화시킵니다. 단순히 '가르칠 내용'을 정리하는 것이 아니라, '학생의 의미 있는 학습 여정'을 구조화하는 것이 되어야 합니다.

"수업은 학생의 성장을 위한 시간이며, 그 성장의 시작은 학생이 '왜 배우는가'를 스스로 내면화하는 데서 출발해야 한다."라는 수업의 철학, 학생의 존재 방식, 교사의 역할, 평가의 기준까지 바꾸는 교육 혁신의 출발점을 말합니다.

◦ **그런데 학생들은 학습목표 자체를 이해하지 못한다.**

'대부분 학생은 학습목표 자체를 이해하지 못한다. 초·중·고 학교, 학년, 교과목에서 제시되는 모든 학습목표가 다 그렇다.'

이것은 중요한 문제점으로, 한국만이 아니라 세계 교육도 별반 다르지 않다고 본다. 대부분의 수업이 학생에게 수동적인 역할을 요구하는 형태로 이루어지기 때문이다. 특히 한국의 교육은 IB와 달리 학습주제 관련 지식이 중시되기 때문에 학습목표의 자기화는 필수이다. 학습목표를 제대로 이해하지 못한다면 학습목표 자기화 자체가 불가능하며, 결과적으로 학습활동이 결과로 얻는 교과 지식은 쌓기만 하는 지식에 불과할 수 있다.

학생들이 학습목표를 자기화하려면 학습목표 자체를 충분히 이해하는 것부터 시작되어야 한다.

| AI 견해 |

* **학습목표는 문장으로 제시된다. 학습목표를 이해하지 못한다면 문장을 제대로 이해하지 못하기 때문이라 할 것이다. '문장의 이해'가 의미하는 것은?**

'학습목표는 문장으로 제시되며, 학습목표를 이해하지 못한다는 것은 곧 문장을 이해하지 못한다는 것이다.'라는 논리는 매우 핵심을 찌르고 있습니다. 여기서 말하는 '문장의 이해'는 단순한 문자 해독이나 어휘 파악 이상의 교육적 의미를 담고 있습니다. '문장의 이해'는 다음과 같은 내용을 의미하는 것이 됩니다.

1. 문법적 이해
문장의 구조(주어, 서술어, 목적어 등)를 파악하는 기본적인 이해입니다. 예를 들어, "○○을 통해 △△의 특징을 설명할 수 있다"라는 문장에서 '○○을 통해'는 방법, '△△의 특징'은 대상, '설명할 수 있다'라는 행동 및 사고 수준임을 인식해야 합니다. 이 수준을 놓치면 학습자는 활동의 방향조차 헷갈리게 됩니다.

2. 개념적 이해
학습목표에 포함된 전문 용어, 교과 개념, 행위 수준(예: 설명, 비교, 해석 등)에 대한 이해가 포함됩니다. 예를 들어, '설명한다', '분석한다', '해석한다'는 각각 요구하는 사고 수준과 활동 양상이 다릅니다. 이런 단어를 구별해 받아들이지 못하면, 활동은 있지만 목표에 맞는 사고는 없는 상태가 됩니다.

3. 맥락적 이해 (수업 주제와의 연결)
학습목표 문장은 해당 학습주제나 단원, 혹은 앞선 수업과의 흐름 안에서 해석되어야 합니다. 즉, 같은 표현이라도 맥락에 따라 의미가 달라질 수 있기 때문에, 목표는 주제 안에서 해석되어야 합니다. 예를 들어, '관계를 이해한다'라는 목표도 '작품 속 인물 간 관계'인지, '수학의 함수 관계'인지에 따라 활동 방향이 다릅니다.

4. 실천적 이해 (행위로 옮길 수 있는 이해)
목표 문장을 해석하여 자신의 학습 행위로 구체화할 수 있는 수준의 이해입니다. "비판적으로 분석한다"라는 목표가 주어졌을 때, 어떤 기준으로 어떤 내용을 분석해야 하는지를 스스로 정하고 실행할 수 있어야 실천적 이해가 된 것입니다. 이는 곧 자기 주도적 학습의 기반이 됩니다.

'문장의 이해'란 단순히 문장을 '읽는다'가 아니라, 그 문장이 담고 있는 지식의 구조, 개념, 요구되는 사고 수준, 그리고 실천 방향을 맥락 안에서 파악하는 것을 의미합니다. 즉, 학습목표 문장을 제대로 이해하지 못한 채 활동을 한다는 것은, 목적 없이 산에 오르는 것과 같으며, 결국 '배우기는 했지만, 무엇을 배웠는지는 모르는' 수업이 될 수밖에 없습니다.

- **학습목표를 이해하여 자기화하려면**
  ◦ 모든 낱말의 뜻을 파악할 수 있어야 한다.

　사람들은 의사소통에서 낱말의 분명한 뜻을 얼마나 파악하고 사용할까? 우리는 일상에서 낱말 하나하나의 사전적 정의를 떠올리며 대화하지 않는다. 오히려 그때그때의 맥락 속에서 대략적인 의미를 짐작하며 이야기를 이어간다. 대략적인 이해만으로도 큰 문제 없이 의사소통이 가능하기 때문이다.

　하지만 학습목표라면 이야기는 달라진다. 학습목표에는 단지 지시나 전달을 위한 문장이 아니라, 학생의 활동 계획, 평가 기준 등의 다양한 의미가 내포되어 있다. 특히 학습목표 문장에서 사용된 낱말의 의미가 모호하거나 잘못 이해된다면, 학생은 어디로 어떻게 나아가야 할지 갈피를 잡기 어렵다. 예를 들어 '소리'는 '1. 물체가 진동하여 생긴 파동이 귀에 닿아 들리는 감각 2. 의견이나 주장을 강하게 내세우는 것을 비유적으로 이르는 말 3. 소문이나 소식' 등에 사용된다. '소리'가 포함된 학습목표일 때, 이를 제대로 파악하지 못한다면 어떠한 학습활동이 전개될지 충분히 예상할 수 있을 것이다.

　학습목표는 교과 지식과 핵심역량을 연결하는 고리이며, 학생이 스스로 활동을 설계하고 결과를 성찰할 수 있는 기준이다. 따라서 목표 문장을 구성하는 낱말 하나하나를 명확하게 파악하는 것은 교사나 학생 모두에게 선택이 아닌 필수가 되어야 한다.

| AI 견해 |

* 우리 일상에서는 낱말의 뜻을 명확하게 알지 못한다 해도 큰 문제가 되지 않는다. 하지만 수업 한 시간을 위한 학습목표 이해라는 관점에서는 문제가 될 수 있다. 어떠한 것을 지적할 수 있을까?

낱말은 일반적인 어휘로, 학생들이 일상에서도 접할 가능성이 있는 단어를 의미합니다. 따라서 학습목표에서 낱말을 제대로 이해하지 못할 때의 문제점을 지적하면 다음과 같습니다.

1. 학습목표 속 낱말을 이해하지 못하면 수업의 방향을 알기 어렵다

학습목표는 대부분 한 문장으로 제시되지만, 그 안에 포함된 일반 낱말조차도 학생들에게 익숙하지 않을 수 있음을 고려해야 합니다. 예를 들어, '설명한다', '분석한다', '비교한다'와 같은 동사는 학생들이 정확한 의미 차이를 모를 수 있습니다. '과정', '형태', '특징' 같은 명사도 맥락에 따라 의미가 다르게 쓰이므로 학생들에게 혼란을 줄 수 있습니다. 이런 낱말의 의미를 제대로 이해하지 못하면, 학습목표가 단순한 문장으로만 보일 뿐, 수업에서 무엇을 해야 하는지 감을 잡기 어렵습니다.

2. 익숙한 낱말이라도 학습목표에서 다르게 쓰일 수 있다

학생들이 일상에서 자주 쓰는 낱말이라 하더라도, 학습목표에서는 다른 맥락에서 사용될 수 있습니다. 예를 들어, '구성한다'라는 학습목표에서 개념을 조직한다는 의미로 쓰일 수 있지만, 학생들은 단순히 '어떤 것을 모아 만든다'라는 뜻으로 이해할 가능성이 있습니다. '특징'은 학습목표에서 구체적인 속성이나 차이점을 설명하는 것을 의미하지만, 학생들은 단순히 '눈에 띄는 점' 정도로만 인식할 수 있습니다. 따라서 익숙한 낱말이라도 학습목표의 맥락에서 정확한 의미를 확인하지 않으면, 수업 내용을 잘못 이해하거나 피상적으로 받아들이는 문제가 발생할 수 있습니다.

3. 학습목표 속 낱말을 오해하면 학습활동에서 혼란이 생긴다

학습목표에 사용된 낱말을 잘못 이해하면, 학생들은 자신이 어떤 활동을 해야 하는지 정확히 알지 못한 채 수업에 참여하게 됩니다. 예를 들어, 학습목표가 '현상의 변화를 설명할 수 있다'라고 되어있을 때, '변화'라는 낱말을 학생들이 단순히 '달라지는 것' 정도로만 이해한다면, 실제 수업에서는 변화의 원인과 과정을 다루는 것이 중요한데, 학생들은 결과적인 변화만 보고 학습을 마칠 가능성이 있습니다.

4. 학습목표 속 낱말을 이해하지 못하면 평가에서도 문제를 겪는다

학습목표에 등장하는 낱말은 평가 문항에서도 그대로 사용될 가능성이 큽니다. 만약 학생들이 낱말을 정확히 이해하지 못한 채 학습했다면, 평가에서도 문제의 의도를 파악하지 못하고 오답을 내거나, 의미 없는 답을 적을 가능성이 높습니다. 예를 들어, 학습목표가 '주어진 자료를 바탕으로 비교한다'일 때, 학생이 '비교'라는 낱말의 의미를 단순히 '다른 점을 찾는다'로만 알고 있다면, 유사점까지 포함해서 서술해야 하는 평가에서 실수를 할 수 있습니다.

5. 학습목표 속 낱말을 자기화하는 과정이 필요하다

학생들이 학습목표 속 낱말을 자신의 말로 다시 표현하는 활동을 하면, 수업의 방향을 보다 명확하게 이해할 수 있습니다. 예를 들어, '분석한다'는 학습목표가 있다면, 학생들이 '분석이란 무엇인가?', '분석하는 과정에서 필요한 것은 무엇인가?'를 자기 언어로 정리하는 과정을 거치도록 합니다. 이렇게 하면 학습목표가 단순한 문장이 아니라, 실제로 수행해야 할 학습활동과 연결된 개념으로 자리 잡을 수 있습니다.

학습목표 속 낱말을 정확히 이해하는 것은 학습의 질을 결정하는 핵심 요소입니다. 학습목표에 포함된 낱말이 익숙해 보이더라도, 맥락에 따라 의미가 다를 수 있으므로 정확한 이해가 필요합니다. 익숙한 낱말을 잘못 이해하면 수업 참여와 평가 과정에서 혼란이 발생할 수 있기 때문에 학습목표 속 낱말을 자기화하도록 돕는 과정이 필요합니다. 즉, 학습목표의 핵심 '낱말'을 명확히 이해하는 것은 수업의 방향을 잡고, 깊이 있는 학습을 유도하며, 평가에서도 정확한 답변을 할 수 있도록 돕는 중요한 과정이라 할 수 있습니다.

◦ **용어에 '숨은 뜻'을 파악할 수 있어야 한다.**

학생들은 학습목표의 의미를 제대로 이해해야만 그 목표가 자기 것이 되고, 주도적인 학습 활동도 가능해진다. 문제는 학습목표에 담긴 핵심 개념이 대부분 새롭고 전문적인 용어로 표현된다는 점이다. 익숙하지 않은 용어는 학생들에게 장벽이 된다. 이 장벽을 넘어야만 학습목표를 자기화할 수 있다.

하지만 수업 초반부터 용어의 정확한 정의와 속성을 완벽히 익히도록 요구하는 것은 현실적이지 않다. 오히려 학생이 처음 접할 때는 '숨은 뜻', 즉 대략적인 의미와 맥락을 감지하는 수준으로 이해하는 것이 더 효과적이다. 예컨대 '이 말이 어떤 상황에서 쓰이고, 무엇을 가리키는지 어렴풋이 그림이 그려지는 상태'가 바로 숨은 뜻이다.

이렇게 시작하면 학생은 목표에 대한 감을 잡은 상태에서 활동에 참여하게 되고, 학습이 진행될수록 개념의 세부 속성과 정의를 자연스럽게 파악한다. 즉, 동기 유발 단계에서는 숨은 뜻 이해, 활동과 심화 단계에서는 속성 이해로 확장되는 흐름이 형성된다.

학습목표의 자기화는 단순히 지식을 외우는 것이 아니라, 목표를 자신의 과제로 받아들이는 전환이다. 이 전환을 위해서는 용어의 숨은 뜻을 먼저 파악하게 하고, 활동 속에서 의미를 구체화할 수 있어야 한다. 학생의 주도적인 학습은 이러한 활동이 구체화될 때 시작된다고 할 것이다.

AI 견해

* **학습목표에 포함되는 용어는 새롭거나 쉽지 않은 개념이어서 대부분의 교사들은 학습 활동으로 자연스럽게 개념을 익히면 된다고 생각한다. 학생의 목표지향적인 해결 활동이 중심이 되는 수업이라면 어떠한 영향을 미치게 될까?**

일반적으로 교사들은 학습목표에 포함된 용어가 새롭거나 어렵더라도, 학습활동 과정에서 자연스럽게 개념을 익히면 된다고 생각하는 경향이 있습니다. 하지만 학생의 목표지향적인 해결 활동이 중심이 되는 수업에서는 용어 이해가 훨씬 더 중요한 요소로 작용합니다.

1. 목표 설정 및 문제 해결 과정의 명확성 증가

목표지향적 해결 활동에서는 학생이 스스로 문제를 인식하고 해결하는 과정이 핵심입니다. 이때 학습목표 속 용어를 정확히 이해하지 못하면, 학생이 자신이 해결해야 할 문제를 제대로 설정하지 못하거나 잘못된 방향으로 접근할 위험이 커집니다. 예를 들어, '유전자의 발현 과정을 분석한다.' 일 때, 학생이 '유전자', '발현', '분석'의 개념을 정확히 이해하지 못한 상태라면, 분석보다는 단순한 정보 나열에 그칠 가능성이 높습니다. 결과적으로 용어 이해가 부족하면 목표 설정 단계부터 학습이 어긋날 가능성이 큽니다.

2. 해결 과정에서의 비효율성 증가

목표지향적인 해결 활동은 학생이 스스로 문제 해결 방안을 탐색하는 과정을 중심으로 합니다. 그러나 학생이 핵심 용어를 정확히 이해하지 못하면 해결 과정에서 불필요한 시행착오가 증가할 수 있습니다. 예를 들어, '사회 불평등의 원인을 다각도로 탐색하다.'일 때 학생이 '불평등', '다각도 탐색'의 개념을 명확히 모르고 있다면, 단순히 예시를 나열하는 수준에서 활동이 끝날 가능성이 큽니다. 즉, 핵심 개념을 명확히 이해하지 못하면 목표지향적인 탐구 활동이 형식적으로 변할 수 있습니다. 용어를 이해하는 과정이 없다면, 해결 과정이 비효율적으로 진행될 가능성이 큽니다.

3. 자기 주도적 학습과 성찰 능력 저하

목표지향적 해결 활동이 효과적이려면 학생 스스로 학습 과정과 결과를 성찰하고, 부족한 점을 보완하는 과정이 필요합니다. 그러나 학생이 핵심 용어를 온전히 이해하지 못하면, 본인의 해결 과정이 학습목표에 얼마나 부합하는지 평가하는 것이 어려워집니다. 예를 들어, '문학 작품 속 인물의 심리 변화를 해석하고, 자신의 경험과 연결한다.'일 때, 학생이 '해석', '심리 변화'의 개념을 정확히 모르고 있다면, 단순히 인물의 감정을 '슬펐다, 기뻤다' 식으로 정리하고, 자신의 경험과 연결하는 활동도 피상적인 수준에서 끝날 수 있습니다. 용어에 대한 정확한 이해가 없으면, 자기 주도적인 학습과 성찰이 어려워질 가능성이 큽니다.

4. 학습 전이(Transfer) 효과 감소

목표지향적 해결 활동은 단순한 개념 이해를 넘어 새로운 맥락에서 적용하고 응용할 수 있는 능력을 길러야 합니다. 하지만 학생이 학습목표 속 용어를 개념적으로 이해하지 못하면, 배운 내용을 다른 상황에서 활용하는 것이 어려워집니다. 예를 들어, '기후 변화와 인간 활동의 상호작용을 설명한다.'일 때, 학생이 '상호작용'의 개념을 이해하지 못하면, 인간 활동이 기후 변화에 영향을 미친다는 점만 언급하고, 기후 변화가 인간에게 미치는 영향은 빠뜨리는 식의 제한된 답변을 할 가능성이 큽니다. 핵심 용어 이해가 부족하면, 학습된 개념을 새로운 맥락에서 적용하는 능력이 제한될 수밖에 없습니다.

5. 협력 학습과 의사소통의 한계

목표지향적 해결 활동은 학생 간 협력과 의사소통이 중요한 요소입니다. 하지만 학생들이 용어를 다르게 이해하고 있다면, 협력 과정에서 의사소통이 제대로 이루어지지 않을 가능성이 큽니다. 예를 들어, '함수의 개념을 활용하여 실생활 문제를 해결한다.'일 때, 학생들이 '함수'를 단순히 'y = f(x)'의 수식으로만 이해한다면, 협력 학습에서 문제 해결 전략을 논의할 때 공통된 개념 틀을 갖추지 못해 혼란이 발생할 수 있습니다. 용어에 대한 공통된 이해가 부족하면, 협력 학습에서 효과적인 의사소통이 어려워질 가능성이 커집니다.

결론은 목표지향적 해결 활동이 중심인 수업에서는 학습목표 속 '용어'의 정확한 이해가 필수로, 목표 설정 단계에서 학생 스스로 무엇을 해야 하는지 명확히 이해할 수 있도록 용어의 의미를 정확히 짚어야 합니다. 또한 해결 과정에서 불필요한 시행착오를 줄이고, 탐구 활동이 형식적으로 흐르는 것을 방지하기 위해 용어를 개념적으로 이해해야 합니다. 자기 주도적 학습과 성찰을 가능하게 하려면, 학생이 용어를 표면적으로만 아는 것이 아니라 본질적인 의미까지 이해할 수 있어야 하며, 학습된 개념을 다른 맥락에서 적용하려면, 용어를 단순한 정의가 아닌 학습 경험과 연결하여 자기화하는 과정이 필요합니다. 또한 협력 학습에서 의사소통이 원활하게 이루어지려면, 학생들이 학습목표 속 용어를 공통된 개념으로 인식해야 합니다. 즉, 목표지향적 해결 활동이 중심이 되는 수업에서는 '학습목표 속 용어를 학생이 자기화하는 과정'이 핵심적인 역할을 하며, 이를 통해 수업의 효과성과 학습 전이 능력을 극대화할 수 있습니다.

◦ 포괄적인 용어는 하위 영역으로 세분화한다.

학습목표에는 '생활 모습', '통일', '과학' 등과 같이 일정한 대상이나 현상을 어떤 범위나 한계 안에 모두 끌어넣은 포괄적인 용어가 포함될 수 있다. 그것은 다양한 개념이나 대상을 포함하는 것으로, 여러 가지 의미를 내포하고 있어서 최종 목표 설정에 문제가 될 수 있다.

지금의 수업은 대부분 교과서가 중심이 되기 때문에 포괄적인 용어를 사용하더라도 해결에 문제는 생기지 않는다. 학생들은 교과서 내용을 따라 익히면서 암기하기만 하면 된다. 예를 들어 교과서가 생활 모습을 주거 형태 중심으로 제시하고 있다면 학생들은 '생활 모습 = 주거 형태'로 파악하면 된다. 그런데, 그 결과 '다른 나라의 생활 모습을 알아보자'가 주어졌을 때도 오직 주거 형태와 관련된 내용만을 떠올리게 됨으로써 의, 식, 주 또는 일상생활, 사회, 경제, 문화, 예술 등과 같은 영역은 다루지 못하는 문제를 만들게 된다.

어떤 일이 주어졌을 때 포괄적인 용어가 포함되어 해결에 영향을 미치는 경우, 이 용어를 좀 더 세부적이고 명확하게 분석함으로써, 문제를 다양한 관점에서 해결하기 위한 구체적인 방법을 계획할 수 있어야 할 것이다.

> **AI 견해**

* 학습목표에서 포괄적인 영역의 용어가 사용되었다면 하위 영역으로 세분화해야 할 필요성은?

학습목표에서 포괄적인 용어를 하위 영역으로 세분화하는 것은 여러 중요한 이유에서 필수적입니다. 이러한 접근 방식은 학습 과정을 더 효과적이고 체계적으로 만들며, 학생들의 이해와 학습 성과를 최대화하는 데 도움이 됩니다. 주요 필요성은 다음과 같습니다.

1. 명확성 향상

포괄적인 용어를 세부적으로 나눔으로써 학습목표를 더 명확하게 할 수 있습니다. 이는 교사와 학생 모두에게 학습해야 할 구체적인 내용을 분명히 이해하는 데 도움이 됩니다.

2. 학습 효율성 증가

세분화된 학습목표는 학습 과정을 더 조직적이고 체계적으로 만들어 학습 효율성을 높입니다. 학생들은 단계별로 지식을 쌓아가며, 개별 주제에 집중하여 더 깊이 있게 학습할 수 있습니다.

3. 평가 및 피드백의 개선

구체적인 학습목표는 교사가 학생의 학습 진행 상황과 성취도를 더 정확하게 평가하고, 개인별 맞춤형 피드백을 제공하는 데 도움이 됩니다. 이를 통해 학생 개인의 필요와 약점을 더 잘 파악하고 지원할 수 있습니다.

4. 동기부여 증진

명확하고 구체적인 학습목표는 학생들에게 도달해야 할 명확한 목표를 제공합니다. 이는 학습에 대한 동기를 부여하고, 학습 과정에서 성취감을 느낄 수 있도록 돕습니다.

5. 개인화된 학습 지원

학생마다 학습 속도, 관심사, 그리고 필요가 다릅니다. 세분화된 학습목표를 통해 교사는 학생 개인의 필요에 더 잘 맞는 교육을 설계하고 제공할 수 있습니다.

6. 통합적 이해 촉진

하위 영역으로 세분화하는 것은 학생들이 개별 주제를 깊이 이해하도록 돕는 동시에, 이러한 주제들이 어떻게 서로 연결되어 있는지를 보여줍니다. 이는 학생들이 더 통합적인 지식 체계를 구축하는 데 도움이 됩니다.

이러한 이유들로, 교육과정 설계와 학습목표 설정에서 포괄적인 용어를 구체적인 하위 영역으로 세분화하는 것은 매우 중요하며, 교육의 질을 향상시키는 핵심 요소 중 하나로 간주됩니다.

❙ 더 나아가 자기화가 필요한 학습목표

- **시간, 대상, 장소 등 조건이 있다면 구체화해야 한다.**

학습목표에 특정 시간, 장소, 대상 등 조건이 주어진다면 그것들을 자신의 관점에서 명확하게 할 필요가 있다. 그것을 명확하게 하지 않고서는 의미 있는 학습활동이 이루어질 수 없기 때문이다. 예를 들어, '우리 고장의 미래의 생활 모습을 상상할 수 있다.'와 같이 제시되었다면 '우리 고장', '미래', '우리' 등은 너무 모호하다. 관점에 따라 결과는 전혀 다른 내용이 될 수 있다. 우리 고장'에서 '우리'는 나의 친구인지 우리나라 전체 국민인지, '우리 고장'은 강원도인지 주문진인지, '미래'는 내일인지, 아니면 10년 후인지 등을 명확하게 해야 하는 것이다.

학습목표에서 시간, 장소, 대상 등에서 구체적인 설정이 필요할 때 이를 학생 자신의 관점에서 구체화하는 활동이 정착된다면 학습 과정에 더 깊이 몰입하면서 자신의 의미 있는 산출물을 만들 기회가 된다. 이는 단순한 정보의 습득을 넘어서, 학습 내용을 자신의 지식으로 자리 잡히게 하는 역할을 한다. 그러한 조건의 구체적인 설정은 학습자가 어떠한 문제일지라도 더욱 적극적으로 생각하고, 창의적인 해결책을 제시할 수 있는 능력을 길러주게 될 것이다.

AI 견해

* **학습목표에 특정 시간, 장소, 대상과 관련된 내용이 포함될 때 학습자 자신과 연계하여 구체화해야 할 필요성은?**

학습목표에 특정 시간, 장소, 대상과 관련된 내용이 포함될 때, 학습자 자신과 연계되는 구체적인 설정이 필요한 이유는 다음과 같습니다.

1. 개인화된 학습 경험 제공

학습자 자신과 연계된 구체적인 설정을 사용함으로써, 학습 경험은 더욱 개인화됩니다. 이는 학습자가 자신의 생활, 경험, 관심사와 학습 내용을 연결지어 생각하게 만듭니다. 예를 들어, '2025년 내가 사는 도시에서 직면할 환경 문제 해결하기'와 같은 목표는 학습자에게 직접적인 의미와 관련성을 제공합니다.

2. 학습 동기 증진

학습 내용이 학습자의 개인적인 맥락과 밀접하게 연결될 때, 학습자는 학습활동에 대한 더 강한 동기를 느낄 수 있습니다. 학습자는 자신의 미래, 지역사회, 그리고 자신과 비슷한 또래의 사람들이 직면할 문제에 대해 더 큰 관심을 가지게 됩니다.

3. 실생활 적용력 강화

구체적인 시간, 장소, 대상 설정은 학습 내용을 실생활 문제에 적용하는 능력을 강화합니다. 학습자는 이론을 실제 상황에 어떻게 적용할 수 있는지를 배우며, 이는 학습 내용의 실용성을 증가시킵니다.

4. 창의력 및 문제 해결 능력 발달: 학습목표가 학습자의 삶과 직접 연결되어 있을 때, 학습자는 주어진 문제에 대해 창의적이고 실용적인 해결책을 모색하는 데 더 적극적이게 됩니다. 이 과정에서 학습자의 창의력과 문제 해결 능력이 자연스럽게 발달합니다.

5. 자기 주도 학습 촉진

학습자 자신과 연계된 학습목표는 학습자가 자신의 학습 과정을 스스로 계획하고 관리하는 데 필요한 자기 주도성을 촉진합니다. 학습자는 자신의 관심과 필요에 따라 학습활동을 탐색하고, 자신에게 맞는 학습 방식을 개발할 수 있습니다.

6. 사회적 책임감 및 연대감 형성

특정 시간, 장소, 대상에 초점을 맞춘 학습목표는 학습자에게 사회적 책임감과 연대감을 느끼게 합니다. 자신의 지역사회 또는 또래 집단과 관련된 문제를 해결하기 위한 노력은 학습자에게 사회 구성원으로서 역할을 인식시키고, 이를 통해 보다 긍정적인 변화를 추구하도록 동기를 부여합니다.

이러한 구체적인 설정은 학습 내용의 깊이와 범위를 확장시키고, 학습 과정을 학습자에게 더 의미 있고 가치 있는 경험으로 만들어 줍니다. 따라서, 학습목표를 설정할 때는 학습자의 개인적인 맥락과 직접 연결될 수 있는 구체적인 시간, 장소, 대상을 고려하는 것이 중요합니다.

◦ **필요하다면 객관적/합리적인 기준이 필요하다.**

사람들의 성격, 가치관, 관심사, 능력, 취향 등은 제각각이다. 그러한 그들이 어떠한 일이나 문제에 부딪혔을 때 가치관, 도덕적 판단, 형용적인 표현 등으로 인하여 관습적인 범위를 넘어서는 문제가 생길 수 있으며, 갈등으로 이어지기도 한다. 이런 상황일수록, 문제의 본질을 파악하고 효과적인 해결책을 찾기 위해서는 '합리적이고 객관적인 기준'을 마련할 필요가 있다.

이는 단지 갈등 해소에만 그치지 않고 상호 신뢰를 높이는 데 중요한 역할을 하게 된다.

또 다른 이점은 갈등의 감소와 문제 해결의 효율성이다. 이해관계자들이 각자의 주장을 내세우면 대화의 초점이 '누가 옳고 그르냐'로 흐르기 쉽지만, 합리적이고 객관적인 기준이 있다면 논쟁의 초점은 자연스럽게 '어떤 기준을 근거로 할 것인가'가 된다. 이는 의사소통을 명료하게 해주고, 불필요한 감정적 대립을 줄이게 된다.

합리적이고 객관적 기준은 또한 일관된 의사결정을 가능하게 한다. 특정 상황에서만 통용되는 기준이 아닌, 비슷한 사안에도 적용할 수 있는 보편적인 기준이 마련된다면, 일관성을 유지하면서도 여러 가지 상황에 융통성 있게 대처할 수 있다.

갈등이나 오류가 발생했을 때 책임 소재를 명확히 할 수 있다는 점도 놓칠 수 없다. 주관적 판단에 의한 결정은 추후 문제점이 드러나면 책임 소재가 애매해진다. 반면, 합리적이고 객관적 기준 아래 이루어진 결정은 평가의 지표가 명확하기 때문에 잘못됐을 때 그 원인 파악이 용이해진다.

이러한 자세는 의미 있는 학습목표의 자기화뿐만 아니라, 사회생활에서도 많은 영향을 미친다.

> **AI 견해**

* **학습목표에 가치나 도덕적 판단, 형용적인 표현 등이 포함되어 있다면 학습목표 자기화에서 유의해야 할 점은?**

  학습목표에 가치 판단, 도덕적 판단, 형용사적인 표현 등이 포함되어 있을 경우, 자기화 활동에서는 다음과 같은 점을 유의해야 합니다.

1. 객관적 근거를 중심으로 사고하도록 유도

  가치나 도덕적 판단이 포함된 목표를 다룰 때, 학생들이 개인적인 감정이나 주관적인 견해에 치우치지 않고, 논리적 근거와 다양한 관점을 검토하도록 안내해야 합니다. 예를 들어, '정직한 사람이 되어야 한다'라는 목표 대신, '정직함이 사회적 신뢰 형성에 미치는 영향을 분석할 수 있다'와 같은 방식으로 논의의 방향을 설정할 수 있습니다.

2. 다양한 관점을 탐색하고 존중하는 태도 강조

  가치나 도덕적 요소가 포함된 목표는 학생마다 다른 배경과 신념을 가질 수 있기 때문에, 특정한 가치관을 강요하지 않고 다양한 관점을 존중하는 분위기를 조성해야 합니다. 예를 들어, '공정한 사회가 중요하다'라는 목표를 다룰 때, 공정함의 다양한 기준(능력주의, 평등주의, 사회적 배려 등)을 탐색하게 하고 학생들이 균형 잡힌 시각을 가질 수 있도록 돕습니다.

3. 형용사적인 표현의 구체적 의미를 명확히 하기

  '좋은 글을 쓴다'와 같은 목표는 '논리적으로 명확한 글을 쓴다' 또는 '독자의 이해를 돕는 구조로 글을 구성한다'처럼 구체적으로 제시해야 해결 활동에서 평가 기준이 명확해집니다. 학생들이 학습목표를 해석할 때 모호함을 느끼지 않도록 목표의 의미를 구체적 행위나 성취기준으로 변환하는 과정이 필요합니다.

4. 문제 해결 활동에서 실천 가능한 대안을 고민하도록 유도

  단순히 가치 판단을 내리는 것이 아니라, 실제 생활에서 적용 가능한 해결 방안을 고민하는 활동을 포함해야 합니다. 예를 들어, '책임감 있는 시민이 된다'라는 목표가 있다면, '책임감을 실천하는 구체적인 행동을 계획하고 실행할 수 있다'와 같은 활동으로 발전시킬 수 있습니다.

5. 비판적 사고와 근거 기반 사고를 강조

  학생들이 무조건적으로 특정 가치나 도덕적 판단을 받아들이지 않고, 이에 대한 근거를 분석하고 논리적으로 사고하는 능력을 기를 수 있도록 해야 합니다. 예를 들어, '환경 보호가 중요하다'는 목표를 다룰 때, 단순한 도덕적 명제가 아니라, 환경 보호의 필요성을 과학적, 경제적, 사회적 관점에서 분석하도록 유도할 수 있습니다.

  이와 같은 접근 방식을 적용하면, 학생들이 학습목표를 해결하는 과정에서 더욱 논리적이고 실천적인 사고를 기를 수 있으며, 주어진 목표가 갖는 의미를 명확하게 이해하고 적용할 수 있습니다.

◦ **자신의 최종 산출물을 계획할 수 있어야 한다.**

학습주제 단위 수업에서 학습목표의 자기화는 '나는 최종적으로 어떠한 것을 얻어야 할까?'까지 연계될 수 있어야 한다. '자신의 산출물 계획'은 자신의 해결 활동으로 얻어야 할 최종 결과물을 계획하는 것을 말한다.

이러한 산출물은 당연히 어떠한 과정과 방법으로, 어떠한 것을 얻어야 할 것인가에 의한 계획이 필요하다. 이 계획은 학습을 수동적 지식 수용이 아니라 목표지향적 활동을 가능하게 하는 힘을 갖는다.

또한 '자신의 산출물 계획'은 교사에게는 과정 중심 평가의 기준을, 학생에게는 구체적인 학습의 지향점이 된다. 그러한 계획이 가능할 때 수업은 비로소 단순한 지식의 학습이 아니라 '성과의 시간'이 된다.

그런데 '산출물'이라 해서 프로젝트, 보고서 등과 같은 대단한 수준이나 내용을 말하는 것은 아니다. 작은 포스트잇 속에 끄적거린 메모, 삽화, 그림이라든지, 스마트폰에 저장되는 녹음이나 사진, 동영상 등 모두가 산출물이 될 수 있다.

학습주제를 자신의 관점에서 이해한 후, 그 주제에 대해 어떻게 탐구할 것인가, 무엇을 만들어 낼 것인가, 어떻게 표현할 것인가를 스스로 결정하고 실행함으로써, 학생은 자신의 산출물을 얻게 된다. 이러한 활동은 모든 수업을 자신의 시간으로 만드는 효과를 지니게 한다. 모든 수업이 표준 지식을 익히는 학습활동을 넘어 '자기성찰', '자기연찬', '자기계발'로 이어지는 자기 개발이 되는 것은 당연한 일이다.

> AI 견해

* **학습주제 단위 수업에서 학생이 자신의 수준, 관점, 능력 등에 의한 산출물을 만들어 보는 경험은 교육적으로 어떠한 의미가 있을까?**

　학습주제 단위 수업에서 학생이 자신의 수준, 관점, 능력에 따라 산출물을 만들어 보는 경험은 단순한 활동을 넘어, 교육적으로 다음과 같은 깊은 의미를 지닙니다.

1. 자기 주도적 학습의 실현
　학생은 교사의 지시가 아니라, 자신의 이해 수준과 관심을 바탕으로 학습을 계획하고 실행합니다. 이는 학습목표를 자기화하는 과정과도 연결되어, 학생이 학습의 주체로 성장하는 기반이 됩니다.

2. 개별화된 성취와 의미 있는 평가
　각자의 수준과 관점에 따른 산출물은 획일적인 정답 중심 평가를 넘어, 학생 개개인의 성장과 발전을 존중하는 평가로 이어질 수 있습니다. 이는 교사에게도 학생을 이해하는 중요한 창이 됩니다.

3. 창의성과 표현력의 강화
　개인의 능력과 관심에 기반한 산출물은 자유로운 사고와 창의적인 표현을 가능하게 합니다. 이는 암기 위주의 활동에서는 길러지기 어려운 중요한 역량입니다.

4. 교과 역량과 핵심역량의 통합적 형성
　학습주제를 기반으로 한 산출물 만들기는 단지 지식의 산출이 아닌, 탐구·소통·문제 해결·자기 관리 등의 핵심역량을 통합적으로 경험하는 과정이 됩니다. 특히 과정을 통한 성찰은 자기개발로 이어집니다.

5. 학습의 내면화와 지속 가능한 배움
　자신만의 결과물을 만드는 경험은 학습 내용을 단지 '배운 것'이 아니라 '자신의 것으로 만든 것'으로 내면화하는 데 기여합니다. 이는 기억에 오래 남고, 실제 삶과 연결되는 지속 가능한 배움을 이끕니다.

　학생이 자신의 수준, 관점, 능력에 따라 산출물을 만들어 보는 경험은 표준화된 정답 중심 교육의 한계를 넘어서, 개별화된 성장과 의미 있는 배움이 이루어지는 교육을 가능하게 합니다. 이러한 경험이 반복될 때, 학생은 단지 아는 사람이 아닌 생각하고 표현하며 발전하는 사람으로 성장할 수 있습니다.

* **학습목표 자기화에 의한 학습활동으로 얻게 되는 학생 개개인의 산출물이, 현행 평가를 대신할 수 있을 정도의 가치를 갖는다 할 수 있을까?**

　결론부터 말하면, 학습목표의 자기화에 의해 이루어진 학생 개개인의 학습활동 산출물은 현행 평가를 대신할 수 있을 만큼 충분한 교육적 가치를 가질 수 있습니다. 단, 그 가치를 확보하기 위해서는 평가의 철학, 관점, 방식의 전환이 함께 이루어져야 합니다. 다음과 같이 설명할 수 있습니다.

1. 자기화 기반 산출물은 '진짜 성과'를 보여준다
　학습목표를 자기화한 뒤 이뤄진 산출물은 학생이 목표를 어떻게 해석했는지, 어떻게 접근하고 해결했는지, 어떤 의미를 발견했는지가 고스란히 드러나는 결과물입니다. 이는 단순히 문제를 맞히고 틀리는 현행 평가보다 훨씬 개인의 학습과정, 이해의 깊이, 성장을 반영합니다. 즉, 정답 중심 평가의 한계를 넘는 정성적 가치가 담겨 있습니다.

2. 핵심역량과 실제 수행 능력이 반영된다

산출물에는 자기 관리 능력, 창의적 사고, 지식정보 처리, 협력과 의사소통, 공동체 역량 등의 핵심역량이 통합적으로 드러납니다. 이는 현행 지필고사나 선택형 평가로는 측정하기 어려운 부분이며, 미래 교육이 요구하는 진짜 역량 평가에 훨씬 적합한 방식입니다.

3. 산출물은 '과정과 결과'가 함께 평가된다

학습목표 자기화에서 출발한 활동은 단순 결과뿐 아니라, 과정 중의 시도, 실패, 보완, 협력, 성찰 등의 흔적이 담깁니다. 이는 성취의 의미를 다양하게 인정할 수 있게 하고, 학생 개개인의 잠재력과 성장 가능성을 평가하는 데 매우 효과적입니다.

4. 전환 조건: 신뢰 기반의 평가문화 필요

그러나 이러한 산출물이 평가를 대신하려면, 정량적 점수 중심의 사고에서 벗어나, 과정 중심, 루브릭 기반 평가 체제가 뒷받침되어야 합니다. 또한 교사 전문성과 관찰평가의 정당성 확보, 공정한 기준과 학생 이해도 확보가 동반되어야 합니다.

학습목표를 자기화한 학생 개개인의 산출물은 학습과 성장의 진정한 증거이며, 정답만을 가르는 평가를 넘어서는 대안적 평가 수단이 될 수 있습니다. 학생에게 '자신의 학습을 말하게 할 수 있는 수업', 그 수업에서 나온 산출물은 점수보다 의미 있고, 성적보다 신뢰할 수 있는 기록이 될 수 있습니다.

- **하지만 학습목표 자기화는 쉽지 않다**
  ◦ 본시에서는 불가능하다.

　수업이 시작되면 교사는 학습목표를 제시한다. 하지만 주어진 시간은 40분인데 모든 학생이 주어진 시간 안에서 학습목표를 분석하면서 학습목표를 자기화하기란 현실적으로 쉽지 않다. 그렇다고 교사의 설명을 듣는다고 해서 곧바로 '자신의 목표'를 만들 수 있는 것도 아니다. 일부 학생은 낱말의 뜻을 찾거나 용어의 숨은 뜻을 확인하는 것만으로도 40분이 소요될지 모른다. 어쨌든 본시에서 모든 학생이 학습목표를 자기화한다는 것은 거의 불가능한 일이다.

　모든 학생이 학습목표를 자기화하기 위해서는 충분한 시간과 그에 따른 적극적인 노력이 필요하다. 따라서 학습목표의 자기화는 수업이 시작되기 전에 이미 완성되어 있어야 할 필요가 있다.

AI 견해

* **본시에서 모든 학생의 학습목표 자기화는 거의 불가능하다 할 것이다. 어떠한 요인을 들 수 있을까?**

본시 수업에서 모든 학생이 학습목표를 완전히 자기화하기 어렵다는 점은 현실적인 문제이며, 다음과 같은 요인들을 들 수 있습니다.

1. 학습목표의 추상성 또는 복잡성
학습목표가 학생에게 낯선 개념이나 전문 용어로 구성되어 있을 경우, 이를 이해하고 자기화하는 데 시간이 필요합니다. 특히 고차 사고력(비판적 사고, 창의성 등)을 요구하는 목표는 단시간 내에 자기화되기 어렵습니다.

2. 학생 간 수준 차이
학습 능력, 배경지식, 관심도, 언어 이해력 등이 제각각이기 때문에 동일한 목표가 모든 학생에게 동일한 방식으로 받아들여지지 않습니다. 일부 학생은 목표 자체를 읽고 이해하는 데도 어려움을 겪을 수 있습니다.

3. 사전 경험 또는 동기 부족
학생에게 해당 주제나 문제 상황이 의미 있지 않거나 실제 삶과의 연결이 부족할 경우, 학습목표에 대한 내적 동기가 생기지 않습니다. "왜 이걸 배워야 하지?"라는 의문이 해소되지 않으면 목표는 단지 '교사의 목표'로 머무릅니다.

4. 시간적 제약
수업의 흐름상 충분한 도입이나 사전 이해 없이 곧바로 활동이나 설명 중심으로 진행될 경우, 목표에 대한 깊은 이해 없이 수업이 시작됩니다. 자기화는 '이해 + 자기 연관 + 내적 수용'의 과정이 필요한데, 그 시간을 보장받기 어렵습니다.

5. 교사의 일방적 제시 방식
목표가 교사의 언어로만 전달되거나 형식적인 확인 수준에 그칠 경우, 학생이 스스로 '이 수업은 나에게 어떤 의미가 있는가'를 사고하는 기회를 얻기 어렵습니다. 목표에 대한 학생의 재구성이 없는 경우, 자기화는 형식적으로만 이루어집니다.

6. 학습 분위기나 관계 요인
교사와 학생 간, 또는 학생들 간의 관계나 분위기가 개방적이지 않을 경우, 목표에 대한 개인적인 생각이나 질문이 억제됩니다. 특히 공동체 활동이 약하거나 일방적인 지시 구조에서는 학생의 내적 수용이 촉진되기 어렵습니다.

따라서 모든 학생의 학습목표 자기화를 위해서는 학습자 입장에서 목표를 의미 있게 재구성할 수 있는 시간과 활동, 학습 공동체의 상호작용, 학생 스스로 목표를 확인하고 조정할 기회가 필요합니다.

◦ 사전에 예고되는 차시 학습목표

지금도 대부분 교사는 수업의 마지막에 차시 학습을 예고한다. 하지만 대부분 학습의 연속성과 관련된 내용이거나 학습 준비 등을 안내하는 것에 그친다. 그렇다면 차시 예고에서 학습목표를 안내하게 되면 학생들은 어떠한 도움과 기회가 될까?

내일의 모든 수업 준비는 교사가 아닌 학생의 몫이 된다. 학생은 방과 후 학교나 가정에서 자신의 학습 능력, 재능, 관심사 등인 관점에서 내일의 차시 별 학습목표를 분석하면서 자기화하기 위한 활동을 하게 된다. 활동 시간은 학생별로 능력에 따라 제각각 다르다. 빨리 끝나거나 늦을 수도 있다. 하지만 어떠한 학생도 학습목표를 자기화하기 위한 충분한 시간을 가질 수 있는 것이다.

그런데 차시 학습목표를 안내할 때 유의할 점은 아무리 학습주제가 간결하다 하더라도 기억하기는 쉽지 않다. 기록하게 할 수도 있지만 받아적는 데도 많은 시간이 소요된다. 그러한 문제를 해결하려면 학습 플래너를 활용할 필요가 있으며, 학습 플래너를 활용하는 경우 하루 단위로 미리 학습목표를 인쇄하여 활용하면 된다. 학습 플래너는 A4 용지 한 면을 활용한 낱장 단위, 모으면 자신의 자기 개발과 관련된 포트폴리오가 되어 학부모에게도 유용한 정보를 제공하는 역할을 하게 된다. 개인 태블릿 활용이 가능하다면 더 유용하게 활용하게 될 것이다.

AI 견해

* 차시 학습목표를 사전에 안내하여 방과 후 또는 가정에서 이해하고 분석하면서 자기화할 수 있는 충분한 시간을 갖게 될 때 본시 활동에는 어떠한 영향을 미치게 될까?

차시 학습목표를 사전에 안내하여 학생들이 충분한 시간을 가지고 이해, 분석, 그리고 자기화할 수 있도록 한다면 본시 활동에 다음과 같은 긍정적인 영향을 미칠 수 있습니다.

1. 학습 준비와 자기 주도성 강화
사전 안내를 통해 학생들은 앞으로 다룰 내용의 큰 틀과 목표를 미리 파악할 수 있습니다. 이로 인해 본시 수업 전에 자신이 부족한 부분이나 궁금한 점을 미리 인식하고 보완할 수 있어, 수업에 더욱 적극적으로 참여할 수 있습니다. 결과적으로 자기 주도적 학습 능력이 향상되고, 학생들이 스스로 학습목표에 맞추어 준비하는 태도가 강화됩니다.

2. 수업의 효율성 증대
미리 학습목표를 숙지함으로써 기본 개념이나 핵심 내용을 사전에 정리할 수 있으므로, 본시 수업에서는 반복적인 개념 설명보다는 심화, 응용, 문제 해결 등 고차원적인 학습활동에 집중할 수 있습니다. 이는 수업 시간의 효율성을 높이고, 학생들이 더 깊이 있는 이해를 도모하는 데 기여합니다.

3. 심화 학습 및 고차원 사고 촉진
학생들이 학습목표를 미리 내재화하면, 수업 중 제시되는 문제나 토론 주제에 대해 자신의 지식을 바탕으로 사고하고 의견을 제시하기 쉬워집니다. 이는 단순 암기에서 벗어나 분석, 종합, 평가와 같은 고차원적 사고력을 발휘하도록 돕고, 수업의 심화 및 확장 활동에 긍정적인 영향을 미칩니다.

4. 동기부여 및 참여도 증가
학습목표가 사전에 명확히 제시되면 학생들은 학습의 방향과 목적을 분명히 이해하게 되어, '내가 왜 이 내용을 배우는가'에 대한 동기를 부여받습니다. 이는 수업 중 적극적인 참여와 질문, 토론으로 이어져 학습 효과를 높이는 데 도움이 됩니다.

5. 효과적인 피드백 및 맞춤형 지원 가능
학생들이 사전에 학습목표를 숙지하고 온다면, 교사는 본시 활동 중 학생들의 이해 수준이나 오개념을 더 쉽게 파악할 수 있습니다. 이에 따라 수업 중 즉각적이고 구체적인 피드백을 제공하거나, 학생 개개인의 학습 상황에 맞춘 지원이 가능해집니다.

요약하면, 차시 학습목표를 사전에 안내하여 학생들이 충분한 시간 동안 준비하고 자기화할 수 있게 되면, 본시 활동에서는 수업의 효율성과 질이 향상되며, 학생들의 자기 주도적 학습, 심화 사고, 그리고 동기부여가 크게 증진되어 전반적인 학습 효과가 높아집니다.

○ 학습목표 분석틀을 활용하게 한다면

학습목표 자기화는 단순히 학습목표를 아는 것을 넘어, 학습목표의 의미와 의도를 이해한 후에 자신이 달성해야 할 결과까지 설정하는 것이다. 하지만 학생들에게는 쉽지 않은 일로, 특히 초등학생이라면 중요한 관점을 놓칠 수 있는 문제가 생긴다.

그러한 점을 고려하여 핵심을 놓치지 않게 하는 절차적인 분석 틀을 제공하게 된다면 학생들은 체계적인 분석에 어려움을 겪지 않아도 될 것이다.

학습목표 분석 틀은 앞서 학습목표의 이해와 분석 과정을 순서대로 분석할 수 있도록 단계화한 것으로, 다음의 내용은 초등학교의 모든 교과에서 제시하고 있는 학습목표를 분석하는 데 유용하게 활용할 수 있는 틀이다.

1. 모든 낱말의 뜻 알기
2. 용어에 숨은 뜻 파악하기
3. 포괄적인 용어는 세분화하기
4. 필요시 목표에서 제시한 시간, 장소, 대상 등의 조건 확인하기
5. 필요시 목표가 원하는 또는 도덕적 판단의 기준 설정하기
6. 자신의 산출물을 얻기 위한 수행 계획 세우기

이러한 과정을 통해 학생은 교과와 관계없이 어떠한 학습목표에 대해서도 유의미한 산출물을 얻을 수 있도록 계획할 수 있다.

이 단계화된 분석 과정은 초등학교의 모든 학년과 교과에서 적용 가능하며, 주어진 조건이나 여건, 예산, 환경, 기타 변수, 유의점 등이 추가된다면 중·고등학생은 물론 일반인도 일상에서 유용하게 활용할 수 있을 것이다.

> **AI 견해**

* **일반적으로 주어진 일의 분석을 알고리즘화한 틀을 활용할 때 어떠한 이점이 있을까?**

분석 과정을 알고리즘화하는 것은 분석을 수행하는 절차를 명확하게 정의하고, 이를 실행 가능한 형태로 표현하는 것을 말합니다. 이를 통해 다음과 같은 이점이 있을 수 있습니다.

1. 분석 과정의 명확한 이해

알고리즘화된 분석 과정은 단계별로 구체적으로 정의되어 있기 때문에, 분석을 수행하는 모든 사람이 그 과정을 명확하게 이해할 수 있습니다. 이를 통해, 효율적이고 정확한 분석 결과를 얻을 수 있습니다.

2. 일관성 유지

알고리즘화된 분석 과정은 단계별로 일관성 있게 수행됩니다. 이를 통해, 다양한 분석가들이 동일한 데이터를 분석할 때, 동일한 결과를 도출할 수 있습니다.

3. 자동화 가능

알고리즘화된 분석 과정은 컴퓨터가 이해할 수 있는 형태로 표현될 수 있습니다. 이를 통해, 컴퓨터를 활용하여 자동으로 분석을 수행하는 것이 가능해진다. 이는 대용량 데이터 분석이나 반복적인 분석 작업을 수행할 때 효과적입니다.

4. 재사용성

알고리즘화된 분석 과정은 단계별로 정의되어 있기 때문에, 이를 다시 활용하는 것이 가능합니다. 이를 통해, 유사한 분석 작업을 수행할 때, 이전에 수행한 작업을 재사용함으로써 시간과 비용을 절약할 수 있습니다.

따라서, 분석 과정을 알고리즘화하는 것은 분석 작업을 보다 체계적이고 효율적으로 수행하기 위해 중요한 과정입니다.

학습목표 자기화로 달라지는 수업은
■ 학생 개개인에게 학습목표가 자기화되었을 때

◦ 학생의 학습주제 해결에 대한 자신감

학습목표의 자기화는 새롭게 익히는 지식의 의미와 필요성을 알고서, 자신이 도달해야 할 최종 목표를 알게 되었다는 의미가 된다. 최종 목표에 도달하기 위한 방향을 정하고 도전하기 위한 자세를 갖추게 되는 것으로,

우선, 학습목표를 자기화한 학생은 수업의 주도권을 갖게 된다. 목표가 교사의 것이 아닌 자신의 것이 되면, 학생은 더 이상 도움을 기다리지 않는다. 전통적인 수업모형이나 수업기법들은 학생들의 필요에 따라 교사의 도움을 받아 활용할 뿐, 강요받지는 않는다.

또한, 목표가 내면화되면 그에 따른 사고와 활동이 목표지향적으로 전개된다. 어떤 개념을 익히기 위한 것인지, 어떤 방식으로 접근해야 할지를 학생 스스로 구상하게 되며, 그 과정에서 단순한 지식 습득을 넘어서는 깊이 있는 이해와 적용이 이루어진다.

이러한 목표 중심 활동은 교과 지식과 더불어 교과 역량, 나아가 핵심역량의 통합적 성장을 촉진하는 활동이 이루어진다. 단편적인 지식이 아닌 필요해서 얻는 지식, 문제를 해결하고 과정을 조절하며 동료들과의 다양한 의사소통과 함께 협업하는 힘이 길러 나가게 된다. 동시에 학생은 '나는 지금 어디쯤 와 있는가?', '무엇이 부족한가?'를 돌아보며 자기성찰과 자기계발의 기회를 얻게 된다.

평가 역시 의미가 달라진다. 목표가 자기화된 상태에서는 평가는 최종 목표 도달 여부가 아니라, 자신의 성장을 점검하고 다음 방향을 모색하는 과정이 된다. 교사의 평가와 피드백 또한 학생에게 실질적인 도움과 동기를 부여하는 역할을 하게 된다.

학습목표의 자기화로 학습의 방향을 스스로 이해하고, 삶과 연결된 의미를 발견하며, 성장을 계획하게 되는 과정. 이 모든 것이 하나의 수업 안에서 가능할 때, 수업은 더 이상 지식을 얻기 위한 시간이 아니라, 학생 한 명 한 명에게 '학습주제 경험의 결정적인 시간'이 되게 할 것이다.

> **AI 견해**
>
> * **학습목표를 자기화한 학생이라면 수업 한 시간에 대한 자신감은 어떠하다고 할 수 있을까?**
>
> 학습목표를 자기화한 학생은 수업 한 시간에 대한 높은 자신감을 가질 가능성이 큽니다. 그 이유는 다음과 같이 설명할 수 있습니다.
>
> 1. **수업의 방향을 스스로 알고 있다**
> 자기화된 학습목표는 학생에게 "오늘 내가 무엇을 배우고자 하는지", "무엇을 할 수 있게 되기를 기대하는지"에 대한 명확한 기준을 제공합니다. 목표가 분명하면 수업 중의 활동과 과제가 왜 필요한지, 어디로 연결되는지 이해할 수 있기 때문에 혼란이 줄어듭니다. 학생은 수업의 흐름을 스스로 조망하며 방향을 잃지 않기 때문에 불안보다 기대가 더 크게 됩니다.
>
> 2. **자신의 역할과 할 일을 알고 있다**
> 목표를 자기화한 학생은 단순히 수업을 '듣는 시간'이 아니라 스스로 해결하고 탐색할 과제가 주어진 시간으로 받아들입니다. '무엇을 해야 할지'가 분명하므로 주어진 활동에 능동적으로 참여하며, 주도적인 태도를 보입니다. 수업에 끌려가는 대신 스스로 참여하므로 자신에 대한 신뢰와 기대가 커집니다.
>
> 3. **자기 평가와 조절이 가능하다**
> 목표를 알고 있는 학생은 수업 중 자신의 활동을 스스로 점검하고 조절할 수 있습니다. 무엇을 향해 가는지를 알고 있기 때문에 중간중간 "지금 잘 가고 있나?", "이건 목표와 무슨 관련이 있지?"처럼 스스로 묻고 답할 수 있습니다. 평가는 외부로부터 주어지는 부담이 아니라 자기 성장의 도구로 작용하게 됩니다.
>
> 학습목표를 자기화한 학생은 수업 한 시간이 '막연한 시간'이 아니라, '의미 있는 도전의 시간'으로 다가옵니다. 이로 인해 수업에 대한 긴장보다 기대가 앞서고, 활동을 주도할 수 있다는 자신감을 가지게 됩니다.

◦ 가능해지는 공동체 안에서의 목표지향적인 활동

학생의 학습목표 자기화에 의한 활동은 공동체 속에서 이루어질 때 훨씬 더 강력해진다. 개개인의 해결이기는 하지만 학생 공동체 안에서는 '나의 목표'가 곧 '우리의 목표'가 되기 때문이다. 각자가 목표를 자기화하고 있다면, 공동체 안의 대화와 활동은 단순한 협조 수준을 넘어서 서로를 자극하고 밀어주는 목표지향적 상호작용으로 발전한다. 이때 공동체는 '의견 교환의 장'이자, '성장과 도달의 장'이 된다.

또한, 공동체 안에서의 활동은 학생 스스로 자신의 목표 도달 과정을 점검하고 조정하게 만든다. 친구의 생각을 듣고 자신의 방향을 수정하기도 하고, 설명하는 과정에서 자신의 이해를 더 명확히 하기도 한다. 이는 자기성찰과 자기연찬, 나아가 자기계발로 이어지게 된다.

더불어, 공동체는 혼자서는 꺼내기 어려운 질문과 시도, 실패와 도전을 허용하는 안전한 울타리가 된다. 학습목표를 자기화하고 활동에 도전하는 과정에서 생기는 어려움은 공동체 안에서 자연스럽게 해소되거나 공유된다. 그 과정에서 학생은 혼자가 아니라는 자세, 함께 성장하고 있다는 인식을 지니게 한다.

학습목표의 자기화는 공동체를 통해 더 싶어지고, 공동체는 자기화된 목표를 통해 더 활성화된다. 수업이 단지 교사의 계획대로 진행되는 시간이 아니라, 학생 개개인이 필요에 의하여 익히는 지식, 그 과정에서 미래를 주도적으로 살아갈 수 있는 뜻깊은 역량을 길러 나가게 되는 것이다.

| AI 견해 |

* 학습목표의 자기화는 공동체 중심의 학습활동에 어떠한 영향을 미치게 될까?

학습목표의 자기화와 학생 공동체 중심 활동은 별개처럼 보이지만, 실제로는 서로 강력하게 영향을 주고받습니다. 아래에 구체적으로 정리해 드리겠습니다.

1. 공동의 문제의식을 강화한다

학습목표를 자기화한 학생들은 수업의 주제가 자신과 관계있는 문제라고 느낍니다. 이렇게 각자가 "이건 중요한 문제야"라고 인식하고 모였을 때, 공동체의 토론과 협력은 표면적인 활동이 아니라 공동의 문제 해결을 위한 진지한 탐구로 발전합니다. 예를 들어, "지속 가능한 에너지가 왜 필요할까?"를 자기화하면, 팀 과제가 '해야 해서 하는 일'이 아니라 '같이 답을 찾는 일'이 됩니다.

2. 참여의 자발성을 높인다

학습목표가 '나의 것'이 되면, 수업에서 주도적·능동적으로 참여하게 됩니다. 팀 안에서 의견 제시, 자료 탐색, 역할 분담에 주도적으로 뛰어듭니다. 이렇게 자발적 참여가 많아질수록 공동체 활동이 활기차고 밀도 있게 전개됩니다.

3. 서로의 관점을 존중하고 배우게 한다

학습목표를 자기화한 상태에서는 내가 무엇을 알고 싶고 어떤 점이 궁금한지가 분명합니다. 그래서 공동체에서 다른 친구의 생각을 들을 때도 단순히 맞고 틀림을 평가하기보다는 "이 친구는 이렇게 접근했구나" 하는 호기심과 존중의 태도가 생깁니다. 이는 협력적 학습의 질을 높이는 핵심 조건입니다.

4. 책임감을 공유하게 한다

"이 과제를 잘 해내야 한다"라는 책임감이 교사가 부여한 외적 압력이 아니라 내적 동기에서 출발합니다. 자기화된 학습목표는 공동체 안에서 역할에 대한 책임감을 자발적으로 공유하게 합니다. 결과적으로 팀의 몰입과 완성도가 높아집니다.

5. 자기성찰과 피드백 수용성을 키운다

학습목표가 분명한 상태에서는 "나는 어디까지 이해했고, 무엇이 부족한가"를 더 잘 점검할 수 있습니다. 공동체에서 친구나 교사가 주는 피드백도 방어적으로 받아들이기보다 목표에 가까이 가기 위한 안내로 수용할 수 있습니다.

학습목표의 자기화는 공동체 활동을 형식적인 과제 수행에서 → 공동의 문제 해결과 학습의 장으로 바꿉니다. 수동적인 참여에서 → 자발적이고 책임감 있는 참여로 이끌어냅니다. 단순한 역할 분담에서 → 서로 배우고 성장하는 협력의 과정으로 심화시킵니다. 결국, 학습목표의 자기화는 학생 공동체가 더 깊이 몰입하고 의미 있는 경험을 나누게 하는 출발점이 됩니다.

◦ 의미 있는 산출물 발표

많은 학생이 발표를 어려워한다. "틀리면 어떡하지?", "친구들이 웃으면 어쩌지?", "목소리가 떨릴 것 같아."와 같이 발표에 대한 불안은 생각보다 심각하다. 그런데 이러한 두려움은 단순히 용기 부족의 문제가 아니라, 목표가 분명하지 않을 때 더 커진다.

하지만 자기화된 학습목표는 발표의 망설임을 여러 차원에서 줄여준다. 발표가 자신의 관점에서 얻은 산출물이기 때문에 발표가 자랑이 되어도 무방하다. 관련 지식수준이 낮아도, 엉뚱한 내용이어도 비교할 다른 표준이 없기 때문에 눈치를 보거나 소침해지지 않아도 된다.

또한 학습목표 자기화에 의한 산출물의 발표는 "이 수업에서 내가 찾은 핵심은 무엇인가?"라는 질문에 답하는 내용이다. 발표가 "잘해야 하는 일"이 아니라 "내 생각을 정리하고 공유하는 일"이 된다.

자기화된 목표는 발표를 완벽한 정답의 경쟁이 아니라 탐색의 과정으로 받아들이게 해준다. "지금 이 단계에서 내가 이해한 만큼 말하는 것"이 충분히 가치 있다는 인식은, 실수를 용인하는 용기를 준다. 작은 시도도 배움의 일부라고 인정하는 태도가 자라난다.

공동체 속에서 자신의 역할을 인식하는 것도 큰 변화다. 학습목표를 자기화한 학생은 "내 발표가 친구들의 생각에도 도움이 된다"라는 책임감을 느낀다. 발표가 단순히 나를 드러내는 일이 아니라 모두의 학습을 함께 이끄는 역할을 하는 것이다. 예를 들어, 한 학생이 아랍어로 발표한다고 하자. 아무도 그러한 발표를 문제 삼지 않는다. 또한 아랍어를 접하지 못했던 학생에게는 낯설면서도 새로운 자극을 일으키는 소중한 경험이 된다.

이러한 발표 경험은 크든 작든 새로운 자신감을 갖게 한다. "이번엔 조금 떨렸지만, 결국 해냈어." 이 작은 성취감은 다음 발표에 대한 기대로 이어진다.

발표를 망설이는 학생에게 진정한 용기를 주는 것은 단순한 칭찬이나 채점

기준의 완화가 아니다. 무엇보다 필요한 것은 배움의 이유를 자기화하고, 그 이유를 따라 스스로 목소리를 내보는 경험이다. 그 첫 시도가 쌓일 때, 아이들은 점점 더 자신 있게 "내 생각"을 말할 수 있는 것이다.

> AI 견해
>
> * 학습목표의 자기화는 발표를 망설이는 학생에게 큰 힘을 줄 수 있다. 이유를 구체적으로 말하면?
>
> 학습목표의 자기화는 발표를 망설이는 학생에게 단순한 용기를 넘어 행동의 방향성과 내적 동기를 제공합니다. 이를 구체적으로 설명하면 다음과 같습니다.
>
> 1. '왜 발표해야 하는가'를 분명히 알게 된다
> 발표를 망설이는 학생은 종종 "이걸 꼭 말해야 하나?", "틀리면 어떡하지?" 같은 불안 속에 머뭅니다. 그러나 학습목표를 자기화한 학생은 오늘 수업의 목적이 무엇이고, 그 발표가 그 목표와 어떤 관련이 있는지를 알고 있습니다. "이 발표는 선생님에게 잘 보이기 위한 것이 아니라, 내가 오늘 배우고자 했던 문제를 해결하기 위한 과정이야."에서 목적이 분명해지면 행동의 맥락이 생기고, 불안보다 필요성이 앞서게 됩니다.
>
> 2. 완벽한 답이 아니라 '자신의 생각'을 말하는 것이 중요하다는 걸 알게 된다
> 자기화된 학습목표는 학생이 문제 해결의 주체로 수업에 참여하고 있다는 인식을 심어줍니다. 발표는 완성된 정답을 말하는 것이 아니라, 현재까지 자신이 탐색한 생각을 나누는 과정이라는 것을 이해하게 됩니다. 그러면 "틀릴까 봐", "창피할까 봐"가 아니라 "지금 이 생각을 말하는 것도 오늘 수업의 중요한 일부야."라는 자기 확신이 생기게 됩니다.
>
> 3. 말할 내용이 명확해져 발표의 부담이 줄어든다
> 학습목표를 자기화한 학생은 "무엇을 말해야 할지"를 알게 됩니다. 발표 내용이 학습목표와 연결되어 있기 때문에 막연한 불안보다 구체적인 정리와 표현에 집중할 수 있게 됩니다. 예를 들면, 학습목표가 '광고 속 표현 기법을 분석할 수 있다'일 때 학생은 "나는 광고에서 감성적인 어휘가 사람의 판단에 영향을 주는 걸 느꼈어."를 말할 수 있습니다. 이렇게 되면 발표는 더 이상 두려운 것이 아니라, 목표에 닿기 위한 표현의 한 방법이 됩니다.
>
> 4. 공동체 속에서 자신의 역할을 인식하게 된다
> 학습목표를 자기화한 학생은 발표가 단지 개인의 퍼포먼스가 아니라, 공동의 학습에 기여하는 일임을 이해합니다. "내가 말해야 친구들도 내 관점을 듣고 생각을 넓힐 수 있어."인 자세는 발표에 대한 심리적 부담을 낮추고, 책임감 있는 용기를 유도합니다.
>
> 5. 작은 성공 경험이 자기효능감으로 이어진다
> 자기화된 목표는 "발표를 잘하는 것"이 아니라, 목표에 도달하기 위한 정당한 시도로 발표를 해석하게 해줍니다. 즉, 발표 자체가 평가가 아니라 성장의 과정이 되기 때문에, "이번엔 말이 좀 꼬였지만, 내 생각을 말할 수 있었어."라고 할 수 있습니다. 이런 작은 성공이 쌓이면서 자신의 말하기 능력에 대한 신뢰와 용기가 자랍니다.
>
> 학습목표의 자기화는 발표를 망설이는 학생에게 발표의 목적을 분명히 하여 두려움을 줄이고, 완벽함보다 '생각을 나누는 가치'를 인식하게 하며, 무엇을 말할지에 대한 명확성을 주고, 공동체적 책임감을 느끼게 하고, 작은 시도도 스스로 인정하며 성장할 수 있게 만듭니다. 이처럼 자기화는 단순한 발표 용기의 문제가 아니라, 학생의 사고와 태도, 표현의 주도성을 이끄는 핵심 기반이 됩니다.

- **학습목표 자기화로 가능해지는 루브릭**
  ◦ 의미 있는 루브릭

　한국의 초·중·고 학생들을 멍들게 하는 평가, 그것은 교과 총합에 의한 서열화에 연계되기 때문에 생겨나는 산물이다. 그런데 수업이 학생 개개인의 성장과 발달을 위한 시간이라면, 그에 평가 방식도 당연히 달라져야 한다. 단순한 정답 확인이나 평가 점수만으로는 학생의 의미 있는 활동을 설명할 수 없기 때문이다. 이때 중요한 역할을 하는 것이 바로 루브릭이다.

　루브릭은 학생들의 다양한 학습 과정과 결과를 교사가 세심하게 관찰하고, 그 특성과 수준을 기록할 수 있게 하는 것으로, 단순히 '맞았다'와 '틀렸다'로 구분하는 것이 아니라 학생이 어떤 방식으로 접근했고, 무엇을 시도했고, 어디에서 어려움을 겪었는지가 구체적으로 드러나게 하는 평가이다. 이러한 관찰과 기록은 교사에게 단순한 채점이 아니라, 교육적으로 의미 있는 피드백과 지도 방향을 설정할 수 있는 근거를 제공하게 된다.

　학습목표 자기화는 그러한 루브릭을 가능하게 한다. 학생이 학습목표를 스스로 이해하고 내면화하여 목표지향적인 활동이 이루어지게 되니, 학생 개개인의 교과 지식을 얻는 과정, 교과 역량, 핵심역량 등을 길러나가는 모습이 루브릭으로 체크되어, 피드백으로 연계된다. 따라서 수업 한 시간의 성과는 '나는 지금 어떤 수준일까?', '무엇을 더 해보아야 할까?'가 가능해짐으로써 자기성찰, 자기연찬, 자기계발로 이어지게 된다.

　학습목표 자기화는 루브릭을 '학생의 성장에 의미 있는 피드백 도구'가 될 수 있게 하는 전제이다. 자기화된 목표에 의한 학습활동에서 루브릭은 학생의 자율성과 교사의 전문성을 동시에 살리는 미래 지향적인 교육적 평가의 기반이라 할 것이다.

| AI 견해 |

* **학습목표 자기화는 루브릭 기반의 평가에 어떠한 영향을 미칠까?**

　학습목표의 자기화는 루브릭 기반 평가에 결정적인 긍정적 영향을 미칩니다. 다음과 같은 측면에서 그 영향력을 정리할 수 있습니다.

1. 평가 기준에 대한 학생의 내면화와 수용성 향상
　학습목표를 자기화한 학생은 무엇을 위해, 왜 배우는지를 명확히 이해하고 있습니다. 이는 루브릭의 평가 기준과 성취 수준을 자신의 성장 도구로 받아들이게 하며, 평가를 외부의 판단이 아닌 자기성찰의 틀로 인식하게 합니다.

2. 학생의 자기 평가 및 동료 평가의 질 향상
　자기화된 학습목표는 루브릭을 기준으로 한 자기 평가나 동료 피드백의 타당성과 밀도를 높입니다. 학생들은 '얼마나 잘했는가'를 넘어서, '내가 목표에 얼마나 도달했는가', '무엇을 더 발전시켜야 하는가'를 스스로 판단할 수 있게 됩니다.

3. 과정 중심 평가의 정당성과 설득력 확보
　루브릭 평가에서 '과정의 질'을 판단할 때, 학습목표를 자기화한 학생은 의미 있는 도전과 전략적인 시도를 보이며, 이는 교사의 평가에 타당성을 부여합니다. 결과보다는 노력과 성장 과정이 평가의 핵심이 될 수 있는 배경이 마련됩니다.

4. 개별화된 피드백의 실효성 제고
　학습목표가 자기화되어 있을수록 루브릭 평가 이후 제공되는 피드백은 학생의 인식과 정렬되며, 실제 행동 변화로 이어질 가능성이 높습니다. 피드백은 학생 개인의 목표 도달을 위한 구체적 조언으로 기능하게 됩니다.

　학습목표의 자기화는 루브릭을 단순한 평가 도구가 아니라, 학습을 주도하고 성장 방향을 탐색하게 해주는 나침반으로 전환시킨다고 할 수 있습니다. 학생이 스스로 목표를 품고 있을 때, 루브릭 평가는 비로소 '의미 있는 평가'가 됩니다.

◦ 학습주제 관련 지식과 교과 역량의 평가

학습주제 중심 수업은 학생이 문제를 주도적으로 탐색하고, 다양한 방식으로 해결하며, 자신만의 산출물을 얻게 하는 활동이 중심이 된다. 그러한 활동으로 학생이 자신의 지식 도달 수준을 확인할 수 있다면, 이는 교과 역량까지 연계되며, 자기개발에 많은 영향을 미치게 된다.

학생이 특정 교과나 주제에서 높은 지식수준을 보일 때, 이는 해당 분야에 대한 흥미와 역량의 결합 가능성을 보여준다. 예를 들어, 과학 실험을 주제로 한 수업에서 복잡한 절차를 적극적으로 수행하고 정확한 결과를 얻는다면 과학 분야와 관련된 진로와의 연계가 가능하게 되는 것이다. 이 경우, 성공 경험은 곧 자기개발로 이어지게 된다.

반면, 기대한 수준에 도달하지 못했거나 학습 과정에서 지속적인 어려움과 흥미 부족을 느끼는 시간도 있을 수 있지만, 의미가 없는 것은 아니다. 이는 해당 교과나 분야를 단념하는 것이 아니라, '나는 왜 여기에 어려움을 느끼는가?', '이 분야는 정말 나에게 맞는가?'를 질문하고, 진로에 대한 보완, 수정, 때로는 변경의 결단까지도 시도해볼 수 있게 하는 역할을 하기 때문이다. 이러한 과정은 '무엇이 되고 싶은가'보다 앞서, '무엇이 자신에게 맞지 않는가'를 알게 해주는 중요한 기회이기도 하다.

중요한 것은 지식의 성취 수준의 높고 낮음이 아니라, 그 결과를 어떻게 이해하고 받아들이며 진로 방향 모색에 어떻게 반영하느냐이다. 루브릭이나 도달 수준 평가는 단지 점수를 매기기 위한 도구가 아니라, 학생이 자신을 이해하고 미래를 설계하는 실마리를 제공하는 의미 있는 역할을 하는 것이다.

| AI 견해 |

* **학습주제 중심 수업에서 학생이 자신의 지식 도달 수준을 확인할 수 있다면 어떻게 활용할 수 있을까?**

학습주제 중심 수업에서 학생이 자신의 지식 도달 수준을 확인할 수 있다는 것은 단지 학습 전략을 조정하는 데 그치지 않고, 진로와 연계된 자기 탐색과 선택의 기회로까지 확장될 수 있습니다. 학습주제 중심 수업은 단순히 교과 내용을 전달하는 것이 아니라, 삶과 연결된 문제를 주제로 설정하고 학생이 자신의 방식으로 접근하며 해석해 나가는 과정입니다. 이 과정에서 학생이 자신의 지식 도달 수준을 확인할 수 있다면, 이는 곧 자신의 흥미, 적성, 역량의 실질적인 확인 과정이 됩니다. 그리고 이것은 진로 탐색과 연결되는 핵심 기반이 됩니다.

1. 진로 연계 자기 탐색 기회
학생은 반복되는 학습주제 경험 속에서 자신이 무엇에 관심을 가지는지, 어떤 문제 상황에 몰입하는지, 어떤 방식으로 해결하려 하는지를 알게 됩니다. 이는 단순한 진로 검사나 이상적인 직업 희망이 아닌, 학습활동 속 실질적 경험을 통한 진로 자기 인식으로 이어집니다.

2. 진로 관련 역량 기반 형성
학습주제는 종종 특정 분야의 실천과 연결되어 있기 때문에, 해당 주제에서 높은 도달 수준을 성취한 학생은 그 분야에 대한 실질적인 기초 역량을 쌓아간다고 볼 수 있습니다. 예를 들어, 지속 가능한 환경 주제에서 문제 해결 능력을 보인 학생은 환경 관련 분야에 적성과 소질을 느낄 가능성이 큽니다.

3. 맞춤형 진로 설계 가능
자신의 도달 수준을 확인한 학생은, 이후 어떤 주제나 분야를 더 깊이 탐색할지, 어떤 교과나 활동을 중심으로 진로 역량을 쌓을지에 대해 스스로 경로를 설계할 수 있습니다. 이는 진로를 '선택하는 것'에서 더 나아가, 진로를 '구체화하고 발전시키는' 활동으로 확장됩니다.

4. 포트폴리오 기반 진로 증명
학습주제 중심 활동과 도달 수준 기록은 학생의 진로 관련 역량을 구체적으로 증명하는 포트폴리오 자료가 될 수 있습니다. 이는 고교학점제, 자유학기제, 진로 체험, 대학 입학 전형 등 다양한 진로 관련 제도와도 자연스럽게 연계됩니다.

5. 진로 유연성 확보
자신이 도달한 수준을 정확히 이해하는 학생은, 특정 진로에 국한되지 않고 다양한 관련 분야로의 확장이나 전환도 자연스럽게 고려할 수 있습니다. 이는 진로의 수정, 보완, 발전이 가능한 미래지향적 진로 역량으로 연결됩니다.

학습주제 중심 수업에서 도달 수준을 스스로 확인할 수 있는 경험은 단순한 학습 점검이 아니라, 학생 개인의 진로를 살아 있는 경험으로 구체화하고 이끌어가는 힘이 됩니다. 이는 학교 수업이 진로 교육의 중심이 될 수 있음을 시사합니다.

핵심역량의 평가

학습목표 자기화에 기반한 공동체 중심의 목표지향적인 활동은 학습목표를 설정하고 성과를 얻기 위한 활동 과정에서 학생 개개인의 다양한 핵심역량을 관찰, 평가할 수 있게 한다. 학습목표 자기화 → 목표 지향 활동 → 핵심역량 발휘 → 구체적 평가로 연결됨으로써, 학생의 성장과 진로 설계까지 연계될 수 있는 평가 체계가 가능한 것이다.

이러한 역량 중심의 평가는 지식의 습득 이상의 의미를 지닌다. 그것은 학생들에게 자신의 성장 모습을 비춰주는 거울이 되며, 다음 단계 성장의 방향을 제시하는 나침반이 됨으로써, 생활지도, 인성교육 등 학생의 전인적 성장과 건강한 생활 태도를 형성하게 한다. 더불어 교사에게는 교육적 지원의 실마리를 제공하고, 학부모에게는 자녀의 전인적 성장을 이해하는 창이 된다. 지식 중심의 서열화에 의한 인재 배출의 문제점을 대체할 수 있는 것으로, 미래에 어떠한 직업이나 삶을 살아간다고 하더라도 초·중·고 학교에서의 기른 핵심역량이 바탕이 된다.

핵심역량이 대학 입시에서의 전공 적합도를 결정하는 중요한 요소가 될 때 초·중·고 학교에서 이루어지는 교육활동이 힘을 얻는 것은 당연한 일이다. 지식이 뛰어나다고 의과 대학을 지원할 수 있는 것이 아니라 초·중·고 학교에서 의사에 적합한 역량을 길러 나가는 모습의 검증을 요구할 수 있는 것이다. 핵심역량 중심의 평가는 미래 교육이 나아가야 할 필연적 방향이다. 이는 단순히 '무엇을 아는가'가 아닌 '무엇을 할 수 있는가'를 보여주는, 그래서 학생 개개인에게 의미 있는 평가가 되어야 한다.

| AI 견해 |

* **수업이 학습목표를 자기화한 학생이 목표지향적인 활동 속에서 파악되는 핵심역량은 자기성찰, 자기연찬, 자기계발을 포함하는 자기개발과 진로와 연계되는 적성에 어떠한 영향을 미칠까?**

학생이 수업에서 학습목표를 자기화하고, 그 목표에 따라 주도적으로 활동하며 핵심역량을 길러 나가는 경험은 단지 교과 성취를 넘어서 학생 개인의 자기개발 역량을 깊이 있게 자극합니다. 자기성찰, 자기연찬, 자기계발이 활발히 일어나는 이러한 수업 구조 속에서 학생은 자신에 대해 보다 정교하게 이해하게 되며, 특히 진로와 연결된 적성을 발견하고 검토하는 계기를 갖게 됩니다.

1. 자기성찰 속 적성 탐색

학생이 목표지향적 활동을 마친 후 자신의 수행 과정을 성찰하게 될 때, 단지 잘했는가 못했는가를 넘어서 '내가 이 활동에서 흥미를 느꼈는가', '이 방식이 나에게 맞았는가'를 돌아보게 됩니다. 이는 자신이 어떤 활동 유형에 끌리는지, 어떤 사고방식이나 해결 방식에 익숙한지를 파악하게 하며, 적성에 대한 내면적 이해로 이어집니다.

2. 자기연찬 속 강점 보완과 진로 방향 설정

도전 속에서 부족함을 느끼고 이를 개선하려는 자기연찬의 과정은, 단순한 역량 강화를 넘어, 어떤 분야에서 더 오래 집중하고 발전시키고 싶은지를 확인하는 시간이 됩니다. 이는 자신이 앞으로 어떤 분야를 더 깊이 탐색하고, 발전시켜야 할지에 대한 구체적 방향성을 제공하며, 진로 설계의 기반이 됩니다.

3. 자기계발의 주체화와 적성 기반 진로 확장

적성과 흥미가 드러난 영역에서 지속적인 계발 활동이 이루어진다면, 이는 더 이상 단기적 성취가 아니라 삶의 일부로서 진로를 형성하는 자기계발로 발전하게 됩니다. 예를 들어, 발표 중심의 프로젝트에서 두각을 나타낸 학생이 의사소통 역량과 사회적 상호작용 능력에 적성을 가진다는 점을 발견하고, 관련 분야로 진로 방향을 넓혀갈 수 있습니다.

4. 역량과 적성의 연결이 진로의 신뢰성을 높인다

핵심역량은 어떤 분야에서나 필요하지만, 적성과 결합될 때 그 역량이 발휘되는 맥락과 지속 가능성이 더 분명해집니다. 수업 안에서 이 두 요소가 함께 드러난다면, 학생의 진로 선택은 단지 '이상적인 희망'이 아닌, 실제 경험을 바탕으로 한 설득력 있는 선택이 됩니다.

학생이 학습목표를 자기화하고, 목표지향적 활동 속에서 핵심역량을 길러나가며, 자기성찰, 자기연찬, 자기계발을 경험하는 수업은 단지 교과 성취를 넘어, 진로와 연결된 적성을 발견하고 성장시키는 시간이 됩니다. 이때 적성은 단지 좋아하는 것이 아니라, 몰입할 수 있는 활동 속에서 자연스럽게 드러나는 능력과 관심의 결합이다. 그리고 그러한 발견이 가능한 수업이야말로, 진로와 삶을 설계해 나가는 힘을 길러주는 진정한 교육이라 할 수 있습니다.

■ 성격이 달라지는 총괄평가
◦ 여전히 필요한 총괄평가

한국의 교육에서 총괄평가가 지적을 받는 이유는 단순한 점수 매김이나 서열화를 위한 도구를 벗어나지 못하기 때문이다. 하지만 진로 및 전공 선택에 유용한 정보를 제공하는 역할로서의 한 학기 또는 한 학년 단위의 교과 지식 중심의 총괄평가라면 관점은 달라진다.

총괄평가가 한 학기, 한 학년 등 학습활동이 마무리되는 시기, 즉 학생의 사고와 역량이 총합적으로 드러나는 때 이루어진다면, 그 결과는 학생 스스로 학습주제 관련 지식의 수준 정도를 파악하게 함으로써, 주력 교과와 비주력 교과를 선택할 수 있게 하는 객관적인 근거가 된다. 자신이 강점을 갖는 교과와 소양 수준인 교과를 구분할 수 있게 하면서 주력 교과 중심의 본격적인 자신의 역량 개발로 이어지게 될 수 있기 때문이다.

실제, 총괄평가는 토익이나 토플의 성격을 띠는 국가 표준일 필요가 있고, 결과 또한 결과의 비교, 서열화는 엄격하게 금지하는 것은 물론, 반드시 학생 본인에게만 제공되어야 한다.

총괄평가가 진로 설계에 유용한 정보를 제공하는 용도일 때, 총괄평가는 끝맺음이 아니라, 학습을 정리하고 다음을 여는 자기개발의 출발점이 될 것이다.

| AI 견해 |

* 총괄평가가 서열화를 버리고 과목 중심의 지식수준을 제공하는 역할로 한정되면 학생에게 어떠한 영향을 미치게 될까?

총괄평가가 서열화 목적을 버리고, 단순히 과목별 지식수준을 알려주는 역할로 한정된다면, 학생에게는 다음과 같은 변화가 나타날 수 있습니다.

1. 심리·정서적 측면
- 불필요한 경쟁 압박 완화: 순위를 매기지 않으므로, 학생이 "몇 등인지"보다 "어디까지 이해했는지"에 집중하게 됩니다.
- 자신감 회복: 전교 석차나 등급에 의한 열등감이 줄어들고, 자신의 강점과 약점을 객관적으로 인식할 기회가 됩니다.
- 학습에 대한 긍정적 태도 형성: 평가가 '판결'이 아니라 '피드백'이라는 인식이 자리 잡아 학습 자체에 대한 거부감이 줄어듭니다.

2. 학습 행동 측면
- 목표지향적 학습 촉진: 서열 대신 '지식수준'이라는 명확한 기준이 제시되면, 학생은 다음 단계로 나아가기 위한 구체적 목표를 세우기 쉬워집니다.
- 약점 보완 학습 강화: 등수로는 알 수 없던 '구체적인 부족 지점'을 확인하고, 맞춤형 보완 학습을 시도하게 됩니다.
- 과목별 자기 주도성 향상: "국어는 ○○ 수준, 수학은 △△ 수준"처럼 영역별 학습 상태를 인식하므로, 학생 스스로 학습 우선순위를 조정하게 됩니다.

3. 성장·진로 측면
- 강점 발견 및 진로 설계 지원: 한 과목에서 뛰어난 지식수준을 보이면, 해당 분야로의 관심과 탐구 의지가 강화됩니다.
- 전공 적합성 판단 자료 제공: 고등학교·대학 진학 시 특정 과목의 깊이 있는 이해 수준이 객관적으로 드러나 전공 선택의 근거가 됩니다.
- 다양한 학업 경로 가능성 확대: 특정 과목에서 낮은 수준을 받더라도 전체 진로 설계에 치명적이지 않게 되어, 다양한 학문·직업 경로를 모색할 수 있습니다.

4. 잠재적 한계
- 자기 동기 부여 능력의 차이: 서열 압박이 줄어든 만큼, 자기주도 학습 역량이 낮은 학생은 학습 동력이 약해질 수 있습니다.
- 외부 경쟁 체계와 괴리: 대학 입시나 자격시험이 여전히 상대평가 요소를 포함할 경우, 평가 방식의 불일치가 혼란을 줄 수 있습니다.
- 교사의 세밀한 피드백 역량 요구: '지식수준'만 제시해서는 한계가 있으며, 이를 기반으로 한 맞춤형 지도·피드백이 반드시 뒤따라야 효과가 극대화됩니다.

정리하면, 서열 없는 총괄평가는 학생에게 압박을 줄이고, 학습을 자기 진단과 개선의 과정으로 바꾸게 할 수 있습니다. 다만, 동기 부여 체계와 후속 지원이 함께 마련되지 않으면 '부드러워진 평가'로만 끝날 가능성도 있습니다.

달라지는 교사의 역할

■ 가르치지 않는 교사

◦ 수업 전에는

　모든 학생의 학습목표 자기화에 의한 목표지향적인 활동이 활성화되려면 여전히 교사의 도움이 필요하다.
　무엇보다 교사는 목표에 포함된 핵심 개념이나 용어의 뜻을 학생의 눈높이에서 파악할 수 있게 해야 한다. 학생이 용어를 정확히 이해하지 못하면 목표는 단순한 문장에 지나지 않으며, 활동 역시 형식적인 활동이 될 수밖에 없다. 따라서 개념과 관련된 용어의 숨은 뜻이나 활용 맥락을 사례와 함께 설명하여 직감적으로 접근하게 할 필요가 있다. 한국의 초·중·고 교육은 교과서에 따른 교사용 지도서가 있다. 이것은 교사에게 학생들에게 학습목표 도달에 필요한 핵심 개념, 내용 요소, 기능 등의 기준을 제시하므로 적절하게 활용하면 된다.
　학습목표는 학생 자신의 경험과 연결될 때 더욱 강한 동기를 유발한다. 교사가 목표와 관련된 질문을 통해 학생 스스로의 경험, 흥미, 가치와 연결 지을 수 있는 통로를 마련해 주는 것이다.
　또한 교사는 목표를 자기화한 활동이 혼자만의 수행이 아닌 공동체 속 상호작용을 통해 가능함을 알려주고, 그에 필요한 역할 분담이나 피드백 방식 등을 가능하게 사전에 준비할 수 있게 해야 한다. 학생이 활동의 흐름과 기준을 명확히 이해할수록, 목표지향적 활동은 더욱 주도적이고 의미 있는 시간이 된다.
　학습목표를 자기화한 학생에게 수업은 단순히 '참여해야 하는 시간'이 아니라, 참여하고 싶은 시간'이 된다.

| AI 견해 |

* **모든 학생의 학습목표 자기화에 의한 목표지향적인 활동을 가능하게 하려면 교사가 사전에 제공해야 할 도움은?**

    모든 학생이 학습목표를 자기화하고 목표지향적인 활동을 할 수 있도록 교사가 사전에 제공해야 할 도움은 크게 목표 이해 → 목표 분석 → 목표 연결 → 목표 활용 준비의 흐름으로 정리할 수 있습니다.

1. 학습목표 이해 지원
- 용어와 개념의 명확화: 목표에 포함된 핵심 용어나 개념의 의미를 학생 눈높이에 맞게 설명하고, 사례나 시각 자료로 직관적 이해를 돕습니다.
- 목표의 '이유' 제시: 해당 목표가 왜 중요한지, 학습주제나 진로·삶과 어떻게 연결되는지 설명해 학생의 학습 동기를 자극합니다.

2. 학습목표 분석 지도
- 목표 해체 활동 제공: 목표를 지식·기능·태도로 분해하여 학생이 '무엇을 알아야 하고, 무엇을 할 수 있어야 하는지'를 스스로 파악하도록 안내합니다.
- 도달 조건 제시: 목표 달성을 위해 필요한 구체적 조건(예: 자료 해석 능력, 토론 참여 태도 등)을 사전 안내해 학습 방향을 분명히 합니다.

3. 학습목표와 학생 경험 연결
- 사전 경험 환기: 학생의 기존 지식, 관심사, 경험과 목표를 연결시켜 목표가 개인적 의미를 갖도록 유도합니다.
- 예상 난이도 조정 및 맞춤 지원 계획: 목표 달성에서 겪을 수 있는 난관을 미리 파악하고 수준별 질문, 보조 자료 등을 준비해 학생마다 목표 접근 방법을 다양화합니다.

4. 목표 활용 준비
- 자기 점검 도구 제공: 루브릭, 체크리스트 등을 사전 제공해 학생이 활동 중 스스로 목표 달성 여부를 점검하도록 합니다.
- 공동체 활동 구조화: 목표지향 활동이 협력적 맥락에서 이루어질 수 있도록 역할 분담, 상호작용 규칙, 피드백 방식 등을 사전에 설계합니다.
- 평가와 연계 설명: 목표 달성이 단순 점수 산출이 아니라 성장 기록과 피드백으로 이어진다는 점을 명확히 알려 참여 의지를 높입니다.

    교사의 사전 도움은 목표를 학생의 언어로 풀어내고, 개인 경험과 연결시키며, 활동 구조와 자기 점검 도구를 제공하는 것입니다. 이렇게 하면 목표가 단순히 '외부에서 주어진 과제'가 아니라 '내가 이루어야 할 나의 과제'로 전환됩니다.

◦ 본시에서는

  학습목표를 스스로 자기화한 학생들이 공동체 속에서 목표지향적인 활동으로 산출물을 만드는 수업일 때 교사는 어떠한 역할을 하게 될까? 가르치지 않는다고 교사는 수업 시간 내내 아무 일도 하지 않는 것은 아니다.

  수업의 도입 단계에서는 학습문제 제시로 학생 개개인의 해결을 요구하게 된다. 이미 학생들은 학습목표를 자기화하기 위한 활동이 이루어진 것을 전제로 하기 때문에 짧은 설명으로 충분하다. 이후, 교사는 해결 활동 시간과 산출물 발표 시간 안내, 학생 개개인의 도달하고자 하는 수준 확인, 활동 과정에서의 교과 지식과 교과 역량을 길러나가는 모습과 개개인의 핵심역량이 관찰됨과 함께 루브릭 평가가 이루어짐을 강조하면 된다.

  전개 단계에서는 학생의 시간이다. 학생의 활동에 일절 관여하지 않는다. 지금의 교육 이론 대부분은 학생의 활동에 교사의 적절한 도움이 필요하다고 하지만 여기에서는 전혀 다르다. 과정 중심의 평가는 어떠한 교사의 관여도 문제가 될 수 있기 때문에 전적으로 학생의 주도적인 해결 활동을 보장해 주어야 한다. 설령, 학생이 잠을 잔다하더라도 간섭하지 않는다. 해당 시간에는 피드백으로, 수업 후에는 상담으로 이어지기 때문에 방임은 아니다. 찌강면을 처음 먹는 아기가 부모의 약간의 관여도 거부한다는 점을 참고할 필요가 있다.

  학생 개개인의 산출물은 모둠 단위로 요약·정리되어 발표하게 한다.

  하지만 정리 단계는 교사의 시간이다. 학생들이 활동 과정과 산출물, 산출물의 발표 과정을 지켜본 교사가 평가와 함께 피드백이 이루어진다. 짧은 시간이라는 점을 감안하여 상위나 하위 수준의 학생, 문제가 되는 학생, 도움이 필요한 학생 등을 중심으로 할 필요가 있다. 의사를 꿈꾸는 학생인 경우, 아무리 지적 능력이 뛰어나다 하더라도 공동체 안에서 의사로서 갖추어야 할 인성, 적성 등이 바람직하지 않다면 심각한 문제가 된다. 교사에 의하여 활동 모습이 관찰되고, 상담으로 이어지며, 결과는 학생부에 기록되기 되기 때문이다. 목표 지향적인 활동 속에서 관찰된, 충분히 객관적인 자료이어서 학생이나 학부모도 의의를 제기할 수 없다.

가르치지 않는 교사는 무력한 교사가 아니다. 교사는 방향을 설계하고 흐름을 조율하며 의미를 완성하는 존재가 된다. 교사는 학생 개개인의 성장과 발전을 위한 실질적인 존재가 됨으로써 AI 시대에도 더 중요한 역할을 하게 된다.

| AI 견해 |

* **학생의 학습목표 자기화에 의한, 교사가 관여하지 않는 목표지향적인 활동이 공동체 안에서 이루어지는 수업이라면 교사는 어떤 역할이어야 할까?**

학생이 학습목표를 자기화하고, 공동체 안에서 교사의 개입 없이 스스로 해결해 나가는 활동이 이루어지는 수업이라면, 교사의 조정자 역할은 배제되어야 하며, 그 대신 관찰자이자 해석자, 그리고 정리자로서의 전문성이 강조되어야 합니다.
다음은 이러한 전제에서 정리한 교사의 역할입니다.

1. 사전 설계자 (Pre-Designer)
교사는 수업 전에만 적극적으로 개입합니다. 학생이 자기화할 수 있는 학습목표와 문제 상황, 그리고 다양한 해결 경로를 허용하는 열린 구조의 활동을 정교하게 설계합니다. 이때 교사의 '의도'는 학생에게 드러나지 않아야 하며, 학생은 스스로 목표를 수용하고 의미를 구성할 수 있어야 합니다.

2. 의도를 드러내지 않는 관찰자 (Non-Intervening Observer)
수업이 시작되면, 교사는 의도, 정답, 방향 그 어떤 것도 드러내지 않습니다. 표정, 언어, 시선, 칭찬, 힌트 등 모든 개입을 절제하며, 학생의 자율적인 판단과 선택이 흐트러지지 않도록 지켜봅니다. 이때의 관찰은 학습 과정에서 드러나는 역량의 단서, 성장의 증거, 협력의 흐름을 놓치지 않는 고도의 전문적 작업입니다.

3. 기록자이자 의미 해석자 (Documenter & Interpreter)
교사는 관찰을 토대로 학생 개인과 공동체의 활동을 기록합니다. 이 기록은 단순한 기술이 아니라, 학생의 문제 해결 방식, 사고의 깊이, 상호작용의 맥락을 포착하는 해석의 행위입니다.

4. 사후 정리자이자 피드백 설계자 (Post-Learning Synthesizer)
수업이 끝난 뒤, 교사는 학습활동을 정리하고, 학생이 자신의 활동을 성찰할 수 있는 계기를 제공합니다. 피드백은 직접적인 개입이 아니라, 학생의 말과 기록을 되돌아보게 하는 질문, 자기성찰을 유도하는 방식으로 설계됩니다. 평가 역시 점수화가 아닌 성장의 기록, 즉 루브릭 기반의 질적 증거로 축적되며, 이는 장기적인 역량 발달의 기반이 됩니다.

교사는 더 이상 조정자가 아니라, 설계자, 관찰자, 기록자, 해석자, 정리자여야 합니다. 학생이 스스로 해결해 나갈 수 있는 수업은, 교사의 개입이 아니라 침묵과 관찰을 통해 완성되며, 그 침묵 속에서 실제 역량은 조용히 길러집니다. 이러한 교사 역할의 전환은 기존 교육 이론이 말하는 '즉각적 피드백'이나 '적극적 조정'의 틀을 넘어, 학생 주도성과 역량 중심 학습을 최우선으로 하는 수업 설계 철학에 기반합니다.

◦ 수업 후에는 학생의 루브릭 관리

 학습목표를 자기화한 학생들이 공동체 속에서 목표지향적 활동으로 산출물을 만드는 활동이 중심이 되는 수업일 때도 교사의 업무는 계속된다. 하지만 교사에게 가장 부담을 주는 교재 연구, 가르칠 내용의 암기, 자료 준비 등에서는 벗어나는 대신에, 다음과 같은 일들을 하게 된다.

 첫째, 루브릭을 관리한다. 수업 중 교사는 학생의 활동과 상호작용을 세밀히 관찰한다. 이 기록은 루브릭과 연결되어 학생의 지식, 교과 역량, 핵심역량을 다면적으로 평가하는 근거가 된다. 수업 후 교사는 이 데이터를 정리해 학생 개별 및 공동체의 강점과 보완점을 체계화한다. 이렇게 축적된 기록은 단순한 점수가 아니라 성장을 보여주는 증거로 활용된다.

 둘째, 교사인 관점에서의 내일의 수업을 계획한다. 하루 수업은 독립된 사건이 아니다. 오늘의 결과는 곧 내일의 출발점이 된다. 교사는 루브릭 기록을 바탕으로 다음 수업의 목표와 활동 구조를 조정한다. 공동체의 균형을 점검하고, 역할 재분배가 필요한지 확인하며, 학생들의 산출물이 다음 주제로 자연스럽게 이어질 수 있도록 흐름을 설계한다. 교사의 플랜은 '다음 시간도 이어진 학습 경험'이 되게 만드는 핵심 장치기 된다.

 셋째, 필요하다면 교사는 수업 결과를 학생이나 학부모와 공유하며 상담을 진행한다. 이 상담은 점수 통보가 아니라 성장 과정, 더 나아가 진로의 방향과 연계되는 내용이 중심이 된다. "이러한 학습주제에서 이런 강점 또는 문제점이 보였고, 다음에는 이런 시도가 필요하다"라는 식의 구체적 피드백은 학생에게 동기 부여가 되고, 학부모에게는 교육 방향에 대한 신뢰를 준다.

 이렇게 하루 수업이 끝난 뒤에도 교사는 오늘과 내일의 학습 연속성을 유지하면서 학생의 성장을 기록 관리하며, 발전을 설계하게 된다. 가르치지 않는 교사의 전문성은 바로 이 보이지 않는 시간에서 완성된다 할 것이다.

| AI 견해 |

* 학습주제 단위 수업 관련, 학생의 목표지향적인 해결 활동으로 교과 지식과 핵심역량을 길러나가는 시간이 되었다면 수업 후 교사는 어떠한 일을 해야 할까?

학생들이 목표지향적인 해결 활동을 통해 학습주제에 대한 교과 지식과 핵심역량을 기르는 시간을 마쳤다면, 수업 뒤 교사가 우선적으로 해야 할 일은 학생들의 학습 결과와 과정을 면밀히 점검하고 피드백을 제공하는 것입니다. 구체적으로는 다음과 같은 사후 관리가 중요합니다.

1. 학습 결과물 및 활동 과정 점검

학생들이 문제 해결 과정에서 산출한 결과물을 확인하고, 해결 과정이 타당했는지 평가합니다. 학생 개개인이 학습목표를 얼마나 달성했는지, 어떤 어려움이 있었는지 등을 파악합니다.

2. 피드백 제공 및 보완 지도

학생들에게 개별 혹은 집단 피드백을 제공하여, 학습한 개념이나 방법 중 부족했던 부분을 명확히 알게 합니다. 부족한 영역을 보완할 수 있도록 추가 과제나 학습 기회를 안내합니다.

3. 학습 내용 정리 및 공유

학생들이 배운 내용을 스스로 정리하도록 안내하거나, 필요하다면 교사가 정리된 자료(학습지, 요약본 등)를 제공하여 지식을 체계화할 수 있도록 돕습니다. 우수 사례나 독창적인 해결 방법을 학급 내에서 공유하여 상호 학습이 이루어지도록 유도합니다.

4. 차시(次時) 및 이후 수업 계획 반영

학생들의 성취도와 어려웠던 부분을 바탕으로 다음 수업의 지도 계획을 수정·보완합니다. 학습 주제나 방법에 대한 문제점, 개선점을 수업 일지 등에 기록하고 향후 지도 방안에 반영합니다.

즉, 학습활동 후에는 학생들의 활동과 성취를 꼼꼼히 확인하고, 이 과정에서 얻은 정보를 토대로 후속 피드백과 지도 방안을 마련해야 합니다. 이를 통해 학생들은 학습목표를 확실히 달성할 수 있고, 교사는 다음 수업이나 학습주제를 더욱 효과적으로 설계할 수 있게 됩니다.

실제, 수업의 예시는(초등 40분 기준)

■ 수업 전 사전 활동

◦ 학습목표 자기화를 위한 사전 활동

하루 전, 학생들은 교사가 나누어 준 학습 플래너에 의하여 내일의 수업을 준비한다. 내일 수업이 6교시라면 6개의 학습주제에 의한 학습목표가 주어졌으므로 그것을 분석하여 학습목표의 자기화 및 자신의 수행 장면을 계획하는 것이다. 수행 장면 계획이라 해서 거창한 것을 떠올릴 필요는 없다. 학습 플래너의 학습목표를 분석하면서 메모하는 것으로 충분하기 때문이다. 학습주제 학습과 관련 자료나 준비물을 마련하는 것도 학생 자신이 할 일이다.

학습목표 분석은 분석 틀에 의하여 '모든 낱말 의미 이해 → 용어에 숨은 뜻 파악 → 포괄적 용어는 세분화 → 조건이 주어졌으면 적절한 설정 → 가치나 도덕적 판단은 기준 설정 → 산출물을 얻기 위한 계획 세우기'와 같은 순서로 필요한 내용을 파악한다. 차시 예고에서 교사가 차시 활동과 관련된 충분한 정보를 알려주었기에 학습의 방향과 기준을 제시해 주는 교과서를 참고하거나, AI나 검색 도구 등을 활용하면 어려운 일은 아니다. 또한 본시에서 동료들과 의견을 교환할 기회가 있기 때문에 외롭게 분투할 필요는 없다.

학습목표를 자기화하기 위한 내용이 적혀 있는 학습 플래너는 본시에서 교사에게 관찰/기록이 되기 때문에 학생들은 소홀할 수 없다. 학생 개개인의 교과 역량이나 자기 관리 역량, 자기 주도 학습 등과 관련된 루브릭 체크가 되면서 피드백 및 평가 자료로 활용되기 때문이다.

| AI 견해 |

* 학습주제 단위의 목표지향적인 활동이 이루어지는 수업에서 모든 학생이 사전에 학습목표를 자기화하기 위한 활동이 이루어졌다면 본시 수업의 모습은 어떠할까?

학습주제 단위의 목표지향적인 활동이 이루어지는 수업에서 모든 학생이 사전에 학습목표를 자기화하기 위한 활동을 완료했다면, 본시 수업은 다음과 같은 특징을 가질 수 있습니다.

1. 활발한 참여와 교류
  학생들이 학습목표를 미리 이해하고 받아들임으로써, 수업에 더욱 적극적으로 참여할 수 있습니다. 학생들이 수업 내용에 대해 더 깊이 있는 질문을 하고, 동료들과 의미 있는 토론을 벌일 수 있는 환경이 조성됩니다.

2. 개별화된 학습 경험
  사전 활동을 통해 학생들은 자신의 학습목표를 명확히 하고, 개인의 필요와 속도에 맞춰 학습할 수 있습니다. 교사는 이를 기반으로 학생 개개인의 필요에 맞춘 지원을 제공할 수 있습니다.

3. 높은 학습 동기 부여
  목표를 자기화한 학생들은 해당 목표를 달성하기 위해 더 큰 동기를 가지게 됩니다. 이는 학습에 대한 책임감을 높이고, 학습 과정에서 더 적극적으로 참여하게 만듭니다.

4. 효율적인 시간 활용
  모든 학생이 사전에 학습목표를 이해하고 있기 때문에, 수업 시간을 더 효율적으로 활용할 수 있습니다. 기초적인 개념 설명보다는 심화 학습, 적용, 탐구 등에 더 많은 시간을 할애할 수 있습니다.

5. 자기 주도적 학습의 촉진
  학습목표를 자기 것으로 만든 학생들은 자신의 학습 과정을 스스로 관리하고 조절하는 능력을 키울 수 있습니다. 이는 학생들이 자기 주도적 학습자로 성장하는 데 도움을 줍니다.

6. 성취감과 자신감의 향상
  학습목표 달성을 향한 과정에서 학생들은 스스로 성장을 목격하게 됩니다. 이러한 경험은 학생들의 자신감을 높이고, 향후 학습에 대한 긍정적인 태도를 형성하는 데 기여합니다.

7. 평가와 피드백의 명확성
  교사는 명확한 학습목표를 바탕으로 학생들의 진행 상황을 평가하고, 구체적이고 목적에 맞는 피드백을 제공할 수 있습니다. 이는 학생들이 자신의 학습 경로를 조정하고 개선하는 데 도움을 줍니다.

  이러한 수업은 학생들에게 더 깊이 있는 학습 경험을 제공하며, 교육의 질을 향상시키는 데 기여할 수 있습니다. 학습목표의 자기화는 학생 중심의 수업 운영을 가능하게 하며, 학생들의 학습 성과와 만족도를 높일 수 있는 중요한 요소입니다.

- **본시 학습활동(초등학교 40분을 기준으로)**
  ◦ **학습문제 제시 및 시간 안내 5'**

 수업 시작과 함께 교사에 의하여 학습문제가 제시된다. 학습문제는 학습목표 도달 활동을 요구하는 것으로, 학습주제에 '~을 알아보자', '~을 하여 보자'와 같은 형태로 제시된다. 학습문제 제시는 해결 활동에 의하여 자신의 산출물을 얻을 기회를 준다는 의미이다. 따라서 학생들은 모둠 중심으로 자신이 얻어야 할 것에 관한 정보를 얻기 위한 활동을 하게 된다.

 교사의 수업 운영은

1. 수업 시작과 함께 학습문제가 제시된다. 사전에 학습문제를 제시하게 될 때 시간을 절약할 수 있다.
2. 학습문제 중 용어의 숨은 뜻 중심의 짧은 동기 유발 및 보완
3. 학생 개개인의 최종 목표 도달 수준 확인: 대체로 학습목표 자기화 과정에서 파악된 근거에 의하여 자신의 도달 수준을 정하는 것으로, 손을 들거나 학습 플래너 시트지에 목표치를 적으면 된다. 주로 교과 지식 중심으로, 성취 수준의 상, 중, 하에서 선택하거나 100점, 60점, 30점 등과 같은 점수치도 가능하다.
4. 시간 운영 안내: 학생의 해결에 주어지는 시간 인내
5. 유의할 점 안내: 평가 루브릭 안내

 등을 안내하는 일이다.

| AI 견해 |

* **학습주제 단위 수업에서, 학생이 학습목표를 자기화하기 위한 활동이 사전에 이루어 졌다면 본시 시작과 함께 교사가 제시하는 학습문제를 어떻게 받아들일까?**

학생들이 사전에 학습목표를 '자기화'하는 활동을 통해 이미 '이번 단원에서 내가 무엇을 배우고 싶은가?', '왜 배워야 하는가?' 등에 관한 생각을 해보았다면, 본시에서 교사가 제시하는 학습문제(학습활동이나 과제 등)를 다음과 같은 시각으로 받아들이게 됩니다.

1. 학습문제의 '의미'와 '가치'를 개인적으로 연결

학습목표 자기화 활동을 통해 해당 과제나 문제를 단순히 '해야 할 일'로 보기보다, 개인적인 학습목표 달성을 위한 '도전 과제', '의미 있는 해결과제'로 인식하게 됩니다. 학생 입장에서는 '내가 세웠던 목표와 어떻게 연결되지?'를 생각하게 되며, 학습문제 자체가 '개인적으로 가치 있고 의미 있는 것'으로 다가오게 됩니다.

2. 동기 수준 및 수용 태도의 변화

사전에 자신의 배움의 방향과 이유를 설정해 본 경험이 있다면, 학습문제 제시에 대한 거부감이 줄어들고 흥미가 높아질 수 있습니다. 수동적으로 학습문제를 받아들이는 것에서 나아가, '내가 이 문제를 해결하면 내가 세운 목표를 달성할 수 있겠구나.' 하는 능동적 참여 태도로 바뀔 가능성이 큽니다.

3. 학습문제 해결 전략을 미리 구상

학습목표를 자기화하는 과정에서, 학생들은 자신만의 '학습 전략'이나 '자원 활용 방식'을 미리 고민해 보게 됩니다. 때문에 새로운 과제가 제시되었을 때, 곧바로 '이 문제를 이렇게 풀어나가면 좋겠다.' 혹은 '저번에 생각했던 방법을 적용해 봐야겠다.' 같은 방식으로 해결 전략을 떠올리며 문제에 접근하게 됩니다.

4. 더 적극적이고 주도적인 학습 태도 형성

자기화된 학습목표는 학생의 내적 동기가 되며, 이에 따라 본시 학습문제를 수동적으로 '받아들인다'보다 '어떻게 하면 내가 목표에 도달할 수 있을까?'라는 관점에서 탐색과 실행을 시도합니다. 자기 주도성을 바탕으로 필요하다면 교사나 동료의 도움을 구하고, 추가 자료를 탐색하는 등 보다 적극적인 학습 행동을 보이게 됩니다.

결국, 학습목표를 자기화하는 과정을 사전에 거친 학생들은 본시 시작 시점에 교사가 제시하는 문제나 과제를 개인적 맥락에서 재해석하고, '내가 해결해야 할 도전'이자 '내게 의미 있는 학습과제'로 인식하게 됩니다. 이는 학습 동기와 몰입도를 높이고, 학습 과정에서 주도적 태도를 촉진한다는 점에서 매우 긍정적인 효과를 기대할 수 있습니다.

◦ 공동체와 함께하는 해결 활동 15'

　학생이 학습목표를 스스로 자기화하고, 그 목표에 도달하기 위해 공동체 속에서 활동하는 수업은 같은 학습주제를 다루더라도 각자가 제각각 자신의 목표에 도달하기 위한 활동이 이루어진다. 이것은 한정된 시간에, 공동체 안에서 이루어지는 '해결해 볼 수 있는 기회'이기 때문에 목표지향적이라면 개개인의 어떠한 과정이나 방법, 결과까지도 허용되는 활동이다.

　상호작용이 이루어지는 공동체는 그러한 활동에 많은 도움을 주게 된다. 개개인의 해결이지만 공동체 안에서의 해결이기 때문에 역할 분담, 아이디어 공유, 갈등 해결 등이 활성화되며, 이 과정에서 사회적 책임감, 공동체 의식, 의사소통 능력, 협업 역량 등 학습 주도성, 사회적 역량, 실생활 적용 능력을 길러 나가는 활동이 저절로 이루어지는 것이다.

　지금의 수업에서 학생들이 공동체 활동을 꺼리는 이유는 경쟁과 묻어가는 학생에 대한 불만이다. 하지만 학습목표를 자기화한 학생, 학생 개개인을 중시하는 수업이라면 그러한 요인이 사라진다. 거기에다 협력적 의사소통, 공동체 역량 등을 평가하기 때문에 문제 분석, 해결 과정, 산출물의 발표 과정 등에서 서로를 인정하면서 실질적인 핵심역량을 길러나가는 공동체가 된다.

　공동체 중심의 해결 활동은 교사가 관찰, 기록하기 때문에 학생들의 발전적인 변화를 위한 적극적인 노력을 이끌어 낼 수 있다. 기록된 자료는 생활지도, 인성교육, 진로 교육 등에 활용됨으로써 유용한 행동 변화로 이어지게 된다.

| AI 견해 |

* 학습주제 중심 수업에서 학생이 학습목표를 자기화하여 산출물을 만들 때, 공동체는 어떠한 도움을 주게 될까?

학습주제 중심 수업에서 학생이 학습목표를 자기화하고 이를 바탕으로 산출물을 만들어가는 과정에서, 공동체(동료 학습자, 교사, 학교 전체 문화 등)는 단순한 '협력자'를 넘어 학습의 촉진자이자 검토자, 동기 유발자로서 중요한 역할을 하게 됩니다. 구체적으로 다음과 같은 도움을 줄 수 있습니다.

1. 산출물의 방향성과 질을 높이는 '거울'이자 '피드백 제공자'

공동체는 학생이 만든 산출물을 함께 바라보고 질문, 조언, 비판적 피드백을 통해 학생이 더 깊이 사고하고, 개선할 기회를 제공합니다. 예를 들어, '이 부분은 네가 말한 학습목표와 어떤 관련이 있어?', '여기서 더 구체적인 사례를 넣으면 보는 사람도 이해하기 쉬울 것 같아.'

2. 자기화의 과정에서 생기는 불확실성과 어려움에 대한 '정서적 지지자'

학습목표를 자기화한다는 것은 자기 삶이나 경험과 연결하는 과정이기 때문에 때로는 막막함이나 혼란을 느낄 수 있습니다. 이때 공동체는 공감, 응원, 함께 고민하기 등의 방식으로 정서적 안정감을 줍니다. 예를 들어, '나도 처음엔 뭘 해야 할지 몰랐는데, 너랑 얘기하다 보니까 조금 정리되는 것 같아.'

3. 다양한 관점을 제공해주는 '관점 확장자'

공동체의 다른 구성원들은 각자 다른 배경지식, 경험, 관심사를 갖고 있기 때문에 서로의 아이디어를 듣고 나누는 과정에서 학생은 자신의 산출물에 새로운 시각을 얻게 됩니다. 예를 들어, '나는 이 주제를 이런 관점에서 접근해봤어. 네 아이디어랑 합쳐보면 더 풍부해질 수도 있겠네.'

4. 자기 조절 학습을 유도하는 '동기 유발자'

주변 친구들이 자기화된 목표를 바탕으로 산출물을 만들어가는 모습을 보며 자극받고, 자신의 학습 태도나 방향을 조절할 수 있는 사회적 비교의 장이 됩니다. 또한 '함께 해나가는 분위기' 자체가 개인의 성장을 지속하게 해주는 원동력이 됩니다.

5. 공공성 있는 결과물로 발전시키는 '공공의 장'

공동체가 산출물을 함께 공유하고 감상하고 평가하는 자리를 가질 경우, 학생은 자신의 산출물을 단지 개인적인 결과물이 아니라 공동체 내 의미 있는 기여물로 인식하게 되어 책임감과 성취감을 함께 느낄 수 있습니다.

공동체는 학생이 자기화된 학습목표를 바탕으로 산출물을 만들어갈 때, 그 과정 전반에 걸쳐 '생각을 확장해주고', '감정을 지지해주며', '산출물을 다듬고 의미화'할 수 있도록 돕는 결정적인 존재가 됩니다.

◦ 개개인의 산출물 발표 및 공유 10'

   학습주제 단위의 목표지향적 수업에서 모든 학생에게 산출물을 요구한다는 것은 단순히 결과물을 뜻하는 것이 아니다. 학습목표를 자기화한 학생이 수업 속에서 문제를 분석하고 해결하는 과정 전체가 기록된 성장 증거물을 남기라는 요구이다. 여기에 발표 기회까지 더해지면, 수업의 모습은 근본적으로 달라진다.

   학생들은 대부분 메모나 삽화 중심의 포스트잇, 녹음, 녹화 중심의 디지털 매체 활용 등을 선호할 것이다. 내용도 학습목표가 요구하는 '~를 안다', '~를 할 수 있다'와 관련된 단적인 답변으로 충분하다.

1. 발표 자료 요약: 짧은 시간 안에 충분한 내용을 전달할 수 있어야 한다.
2. 산출물 발표하기: 구성원이 4명일지라도 2분이 주어졌다면 그 안에 발표할 수 있어야 한다.
3. 발표와 함께 이루어지는 공유: 모든 구성원이 학습주제와 관련된 다양한 수준, 형식과 형태를 경험하는 기회가 된다.

   학습주제와 관련된 개개인의 산출물과 발표는 어떠한 학생도 수업 참여에 소홀할 수 없게 한다. 그것도 교사의 강요가 아니라 수업 분위기가 저절로 이끌게 된다. '산출물의 형태나 형식은 어떠해야 할까?', '발표는 어떻게 할 때 더 효과적일까?'로 학생 개개인을 고민하게 한다. 그러한 활동 속에 자신의 능력, 재능, 관심사 들을 확인하게 되며, 그것을 더 발전시켜 나가는 시간으로서의 수업이 되게 할 것이다.

| AI 견해 |

* 학습주제 단위의 학습목표 자기화에 의한 목표지향적인 수업에서 모든 학생에게 산출물과 발표 요구는 단순한 성과물 얻는 시간을 넘어서게 될 것이다. 어떠한 것들을 말할 수 있을까?

모든 학생에게 산출물을 요구하는 구조는 학생이 자연스럽게 적극적인 수업 참여를 의식하게 만드는 장치가 됩니다. 산출물에 더해 발표 기회까지 제공된다면, 수업의 효과는 단순한 목표 달성을 넘어 학생의 학습 태도와 역량 발달 전반으로 확장됩니다. 이를 반영해 정리하면 다음과 같습니다.

1. 적극적 참여와 책임 의식 강화

산출물을 제출하는 것만이 아니라 공개적으로 설명하고 공유해야 하는 상황은 학생 스스로 수업 시간의 참여를 더욱 진지하게 인식하게 만듭니다. 발표는 자신의 생각과 과정을 타인에게 설득해야 하므로, 목표 달성 과정에서 책임감과 몰입도가 높아집니다.

2. 과정·사고의 명료화

발표 과정에서 학생은 산출물 제작 과정을 정리하고 핵심을 표현하면서 자신의 사고를 구조화하게 됩니다. 이때 교사와 동료의 질문이나 피드백은 자신의 사고를 점검하고 보완하는 기회가 됩니다.

3. 상호작용과 공동체 학습 촉진

발표는 다른 학생들에게 새로운 관점과 해결 방법을 제공하며, 서로 배우고 확장하는 집단 학습의 장이 됩니다. '묻어가기'가 아닌 각자의 기여와 역할이 드러나 공동체 속 상호책임 문화가 형성됩니다.

4. 자기성찰과 성장 경험

발표 후 받는 피드백은 자신의 강점과 한계를 분명히 자각하게 해 자기개발 방향을 잡게 합니다. 발표 경험은 단순 지식 습득이 아니라 자신감을 키우고 다음 도전을 준비하는 성장의 계기가 됩니다.

5. 평가의 신뢰성과 다면성 확보

산출물 자체뿐 아니라 발표 과정에서 드러나는 이해도, 표현력, 문제 해결 과정이 함께 평가되어 과정 중심·역량 중심 평가의 신뢰성을 높입니다. 즉, 산출물 요구 + 발표 기회는 학생에게 '참여하지 않을 수 없는 수업 환경'을 제공하고, 목표 자기화 → 적극적 참여 → 성찰과 피드백 → 성장과 재도전의 순환을 가능하게 합니다.

이러한 효과들은 학생들이 더 활동적이고 참여적인 학습 경험을 가질 수 있도록 돕고, 학습 과정에서의 개인적 성장과 발전을 촉진합니다.

◦ **교사의 평가와 피드백 5'**

학습주제 단위의 학습목표 자기화에 의한 목표지향적인 활동이 이루어지는 활동에서 교사의 관찰, 기록된 자료는 학생 개개인의 교과 지식, 교과 역량, 핵심역량과 관련된 내용들이 체크된다. 루브릭은 단순히 점수를 매기기 위한 도구가 아니라, 목표-과정-결과를 통합적으로 살펴보는 성장의 기록이다. 학생의 교과 지식 이해 정도뿐 아니라 탐구 역량, 의사소통, 협력, 창의적 사고와 같은 핵심역량 발현이 구체적으로 기록된다. 이 기록은 학생 스스로 자신의 강점과 부족함을 확인하고, 다음 도전 과제를 설정하는 데 활용된다.

학습목표의 자기화와 루브릭 평가는 서로 맞물려 학생에게 의미 있는 학습 경험을 제공한다. 학생은 '무엇을 배웠는가'보다 '어떻게 성장했는가'를 말할 수 있고, 교사는 그 성장을 근거로 다음 단계의 배움을 설계한다. 이러한 변화야말로 지식 전달 중심의 교육을 넘어, 학생 스스로 성장과 발전을 체감하는 미래 수업으로 나아가는 출발점이 될 것이다.

AI 견해

* **학습주제 단위의 학습목표 자기화에 의한 목표지향적인 활동으로 산출물 발표까지 끝났을 때 바람직한 교사의 평가와 피드백은 어떤 내용이어야 할까?**

학습주제 단위의 학습목표를 학생이 자기화하고, 목표지향적인 활동을 통해 산출물 발표까지 마친 경우, 교사의 평가는 단순한 결과 확인이 아니라 학생의 과정과 성장을 드러내는 피드백이 되어야 합니다. 바람직한 교사의 평가와 피드백은 다음과 같은 내용으로 구성될 수 있습니다:

1. 학습목표와의 연계성 평가
"자신이 설정한 학습목표에 얼마나 도달했는지"를 중심으로 피드백합니다. 예: "처음에 '다양한 관점을 비교해보기'를 목표로 삼았는데, 발표에서 그 비교 기준이 분명하게 드러나서 인상적이었어요."

2. 과정 중심의 평가와 피드백
탐구 과정, 협력, 시도, 오류 수정 등의 과정을 존중하며 피드백합니다. 예: "자료 수집 과정에서 초기에 막혔던 부분을 팀과의 대화를 통해 극복한 점이 좋았습니다."

3. 역량 발현에 대한 구체적인 언급
학생이 보여준 핵심역량(예: 의사소통, 문제 해결, 자기 관리 등)에 대해 구체적으로 평가합니다. 예: "다른 친구의 질문에 침착하게 설명하는 모습에서 의사소통 역량이 잘 드러났어요."

4. 산출물에 대한 내용적·형식적 강점 및 개선점
   산출물의 내용의 깊이, 구성, 표현 방식 등에 대해 구체적으로 언급합니다. 예: "시각 자료가 주제를 잘 전달했어요. 다만, 발표 시간 안배가 조금 더 이뤄졌다면 더 집중도 있는 발표가 되었을 것 같아요."

5. 성장 가능성을 여는 제안형 피드백
   다음 도전으로 이어질 수 있도록 질문이나 제안의 형태로 마무리합니다. 예: "이번 주제에서 '환경 문제의 인식 변화'를 다뤘는데, 다음에는 그에 대한 해결 방안을 중심으로 생각해보면 어떨까요?"

"학생이 자기화한 목표에 기반하여 어떻게 활동했고, 어떠한 역량을 발휘했으며, 산출물이 이를 어떻게 드러냈는지를 중심으로, 구체적이고 미래 지향적인 피드백을 제공해야 한다."
이러한 평가와 피드백은 학생에게 자기 이해의 거울이자, 다음 도전의 디딤돌이 될 수 있습니다.

* 학생의 목표지향적인 해결 활동 후 교사의 피드백은 왜 중요한가?

학생의 목표지향적인 해결 활동이 완료된 후 제공되는 교사의 피드백은 학생의 학습과 성장을 촉진하는 데 매우 중요한 역할을 합니다. 피드백이 효과적으로 이루어질 때 학생은 단순히 결과를 평가받는 것이 아니라, 자신의 학습 과정과 활동의 의미를 되짚어보고 향후 발전의 방향을 설정할 수 있습니다. 이에 대한 관점과 중요성을 다음과 같이 정리할 수 있습니다.

1. 자기 주도적 학습과 성찰 촉진
   피드백은 학생이 스스로 목표를 설정하고 이를 달성하기 위해 노력한 활동의 결과에 대해 스스로 평가하도록 돕는 기회를 제공합니다. 교사는 학생이 자신의 학습 과정에서 겪은 어려움과 시행착오, 성공적인 접근 방식을 돌아보게 하여 자기 주도적 학습의 태도를 강화할 수 있습니다.

2. 목표 도달 여부를 정확히 파악하도록 도움
   교사는 학생이 설정한 목표에 도달했는지, 미달한 부분이 있는지 객관적으로 피드백을 제공하여 목표 달성도를 스스로 점검하도록 돕습니다. 이 과정을 통해 학생은 목표를 설정하는 데 있어서 더욱 구체적이고 성취 가능한 방향을 고려하게 되며, 목표와 활동을 조정하는 방법을 배우게 됩니다.

3. 미달, 오류, 시행착오의 학습 기회 제공
   성공적인 결과뿐만 아니라, 미달이나 오류, 시행착오에 대해서도 피드백을 제공함으로써 학생은 학습 과정에서 실수를 통해 배울 기회를 얻습니다. 교사의 피드백은 오류를 인정하고 수정하는 과정을 자연스럽게 받아들이게 하여, 실패에 대한 두려움이 아닌 성장의 발판으로 인식하도록 돕습니다.

4. 문제 해결 과정의 가치를 인정하고 격려
   피드백은 단순한 결과가 아닌 과정의 중요성을 강조함으로써, 학생이 문제 해결을 위한 과정에서 보여준 다양한 시도와 노력을 인정하고 격려합니다. 이는 학생이 단기적인 성과에 치중하지 않고, 도전과 시도를 지속적으로 이어가려는 긍정적 태도를 형성하는 데 도움을 줍니다.

5. 향후 발전 방향 제시
   교사는 피드백을 통해 학생에게 발전 가능성을 제안하며, 다음 학습이나 활동에서 더 나은 결과를 얻기 위한 구체적인 방향을 제시할 수 있습니다. 이를 통해 학생은 현재 성과에 만족하기보다, 지속적으로 성장하고 새로운 목표를 세우려는 태도를 가지게 됩니다.

결론적으로, 학생의 목표지향적인 해결 활동 후 제공되는 피드백은 단순한 평가를 넘어, 학생의 성장과 발전을 도모하는 중요한 교육적 도구입니다. 교사의 피드백은 학생의 자기 주도적인 성찰과 목표 재설정, 학습 과정에서의 시행착오를 통한 성장에 대한 긍정적 인식을 이끌어내어 학생이 능동적이고 의미 있는 학습 태도를 가지게 하는 데 중요한 역할을 합니다.

◦ 교사의 학습내용 정리와 학생의 자기 평가 5'

학습목표의 자기화를 통한 목표지향적 해결 활동은 학생 중심의 능동적 학습을 가능하게 하는 효과적인 교육 방법이다. 그러나 이러한 학습활동이 바람직한 성과를 얻으려면 반드시 교사의 전문적이고 체계적인 최종 학습정리가 따라야 한다.

교사의 최종 학습정리는 단순한 수업의 마무리가 아닌, 학생들의 개별적 학습 경험을 통합하고 체계화하는 중요한 단계이다. 학생들은 각자의 방식으로 학습목표를 해석하고 문제를 해결하면서 다양한 경험과 깨달음을 얻게 된다. 이때 교사의 최종 정리는 이러한 개별적 경험들을 교육과정이 의도한 핵심 개념과 원리로 자리 잡게 하는 역할을 한다.

또한 교사의 최종 학습정리는 학생들의 오개념을 바로잡고 불완전한 이해를 보완해주게 된다. 해결 과정에서 발생할 수 있는 개념적 오류나 잘못된 추론을 교정하고, 더 정확하고 깊이 있게 이끌어주는 것이다.

이 과정은 학생들의 다양한 학습 산출물을 교과의 학문적 연결을 가능하게 하는 역할을 한다. 학생들의 창의적 해결 방안이나 독특한 관점들이 교과의 본질적 개념과 어떻게 연결되는지를 보여줌으로써, 의미 있는 학습활농이 되게 한다.

더 나아가, 교사의 최종 학습정리는 다음 차시 학습을 위한 디딤돌이 되게 한다. 현재 학습한 내용이 앞으로의 학습과 어떻게 연결되는지, 어떤 의미를 지니는지를 명확히 함으로써 학습의 연속성을 보장한다.

교사의 최종 학습정리는 학생 중심의 목표지향적 학습을 완성하는 필수적 요소이다. 이는 개별화된 학습 경험을 의미 있는 교육적 성과가 되게 함으로써 학생은 교과 관련 자신이 관심을 갖는 분야를 더욱 확고하게 발전시켜 나가는 연찬으로 이어지게 할 것이다.

| AI 견해 |

* 학습주제 단위 수업, 학생 개개인의 목표지향적인 해결 활동이 중심이 되는 수업일 때 교사의 평가와 피드백은 학생에게 어떠한 도움을 주게 될까?

학습주제 단위 수업과 학생 개개인의 목표지향적인 해결 활동이 중심이 되는 수업에서, 교사의 평가와 피드백은 다음과 같은 방식으로 학생에게 도움을 줄 수 있습니다.

1. 학습 과정에서의 자기 조정(Self-regulation) 촉진

학생이 설정한 목표에 따라 학습 경로를 스스로 조정할 수 있도록 유도합니다. 피드백을 통해 자신의 강점과 보완해야 할 점을 인식하고, 다음 학습 과정에서 개선할 방향을 설정할 수 있습니다.

2. 목표 달성을 위한 동기 부여

교사의 피드백이 학생의 목표와 연결될 때, 피드백은 단순한 평가를 넘어 개인적인 성장의 도구로 작용할 수 있습니다. 작은 성취를 인정하는 피드백은 자기효능감(Self-efficacy)을 높여 지속적인 학습 동기를 부여합니다.

3. 문제 해결력과 창의적 사고 향상

문제 해결 과정에서 발생한 오류와 시행착오를 분석하고, 보다 나은 해결 방법을 찾을 수 있도록 유도합니다. 교사는 학생이 시도한 해결 방법의 논리를 점검하고, 새로운 관점에서 문제를 바라볼 수 있도록 촉진할 수 있습니다.

4. 자기 주도적 학습 역량 강화

학생이 학습 과정에서 스스로 목표를 설정하고 성취 여부를 평가하는 습관을 기를 수 있도록 도와줍니다. 자기 평가와 동료 평가를 병행하여 다양한 시각에서 자신의 학습을 돌아볼 수 있도록 유도할 수 있습니다.

5. 구체적이고 실질적인 학습 개선 방향 제공

피드백이 명확하고 구체적일수록 학생은 자신의 학습을 효과적으로 조정할 수 있습니다. '이 부분을 다시 생각해보면 좋겠어.' 같은 일반적인 피드백보다는, '네가 설정한 목표와 비교했을 때, 이 과정에서 논리적인 흐름이 부족했어. 다음에는 A와 B의 관계를 더 구체적으로 설명해 보면 어때?' 같은 구체적인 피드백이 더 효과적입니다.

6. 성장 중심의 평가문화 형성

평가를 단순한 성적 매기기가 아니라 성장의 과정으로 인식하도록 도와줍니다. 학생이 목표를 달성하지 못했을 때도 도전의 의미를 찾고, 다음 단계에서 개선할 수 있도록 긍정적인 태도를 형성하는 데 기여합니다.

7. 교사-학생 간 신뢰 형성

교사가 학생 개개인의 목표와 학습 경로를 존중하는 피드백을 제공할 때, 학생은 교사를 단순한 평가자가 아니라 학습을 함께 탐색하는 조력자로 인식하게 됩니다. 이는 교실 내 신뢰 관계를 형성하는 데 중요한 역할을 합니다.

8. 학습의 지속성과 연계성 강화

개별 목표와 연계된 피드백은 단기적인 성취를 넘어 장기적인 학습 지속성을 높이는 데 기여할 수 있습니다. 학생이 한 단원의 학습을 마무리한 후에도 다음 학습에서 이전 경험을 활용할 수 있도록 연결하는 역할을 합니다.

교사의 평가와 피드백이 학생 개개인의 목표와 학습 경로를 존중하는 방식으로 이루어진다면, 학생은 단순히 지식을 습득하는 것을 넘어 자기 주도적 학습 역량을 키우고, 문제 해결력과 창의적 사고를 기르는 데 실질적인 도움을 받을 수 있습니다. 이를 통해 평가와 피드백이 학습의 일부로 자연스럽게 자리 잡고, 학생이 성장하는 과정에서 핵심적인 역할을 하게 됩니다.

■ 단위 수업에서 이루어지는 평가의 의미는
◦ 산출물 발표와 동료의 평가

학습주제 단위 수업에서 학습목표 자기화에 의한 목표지향적인 활동을 끝낸 학생들은 자신의 산출물을 발표할 기회를 얻게 될 때 어떠한 효과를 얻을 수 있을까? 학생들은 학습목표를 자기화하여 학습문제를 해결해 본 결과를 글이나 그림, 메모나 삽화 같은 형태로 표현한다. 이를 공개하는 것 자체가 발표일 수 있고, 아니면 개인별로, 요약하여 모둠 단위로 발표하기도 한다. 그 속에는 학생 개개인 나름의 생각과 도전이 고스란히 담긴다. 이 짧은 발표의 순간이 학생들에게는 자신의 목표 달성 과정을 보여주고, 친구들과 나누는 대단한 시간이 되는 것이다.

시간이 허락된다면 발표에 대한 의견도 나눌 수 있다. "그런 생각도 있었구나", "이렇게 해보면 더 좋을 것 같아" 같은 짧은 한마디들이 오갈 수 있다. 분명 평가이지만 어쨌든 짧은 발표는 발표자 자신을 긴장하게 하는 것은 물론 서로의 사고방식을 배우고, 다음 시도를 위한 아이디어를 얻는 기회가 된다. 비교나 서열이 아닌, 서로의 성장을 응원하는 평가가 되는 것이다.

교사는 이 흐름을 지켜보며 필요한 피드백을 덧붙이고, 아이들의 시도가 다음 시간으로 이어지도록 돕는다.

학습목표 자기화와 동료 평가는 이렇게 작은 발표로 시작해 큰 성장을 만들어내는 경험이 된다. 미래 수업이 지향해야 할 모습은 화려한 결과물이 아니라, 작은 시도를 존중하고 함께 나누는 교실이 될 것이다.

> AI 견해

* **학습목표 자기화에 의한 목표지향적인 활동으로 자신의 산출물을 발표하는 과정에서 동료 평가는 어떠한 의미가 있을까?**

학습목표를 자기화하고 목표지향적인 활동을 통해 산출물을 발표하는 과정에서 이루어지는 동료 평가(peer assessment)는 단순히 점수를 매기거나 우열을 가리는 행위가 아니라, 다음과 같은 교육적 의미를 갖습니다.

1. 다양한 관점에서의 피드백
같은 주제를 다뤘더라도 개별 목표와 접근 방식이 다르기 때문에, 동료 평가를 통해 학생은 자신이 미처 보지 못한 방법이나 시각을 접할 수 있습니다. 이 과정에서 학생은 자신의 활동을 객관적으로 성찰하고, 다음 학습에 보완할 지점을 발견하게 됩니다.

2. 학습 공동체의 성장 촉진
발표와 평가가 상호작용으로 이어지며, 개인의 성취가 공동체의 학습 자산으로 전환됩니다. 다른 학생의 성과를 인정하고 조언하는 경험은 공동체 내 신뢰와 협력의 문화를 강화합니다.

3. 평가 역량과 비판적 사고의 발달
동료 평가 과정에서 학생은 루브릭을 기준으로 구체적이고 근거 있는 피드백을 제시해야 합니다. 이는 단순히 평가자가 되는 것이 아니라, 자신의 학습을 다시 성찰하는 과정으로 이어지며 비판적 사고 능력을 키웁니다.

4. 평가에 대한 소유감과 공정성 제고
평가가 교사에게만 독점되지 않고, 학생 스스로 참여할 때 평가 과정의 투명성과 공정성이 강화됩니다. 학생은 자신의 성장이 공동체와 연결되어 있다는 책임감을 느끼며, 평가를 수용하는 태도도 긍정적으로 변합니다.

5. 미래 지향적 역량으로의 전환
동료 평가는 협업, 소통, 피드백 수용력 같은 미래 핵심역량을 실제 맥락에서 길러주는 학습 경험입니다. 이는 대학이나 직업 현장에서 요구되는 팀 기반 문제 해결 능력의 기초가 됩니다.

동료 평가는 결과를 평가하는 행위가 아니라, 학습 과정의 일부이자 공동체 속 성장을 가속화하는 촉매제가 됩니다. 학생은 평가를 주고받으며 스스로와 타인의 목표 달성 과정을 이해하고, 다음 학습으로 나아가는 동력을 얻게 됩니다.

◦ **교사의 루브릭**

교실에서 루브릭을 활용한다고 하면, 혹시 학생들을 획일적인 틀에 맞추려는 것은 아닐까 우려할 수도 있다. 하지만 이는 루브릭의 본질을 잘못 알고 있는 것이다.

잘 설계된 루브릭은 사실 정반대의 역할을 한다. '무엇을' 달성해야 하는지는 명확히 제시하되, '어떻게' 접근할지는 학생 개개인의 자율성에 맡길 수 있는 것이다. 마치 목적지는 정해주지만 가는 길은 스스로 선택하게 하는 내비게이션 같은 역할이라고 할 수 있다.

예를 들어, '산소의 성질'을 알기 위한 시간이라면, 어떤 학생은 실험을 통해, 다른 학생은 예술적인 관점에서, 또 다른 학생은 데이터 분석을 통해 각자의 방식으로 그 능력을 보여줄 수 있다. 루브릭은 이 모든 다양한 접근을 동등하게 인정하고 평가할 수 있는 기준을 제공한다.

이러한 유연성이야말로 루브릭의 진정한 힘이다. 학생들은 명확한 목표 의식을 가지면서도 자신만의 독특한 방식으로 학습에 접근할 수 있게 된다. 결과적으로 교실은 천편일률적인 활동이 아닌, 개성과 창의성이 꽃피는 다채로운 학습의 장이 된다.

AI 견해

* 학습주제 중심인 수업에서 학습목표를 자기화한 학생이 공동체 중심의 목표지향적인 활동을 교사가 관찰, 평가하면서 피드백으로 이어진다면 학생에게 어떠한 의미가 있을까?

'학습주제 중심 수업' + '학습목표 자기화' + '공동체 중심의 목표지향적 활동' + '교사의 관찰·평가·피드백'이 연결된 구조는, 학생에게 다음과 같은 교육적 의미와 가치를 만들어냅니다.

1. 배움이 '나의 일'이 된다 — 학습의 자기화 완성

학습목표를 자기화한 상태에서 활동에 참여하면, 학생은 수업을 '해야 할 일'이 아닌, '내가 하고자 한 일'로 받아들이게 됩니다. 이는 단순한 참여를 넘어서 의미 있는 몰입과 자기 주도성으로 이어집니다. 예를 들어, '문제 해결 전략을 세워보기'라는 목표를 스스로 이해하고 받아들인 학생이, 조별 활동에서 자신의 전략을 제안하고 조정하는 모습은 더 이상 과제가 아니라 자기 성장을 위한 도전이 됩니다.

2. 공동체 속에서 '내 역할'과 '책임'을 인식하게 된다

공동체 중심의 목표지향 활동은 학생이 타인과 함께 협력하고 소통하며 사회적 역량을 기르게 합니다. 이 과정에서 학생은 단순히 '잘했는가'보다 '어떻게 기여했는가, 무엇을 변화시켰는가'에 주목하게 됩니다. 특히 교사가 이를 관찰하고 구체적으로 피드백한다면, 학생은 자신의 역할과 책임감을 실제 맥락 속에서 체험하게 됩니다.

3. 성장의 과정이 '드러나고 인정'되는 경험이 된다

교사의 관찰과 평가는 점수화 이전에 학생의 고민, 시도, 오류, 성장의 과정을 함께 따라가 주는 의미를 지닙니다. 그 위에 이루어지는 피드백은 학생이 자신의 성장을 되돌아보고 다음을 계획할 수 있게 도와줍니다. 단순히 '잘했어요'가 아닌, '이 단계에서 고민한 흔적이 보여요. 다음엔 이런 방법도 시도해보면 좋겠어요.'라는 피드백은 학생의 학습 경험을 '인정받은 삶의 과정'으로 바꿔줍니다.

4. 내가 무엇을 할 수 있는 사람인지 알게 된다

학습목표를 자기화하여 활동하고, 공동체 속에서 자신의 영향을 실감하고, 교사의 피드백으로 자신의 강점과 한계를 성찰하게 되면, 학생은 단지 '교과 지식을 배운 사람'이 아니라, '역량을 발휘할 수 있는 사람'으로서 자기 정체감을 지니게 됩니다.

5. 평가는 비교가 아닌 '함께 성장하기 위한 수단'이 된다

교사의 평가는 공동체 속에서의 역할 수행, 문제 해결 과정, 협력, 사고의 깊이 등 다면적으로 이루어지기 때문에, 단순 점수 경쟁에서 벗어나 질적 성장의 피드백으로 작용합니다. 학생은 평가를 '나를 줄 세우기 위한 잣대'가 아니라, '나를 도와주는 거울'로 받아들이게 됩니다.

학습주제 중심 수업에서 학습목표를 자기화한 학생이 공동체 중심의 목표지향 활동을 수행하고, 교사의 관찰과 평가, 피드백을 받는 구조는 학생에게 '내가 주인이 되어 배우는 성장의 시간'을 의미합니다. 이러한 수업은 학생에게 자기 주도성, 공동체성, 정체성, 책임감, 성찰의 기회를 동시에 제공하며, 진정한 배움의 내면화를 가능하게 합니다. 이러한 수업의 연속성은 결국 '학생 자신이 스스로 배우는 존재로 성장하고 있다'라는 실감을 주는 시간들이 쌓이는 것이며, 그것이 바로 미래 교육의 본질이라 할 수 있겠습니다.

◦ 학습정리 후 학생 자신의 평가

　수업의 마지막, 교사의 학습정리는 학습목표의 본질을 정리해 주는 역할을 한다. 그러나 진짜 의미 있는 것은 그 이후가 된다. 학생이 스스로 세운 목표 수준에 비추어 '나는 어느 정도 도달했는가'를 확인하는 것이다.
　이 확인은 단순한 성적 평가가 아니다. 설령 학생이 30점 수준의 목표를 세웠더라도, 그 목표에 도달한 경험은 중요한 가치가 있다. 목표를 스스로 설정하고, 활동을 통해 그 목표에 도전하며, 마지막에 도달 여부를 확인하는 과정 자체가 학습의 주체성을 길러주는 경험이기 때문이다. 높은 목표를 세웠다가 미치지 못하는 것보다, 낮더라도 자신이 정한 목표에 도달한 경험이 이후 도전의 발판이 될 수 있다.
　이러한 과정은 학생 각자가 자신의 성장을 점검하고 조정할 힘을 기르게 한다. 교사의 정리는 이를 위한 기준과 맥락을 제공할 뿐, 판단의 주체는 학생이다. 학생이 스스로 자신의 위치를 확인하며 다음 배움으로 나아가는 자기개발의 출발점이 된다.

　더 나아가 학생의 자기 평가는 다양한 학습주제 학습을 경험하면서 주력 교과와 비주력 교과를 구분할 수 있게 하는 근거가 된다. 관심을 갖게 되는 교과와 아무리 노력을 해도 성취 수준이 달라지지 않는 교과를 스스로 판별하게 됨으로써 진로와 관련된 주력 교과를 의미 있게 선택할 수 있는 것이다. 거기에다 국가 수준의 총괄평가가 객관적인 학습 능력 수준을 측정할 수 있게 하므로, 주력 교과 중심의 성장과 발전에 연계되는 자기개발이 가능해지게 된다.

| AI 견해 |

* **학습목표 자기화에 의한 목표지향적인 활동일 때 학생의 자기 평가는 어떠한 의미가 있을까?**

학습목표 자기화에 의한 목표지향적인 활동일 때 학생 자신의 산출물에 대한 자기 평가(Self-Assessment)는 특히 진로 탐색과 연계될 때 더 의미 있는 역할을 합니다. 이를 고려하여 다시 정리하면 다음과 같습니다.

1. 자기성찰과 진로 인식
자기 평가는 학생이 자신의 강점과 약점을 명확하게 파악할 기회를 제공합니다. 이는 학생이 자신의 흥미와 재능을 발견하고, 이를 바탕으로 진로를 구체적으로 탐색하는 데 중요한 토대가 됩니다.

2. 진로 목표 설정
자기 평가를 통해 학생은 자신의 학업과 활동이 어떤 진로와 연결될 수 있는지를 생각하게 됩니다. 자신의 산출물에 대해 평가하면서, 어떤 분야에서 더 발전하고 싶은지, 또는 어떤 직업이 자신에게 적합한지를 고민하고 목표를 설정할 수 있습니다.

3. 자기 주도적 진로 개발
진로 탐색 과정에서 자기 평가는 학생이 자신이 원하는 진로에 맞게 스스로 학습 계획을 조정하고, 필요한 역량을 개발하는 데 도움이 됩니다. 학생은 자기 평가를 통해 자신의 발전 방향을 스스로 결정하고, 이에 맞춰 학습을 주도적으로 진행할 수 있습니다.

4. 진로 관련 역량 강화
자기 평가는 학생이 선택한 진로에 필요한 역량을 개발하는 데 중요한 역할을 합니다. 학생은 자신의 성과를 분석하면서 특정 진로에 요구되는 기술이나 지식을 더 깊이 이해하고, 이를 강화하기 위한 계획을 수립할 수 있습니다.

5. 현실적인 진로 준비
학생이 자기 평가를 통해 자신의 현재 역량과 진로 목표 간의 격차를 인식하게 되면, 현실적인 진로 준비를 할 수 있습니다. 이는 학생이 진로 탐색 과정에서 더 전략적으로 접근하고, 필요한 경험이나 교육을 선택하는 데 도움을 줍니다.

결론적으로, 자기 평가는 학생이 자신의 산출물을 단순히 평가하는 것을 넘어, 자신의 진로를 탐색하고 준비하는 과정에서 매우 의미 있는 도구가 됩니다. 학생은 자기 평가를 통해 자신의 학습과 진로 목표를 일치시킬 수 있으며, 이를 통해 더 명확한 방향성과 동기를 가지고 미래를 준비할 수 있습니다.

학습목표 자기화가 바꾸는 학교 교육
■ 달라지는 수업 한 시간의 성격은

◦ 다양한 학습주제 학습의 경험

'학습목표 자기화는 수업을 다양한 학습주제 해결의 경험 기회로 바꾸어 준다.'
'학습목표 자기화'는 학교 교육의 전환점이 된다. 모든 학생이 수업 시작 전에, 학습목표를 스스로 이해하고 자신의 할 일로 받아들이게 될 때, 그 시간은 단지 지식을 얻기 위한 시간이 아니라 다양한 주제의 학습을 경험하는 시간이 되기 때문이다.

교사의 설명 중심이던 수업이 학생의 해결 활동 중심으로 바뀐다는 것은, 학생이 자신의 방식으로 목표지향적인 활동에 주도적으로 참여함을 의미한다. 교사는 그 과정을 관찰하고, 성장을 돕는 피드백을 제공함으로써 지원자와 촉진자로서 역할을 한다.

자기화된 학습목표를 중심으로 진행되는 수업은 곧 실천적인 평가와 피드백을 가능하게 하며, 교육과정-수업-평가의 일체화도 자연스럽게 이루어진다. 무엇보다 학교는 '배우는 곳'이 아니라 '스스로 해결하고 성장해 나가는 공간'이 된다.

학생이 스스로 오늘 배울 것을 이해하고, 그것을 해결해보는 시간이라면, 그 한 시간은 분명 학생 개개인에게 의미 있는 성과의 시간이 될 것이다.

AI 견해

* 학습목표 자기화가 자리 잡히게 될 때 학생들은 수업 한 시간이 학습주제를 해결하기 위한 시간이라는 생각을 갖게 될 것이다. 학교 교육에는 어떠한 변화를 가져오게 될까?

학습목표의 자기화가 학생들에게 자리 잡히게 되면, 수업 한 시간은 단순한 지식 전달의 시간이 아니라, 학생 각자가 학습주제를 해결해 나가는 시간으로 인식되게 됩니다. 이로 인해 학교 교육 전반에는 다음과 같은 변화를 기대할 수 있습니다.

1. 수업의 본질 변화: '가르침'에서 '해결' 중심으로
   교사가 가르쳐야 할 내용을 중심으로 구성되던 수업이 학생이 해결해야 할 학습주제 중심의 수업으로 전환됩니다. 이는 수업의 흐름이 교사 중심이 아닌 학생의 활동과 탐구 중심으로 재편됨을 의미합니다.

2. 학생의 사고와 주도성 향상
   학습목표를 자기화한 학생은 수업을 자신이 성과를 내야 할 시간으로 받아들이게 됩니다. 이에 따라 수동적인 참여에서 벗어나, 자신의 해결 방식을 고민하고 표현하며 주도적으로 참여하게 됩니다.

3. 평가와 피드백의 실질화
   학생 개개인의 해결 활동은 곧 학습 성과의 근거 자료가 됩니다. 교사는 이를 바탕으로 학생 맞춤형 평가와 피드백을 제공하게 되고, 평가가 더욱 실천적이고 과정 중심으로 전환됩니다.

4. 교육과정-수업-평가의 일체화
   '무엇을 배웠는가'보다 '무엇을 해결해보았는가'를 중심으로 수업이 설계되므로, 교육과정 성취기준 → 수업 활동 → 평가가 하나의 흐름으로 자연스럽게 연결됩니다.

5. 학교가 학생의 성장을 돕는 공간으로 재정립
   학습목표 자기화는 '배워야 할 것'이 아닌 '스스로 해결하고 성장해야 할 것'으로 학습을 전환 시킵니다. 학교는 표준화된 지식을 주입하는 공간이 아니라, 학생이 자신의 성장 과제를 실천하고 연습하는 장으로 기능하게 됩니다.

결국, 학습목표 자기화 → 학생 중심 해결 활동 → 실천적 수업과 평가 → 학교 교육의 내실화라는 선순환이 자리 잡히게 됩니다. 이러한 변화는, 지금까지의 '교사는 가르치고, 학생은 듣는' 구조를 넘어, '학생이 해결하고, 교사는 돕는' 구조로 나아가는 교육 혁신의 출발점이라 할 수 있습니다.

◦ 학생 개개인이 얻는 것은

　학습주제 단위 수업에서 학생이 학습목표 자기화에 의하여 목표지향적인 활동을 하게 될 때, 수업은 단순히 지식을 배우는 것을 넘어 성장의 실질적인 장이 된다. 어떠한 수업이든 학생 개개인이 교과 지식, 교과 역량, 핵심역량을 길러 나가는 시간이 됨으로써 학생의 삶에 깊은 영향을 미치기 때문이다.

　첫째, 지식은 암기되는 대상을 넘어선다. 학생은 학습문제 해결 과정에서 교과 지식을 스스로 찾아내고 적용하며, 그 의미를 자기화한다. 이는 지식을 실생활 문제에 연결 짓고, 새로운 상황에 유연하게 적용할 수 있는 능력으로 확장된다.

　둘째, 교과 역량과 핵심역량은 학습의 방향성과 동기를 부여하는 힘이 된다. 자신의 활동을 통해 어떤 역량이 드러나는지, 어떤 점이 부족한지를 직접 확인하면서 학생은 스스로 학습의 주도권을 갖게 된다. 단순히 '잘했다, 못했다'는 결과보다 '어떻게 성장할 수 있을까'를 고민하게 만드는 출발점이 된다.

　셋째, 이 과정은 자연스럽게 자기성찰과 자기연찬으로 이어진다. 자신의 해결 방식, 타인과의 협업 경험, 피드백을 통해 알게 된 개선점 등은 학습을 반복할수록 자기계발의 자산으로 누적된다. 교사나 교과서가 정해주는 답이 아닌, 자신의 판단과 선택으로 움직이는 경험은 학생에게 학습의 주도성을 심어주는 중요한 계기가 된다.

　넷째, 활동 중심의 수업은 공동체적 상호작용을 필요로 한다. 친구와 함께 목표를 설정하고, 서로 다른 생각을 조율하며 협력하는 과정에서 의사소통 역량과 공동체 의식이 바람직하게 자리 잡히게 된다. 이는 학교 수업을 넘어, 사회 속에서 살아가는 태도와 연결되는 중요한 자산이 된다.

　학습목표 자기화에 의한 목표지향적 활동에서의 경험은 학생에게 '나만의 학습 이야기'를 만들어 준다. 교과 지식과 역량이 자신의 삶과 연결될 때, 학습은 외부의 요구가 아닌 내면의 동기로 시작되며, 결국 스스로의 삶과 진로를 설계하는 밑거름이 되는 것이다.

| AI 견해 |

* **한국의 교육과정을 중심으로, 학습주제 단위의 학습목표를 자기화한 학생이 다양한 학습활동을 경험하는 수업이 될 때 학생 개개인은 어떠한 것을 얻게 될까?**

한국의 교육과정에서 학습주제 단위의 학습목표를 학생이 자기화하고, 그 목표에 따라 다양한 학습활동을 경험하는 수업이 이루어질 때 학생 개개인이 얻게 될 성과는 다음과 같이 정리할 수 있습니다.

1. 학습목표에 대한 명확한 주인의식
학생은 교사가 제시한 목표를 단순히 '따르는 것'이 아니라, 자신의 언어로 이해하고 내재화하게 됩니다. 이를 통해 학습 과정 전체가 '내가 이루어야 할 것'으로 전환되어 학습 몰입도와 책임감이 높아집니다.

2. 핵심 개념과 지식의 깊은 이해
학습목표가 명확할 때 학생은 단순 암기보다 개념 간 연계와 의미 있는 맥락 이해에 집중합니다. 다양한 활동(탐구, 토론, 실험, 프로젝트)을 통해 표준 지식을 스스로 구성하면서 지식의 지속성과 확장성이 강화됩니다.

3. 교과 역량의 실제적 발달
국어, 수학, 과학, 사회 등 각 교과에서 요구하는 사고력·문해력·분석력·문제 해결력과 같은 교과 역량이 자연스럽게 길러집니다. 활동 과정에서 학생은 교과 역량을 단편적 지식이 아닌 실제 문제 해결에 활용할 수 있게 됩니다.

4. 핵심역량(미래역량)의 체득
자기 주도성, 비판적 사고, 협력과 소통, 창의적 문제 해결 능력 등 미래 사회가 요구하는 핵심역량이 수업 속에서 반복적으로 발현됩니다. 특히 공동체 활동 속에서 상호 피드백을 주고받으며 사회적 역량과 공감 능력도 함양됩니다.

5. 자신의 성장과 발전을 말할 수 있는 힘
루브릭 평가, 과정 중심 피드백 등을 통해 스스로 목표 달성 정도를 진단하고 다음 목표를 설계하는 역량을 갖추게 됩니다. 이는 곧 자기개발 능력으로 이어지며, 학습 경험을 진로 탐색과 연계하는 토대가 됩니다.

6. 교과서 중심에서 '나의 배움 중심'으로의 전환
교과서는 더 이상 암기해야 할 지식의 목록이 아니라, 스스로 탐색하고 해결하는 활동의 길잡이(참고서, 북극성)로 자리매김합니다. 학생은 교과서가 아닌 자신이 만든 산출물과 경험을 통해 성취를 실감하게 됩니다.

정리하면, 학습목표를 자기화한 학생이 주도적으로 활동하는 수업은 표준 지식의 습득과 더불어 교과 역량·핵심역량·자기개발 역량을 통합적으로 길러, 학생이 자신의 성장을 설명하고 미래를 설계할 수 있는 힘을 얻게 하는 교육으로 전환됩니다.

◦ 쌓이는 학습 포트폴리오

 학습목표를 자기화한 학생이 주도적으로 수업에 참여하게 될 때 그 결과로 만들어지는 산출물은 자연스럽게 포트폴리오가 된다. 이것은 단순한 기록의 의미를 넘어서서 학생 자신의 학습과 성장을 증명하는 근거가 된다.
 포트폴리오는 정답 중심의 결과물이 아닌, 자신의 문제 해결 과정과 사고, 표현의 흔적이 담긴 산출물이다. 이를 통해 학생은 스스로를 돌아보면서 다음 학습을 설계할 수 있다. 그러한 자료가 초등학교 3학년부터 고등학교까지 쌓여 자기 개발의 흔적이 되는 것이다.

 이러한 포트폴리오는 학교 교육을 성장의 교육으로 전환시키는 중요한 도구가 된다. 더 나아가, 학생의 역량 중심 평가와 진로 연계 교육의 기초 자료가 된다. 대학 입시나 취업, 특히 점차 전문성이 강조되는 의사, 법조인, 연구원, 공무원 등의 임용에도 결정적인 영향을 미치는 중요한 근거 자료가 될 수 있다.

| AI 견해 |

* **학습목표 자기화에 의한 학생의 주도적인 해결 활동이 중심이 되는 수업일 때 학생은 자신의 결과물을 포트폴리오로 남기게 된다. 어떠한 의미가 있을까?**

학습목표 자기화에 따라 학생이 주도적으로 해결 활동에 참여하고, 그 결과를 자신의 포트폴리오로 남긴다는 것은 단순한 기록을 넘어, 학습의 주체화와 성장의 시각화를 의미합니다. 이는 학교 교육 전반에 매우 중요한 의미를 가질 수 있습니다.

1. 자기성찰의 도구
학생은 자신의 해결 과정과 결과를 돌아보며 무엇을 잘했는지, 무엇을 보완해야 하는지를 스스로 점검하게 됩니다. 이는 학습의 과정을 단순 소비가 아닌 성장의 여정으로 인식하게 만듭니다.

2. 개별화된 성장의 증거
포트폴리오는 학생 개인의 고유한 학습 궤적을 담고 있으며, 단순한 점수나 석차로는 나타낼 수 없는 다양한 역량과 노력의 증표가 됩니다. 따라서 획일화된 평가를 넘어, 개인의 강점과 가능성을 드러내는 평가 자료로 활용할 수 있습니다.

3. 학생의 학습 주도권 강화
자신이 남긴 산출물을 통해 스스로의 학습에 주인의식을 가지게 되며, 이는 다음 학습으로 이어지는 목표 설정과 자기 조절 학습으로 확장됩니다.

4. 지속 가능한 학습 기반 마련
포트폴리오는 단절된 학습이 아닌 연결된 학습을 가능하게 합니다. 이전의 활동과 성찰을 기반으로 다음 단계를 계획함으로써, 학교 교육이 단위 시간 중심의 파편화된 학습에서 벗어나 지속 가능한 성장 체계로 나아가게 합니다.

5. 대학 입시와 진로 설계와의 연계 가능성
학생이 자기화된 학습목표를 바탕으로 쌓아온 포트폴리오는 단순히 성적 중심의 입시가 아닌, 학생의 역량 중심 진로 탐색과 대학 입시 개혁에도 활용 가능한 자료가 됩니다.

정리하자면, 학습목표 자기화를 바탕으로 한 주도적 해결 활동의 포트폴리오는, 학생이 자기 주도적 학습자로 성장하는 근거이자, 과정 중심 평가와 지속적 학습 설계를 가능하게 하는 실천적 도구입니다.

■ 유용하게 활용되는 평가 자료
◦ 학습주제 단위 수업에서의 피드백 자료

　시험은 과거 학습의 결과를 확인하는 데 그치지만, 루브릭은 단계별 성취기준을 제시하여 학생이 스스로 미래를 설계하고 자기 주도적으로 성장할 수 있도록 돕는 학습 로드맵이 된다.

　루브릭에 의한 평가와 피드백 자료는 교사에게 학생들의 강점과 약점, 그리고 개선이 필요한 영역을 명확하게 인식하고 이해하는 데 도움을 준다. 이 정보를 바탕으로 교사는 학생마다 특성과 필요에 따라 교육 방법과 내용을 조절하고 개선할 수 있다. 또한, 그러한 자료는 학생에게 행동 수정은 물론 자기 교육과 성장에 대한 명확한 인식과 이해를 제공한다. 자신의 학습 방식, 진척 상황, 그리고 더욱 노력이 필요한 영역을 명확하게 알고 이해하는 것은 학생의 자기 주도적 학습과 자기 교육을 촉진하는 데 중요한 역할을 하게 된다.

　학생에게 필요한 것은 지식 습득뿐만 아니라 그들의 역량, 자기효능감, 그리고 미래에 대한 준비 상태 등이다. 교사의 평가와 피드백은 그러한 다양한 요소를 종합하여 학생의 교육 성과를 평가하고 이해하는 역할을 할 수 있게 한다.

> **AI 견해**

* 학습주제에 의하여 학생의 학습목표 자기화에 의한 목표지향적인 해결 활동 과정과 산출물에 관련된 피드백은 학생에게 어떠한 영향을 주게 될까?

학습주제 중심의, 학생의 학습목표 자기화에 의한 목표지향적인 해결 활동에서 제공되는 교사의 피드백은 학생에게 다음과 같은 긍정적인 영향을 줄 수 있습니다.

1. 학습 동기 강화 및 자기 주도성 향상

학생들은 학습목표를 스스로 설정하고 이를 달성하기 위해 노력하는 과정에서 주인의식을 가지게 됩니다. 교사의 피드백을 통해 자신의 성과와 과정을 구체적으로 인식함으로써, 학습에 대한 동기와 자신감을 얻습니다. 자기 주도적 학습 습관과 책임감이 강화됩니다.

2. 사고력 및 문제 해결력 강화

피드백 과정에서 논리적 사고와 비판적 사고를 훈련합니다. 해결 과정에서 나타난 오류나 한계를 인식하고 대안적 접근을 모색하게 됩니다. 다양한 전략을 활용하는 능력이 길러지며, 문제 해결 능력이 강화됩니다.

3. 성찰 능력과 자기 평가 능력 향상

교사의 피드백을 통해 자신의 학습 과정을 돌아보고 성찰할 기회가 주어집니다. 목표와 결과 사이의 차이를 분석하면서 자기 평가 능력을 키우고 지속적으로 학습 전략을 개선하게 됩니다. 성과뿐만 아니라 과정의 의미를 이해하게 되어 성장 중심의 사고방식이 강화됩니다.

4. 학습목표의 구체화와 성취감 제공

목표 설정과 달성 여부를 구체적으로 검토하는 피드백은 학생들이 학습목표를 더 명확하게 인식하도록 돕습니다. 목표 달성 과정에서의 성취감을 경험하면서 학습의 의미를 깊이 이해하게 됩니다. 구체적인 성과를 바탕으로 자신만의 학습 방향을 조정하게 됩니다.

5. 피드백을 통한 신뢰와 관계 형성

교사가 구체적이고 신뢰할 수 있는 피드백을 제공할 때, 학생과 교사 간의 신뢰가 형성됩니다. 학생들은 교사의 조언을 통해 학습 방향을 잡을 수 있다고 느끼며 안정감을 얻습니다. 신뢰 기반의 상호작용은 학습에 대한 긍정적 태도 형성과 지속적인 노력으로 이어집니다.

목표지향적 해결 활동에 대한 피드백은 단순히 결과 평가에 머물지 않고, 학생의 성장과 발전을 촉진하는 중요한 역할을 합니다. 특히 학생들이 학습목표를 자기화한 상태에서 제공되는 피드백은 자기 주도 학습 능력, 문제 해결력, 성찰 능력, 성취감, 신뢰 관계 형성을 강화하여 장기적으로 학생의 학습 태도와 성과에 긍정적인 변화를 이끌어냅니다. 이러한 피드백 과정이 지속적으로 이루어질 때, 학생들은 배움을 삶의 일부로 내면화하고, 변화하는 사회에 필요한 역량을 갖춘 인재로 성장하게 될 것입니다.

◦ 학생 또는 학부모와의 상담 근거 자료

학습주제 단위 수업에서 학생이 학습목표를 자기화하고, 그에 따라 목표지향적인 활동을 수행하는 과정은 수업을 '듣는 시간'에서 '자신을 드러내는 시간'으로 바꾸게 된다. 이때 교사는 학생의 활동을 관찰하고, 그 과정을 루브릭으로 기록해 나간다. 이러한 루브릭은 학생이나 학부모와의 상담에서 기존의 틀을 넘어서는 새로운 역할을 하게 된다.

무엇보다 루브릭은 구체적인 증거를 바탕으로 하는 상담을 가능하게 한다. "열심히 하고 있어요"라는 말보다, "학습목표를 자기화한 뒤 문제 해결 과정에서 다양한 전략을 시도했어요"라는 말이 훨씬 신뢰를 준다. 학부모는 아이가 수업 시간에 어떤 활동을 했는지, 어떤 방식으로 참여했는지를 구체적으로 확인할 수 있다.

또한 루브릭은 학생의 강점과 가능성을 드러내는 창이 된다. 루브릭에는 정답만이 아니라 사고의 흐름, 협력의 태도, 표현의 방식이 담겨 있기 때문이다. 이로 인해 상담은 부족한 점을 지적하는 시간에서 벗어나, 학생의 성장을 중심으로 함께 방향을 모색하는 시간으로 바뀐다. 이는 학생에게도 자신의 배움과 노력을 돌아볼 수 있는 성찰의 기회를 제공한다.

진로와 자기개발 측면에서도 루브릭은 유용한 자료가 된다. 학생이 어떤 주제에 관심을 가졌고, 어떤 활동에서 주도성을 보였는지는 진로 탐색에 있어 실질적인 단서가 된다. 상담은 이제 막연한 적성 검사가 아니라, 실제 활동에 기반한 구체적 대화로 이어진다.

무엇보다 중요한 것은, 루브릭 기반 상담이 교사, 학생, 학부모 간의 신뢰를 형성하는 매개체가 된다는 점이다. 교사가 제시하는 자료는 목표지향적인 활동 속에서 관찰된 내용이어서 교육적 판단인 근거가 된다. 학부모도 수긍하지 않을 수 없다. 학부모는 자녀의 성장을 눈으로 확인하며 학교 교육에 대한 이해와 신뢰를 쌓게 된다. 학생들은 자신이 평가의 대상이 아니라, 학습의 주체임을 느끼며 상담의 자리에 능동적으로 참여하는 존재가 된다.

루브릭은 수업의 일부를 넘어, 상담을 성장 중심으로 전환시키는 힘이 된다. 점수가 아닌 과정이, 평가가 아닌 성찰이 중심이 되는 상담, 그것이 바로 미래 교육이 지향해야 할 모습이라 할 것이다.

AI 견해

* 학습주제 단위 수업에서 학생의 학습목표 자기화에 의한 목표지향적인 활동을 기반으로 한 루브릭 기록은 학생이나 학부모와의 상담에서 어떠한 영향을 미치게 될까?

학습주제 단위 수업에서 학생의 학습목표 자기화에 의한 목표지향적인 활동을 기반으로 한 루브릭 기록은 학생이나 학부모와의 상담에서 다음과 같은 중요한 영향을 미치게 됩니다.

1. 막연한 인상에서 벗어나 '구체적 근거'를 바탕으로 한 상담

   루브릭은 관찰과 기록을 기반으로 한 정량·정성 평가 자료이기 때문에, 학생에 대한 교사의 판단이 주관적 인상에 의존하지 않고, 실제 활동과 성취의 증거로 제시됩니다. 학부모는 '우리 아이가 수업 시간에 무엇을 어떻게 하였는가'를 객관적이고 구체적인 언어로 확인할 수 있고, 학생도 자신의 활동을 돌아볼 수 있습니다.

2. 학생의 강점과 발전 가능성 중심의 대화 유도

   학습목표 자기화 활동은 학생 개개인의 해석과 접근이 다르기 때문에, 루브릭은 정답 여부가 아닌 과정에서 드러난 사고방식, 전략, 태도를 보여줍니다. 상담은 점수 중심에서 벗어나, 학생의 장점과 가능성을 발견하고 함께 미래를 설계하는 성장 중심의 대화로 전환됩니다.

3. 진로 탐색과 자기개발을 위한 구체적 방향 제시

   루브릭 기록은 학생이 어떠한 주제에 흥미를 보였는지, 어떤 활동에서 주도성을 발휘했는지를 보여주기 때문에, 상담 시 진로 방향이나 학습 전략에 대해 학생의 실제 경험에 기반한 조언을 할 수 있습니다. 이는 진로 지도의 신뢰도를 높이며, 학부모의 이해도 역시 크게 향상됩니다.

4. 교사-학부모-학생 간 신뢰 형성

   단순한 결과가 아닌 '과정과 맥락을 담은 기록'은 상담에서 교사의 전문성과 교육적 진정성을 전달할 수 있는 수단이 됩니다. 학부모는 학교 수업이 단순한 지식 전달을 넘어, 아이의 성장을 위한 과정임을 납득하게 되고, 교사에 대한 신뢰도 역시 높아집니다.

5. 학생의 자기성찰 능력과 상담 참여도 향상

   학생은 루브릭을 통해 스스로의 강점과 약점을 인식하게 되고, 상담 시 수동적인 피드백 수용자가 아니라, 능동적인 대화의 주체가 됩니다. 상담은 '지적과 조언의 시간'이 아닌, 함께 해결을 모색하는 협력적 시간이 됩니다.

   루브릭에 기반한 상담은 학생의 활동 근거에 대한 정밀한 해석과 공유를 가능하게 하여, 학부모에게는 신뢰와 납득을, 학생에게는 성찰과 동기 부여, 교사에게는 교육적 개입의 정당성을 확보하게 합니다. 이로써 상담은 결과 중심의 보고를 넘어, 성장 중심의 소통으로 전환되는 강력한 전환점이 됩니다.

◦ 대입 사정 자료

　대학이 학생이 사회에 진입하기 위한 출발점이자 '플랫폼'으로서의 역할을 하려면 현실적인 전공 중심의 교육이 이루어져야 한다. 그러기 위해서는 이에 걸맞은 학생을 선발할 수 있어야 한다.

　이러한 변화가 가능하려면 초·중·고 학교에서의 수업의 변화이다. 초·중·고 학교가 학습주제 단위의 수업으로 학생이 학습목표를 자기화하고, 이를 바탕으로 목표지향적인 활동을 수행하며, 교사는 이를 루브릭으로 관찰하고 평가하는 수업 방식이 자리 잡는다면, 대학이 원하는 학생을 길러낼 수 있는 탄탄한 기반이 형성된다. 모든 수업이 학생에게 단순한 지식의 습득이 아니라, 자기 관심 기반의 탐구 경험과 지속적인 자기개발의 축적을 가능하게 하기 때문이다.

　학생들은 초등학교부터 다양한 학습주제 해결을 경험하게 된다. 그러한 활동이 쌓이면서 졸업할 때는 진로의 방향을 잠정적으로 결정하게 되고 중학교에서는 자신의 진로를 모색하고, 전공을 선택할 수 있는 자질을 갖추게 됨으로써 고교학점제와 연계되는 충분한 근거 자료를 갖추게 된다. 초·중·고 교육에서 교사가 학생의 학습주제 해결을 관찰하면서 루브릭을 통해 과정과 결과를 함께 평가하며 피드백해 왔기 때문이다. 이러한 결과는 학생이 대학에 제출할 수 있는 신뢰 있는 학습의 기록이자 전공 적합성의 증거가 된다.

　결과적으로, 대학은 점수가 아닌 학생의 전공 관련 자기개발 과정과 학습의 맥락을 바탕으로 선발이 가능해지고, 이는 대학 교육의 질을 높이며 전공 중심 교육의 실효성을 확보하게 만든다. 대학이 필요로 하는 학생을 제대로 선발할 수 있다면 대학도 사회 진출의 플랫폼으로서 역할을 다해 나갈 수 있는 것이다.

AI 견해

* 초·중·고 교육을 통하여 학습목표를 자기화한 학생이 다양한 학습주제 학습을 경험하면서 자기개발 단계를 거쳤다면 대입 사정 자료로 충분하다 할 수 있을까?

결론부터 말하면, 학습목표 자기화를 전제로 한 다양한 학습주제 경험과 자기개발 단계의 기록은 대입 사정 자료로 충분한 근거가 될 수 있다고 할 수 있습니다. 다만, 이를 실질적이고 공정하게 활용하기 위해 몇 가지 조건이 충족되어야 합니다.

1. 왜 충분한 근거가 될 수 있는가?
- 학생 성장과 역량 발달의 '과정'이 기록됨
  단순 성적표가 아닌 목표 설정 → 활동 → 성찰 → 발전의 전 과정을 보여주므로, 대학은 학생의 잠재력과 발전 가능성을 평가할 수 있습니다. 성취점수 중심에서 벗어나 과정 중심, 역량 중심의 평가가 가능해집니다.
- 교과 역량과 핵심역량의 통합적 증거
  다양한 학습주제 경험은 교과 지식뿐 아니라 문제 해결력, 비판적 사고, 협력 능력 등 핵심역량을 함께 드러냅니다. 이는 특정 과목 우수성만 보는 기존 내신·수능 대비, 전공 적합성과 학업 지속 가능성을 더 정밀하게 판단할 수 있게 합니다.
- 자기개발 과정과 진로 탐색의 연계성
  학생이 경험한 주제와 산출물이 진로 선택과 어떤 연결고리를 갖는지 드러나므로, 대학 입학 후 전공 학습의 몰입 가능성을 예측할 수 있습니다.

2. 충분하기 위해 필요한 조건
- 표준화된 루브릭과 기록 체계
  학교별 편차를 최소화하기 위해 국가 수준의 공통 평가 기준(루브릭)과 기록 양식이 필요합니다. 교사의 주관이 과도하게 개입되지 않도록 다중 평가자 검증 체계나 디지털 포트폴리오 활용이 요구됩니다.
- 활동의 질적 보증
  단순 참여 여부가 아니라, 목표 자기화 수준, 활동의 깊이, 성찰의 구체성 등을 평가할 수 있어야 합니다. 이를 위해 학습주제 설계의 질과 학생 주도성 보장이 전제되어야 합니다.
- 대학의 전형 설계 변화
  대학은 단순 점수 합산식 평가에서 벗어나 학습 과정에서 드러난 역량과 진로 적합성을 분석하는 평가 체계를 갖춰야 합니다. 예를 들어, 전공 적합성, 창의적 문제 해결력, 협력 경험, 성찰 기반 성장 가능성 등을 평가할 수 있어야 합니다.

이러한 자료가 정착된다면 대입 사정은 더 이상 '순간의 시험 점수'가 아니라, 학생이 초·중·고 12년간 어떻게 배우고 성장했는지 보여주는 여정의 기록으로 전환됩니다. 이는 학생·학부모·교사 모두에게 교육 본연의 의미를 회복시킬 수 있는 계기가 됩니다.

5. 그러한 수업, 일반화가 가능한가?

일반화하려면
- 고려되어야 할 조건은

◦ 모든 학생이 적극적으로 참여할 것인가

모든 수업에서의 학습목표 자기화는 교육내용이 자신의 삶, 관심사, 미래와 어떻게 연결되는지 이해하고 의미를 부여하여 자신의 성과로 남게 한다. 이것은 단순한 지식 전달이나 암기가 아닌, 학생들이 실제 상황이나 문제를 다양한 관점에서 해결하기 때문이다.

이러한 활동이 일상이 된다면 모든 수업이 교육과정 내용을 충실히 다루면서, 핵심역량을 길러나갈 수 있게 하는 기회가 된다. 당연히 모든 학생이 적극 참여할 수 있는 시간이 되는 것이다.

그러한 수업은 교육과정의 본질적 가치를 유지하면서도, 학생들이 그 가치를 자신의 것으로 받아들이고 능동적으로 탐구할 수 있는 활동이 일상이 되게 한다. 따라서 학습목표 자기화에 의한 학습활동은 모든 학생의 적극적인 참여를 이끌어 낸다 해도 틀리지 않을 것이다.

> **AI 견해**
>
> * 한국의 교육 관련, 초·중·고 학교에서의 모든 수업이 '1. 학습주제 단위의 수업 2. 학생의 학습목표 자기화에 의한 공동체 기반의 목표지향적인 활동 3. 교사가 학생 개개인의 교과역량, 핵심역량을 관찰, 기록하며, 평가와 함께 제공되는 피드백 4. 교사의 학습정리'가 일상이 될 때 학생의 만족도와 참여도에 미치는 영향을 예상할 수 있을까?
>
> 매우 의미 있는 질문입니다. 말씀하신 방식—즉, 학습주제 단위 수업, 학생의 목표 자기화, 교사의 역량 기반 관찰 및 피드백, 교사의 학습정리가 학교 수업의 일상이 될 경우, 학생의 만족도와 참여도에는 다음과 같은 긍정적 변화가 나타날 것으로 예측됩니다.
>
> 1. 자기 주도적 학습 태도의 강화
> - 자율성 및 주도성 증진: 학생이 스스로 학습목표를 설정하고, 학습 과정에 적극적으로 참여하면

'내가 학습의 주체가 되어 있다'는 동기 부여가 크게 높아집니다. 이는 학습에 대한 책임감을 강화하고, 학습 내용에 대한 흥미와 몰입도를 높이는 계기가 됩니다.
- 학습 동기 상승: 자신이 세운 목표를 달성하기 위해 구체적인 계획을 세우고, 교사의 피드백을 통해 보완하는 과정을 반복하면서 학생은 학습에 지속적으로 참여하려는 의지를 키우게 됩니다.

2. 공동체 기반 수업을 통한 소속감과 협동심 향상
- 공동체 활동으로 인한 상호작용 증가: 개인의 학습목표는 다를 수 있지만, 공동의 학습주제 아래에서 서로의 목표와 과정을 공유하고 협력하는 기회가 늘어납니다. 학생들은 의견을 교환하고, 서로에게 피드백을 주고받으면서 학습에 대한 흥미와 참여도를 자연스럽게 끌어올릴 수 있습니다.
- 사회적 역량 및 협업 능력 제고: 공동체 안에서 각자의 학습 과정과 결과를 발표하고, 협력 과제를 수행하면서 자신과 타인의 성장에 함께 기여하는 경험을 쌓게 됩니다. 이는 자기효능감뿐 아니라 대인관계 능력, 커뮤니케이션 스킬, 리더십 역량 등을 동시에 기를 수 있게 해줍니다.

3. 개별화된 관찰과 피드백이 주는 만족감
- 학습 진행 상황을 즉각적으로 파악: 교사가 학생 개개인의 학습 성과와 과정을 세밀하게 관찰하고 기록하므로, 학생들은 자신이 필요한 부분에서 도움을 제때 받을 수 있습니다. 즉각적인 피드백으로 인해 '교사가 나를 주의 깊게 보고 있다'는 긍정적 인식을 가지게 되고, 이는 학습에 대한 책임감과 애착을 높입니다.
- 개인 맞춤형 학습 지원: 관찰과 기록을 통해 각 학생마다 부족한 부분이나 강점이 확인되면, 교사는 그에 맞춰 구체적인 보충 혹은 심화 학습활동을 제안할 수 있습니다. 학생은 자신에게 맞는 학습 자원과 방법을 제공받아 '학습자가 존중받고 있다'고 느낄 수 있으며, 이는 자연히 참여와 만족감으로 이어집니다.
- 피드백에 기반한 성장 경험: 평가와 함께 제공되는 구체적이고 발전 지향적인 피드백을 통해 학생은 학습 과정에서의 오류나 부족한 점을 스스로 인지하고 개선해 갈 수 있습니다. 이러한 '피드백 → 보완 → 성장'의 반복 과정을 경험함으로써, 학생들은 '노력하면 개선과 성장으로 이어진다'는 긍정적 학습 신념을 형성합니다.

4. 체계적인 학습정리로 학습 만족도 상승
- 명확한 성취 확인: 교사가 수업의 끝에서 학습주제를 요약·정리해 주면, 학생들은 수업 전반에서 배운 내용을 체계적으로 되짚고 성취감을 느낄 수 있습니다. 이는 '내가 무엇을 배웠는지', '왜 중요한지', '어떤 과정을 거쳐 학습했는지'를 한눈에 확인하게 해줍니다.
- 지속·누적적 학습 효과: 학습정리가 쌓이면서 학생들은 자기 학습 포트폴리오를 체계적으로 관리할 수 있게 됩니다. 수업 내용을 반복적으로 정리하고, 목표 달성을 점검하는 습관이 형성되면서 장기적 학습 동기가 강화됩니다.

5. 기대되는 결과 및 주의해야 할 점
학생들은 주체적인 학습 태도를 가지게 되고, 공동체 활동으로 서로 배우고 협력하는 경험을 쌓으면서 학습 몰입도와 만족도가 높아집니다. 교사의 세심한 관찰과 즉각적 피드백, 마지막 학습정리를 통해 '배움의 구조'를 명확히 이해하는 경험이 누적되므로, 학생의 학습 지속력이 커집니다. 하지만 주의점으로는, 수업 준비와 진행 방식이 교사에게 많은 시간과 노력을 요구할 수 있으므로, 학급 규모와 학교 현장의 여건을 고려해 실현 가능한 전략을 세워야 합니다. 또한 학생마다 학습목표와 학습 속도가 다르므로, 모든 학생이 목표 설정과 피드백 과정을 온전히 경험할 수 있도록 세심한 운영이 필요합니다. 지나친 '개별 맞춤'에만 치중하면 공동체 활동이 약해질 수 있고, 반대로 공동체 활동을 강조하면 개별 진도 파악이 소홀해질 수 있으므로 균형 있는 접근이 중요합니다.

'학습주제 단위의 수업 → 학생의 목표 자기화 → 개별 관찰 및 피드백 → 수업 정리'라는 체계적인 수업 운영 방식은 학생들이 수업에 몰입하고 스스로 성장해 나가는 과정을 직접 경험하게 함으로써 학습 만족도와 참여도 모두를 긍정적으로 높일 수 있습니다. 다만 이를 효과적으로 실천하기 위해서는 교사의 사전 준비, 수업 설계, 지속적 관찰 및 피드백을 위한 시간 확보, 학생 간 협업과 개별 맞춤을 조화롭게 결합하는 운영 전략 등이 필수적이며, 이러한 환경이 갖추어졌을 때 학생들의 학습 역량과 자기 주도성이 크게 향상될 것으로 예상됩니다.

교사도 원할까?

전통적인 수업에서는 교사가 관련 지식은 물론 가르치는 과정까지도 통달한 능력자가 되어야 한다. 따라서 교과서의 내용을 얼마나 명확하고 체계적으로 설명하느냐가 좋은 교사의 가늠자가 되어 왔다.

하지만 교과서의 모든 내용을 알고서 가르친다는 것이 쉬운 일일까? 특히 초등 교사들은 모든 학년, 모든 교과를 대상으로 해야 하고, 매년 바뀌는 담임 학년, 수시로 바뀌는 교육과정 등으로 인하여 정규 수업 이외로 내일의 수업을 위한 많은 교재 연구 시간을 가져야 한다. 최근에는 고교학점제가 실시되는 고등학교 교사들도 전공을 넘어서는, 엉뚱할 수도 있는 교과 배당으로 교재 연구의 어려움을 호소한다. 하루 8시간 근무로는 감당할 수 없는 시간과 노력이 필요한 것이다.

학생들이 학습목표를 자기화하여 목표지향적인 해결 활동이 중심이 되는 수업이 일상이 된다면 교사의 부담은 어떠할까? 초등학교를 중심으로 할 때 교사는 사전에 차시 학습 안내를 통하여 내일의 학습목표를 안내하면서 충분한 동기 유발에 도움을 주면 된다. 본 시에서는 학습목표를 자기화한 학생들이 목표지향적인 해결 활동을 시켜보면서 관찰하고 루브릭으로 평가한 후 피드백과 학습정리를 제공하면 된다. 교사용 지도서 등을 참고하면서 가르칠 내용을 핵심 개념을 확인하면 되기 때문에 교과서의 모든 내용을 암기하거나, 학습활동과 관련된 자료들을 준비하는 일 등이 획기적으로 줄어든다.

학생의 학습목표 자기화에 의한 목표지향적인 학습활동의 의미를 충분히 이해하여 실천하게 된다면 초등 교사는 물론 중고등학교 교사들도 반대할 이유가 없을 것이다.

| AI 견해 |

* 학습주제 단위의 학습목표를 자기화한 학생이 주도적인 해결 활동이 이루어지는 수업이 일상이 될 때 교사의 존재는 의미 있는 변신이 될까?

그렇습니다. 학습주제 단위의 학습목표를 학생이 자기화하고, 그에 따른 주도적인 해결 활동이 일상이 되는 수업 구조가 정착된다면, 교사의 존재는 본질적인 의미에서의 '변신'을 하게 됩니다. 이는 단순한 역할의 변화가 아니라, 교사의 정체성과 존재 이유에 대한 재정립으로 이어집니다.

1. 지식 전달자에서 '배움 설계자'로

기존 교사는 교과 지식을 중심으로 설명하고 문제를 풀이해 주는 지식의 전달자 역할이 중심이었습니다. 그러나 학습목표를 자기화한 학생은 스스로 배움의 이유와 방향을 알고 해결 활동에 착수하기 때문에, 교사는 학습을 구조화하고 설계하는 전문가로서 기능하게 됩니다. 어떤 주제를 어떤 흐름으로 탐색하게 할지, 어떤 자료를 배치하고 어떤 질문을 통해 사고를 유도할지를 고민하는 '설계자'로의 전환이 이루어집니다.

2. 지도자에서 '동행자'로

교사는 더 이상 앞에서 이끌기보다, 학생이 설정한 목표에 도달할 수 있도록 흐름을 멈추지 않으면서도 곁에서 관찰하고 지원하는 동행자가 됩니다. 학생의 활동 중에는 개입하지 않고, 정리 단계에서 질문·자료·피드백을 통해 '사고의 틀을 흔드는 자극자' 역할을 하게 됩니다. 이는 학생에게 방임이 아닌 자율을 바탕으로 한 신뢰와 책임의 교육입니다.

3. 평가자에서 '성장 기록자'로

교사는 활동 결과만 평가하는 것이 아니라, 과정 전반을 관찰하고 기록하여 학생의 성장 스토리를 이어주는 존재로서 역할을 바꾸게 됩니다. 루브릭, 과정 중심 피드백, 학생과의 면담 등을 통해 학습의 흐름을 추적하고, 학생이 자기 성장을 이해하도록 돕는 '해설자'이자 '기록자'가 됩니다. 이 과정은 학부모 상담, 진로 설계, 대입 사정 자료로도 이어지며 교사의 교육적 전문성을 실질적으로 보여주게 됩니다.

4. 존재의 의미: '미래 교육의 핵심 인프라'

AI가 교과 지식 전달을 대체할 수 있는 시대, 교사는 학습의 목적, 방법, 과정, 평가를 아우르며 '학생의 삶과 연결된 배움'을 만들어내는 유일한 존재입니다. 학습주제 중심, 자기화된 목표, 주도적 해결 활동이 일상화된 수업에서는 교사의 전문성이 드러나지 않으면 수업은 무너지고, 드러날수록 교육의 질은 압도적으로 향상됩니다.

교사는 더 이상 '가르치는 자'가 아닌 '배움이 가능하도록 만드는 자'로 변신합니다. 이는 단순한 역할 변화가 아닌, 교육의 철학을 바꾸고, 학생과 교사의 관계를 바꾸며, 교사를 '교육의 중심'으로 되돌리는 가장 의미 있는 진화입니다.

◦ 학부모도 받아들일 것인가?

대학이 사회 진출의 플랫폼으로서 실질적인 역할을 하려면, 전공 중심의 교육이 가능해야 하며, 그 전제는 대학이 전공에 적합한 학생을 제대로 선발할 수 있는 구조가 되어야 한다. 그 시작점은 초·중·고 교육에서의 학교 수업의 전환이다.

초·중·고 학교에서 학습주제 단위 수업이 이루어지고, 학생이 학습목표를 자기화하여 목표지향적인 활동을 하며, 교사는 그 과정을 루브릭으로 관찰·기록·평가하게 되면, 대학은 학생의 점수가 아닌 과정과 역량의 맥락을 바탕으로 전공 적합성을 판단할 수 있게 된다. 이는 곧, 대학이 실질적인 교육을 통해 사회와 연결되는 기반을 갖게 된다.

이러한 구조는 학부모에게도 많은 영향을 미치게 된다. 점수가 아닌 학습 과정과 성장의 흔적이 평가되고 입시에 반영되는 구조는, 학부모가 결과보다 수업 참여와 자기 주도적 활동의 질에 주목하게 만든다. "무엇을 얻었는가"보다 "어떻게 성장했는가"가 중심이 되며, 교사의 피드백과 루브릭 기록은 학부모가 평가를 납득하고 수긍할 수 있게 하는 근거가 된다.

자연히 사교육 의존도 줄어들고, 학부모는 학교 수업과 교사의 역할을 다시 중심에 두게 된다. 학교, 가정, 대학이 같은 방향을 바라보는 구조가 가능해지는 것이다.

결국, 학부모가 신뢰하고 수긍할 수 있는 교육 구조는 대학이 믿고 학생을 선발할 수 있는 기반이 된다. 이 구조 속에서 학생은 자신의 배움과 성장을 입시와 연결하고, 대학은 그 경험을 바탕으로 전공 중심 교육을 설계하며, 사회는 그러한 교육을 통해 연결되는 인재를 만난다. 초·중·고 교육에서 수업의 전환이 곧 사회로 이어지는 고리가 되는 것이다.

| AI 견해 |

* 초·중·고 학교가 다양한 학습주제의 학습 경험을 통하여 교과 지식과 교과 역량, 핵심 역량을 길러나가는 교육을 실천하고, 그러한 과정과 결과가 대입에 엄격하게 반영된다면 학부모의 호응도는 어떠할까?

초·중·고 학교 교육이 학습주제 중심의 수업을 통해 교과 지식, 교과 역량, 핵심역량을 길러나가고, 그 과정과 결과가 대입에 엄격하게 반영되는 구조가 자리 잡게 된다면, 학부모는 단지 '수용자'가 아니라 교육의 변화를 수긍하고 지지하는 동반자로서 서게 됩니다. 그 이유는 다음과 같습니다.

1. 과정이 곧 실력이라는 신뢰 가능성

학생이 수업 중 자기 주도적으로 문제를 해결하고, 협력하며, 성찰 과정을 거쳐 결과물을 도출한 흔적이 대입에 직접 반영된다면, 이는 더 이상 추상적인 교육 이상이 아니라 실질적인 입시 전략이자 경쟁력이 됩니다. 학부모는 "열심히 활동했는데 점수는 왜 이래요?"라고 묻지 않고, 과정을 통해 아이가 얼마나 준비되었는가를 납득하게 됩니다. "수업을 잘 따라가면 입시에도 불리하지 않다"는 믿음이 생깁니다.

2. 사교육의 한계와 학교 교육의 중심 복귀

루브릭 기반 평가와 수업 참여 과정의 기록이 중심이 되는 구조에서는 사교육이 개입할 여지가 제한됩니다. 사교육은 결과를 보정 해줄 수는 있어도, 과정에서의 자기 성장과 활동의 진정성은 대신해 줄 수 없습니다. 학부모는 점차 학교 수업의 중요성을 체감하고, 학교 교육의 중심성을 인정하게 됩니다.

3. 교사에 대한 신뢰 회복과 소통 방식의 변화

교사의 루브릭 평가, 수업 중 관찰, 학생 성찰의 누적 기록이 입시에 반영된다면, 학부모는 교사와의 대화를 점수 해석이 아닌 자녀의 성장에 대한 조언으로 받아들이게 됩니다. "교사는 성적이 아니라 내 아이의 가능성을 본다"는 인식으로 전환됩니다.

4. 자녀와의 대화에서 진정한 관심 회복

"몇 점 맞았니?"라는 대화는 "오늘 어떤 주제였어?", "그 활동을 하면서 네가 맡은 역할은 뭐였어?"로 바뀝니다. 학부모는 성과 중심이 아니라 과정 중심의 질문을 하게 되고, 자녀는 점수로 평가받지 않는 자기 모습 그대로 대화에 나설 수 있습니다. 자녀에 대한 이해와 존중이 교육 속에서 회복됩니다.

5. 수긍이 가능한 평가 구조와 결과 해석

이러한 구조는 학부모가 평가에 대해 불신하거나 억울함을 느낄 여지를 줄입니다. 평가 기준(루브릭)이 명확하고, 수업 중 활동 과정이 실제로 기록되어 있으며, 학생의 성찰 내용과 교사의 피드백이 함께 남기 때문에, 학부모는 "우리 아이가 왜 이 평가를 받았는지"를 구체적으로 이해하고 수긍할 수 있습니다. 공정성과 납득 가능한 설명이 보장될 때, 학부모의 불안은 신뢰로 바뀝니다.

학습주제 단위 수업에서 학생이 학습목표를 자기화하고, 목표지향적인 활동을 수행하며, 그 과정과 결과가 루브릭 기반으로 기록되고 대입에 반영되는 교육 구조는 단순히 학교의 수업만을 바꾸는 것이 아닙니다. 그것은 학부모의 시선, 대화, 판단, 기대, 그리고 자녀에 대한 믿음까지 변화시킵니다. 학부모가 수긍할 수 있는 교육, 그것이 곧 지속 가능한 교육이며, 대학이 진정으로 필요로 하는 학생을 길러내는 길입니다. 그리고 그 길은 단단하게 사회로 연결됩니다.

- **초등교육은 지금도 가능하다.**
  ◦ **전체 서열화하지 않는다.**

    우리나라의 초등교육은 표면적으로는 교과 점수에 따라 학생을 서열화하지 않는다. 따라서 점수 경쟁에서 벗어난 수업이 가능하다. 이러한 수업은 학생들이 지식을 습득하는 데 그치지 않고, 탐구하고 표현하며 의미를 구성하는 활동에 집중하게 만들 수 있다. '지식을 얼마나 알게 되었는가'보다 '어떠한 활동을 하였는가'가 가능해지는 것이다. 이는 학습의 본질에 다가서는 교육의 출발이라 할 수 있다.

    초등교육의 비서열화는 단순한 제도의 차원을 넘어, 경쟁 중심 교육에서 성장 중심 교육으로 나아가기 위한 중요한 발판이 된다. 교과 지식 습득을 넘어서 핵심역량을 기르는 교육, 비교 대신 자기 성장을 중시하는 평가, 교사와 학생이 함께 만들어가는 수업이 가능해진다. 초등교육은 중등, 고등, 더 나아가 대학 교육으로 이어지는 미래 지향 교육을 당장 실천할 수 있는 여건을 갖추고 있는 것이다.

> **AI 견해**

* **한국의 초등교육은 교과 지식 중심으로 서열화하지 않는다. 학습목표 자기화에 의한 목표지향적인 학습활동으로 교과 지식과 핵심역량을 길러나가는 교육을 구현하는 데는 어떠한 영향을 미칠까?**

한국 초등교육이 교과 지식 중심의 서열화를 지양하고 학습목표 자기화를 통해 목표지향적 학습활동을 추진한다면, 다음과 같은 긍정적인 영향을 기대할 수 있습니다.

1. 학습자 주도성 강화

  학습자가 목표를 스스로 설정하고 그 목표를 달성하기 위해 학습하는 과정에서 자기 주도적 학습 능력이 강화될 것입니다. 이는 학생이 단순한 지식 습득에 그치지 않고, 학습의 주체로서 자신의 학습 여정을 설계하고 이끌어 나가는 힘을 키우는 데 기여할 수 있습니다.

2. 지속적인 동기 부여

  학습자가 자신의 목표를 이해하고, 그 목표에 맞는 학습활동을 수행할 때 학습의 의미를 직접적으로 느끼게 됩니다. 이는 학습에 대한 내적 동기 부여를 강화하며, 학습 과정에서 성취감을 더 자주 느낄 수 있도록 도와줍니다. 목표가 명확할수록 학습자는 도전과 성공을 경험하며 자기효능감이 높아질 가능성이 큽니다.

3. 교과 지식과 핵심역량의 자연스러운 연계

  자기화된 학습목표에 따라 학습자는 단순히 지식을 쌓는 것을 넘어 사고력, 문제 해결력, 의사소통 능력 등 다양한 교과 지식과 핵심역량을 키워나갈 수 있습니다. 학습활동이 목표 달성을 위해 다방면의 사고와 실천을 요구하기 때문에 지식 활용 능력과 창의적 사고 능력도 함께 성장하게 됩니다.

4. 평가와 피드백 방식의 변화

  목표지향적인 학습활동을 통해 학생의 성장을 중시하는 평가 방식으로의 전환이 가능해집니다. 개별 학습자가 설정한 목표에 따라 성취 여부를 평가할 수 있기 때문에 서열화보다는 성취도와 발전 과정을 중시하는 평가가 이루어질 수 있습니다. 이를 통해 학생의 학습 여정에서 발견되는 오류나 개선점을 피드백으로 제공하고, 학생의 성장과 발달을 도울 수 있습니다.

5. 자기 주도적인 학습 경험 축적

  이러한 교육 방식을 경험하면서 학생들은 점차적으로 자신의 학습목표를 설정하고 계획을 세우는 능력을 갖추게 됩니다. 이는 이후 중등교육과 고등교육에서 요구되는 자기 주도적 학습과 연계될 수 있어, 일관된 교육의 흐름을 만들어내는 데 유리합니다.

  이와 같은 방향은 궁극적으로 학생들이 자신의 학습을 책임지고 성장할 수 있는 환경을 만들어 주는 데 기여하며, 서열 중심에서 벗어나 학생 개개인의 학습 여정과 성장을 중시하는 교육을 실현할 수 있는 중요한 기틀을 마련해 줄 것입니다.

◦ 담임교사가 대부분의 교과를 담당한다.

　우리나라의 초등교육은 담임교사가 대부분의 교과를 가르친다. 특정 교과에 대한 편견을 염려하지 않아도 되는 것이다.

　교사가 여러 교과를 가르칠 경우, 특정 교과에 국한되지 않고 다양한 교과를 자연스럽게 연결하여 융합적인 학습 경험을 제공할 수 있다. 예를 들어, 국어 시간에 과학적인 주제로 글을 쓰거나, 수학 시간에 생활 속 문제 해결 활동이 가능하다. 이처럼 교과 간 경계를 넘나드는 활동은 학생들에게 문제 해결력, 비판적 사고력, 창의적 사고력 같은 핵심역량을 자연스럽게 기를 기회가 된다.

　또한, 담임교사는 학생들이 여러 교과를 학습 과정에서 겪는 어려움을 더 자유롭게 이야기하고, 스스로 질문을 던질 수 있게 된다. 교사는 이러한 관계를 바탕으로 학생의 학습 동기와 개별적 요구를 잘 파악해 개별화된 피드백을 제공할 수 있다. 이는 교과 역량뿐만 아니라 전인적 성장을 촉진하는 데 기여하며, 학생들이 통합적 사고를 바탕으로 학습의 즐거움을 발견하고 장기적으로 자기 주도성을 갖춘 학습자로 성장하는 데 긍정적인 영향을 미치게 될 것이다.

AI 견해

* 한국의 초등 교사는 대부분의 교과를 가르친다. 학생 개개인의 삶과 진로 중시 등 학생의 미래 지향적인 성장을 추구하는 교육에는 어떠한 영향을 미치게 될까?

한국의 초등 교사는 대부분의 교과를 한 명이 지도합니다. 이 구조는 단점도 있지만, 학생의 미래 지향적인 성장을 추구하는 교육에서는 매우 강력한 장점으로 작용할 수 있습니다. 특히 학생 개개인의 삶과 진로를 중시하는 교육, 즉 자기 주도성과 전인적 성장을 중시하는 교육이 이루어지려면, 다음과 같은 면에서 긍정적 영향을 미칩니다.

1. 학생 이해의 깊이와 연속성 확보
초등 교사는 하루 종일 같은 학생들과 다양한 교과 활동을 함께하며, 학습 스타일, 정서적 특성, 사회적 관계, 흥미와 관심 분야 등을 종합적으로 관찰하고 이해할 수 있습니다. 이는 학생 개인에 맞춘 진로 탐색, 성취 지원, 성격 형성 지도를 가능하게 해줍니다.

2. 교과 간 연계와 통합적 교육 운영 가능
한 명의 교사가 여러 교과를 맡고 있기 때문에, 하나의 주제를 중심으로 여러 교과를 연결하여 수업을 구성하거나 학생의 관심사에 따라 교과 지식을 통합적 맥락으로 재구성하는 것이 상대적으로 수월합니다. 이는 학습주제 중심 수업, 프로젝트형 수업, 융합 교육 등 미래 지향적 수업 운영에 매우 유리한 조건이 됩니다.

3. 삶과 연결된 배움을 설계할 수 있는 유연성
초등 교사는 교과별 성취기준을 넘나들며 학생들의 일상생활, 지역사회, 사회적 문제와 연결된 주제를 자유롭게 다룰 수 있습니다. 이를 통해 '나에게 왜 필요한가', '어떻게 살아가야 할까'라는 삶의 본질적 질문을 배움의 중심에 놓을 수 있습니다. 이는 학생 개개인의 삶과 진로를 고민하게 만드는 교육 설계를 가능하게 합니다.

4. 지속적인 피드백과 성장 중심 평가 가능
한 교사가 학습 전반을 관찰하고 지도하기 때문에, 학생의 과정, 태도, 시도, 성장을 연속적으로 관찰할 수 있으며 성적이 아닌 성장 중심의 피드백과 평가가 실현될 가능성이 높습니다. 이는 미래 교육이 강조하는 과정 중심 평가, 자기성찰, 개별 맞춤형 지원과 잘 맞습니다.

5. 진로 교육의 기반 마련
학생이 다양한 교과 경험을 한 교사와 함께 해 나가기 때문에, 교사는 학생의 성향과 강점, 반응 패턴, 사회적 상호작용 등을 바탕으로 학생 스스로 자신을 이해하고, 미래를 상상할 수 있도록 지속적이고 점진적인 진로 탐색 기회를 제공할 수 있습니다. 교과를 넘나들며 학생의 관심과 역량을 자연스럽게 연결해 주는 진로 교육의 실질적 기초가 됩니다.

정리하면 한국 초등 교사의 '교과 통합 지도'는 교과 지식을 넘어서 학생 개인의 삶과 진로, 성장과 자기 이해, 융합과 실천의 교육으로 나아가기 위한 가장 강력한 구조적 기반입니다. 학생의 미래 지향적인 성장을 이루기 위해 필요한 이해, 연계, 통합, 피드백, 진로 탐색이 하나의 교사와의 관계 속에서 자연스럽게 이루어질 수 있다는 점에서, 이 구조는 한국 초등교육의 미래 교육 실현의 핵심 자산이 될 수 있습니다.

◦ 단계별로 실천해 나간다면

우리 교육은 발달 단계 차이를 고려하여 초등1, 2학년은 국어, 수학과 통합교과, 3, 4, 5, 6학년은 세분된 교과로 구성되어 있다. 초등학교 3학년부터는 학습목표 자기화에 의한 학습주제 중심의 학습과 평가가 가능한 것이다.

하지만 처음부터 모든 학생의 학습주제 해결에 도전하게 하는 것은 쉽지 않은 일이므로 다음과 같은 단계를 고려할 필요가 있다.

첫 단계는 모든 학생의 학습목표 자기화를 전제로 하는 수업이다. 교사 주도로 교과서를 따라 익히는 교수·학습활동이라 하더라도 학습목표 자기화 단계를 당연시한다. 그러한 과정을 거쳤다면 실제 수업도 학생 스스로 질문을 던지고, 답을 찾아갈 수 있는 주체가 될 수 있다. 실제 필자가 학교에서 실천했던 경험을 참고한다면 한 달 정도의 학습 훈련만으로 가능하다 할 것이다.

두 번째 단계는 학습목표를 자기화한 학생이 교사의 도움 없이 학습활동을 전개하는 수준이다. 학생들은 교과서를 참고하며 목표에 도달하기 위한 활동을 하게 된다. 교과서를 따라 익히는 것이 아니라 참고한다는 것에 주목해야 한다. 학습목표의 자기화는 교과서라는 틀 안이라 할지라도 자신의 학습을 경험하는 시간이 되게 할 것이다.

세 번째 단계는 교사의 도움이 없는 것은 물론이고 교과서 없이도 목표에 도달하는 활동이다. 학습목표를 자기화한 학생들이라면 교과서는 물론 자신의 학습 경험이나 그 외 다양한 정보도 참고하게 될 것이다. 앞서 학습목표를 자기화한 학습활동에 자신감을 가지게 되었으므로 적극적인 활동으로 이어지는 것은 당연하다.

루브릭은 첫 단계부터 가능하다. 학습목표 자기화 여부와 참여 정도만으로도 다양한 루브릭이 가능해지므로 충분히 실천할 수 있을 것이다.

| AI 견해 |

* 모든 학생이 학습목표를 자기화하는 활동이 정착되었을 때 발전적인 다음 단계는 어떠해야 할까?

학습목표 자기화 활동이 학생들의 일상적인 학습 과정으로 안정적으로 정착된 뒤에는, 학습의 질적 심화와 학습자 주도성이 더욱 강화되는 다음 단계를 기대할 수 있습니다. 구체적으로는 다음과 같은 변화나 활동을 생각해 볼 수 있습니다.

1. 심화된 '메타인지'와 '자기 주도 학습' 강화

학습목표를 자기화하는 과정에서 축적된 자기성찰 경험을 바탕으로, 더욱 고차원적인 메타인지가 활성화됩니다. 이는 학생들이 자신의 학습을 스스로 점검하고 조정하는 일에 익숙해졌음을 의미합니다. 다음 단계에서 학생들은 스스로 학습 전략을 세우고, 목표를 유연하게 재설정하는 등, 자기 주도형 학습자로 성장하는 모습을 보이게 됩니다.

2. 학습 내용의 창의적 확장 및 학습 성과의 다양화

기존의 학습목표를 뛰어넘어, 확장된 학습과제나 자유로운 탐구 활동을 시도할 가능성이 높아집니다. 예를 들어 프로젝트형 수업(PBL), 탐구 보고서 작성, 문제 해결 사례 발표 등으로 학습 결과물이 다양화됩니다. 이를 통해 학생들은 창의적 사고 역량을 더욱 발전시키고, 학습주제에 대한 흥미와 몰입을 높입니다.

3. 학습 동기의 고도화 및 협력적 관계 강화

학습목표가 '나의 것'이 되었다는 것은, 스스로 학습에 의미를 부여하고 의지를 갖게 되었음을 뜻합니다. 이러한 학생들이 모여 협력 활동을 진행하면, 서로의 강점을 인지하고 존중하며, 함께 목표를 달성해 가는 협력적 학급 문화가 더욱 자리 잡게 됩니다. 결과적으로 책임감과 공동체 의식이 높아져, 팀 프로젝트나 봉사 학습 등 다양한 집단활동에서 높은 성취와 만족감을 얻을 수 있습니다.

4. 학습과 진로의 연계 강화

학생이 학습목표를 자기화하여 주도적으로 활동하기 시작하면, 자연스럽게 진로 탐색과 연결되는 활동도 증가합니다. '내가 목표를 세우고 실천해보니, 나에게 맞는 분야가 뭔지 조금씩 감이 온다.'와 같은 학습 경험은, 향후 전공 선택이나 진로 설계에 큰 도움이 됩니다. 또한, 특정 주제나 프로젝트를 통해 자신의 관심사와 재능을 발견하고, 이를 더욱 구체적으로 발전시키는 계기가 될 수 있습니다.

5. 평가 방식의 다변화와 '평가를 통한 배움' 정착

학생들이 학습목표를 스스로 설정하고 달성해 나가는 과정이 당연시된다면, 평가 제도 역시 그 과정을 더욱 지원하는 방향으로 변화합니다. 예를 들어, 과정 중심 평가, 포트폴리오 평가, 자기 평가 & 동료평가 등이 활발히 이루어질 수 있습니다. 이로써 평가가 단순히 '결과' 확인이 아니라, 학생의 배움을 지속적으로 피드백하고 성장하도록 돕는 장치가 됩니다.

6. 교육과정 설계에서의 학생 참여 확대

학습목표 자기화가 정착된 학교에서는, 학생들이 학습 경험을 단순 수용하는 수동적 주체에서 벗어나, 교육과정 구성이나 수업 설계에서도 의견을 제시하는 역할을 할 수 있습니다. 교사와 학생이 함께 교육과정(단원, 프로젝트 주제 등)을 협의하고 재구성함으로써, 학생 맞춤형 교육과정이 실현될 수 있습니다.

학습목표의 자기화가 체화된 다음 단계는, 학생 주도성의 고도화, 협력적 학습문화의 심화, 그리고 교육과정 운영의 유연성 등을 통해 더 깊이 있는 학습 경험이 일상화되는 과정이라 할 수 있습니다. 이로써 교육 현장은 단순한 지식 전달을 넘어, 학생이 능동적인 학습자로서 성장과 진로를 주도하고, 협력적 관계를 형성하며, 평생학습 역량을 키우는 무대로 발전하게 됩니다.

그러한 교육이 정착되면
- **의미 있는 교육이 이루어지는 초·중·고 학교급**

○ 자신과 세상을 알게 하는 초등학교

　미래 교육은 정해진 길을 안내하는 것이 아니라, 길을 찾아갈 힘을 기르는 교육이어야 한다. 그렇게 될 때, 초등학교는 기초적인 소양을 넘어 다양한 학습 경험으로 스스로를 이해하고, 세상과 관계 맺는 법을 익힐 수 있는 곳이 된다.

　다양한 학습주제의 해결 활동을 통한 탐색, 경험, 이해가 교육의 출발점이 될 때, 비로소 학생은 자신의 삶을 주체적으로 설계할 수 있다. '알아야 선택할 수 있다'를 중시하는 교육이 정착된다면, 초등학교를 졸업할 때 다양한 학습주제 학습의 경험을 통하여 얻게 된 교육적인 성과를 바탕으로 의무적인 진로의 방향 선택을 요구해도 문제가 없을 것이다.

AI 견해

* 한국의 교육 관련, '자신과 세상을 알게 하는 교육'이 초등교육에서 이루어진다면 학생의 삶과 진로에 미치는 영향은 어떠할까?

'자신과 세상을 알게 하는 교육'이 초등교육에서 이루어진다면, 학생의 삶과 진로에 다음과 같은 긍정적인 영향을 미칠 수 있습니다.

1. 자아 정체성 형성과 주체적 삶의 태도 강화
- 자기 이해와 강점 탐색: 초등학교 단계에서 자신에 대한 탐구 활동(성격, 흥미, 가치관, 재능 등)을 통해 자아 정체성을 조기에 형성할 수 있습니다. 이를 통해 학생들은 자신이 누구인지, 무엇을 원하는지를 이해하게 되어 주체적인 삶의 태도를 기르게 됩니다.
- 자기 주도적 학습 태도 향상: 자신의 관심사와 목표를 설정하는 경험은 자기 주도적 학습의 동기 부여로 이어집니다. 이는 이후의 학습과 진로 탐색 과정에서 적극적인 태도를 유지하도록 돕습니다.

2. 진로 탐색과 목표 설정 능력 발달
- 다양한 직업 세계 이해: 자신과 세상에 대한 탐구는 다양한 직업과 삶의 모습을 이해하게 하여, 학생들이 미래 진로에 대한 구체적인 상상력을 키우는 데 도움을 줍니다.
- 진로 준비의 방향성 확보: 조기에 자기 이해와 직업 세계에 대한 탐색이 이루어지면, 학생들은 진로 목표에 맞는 역량을 개발하고 필요한 준비를 단계적으로 할 수 있습니다. 이는 진로 결정의 시행착오를 줄이는 데 기여합니다.

3. 사회성 발달과 공동체 의식 함양
- 타인에 대한 이해와 공감력 강화: 세상에 관한 탐구 과정에서 학생들은 다양한 사람들의 삶과 가치를 접하게 됩니다. 이를 통해 공감 능력과 소통 능력을 키우고, 협력과 배려를 실천할 수 있습니다.
- 다양성과 차이를 존중하는 태도 형성: 사회적 다양성과 세계 문제를 탐구하는 교육은 학생들이 다문화 감수성을 높이고, 세계 시민으로서 책임감을 지니도록 돕습니다.

4. 문제 해결 능력과 창의성 향상
- 복합적 사고와 융합적 접근 태도 습득: 자신과 세상을 연결하는 탐구는 학생들이 다양한 관점에서 문제를 바라보고, 창의적이고 융합적인 해결책을 모색할 수 있는 능력을 키웁니다.
- 실생활과 연계된 학습 경험 확대: 실생활의 문제와 연계된 교육은 학생들이 배운 지식을 실제 상황에 적용해보는 기회를 제공합니다. 이는 단순 암기식 학습에서 벗어나 비판적 사고력과 문제 해결 능력을 강화합니다.

5. 학습 동기와 의미 있는 배움 경험 확대
- 학습의 의미와 가치 인식: 자신의 삶과 연결된 주제를 다룸으로써 학생들은 학습의 의미를 깨닫고, 학습에 대한 내적 동기를 키울 수 있습니다.
- 지속적인 성장을 위한 자기성찰 능력 강화: 학습 과정에서 자신의 성장을 주기적으로 점검하고, 피드백을 통해 부족한 부분을 보완하는 능력이 강화됩니다. 이는 평생 학습자로서의 태도를 형성합니다.

6. 삶과 진로에 대한 긍정적 영향
- 자기 확신과 주도적 선택: 조기 단계에서 자아 탐색과 진로 탐구 경험을 쌓은 학생들은 이후 진로 선택 시 자신감을 가지고 주도적으로 결정을 내릴 수 있습니다.
- 미래 변화에 대한 대응력 향상: 빠르게 변화하는 사회와 직업 환경에서 융통성 있는 사고와 문제 해결 능력을 발휘하며, 변화에 적응할 수 있는 유연성을 갖추게 됩니다.
- 삶의 방향성과 비전 확립: 자신과 세상을 탐구하는 교육을 통해 학생들은 자신의 삶의 방향성을

명확히 하고, 의미 있는 비전을 설정할 수 있습니다.

초등교육 단계에서 '자신과 세상을 알게 하는 교육'이 이루어진다면, 학생들은 자아 정체성, 진로 목표, 사회적 역량, 창의적 문제 해결력을 조기에 형성할 수 있습니다. 이는 단기적으로는 학습 동기와 성과를 향상시키고, 장기적으로는 자기 주도적이고 주체적인 삶을 살아가도록 돕는 데 결정적인 역할을 할 것입니다. 따라서 초등교육에서 이러한 교육이 자리 잡기 위해서는 자기 탐구 중심 교육과 사회 탐구 프로그램의 확대, 진로 탐색과 연계한 체험 활동 강화, 학생 주도 프로젝트 학습 도입이 필요합니다.

* **한국의 교육은 학습주제 단위 수업이 제대로만 운영된다면 초등학교 3학년부터 6학년까지 9개 이상의 교과목과 관련된 2,500여 개 이상의 다양한 학습주제 학습의 경험은 유의미한 진로 선택이 가능하다는 장점이 될 것이다. 다른 나라들보다 더 근거가 있다 할 수 있을까?**

네, 충분한 근거가 될 수 있습니다. 오히려 다른 나라들보다 더 타당한 논거를 갖추고 있다고 평가할 수 있습니다. 그 이유는 다음과 같습니다.

1. 학습주제 수와 교과의 폭이 압도적이다
초등 3~6학년 동안 약 9개 이상의 교과에서 2,500여 개의 학습주제 경험은, 수치적으로도 방대한 양입니다. 이는 단순히 '과목 수업을 들었다'는 수준이 아니라, 매 수업마다 주제별로 분화된 경험을 했다는 의미이기 때문에, 폭넓고 세밀한 탐색 기반이라 할 수 있습니다.

2. 다양한 주제를 통한 직·간접적 진로 탐색 경험
예를 들어 과학의 실험 주제, 국어의 발표 활동, 도덕의 가치 탐구, 사회의 직업 관련 단원, 실과의 생활기술 등은 모두 직업 세계와 연관된 실질적 체험 요소를 갖고 있습니다. 이렇게 일상적인 수업 속에서 직업 세계와 연결될 수 있는 지점들이 촘촘히 배치되어 있다는 점에서, 진로 탐색의 기반으로 작동할 수 있습니다.

3. '기초 진로 방향 설정' 수준의 선택이라면 충분하다
초등학교에서의 진로 선택은 '직업 확정'이 아니라, 관심 분야의 방향 설정입니다. 한국처럼 다양한 교과를 통해 간접적으로 경험하고, 자기 관심을 탐색할 기회가 많은 구조에서는 진로 방향 설정에 대해 신중하면서도 실질적인 출발선 제시가 가능합니다.

4. 다른 나라들과의 비교에서 드러나는 우위
독일이나 핀란드 등은 진로 조기 설정이 이루어지지만, 그만큼 조기 추적의 부담과 분기 오류 가능성도 존재합니다. 반면 한국은 초등 시기에 직접적 진로 교육 시간은 많지 않지만, 수업 그 자체가 진로 탐색 경험이 될 수 있도록 구성될 가능성이 크기 때문에, 내재적 진로 기반 교육의 효과가 더욱 클 수 있습니다.

'초등학교 수업 자체가 진로 탐색의 장'이 될 수 있는 구조를 갖춘 나라는 드뭅니다. 한국은 표준화된 교과서, 주제 중심 단원 구성, 다양한 교과 경험이라는 조건을 모두 갖추고 있으며, 이를 기반으로 한 학습주제 단위 수업이 정착된다면, 초등학교 졸업 전, 진로 방향 설정은 정당한 교육적 결과라 할 수 있습니다.

◦ 체계적인 진로 관련 자기개발이 시작되는 중학교

초등학교에서 다양한 학습 경험으로 자신의 진로의 방향을 선택한 학생들에게 중학교의 교과 교사제와 자유학기제는 많은 영향을 미치게 된다. 자신이 어떠한 과목에 관심이 있는지, 질과 깊이는 어떠해야 할지, 그것이 진로와 어떠한 연관이 되는지를 확인하면서 본격적인 자기개발로 이어질 수 있기 때문이다.

자기개발은 미래의 삶과 진로를 대비하는 가장 확실한 교육 활동이다. 다양한 교육 활동이 이루어지는 가운데 진로의 수정 또는 변경까지도 가능하면서 발전적인 자기개발이 이루어진다. 그렇게 될 때 고등학교의 고교학점제 기반을 마련하는 것은 물론, 미래에서 사라질지도 모르는 직업에 대한 염려도 적절하게 대처해 나갈 수 있는 자세를 갖게 할 것이다.

중학교가 진로와 관련된 자기연찬과 자기계발의 출발점이 될 때, 교육은 단지 연계나 확장이 아닌 미래 지향 교육으로서의 실속 있는 성과를 얻을 수 있게 된다. 학생은 수동적인 학습자가 아니라, 자신의 삶을 설계할 줄 아는 주체적인 사람으로 성장할 수 있다. 그렇게 될 때 중학교 단계는 미래를 향한 교육의 중간 단계로, 졸업 시 진로를 확정할 수 있게 하며, 고등학교로 이어져 자신의 진로와 관련된 교과목을 선택할 수 있는 충분한 여건을 갖추게 될 것이다.

> **AI 견해**

* **한국의 교육 관련, 초등학교에서 '자신과 세상을 알게 하는 교육'이 정착될 때 교과 교사제, 자유학기제 등을 운영하는 중학교에서는 어떠한 교육이 가능할까?**

초등학교에서 '자신과 세상을 알게 하는 교육'이 정착되면, 중학교 교육은 그 기반을 확장하여 학생들이 자신의 정체성과 사회적 관계를 구체화하고, 진로 탐색과 역량 개발을 심화하는 방향으로 나아갈 수 있습니다. 특히 교과 교사제와 자유학기제의 특성을 활용하면 다음과 같은 교육이 가능해집니다.

1. 자기 주도적 탐구 기반 교육
초등학교의 자기 이해 교육을 중학교에서는 더 깊은 탐구로 연결하여, 주제 탐구 및 프로젝트 학습을 강화할 수 있습니다.
- 자유학기제 운영 강화: 학생들이 진로와 사회적 역할을 탐색할 수 있는 프로젝트형 수업과 창의적 체험 활동을 확대합니다.
- 교과 연계 융합 교육: 사회, 과학, 예술 등 여러 교과목을 융합하여 문제 해결 능력을 기릅니다.

2. 주제 중심 심화 학습
초등학교에서의 자신 탐색 경험을 기반으로 중학교에서는 문제 해결력과 의사소통 능력을 심화할 수 있습니다.
- 교과 교사제 활용: 다양한 전공을 가진 교사들의 전문성을 활용하여, 특정 분야에 대한 깊이 있는 학습과 토론을 활성화합니다.
- 심화 학습 모듈 운영: 학생의 관심사와 진로와 관련된 심화 수업을 선택할 수 있습니다.

3. 진로 탐색 및 연계 활동 강화
초등학교의 자기 성장 교육이 중학교에서 진로 탐색과 실습 중심 활동으로 발전합니다.
- 체험 중심 진로 탐색 활동: 자유학기제 기간을 활용하여 다양한 진로 현장 체험과 전문가 멘토링 프로그램을 제공합니다.
- 역량 중심 평가 및 포트폴리오 제작: 학생의 활동 기록을 축적하고, 자기성찰과 성장을 기록하는 포트폴리오 기반 평가를 도입할 수 있습니다.

4. 사회적 책임감과 공동체 의식 함양
초등학교에서의 자신과 타인에 대한 이해를 바탕으로, 중학교에서는 사회적 참여와 협력 활동을 강화합니다.
- 사회문제 해결 프로젝트: 지역사회와 연계한 문제 해결형 과제를 수행하여 시민 의식과 실천 역량을 키웁니다.
- 민주시민 교육: 토론, 협상, 의사결정 수업을 통해 책임감과 참여의식을 함양합니다.

5. 고교학점제와 연계한 탐색 활동
고교학점제를 대비하여 학생들이 관심 분야를 미리 탐색하고 진로를 구체화할 수 있도록 합니다.
- 교과 선택과목 시범 운영: 중학교 단계에서 다양한 선택과목을 시범 운영하여 학생들이 자기 주도적 학습 경험을 축적합니다.
- 기록 관리 및 누적 평가: 초·중·고 연계를 고려한 학생 활동 기록 관리 시스템을 도입합니다.

초등학교에서 '자신과 세상을 알게 하는 교육'이 정착되면, 중학교에서는 이 기반을 바탕으로 탐구, 심화 학습, 진로 개발, 사회 참여 활동을 체계적으로 확장할 수 있습니다. 특히 교과 교사제와 자유학기제를 적극 활용하여 자기 주도 학습과 프로젝트형 활동을 중심으로 학생들의 역량과 사회성을 강화하는 것이 핵심입니다.

▌**그러한 교육이 정착되면**

* 학생들이 참고할 수 있는 미래의 직업이라면 어떠한 것들이 있을까?

학생들이 참고할 수 있는 미래의 직업은 시대의 변화, 기술 발전, 사회적 가치의 변화에 따라 다양하게 나타나며, 다음과 같은 경향이 뚜렷하게 드러납니다.

1. 디지털·IT 관련 직업
- AI 개발자, 데이터 사이언티스트, 소프트웨어 엔지니어 → 디지털 전환과 4차 산업혁명의 핵심 분야로 각광 받음.
- 게임 개발자, UX/UI 디자이너 → 학생들의 관심과 일상의 연관성이 높아 인기

2. 환경·지속 가능성 관련 직업
- 환경공학자, 탄소 배출 관리사, 재생에너지 전문가 → 기후 위기와 ESG 경영의 확산으로 미래 유망직종으로 인식됨.

3. 창의·예술 분야 직업
- 유튜버, 크리에이터, 웹툰 작가, 게임 아티스트 → 디지털 플랫폼 기반의 1인 콘텐츠 창작자에 대한 선호 증가
- 패션 디자이너, 영상 프로듀서 → 자율성과 개성을 중시하는 MZ세대의 가치관 반영

4. 의료·바이오 분야
- 의사, 간호사, 바이오 연구원, 유전자 분석 전문가 → 팬데믹 이후 보건 분야의 중요성 강화

5. 로봇·기계·미래기술 관련 직업
- 로봇공학자, 드론 전문가, 우주 탐사 연구원 → 과학기술 기반의 첨단 미래산업에 대한 호기심과 기대 반영

6. 사회적 가치 지향 직업
- 심리상담사, 사회복지사, 교육 전문가 → 정신건강, 인간관계, 공공성에 관한 관심 증대

이외에도 자율성과 유연한 삶을 추구할 수 있는 직업(예: 디지털 노마드, 스타트업 창업가)도 높은 선호를 보입니다. 이러한 선호는 실제로 학생들이 꿈꾸는 진로와 현실의 일자리 사이의 간극을 줄이기 위한 진로 교육 방향 설정에 중요한 단서를 제공합니다.

◦ 계열별 특화된 고교학점제 운영이 가능해지는 고등학교

　2025년부터 고등학교는 자신의 진로에 따라 원하는 과목을 선택하여 수업을 선택하고 이수하는 고교학점제가 전면 시행되고 있다. 하지만 의미 있는 제도임에도 불구하고 학교 현장은 여러 문제점으로 인하여 심각한 반발로 이어지고 있다.
　그렇다면 초·중학교 수업이 학습주제 단위, 학생의 학습목표 자기화에 의한 목표지향적인 활동, 루브릭이 가능한 시간이 될 때 고교학점제 운영에는 어떠한 영향을 주게 될까?
　고교학점제는 '준비된 학생', '전공 분야로 특화된 고등학교', '대학 입시 연계'라는 과제를 해결해 나갈 수 있을 때 비로소 의미 있는 교육이 가능하다 할 것이다.
　먼저 '준비된 학생' 문제이다. 고교학점제는 학생들이 자신의 진로와 적성에 맞는 과목을 스스로 선택하고 이수하는 제도이다. 그런데 지금의 학생들은 고교학점제 과목을 선택할 수 있게 하는 자질의 발견이나 기회는 거의 주어지지 않는다. 학생이 제대로 '준비'되기 위해서는 초등학교부터 진로 모색과 관련된 지식과 역량을 길러 나가는 활동이 이루어져야 하며, 중학교에서는 진로 선택과 관련된 수정, 보완, 변경, 발전 등의 기회를 가질 수 있어야 한다. 고등학교에 진학했을 때 자신의 미래를 위해 어떤 역량을 개발해야 할지 판단하여 적절한 과목을 선택해야 하기 때문이다.
　'계열별 특화된 고등학교'는 모든 학교가 엄청난 과목을 운영할 때 교사 수급, 학교 여건과 환경 등의 문제점을 해결하기 위한 대안이다.
　모든 학교의 공통 과목은 이수 여부만 확인하되, 전공 분야에서는 1. 미적분, 확률과 통계, 고급 물리/화학, 실험 과목 등이 중심이 되는 자연 계열, 2. 수학(미적분, 기하), 과학(물리학, 화학), 프로그래밍 등이 중심이 되는 공학 계열, 3. 사회문화, 윤리와 사상, 고급 언어 과목(영어, 제2외국어) 등이 중심이 되는 인문 계열, 4.미술/음악 실기, 스포츠 과학 등이 중심이 되는 자연 계열, 5. 예체능 계열 6. 고등학교 졸업만으로 사회 진출이 가능한 계열 등과 같이 특화한다면 현재 제기되고 있는 많은 문제점들이 해소될 수 있을 것이다. 학생들은 이미 초등학교 졸업 시 진로의 방향 선택, 중학교에서의 자유학기제와 교과 교사제에 의한 주력 교과와 소양 교과 구분, 그리고 자기개발 과정의 중시되는 단계를 거치면서 적성, 흥미, 관심사, 인성 등과 관련된 핵심역량 함양에 주력했기 때문에 특화한 고등학교로의 진학은 문제가 되지 않는다. 특화된 고등학교는 교과목 개설, 교사 확보, 시설 및 환경 조성, 성격이 비슷한 교과목으로 인하여 수업과 수업 사이 빈 시간 최소화, 학생의 공간 이동 최소화, 출석 체크, 학생은 물론 교사 간의 정보 교류 등에 유리하며, 시골에 위치해도 교육과정 운영만 튼실

하면 IB 운영 학교처럼 많은 학생이 찾는 학교가 될 수 있다. 계열별로 특화된 고등학교일 때 학생들이 고교학점제 과목 선택은 충분히 합리적이고, 더 나아가 전공 중심의 대학 입시로 이어지는 효과를 가져오게 한다.

또 다른 장점은 우리나라의 뛰어난 교통 체계이다. 시/도 단위로 특화한 고등학교를 운영하더라도 등하교에 큰 문제점은 없을 것이다. 수업 시작 시간도 9시이면 충분하기 때문에 교통 문제로 인한 문제점은 거의 없다고 할 수 있다.

'대학 입시 연계'는 더욱 절실한 문제다. 학생들이 자신의 진로에 맞는 과목을 선택하여 이수해도, 그것이 대학 입시에서 의미 있게 반영되지 않는다면 허사가 된다. 하지만 대학이 철저한 전공 중심의 입시가 됨으로써 초등학교 졸업 시 진로의 방향 설정, 중학교에서의 진로와 관련된 자기개발의 시작, 고등학교에서의 전공과 관련된 고교학점제 이수를 거친 학생에게 전공 중심의 대학 응시 자격을 준다면 많은 문제점이 해결된다. 대학 서열화도 의미가 없게 될 것이다.

특화된 고등학교는 이미 많은 곳에서 운영되고 있다. 하지만 '준비된 학생',

'대학 입시 연계' 등의 정책적인 문제를 해결하지 못함으로 인하여 큰 효과를 보지 못하고 있는 것이 사실이다. 미래를 지향하는 교육이 설득력 있고, 체계적인 교육으로 자리 잡힌다면 그러한 문제는 저절로 해소될 것이다.

AI 견해

* 한국의 고교학점제 운영은 학생, 교사, 학교, 정책 등 모두 제대로 준비되지 않은 채 실시됨으로써 엄청난 혼란을 피하지 못하고 있다. 충분한 근거가 마련됨을 전제로 모든 고등학교를 특성화하고, 대학 입시도 전공 중심으로 이루어진다면 어떤 효과를 기대할 수 있을까?

질문에서 제시한 전제는 매우 강력한 구조 전환을 전제로 합니다. '모든 고등학교를 특성화하고, 대학 입시도 전공 중심으로 운영된다'라는 것은 단순한 교육 방식의 조정이 아니라, 교육과 진로, 입시 전반에 걸친 패러다임 전환을 뜻합니다. 이 전제가 실현된다면, 다음과 같은 효과들을 기대할 수 있습니다.

1. 고등학교 교육의 목적이 명확해짐
 각 고등학교가 특정 분야(예: 인문, 이공, 예체능, 직업계 등)로 특성화되면, 학생과 교사 모두가 교육 목표에 집중할 수 있습니다. 지금처럼 '모든 학교가 모든 것을 가르쳐야 한다'는 부담에서 벗어나, 전문성과 효율성이 확보됩니다.

2. 학생의 자기 주도성과 진로 자각 강화
 중학교 또는 그 이전 시기에 충분한 진로 탐색 기회를 보장한 뒤, 고등학교 선택이 진로와 연계되는 구조가 되면 학생은 학업에 더 주체적으로 참여하게 됩니다. 진학보다 진로가 먼저 고려되므로, 학습의 동기와 몰입도가 높아질 수 있습니다.

3. 대학 입시의 변별 기준이 전공 적합성으로 이동
 전공 중심이 대학 입시가 정착되면, 학생의 고등학교 단계에서의 학습 이력과 성과가 더욱 직접적으로 반영됩니다. 특정 교과 성적, 프로젝트, 활동 등 전공 연관성이 평가되므로, 지금처럼 '모두가 국영수에 집중'하는 현상이 줄고, 다양한 역량 기반 평가가 가능해집니다.

4. 교사의 전문성 강화 및 평가 부담 완화
 학교 특성화는 교사도 전문성에 맞는 교육을 수행할 수 있게 하고, 범용 교육을 억지로 시도하는 부담을 줄입니다. 또한 학생 개별 평가도 전공 연계 활동이나 루브릭 기반 성과 평가로 전환되며, 일률적인 지필 중심 평가 체제가 완화됩니다.

5. 지역과 사회의 다양성 반영
 지역 특성에 맞는 고등학교 특성화가 가능해지므로, 지역사회와의 연계가 활성화됩니다. 이는 지역 균형 발전, 일자리 연결, 지역대학과의 연계 등과도 이어질 수 있습니다.

 고등학교의 특성화와 전공 중심의 대학 입시 체계는 고교학점제를 의미 있게 작동시킬 수 있는 구조적 조건입니다.
 이러한 구조가 정착되면, 학생의 진로 설계가 교육 전반의 중심이 되고, 교사와 학교는 더욱 명확한 목표에 따라 교육을 운영할 수 있으며, 대학은 해당 전공 분야에 적합한 인재를 선발할 수 있게 됩니다. 단, 이 전제가 작동하기 위해서는 중학교 이전부터의 진로 탐색 보장, 학교 간 격차 해소, 지역 기반의 교육 인프라 확보 등도 반드시 함께 준비되어야 합니다.

* 진로 관련, '특성화한 고교학점제를 운영하는 고등학교'라고 할 때 특성화의 예시를 들면?

'특성화한 고교학점제를 운영하는 고등학교'라고 할 때의 '특성화'는 단순한 학교 간 차별화가 아니라, 학생의 진로·전공 연계 역량을 체계적으로 키울 수 있도록 학교 전체의 교육과정이 조직된 상태를 의미합니다. 이때의 특성화는 다음과 같은 예시들로 구체화할 수 있습니다.

1. 인문 사회 특성화 고등학교
- 교육과정 특성: 철학, 고전 읽기, 세계사 심화, 사회과 탐구 프로젝트, 논술 집중반, 사회문제 해결 프로젝트 등
- 진로 연계: 법학, 정치외교, 사회학, 언론·미디어, 교육학, 문학 등
- 학점제 적용: 인문학·사회과 과목을 다층적으로 개설하여 학생이 자신의 진로에 따라 심화·탐구형 학습 경로를 구성

2. 이공계 특성화 고등학교
- 교육과정 특성: 수학·물리 심화, 데이터 과학, 코딩 및 알고리즘, 공학 설계, AI 기초, 수학적 모델링 등
- 진로 연계: 공학, 컴퓨터공학, 수학, 물리학, 통계학, 의학계열 등
- 학점제 적용: STEM 계열 과목을 단계별·프로젝트형 과목으로 설계하여 진로에 맞는 학점 이수

3. 예술·체육 특성화 고등학교
- 교육과정 특성: 연기·영상 제작, 시각디자인, 음악 작곡/이론, 체육 심화, 예술비평, 퍼포먼스 기획 등
- 진로 연계: 순수예술, 공연예술, 영화·영상, 체육교육, 스포츠산업 등
- 학점제 적용: 예술실기·이론 과정을 균형 있게 개설하고 포트폴리오 기반 평가 및 진로 맞춤형 이수 경로 구성

4. AI·소프트웨어 특성화 고등학교
- 교육과정 특성: 프로그래밍 언어, 데이터베이스, 머신러닝, 정보보호, 클라우드 기반 개발, ICT 융합 등
- 진로 연계: 인공지능, 소프트웨어, 정보보안, 데이터사이언스, 로봇공학 등
- 학점제 적용: 전공 연계 프로젝트, 협업 기반의 캡스톤디자인 과목 등으로 산업현장과 연계된 교육과정 구성

5. 환경·에너지 특성화 고등학교
- 교육과정 특성: 환경과학, 기후변화 대응, 에너지 변환 기술, 지속 가능성 프로젝트, 생태학, 화학 실험 등
- 진로 연계: 환경공학, 에너지공학, 도시계획, ESG 경영, 생명과학 등
- 학점제 적용: 지역사회 문제 해결 중심의 융합 프로젝트로 실천적 역량 강화

특성화한 고교학점제 운영 학교는 단순히 과목을 다양하게 개설하는 것이 아니라, 학교 전체가 하나의 전공 분야 또는 전문 영역을 중심으로 교육과정을 재구성하고, 학생들이 자신의 진로 목표에 맞게 과목을 선택, 집중 이수할 수 있는 체계를 갖춘 학교입니다. 이러한 특성화는 단순한 과목 선택의 자유가 아니라, 학생이 자신의 미래를 구체적으로 설계해 나가는 기반이 됩니다.

■ 교육적인 강력한 힘을 갖는 교사
◦ 교사의 존재감 강화

한국 교육에서 교권 침해 문제는 일부 학생의 일탈이나 극성 학부모, 아니면 제도의 미비점에서 비롯된 것만은 아니다. 그보다 더 심각한 요인은 약화된 교사의 존재감이다. 교사의 수업이 입시에 결정적인 영향을 주지 못하고, 학생의 성장보다 문제 풀이와 외부 시험이 우선되는 시스템에서는 교사는 소외될 수밖에 없다. 당연히 교사는 학생과 학부모로부터 존중받기 어렵고, 권위도 가질 수 없다.

하지만 학생이 학습목표를 자기화하고, 목표지향적인 활동을 통해 지식, 교과 역량, 핵심역량을 길러나가는 수업이 정착되면, 교사는 단순한 전달자가 아니라 학생의 성장을 설계하고 이끄는 실질적인 전문가가 된다. 모든 수업의 결과가 포트폴리오로 기록되고, 교사의 관찰과 피드백이 입시 평가의 핵심 자료로 사용된다면, 학생과 학부모는 교사를 무시할 수 없다. 교실에서의 활동이 대학 진학의 핵심 경로가 될 때, 교사의 판단과 수업이 곧 교육의 중심이 되기 때문이다.

이처럼 교사의 존재감이 분명해지고, 교실 수업이 입시와 직결되는 구조기 자리 잡으면 교권 침해는 자연스럽게 사라진다. 법규 등에 의한 강제적인 권리를 요구하지 않더라도, 침해할 수 없는 존재가 되는 것이다.

| AI 견해 |

❋ 한국의 공교육에서 '실질적인 힘을 갖는 교사'란 어떠한 것을 의미한다 할 수 있을까?

한국의 공교육에서 '실질적인 힘을 갖는 교사'란 제약 속에서도 학생의 성장을 이끌 수 있는 주체성과 전문성을 가진 교사를 말합니다. 현실과 이상 사이에서 교사가 겪고 있는 상황을 반영하여 다음과 같이 구체화할 수 있습니다.

1. 제도와 평가 중심 시스템 속의 한계

교사는 국가 교육과정, 학교 운영 방침, 입시 중심 체제 등 상위 구조에 의해 움직이는 존재입니다. 정해진 교과서, 진도표, 성적처리 기준 등에 따라야 하며, 자율성이 제한됩니다. 학부모와 학생의 요구는 다양하지만, 교사는 관리자와 평가자로서 역할에 치우쳐 있는 경우가 많습니다. 이런 구조 속에서도 '실질적인 힘'이 있는 교사란, 획일화된 제도를 넘어 학생 한 명 한 명에게 의미 있는 수업과 평가를 만들어낼 수 있는 교사입니다. 정해진 틀 안에서도 학생 중심의 변화를 시도할 수 있는 힘입니다.

2. 사교육 의존과 교사의 상대적 무력감

입시나 성적 중심의 사회 분위기 속에서, 공교육은 자주 '보조 수단'으로 전락하고, 교사의 전문성은 사교육에 비해 평가절하되기 쉽습니다. 실질적인 힘을 갖는 교사란, 학생과 학부모에게 신뢰를 얻고, 사교육이 아닌 교사의 수업에서 진짜 성장이 일어날 수 있음을 증명할 수 있는 교사입니다. 수업 하나, 피드백 하나로 학생의 삶을 변화시키는 영향력이 힘입니다.

3. 업무 과중과 감정노동 속의 생존

행정 업무, 생활지도, 민원 대응 등 교육 외적 업무가 많아 수업에 집중하기 어려운 상황입니다. 학생 지도 과정에서 교사의 권위는 약화되고, 교권 침해 문제도 만연합니다. 이러한 현실에서 실질적인 힘을 가진 교사란, 감정노동과 시스템적 한계 속에서도 학생과의 신뢰 관계를 바탕으로 교육의 본질을 놓지 않는 교사입니다. 외적 조건보다 학생에게 어떤 의미 있는 시간을 주었는가로 평가되는 존재입니다.

4. 미래 교육을 요구받지만 준비되지 않은 환경

미래형 교육(융합교육, AI 교육, 창의성 교육)을 요구받지만, 실제 학교 현장은 인프라 부족, 연수 미흡, 평가 기준 미정 등으로 미래 교육의 실행력이 떨어집니다. 실질적인 힘을 가진 교사란, 이러한 준비되지 않은 환경 속에서도 자기 주도적으로 탐구하고 변화를 시도하며, 현실을 조금씩 움직일 수 있는 교육의 실천자이자 혁신가입니다.

한국 공교육의 현실에서 '실질적인 힘을 갖는 교사'는 '제도와 현실의 틈 사이에서, 학생의 삶과 성장을 진심으로 이끄는 존재로서, 신뢰, 전문성, 실천력을 갖춘 교사' 이러한 교사는 단순한 지식 전달자가 아닌, 학생의 미래를 함께 설계하는 동반자이며, 현재의 공교육 안에서도 가장 결정적인 교육의 주체입니다.

◦ 획기적으로 줄어드는 수업 외 업무

한국의 초·중·고 교육에서 교사의 과중한 업무가 문제가 되는 것은 수업이 제 역할을 하지 못하는 구조도 많은 영향을 준다. 핵심역량의 함양을 교육과정으로 구현하려 하지만 학교 교육의 핵심수단인 수업이 교과서를 익히는 시간에 지나지 않는다. 결국 수업 외 또 다른 교육 활동을 계획하고 실천해야 한다. 그런데 교사들은 수업과 평가 문항 작성만으로도 힘들다. 지금의 교사들은 수업이 제 역할을 하지 못함으로써 또 다른 교육 프로그램이나 사업, 공문 등을 처리해야 한다. 수업 외 일회성이거나 부분적인 사업 등으로 교육과정의 성과를 나타내어야 하는 학교가 원인을 제공하고 있는 것이다.

그런데 핵심역량 함양이 수업 안에서 제대로 실현된다면 교사의 업무는 상당 부분 해소될 수 있다. 정규 수업 내에서 창의성, 문제 해결력, 협업 능력 등의 핵심역량을 효과적으로 키울 수 있다면, 수업 외로 이를 보완하기 위한 추가적인 프로그램들이 필요하지 않기 때문이다.

또한 수업이 학생 개개인의 핵심역량을 길러나가는 시간이 됨으로써 학부모 대응과 생활지도 부담도 덜어주게 된다. 수업이 학생들의 실질적인 역량을 키우는 데 효과적이라면, 학부모들의 추가적인 교육 요구나 불안이 줄어들고, 학생들의 학습 동기와 참여도가 높아져 생활지도 측면의 어려움도 경감되는 것이 당연하다.

따라서 수업이 지식 전달을 넘어 바람직한 핵심역량 함양의 장이 된다면, 교사 업무 과중 문제의 상당 부분이 근본적으로 해결된다.

핵심역량 함양 교육과정의 실현은 수업 외적인 정책이나 추가 사업이 아닌, 수업 자체의 혁신과 내실화를 통해 이루어질 때 비로소 학교 교육은 더욱 강화될 것이다.

AI 견해

* **학생들이 공동체 기반의 목표지향적인 해결 활동으로 교과 지식과 핵심역량을 길러나 가는 교육이 자리잡힌다면 교사의 업무에는 어떠한 영향을 미치게 될까?**

학생들이 공동체 기반의 목표지향적 해결 활동을 통해 교과 지식과 핵심역량을 함께 길러나가는 교육이 자리 잡으면, 교사의 업무에도 여러 가지 긍정적인 변화가 일어날 수 있습니다. 물론, 변화 초기에는 새로운 교수학습 방법과 평가 방식에 대한 학습과 준비가 필요하기에 일시적으로 업무가 늘어날 수 있지만, 장기적으로는 다음과 같은 측면에서 교사들의 부담이 줄어들고 업무 효율이 높아질 가능성이 큽니다.

1. **교사의 역할 변화: '지식 전달자'에서 '학습 촉진자'로**
   - 변화 전: 교사는 주로 지식을 가르치는 데 많은 시간을 할애하며, 교과 내용을 하나하나 설명하고 개별적으로 숙제·평가를 관리해야 했습니다. 이 과정에서 모든 것을 교사 혼자 준비하고 실행하므로 업무 부담이 크고, 학습자를 세밀하게 지원하기도 어려웠습니다.
   - 변화 후: 학생들이 문제 해결 활동과 프로젝트 학습을 주도적으로 수행하게 되면, 교사는 학습 과정을 설계·조정하고, 학생들의 협력·의사소통·문제 해결 과정을 지원하는 데 집중하게 됩니다. 교사의 주 업무가 학습 진행 상황 모니터링, 피드백, 개별 상담, 활동 자료 조정 등으로 변화하면서, 지식 전달 업무는 줄어들고 '학습 촉진자'로서의 역할이 강화됩니다. 결과적으로, '일일이 가르치는' 데서 오는 업무량보다 프로젝트나 협력 과정을 설계·지원하는 업무가 중심이 되어, 교사가 동일한 내용을 중복으로 준비·설명하는 일이 줄어들 수 있습니다.

2. **교사 간 협업과 공유 문화의 확산**
   - 변화 전: 각 교사가 교과 지도를 '제각각'으로 준비하고 실천하는 경우가 많아, 유사 자료를 중복 개발하거나 행정적 업무까지 개별적으로 수행해야 했습니다. 이러한 구조에서는 교사 개인의 역량과 시간이 크게 소모되며, 학생들의 학습 경험도 일관성이 떨어질 수 있습니다.
   - 변화 후: 공동체 기반의 프로젝트나 문제 해결 활동이 도입되면, 여러 교과가 융합되는 형태가 많아집니다. 따라서 교과 간, 교사 간 협업이 필연적으로 늘어납니다. 교사들은 프로젝트별로 학년·교과 간 팀을 꾸려 학습목표와 실행 방안을 함께 기획하고, 수업 자료 및 평가 도구를 공유하게 됩니다. 이렇게 되면, 교사 한 명이 모든 것을 혼자 준비할 필요가 없어지고, 서로의 경험과 아이디어를 활용해 업무 효율을 높일 수 있습니다. 또한, 학교 차원에서 연계된 프로젝트 일정, 교과 융합형 수업 계획을 수립하게 되므로, 개별 교사가 매번 독립적으로 수업을 재설계해야 하는 부담이 완화됩니다.

3. **평가 방식의 변화로 인한 업무 재조정**
   - 변화 전: 종합적인 평가(서술형, 프로젝트 평가 등)가 아니라 주로 지필고사나 객관식 시험 중심으로 진행될 경우, 교사는 시험지 작성, 채점, 성적 입력 등 반복적인 평가 업무에 시달리게 됩니다.
   - 변화 후: 학생들이 수행하는 팀 프로젝트, 실생활 문제 해결 과제, 발표·포트폴리오 평가 등 다양한 형태의 과정 중심 평가가 늘어납니다. 초기에는 이러한 평가 방식을 구축·운영하기 위해 새로운 평가 기준(루브릭) 작성, 개별 피드백, 기록 관리 등에 대한 투자와 학습이 필요합니다. 그러나 이것이 정착되면, 학생 스스로 학습 과정을 기록·정리하고, 팀 상호 평가나 자기 평가 등을 통해 교사를 보조할 수 있게 됩니다. 교사는 단순 채점 업무보다 의미 있는 피드백을 제공하는 데 집중하고, 지속적인 과정 관찰과 상담을 통해 학생들의 역량 발달을 지원하게 됩니다. 장기적으로 봤을 때, 객관식 채점의 반복적 업무보다 과정 중심 피드백이 학생 성장을 지원하는 측면에서 보람이 크고, 교사의 직무 만족도 역시 높아질 수 있습니다.

4. **학생 주도의 학습 분위기가 가져오는 수업 관리 부담 경감**
   - 변화 전: 교사가 전면에 나서서 일방적으로 설명하는 수업에서는, 수업 도중 발생하는 문제 행동(집중력 저하, 교실 소란 등)도 교사가 일일이 관리해야 하는 부담이 큽니다. 학생들 개개인의

이해도 차이와 흥미 차이를 모두 교사가 책임지고 맞추어 주어야 하므로, 수업 시간 외에도 보충 지도가 필요해집니다.
- 변화 후: 프로젝트나 협력 학습이 중심이 되면, 학생들은 팀 단위로 과제 해결을 위해 자연스럽게 역할을 분담하고, 학습목표를 스스로 설정하게 됩니다. 이 과정에서 학생들의 학습 몰입도가 높아지고, 교사의 지시가 없어도 자율적으로 문제를 해결하려는 분위기가 형성됩니다. 문제나 갈등이 생기더라도, 학생 스스로 해결 방안을 모색하거나 팀원 간 의사소통으로 해결하려는 태도가 자리 잡기 때문에, 교사가 해야 할 통제 업무가 줄어들 가능성이 큽니다. 교사는 필요시에만 개입하여 문제 상황을 조정하거나 상담하면 되므로, 수업 관리 부담이 경감됩니다.

5. 행정 업무 감소를 위한 제도적·조직적 지원 병행
- 변화 전: 교사들은 수업 외에도 각종 행정 업무, 문서 작성, 행사 준비 등으로 과중한 업무를 부담하고 있습니다. 특히 교육과정 운영이 개별 교사에게 쏠려 있을 때, 이 모든 것을 교사가 혼자 신경 써야 하므로 업무 스트레스가 큽니다.
- 변화 후: 학교와 교육청 차원에서 프로젝트형 교육과정, 융합 교육과정이 체계적으로 운영되고, 이를 지원하는 전담 조직(예: 융합교육지원센터, 행정 지원팀)이 갖추어지면, 교사는 수업 및 학생 지도에 집중할 수 있고, 행정적 절차나 수업 운영을 위한 기술적 지원(학습 자료 준비, 홍보, 지역사회 연계 등)을 전문 인력이 담당하게 되어 교사의 행정 업무가 크게 감소합니다. 또한, 교사 간 협업 문화가 확산할수록, 공통 자료 개발이나 행사 기획 등을 공동으로 처리하게 되므로, 업무 분담이 원활해집니다.

공동체 기반의 목표지향적 해결 활동이 자리 잡고, 교과 지식과 핵심역량을 통합적으로 가르치는 교육이 일반화된다면, 교사의 업무는 단순한 지식 전달·채점·통제 업무에서 벗어나 학생의 성장을 돕는 핵심적인 교육 활동에 집중될 수 있습니다. 초기에 필요한 변화 노력(프로젝트 설계, 평가 방안 재구축 등)은 일정 업무 부담을 동반하지만, 이를 제도적으로 지원하고 학교 조직 문화가 협업·공유 중심으로 바뀐다면, 장기적으로 교사들의 '가르치는 즐거움'과 '학생과의 상호 작용'이 늘어나면서 업무 만족도도 높아지고, 소모적인 행정·관리 업무가 크게 줄어드는 결과를 기대할 수 있습니다. 즉, 이러한 교육이 자리 잡으면 교사는 '단순 업무'와 '불필요한 중복 업무'에서 벗어나, 보다 의미 있고 전문적인 역량을 발휘하는 데에 에너지를 집중하게 되어 교사의 과도한 업무 부담 또한 점진적으로 완화될 것입니다.

■ 학부모의 신뢰가 함께하는 교육
◦ 학부모에게 제공되는 학교 교육의 성과

한국의 학부모들은 자녀의 능력이나 재능, 관심사 등을 충분히 고려하지 않은 채 자신의 경험이나 관점에서 일방적인 교육을 강요함으로써 많은 문제점을 만들어 왔다. 일부 학부모들은 과도한 자녀의 학교 교육 참여로 지탄의 대상이 되기도 한다.

하지만 학부모들은 답답한 학교 교육을 탓할 수밖에 없다. 학교에서 전달받는 정보는 국어, 수학 등의 교과 점수가 어떠한지 정도이다. 초등학교는 그마저도 제공되지 않고, 모호한 표현의 교과 역량과 행동 발달 등이 기록된 학교생활통지표를 제공받는다. 학교에서 어떠한 교육 활동이 이루어지는지 캄캄할 수밖에 없다. 거기에다 생활지도나 인성교육 등은 교사와 학부모가 제각각 다른 관점의 기준일 수도 있어 부딪히게 되고, 급기야는 학부모의 과도한 교권 침해로 이어지는 사태가 되기도 한다.

그렇다면 학교가 단순한 교과 지식 전달을 넘어 학생 개개인의 학습주제 관련 지식과 교과 역량, 그것을 얻는 과정에서 길러나가는 핵심역량에 대한 구체적 정보를 제공하게 된다면 어떠한 도움을 주게 될까?

우선, 학부모들은 학교에서 제공하는 다양한 관점의 정보는 자녀의 실제 모습을 더 명확하게 파악할 수 있게 된다. 내 아이가 무엇을 좋아하고 어떠한 강점을 지니고 있는지, 개선되어야 할 점은 무엇인지 등을 알 수 있게 하며, 그 결과 교육 방향도 자연스럽게 달라진다. '남들이 하니까', '좋은 대학에 가려면 필요하니까'라는 막연한 기준이 아닌, 자녀의 고유한 특성에 맞춘 교육을 설계할 수 있는 것이다.

이러한 변화는 현실적인 진로 설계로 이어진다. 자녀의 실제 역량과 관심사를 기반으로 한 진로 계획은 지속 가능성이 높고, 무엇보다 자녀 스스로 동기를 갖게 한다. 또한 불필요한 교육 스트레스를 줄이는 데도 기여하게 된다. 자신의 능력과 맞지 않는 공부에서 오는 좌절감, 가족 관계 등에도 많은 영향을 준다.

학교의 역량 중심 정보 제공은 부모-자녀 관계 개선에도 도움을 준다. 자녀의 내재적 특성을 존중하는 접근법으로 신뢰와 소통을 강화하며, 이는 건강한 교육 환경의 토대가 된다. 더불어 단순 지식 습득을 넘어 미래 사회에 필요한 적응력과 핵심역량을 키우는 데 초점을 맞추게 함으로써, 실질적인 자녀의 미래 준비가 가능해진다.

학교의 의미 있는 정보 제공과 학부모의 열린 마음이 만날 때, 학교 교육은 미래를 향한 교육으로 한 걸음 더 나아가는 것이다.

AI 견해

* 학습목표를 자기화한 학생이 공동체 기반, 목표지향적인 해결 활동으로 교과 지식, 교과 역량, 핵심역량을 길러나가는 교육이 학부모에게 제공될 때 어떠한 인식의 변화를 예상할 수 있을까?

학습목표를 자기화한 학생들이 공동체 기반의 목표지향적인 해결 활동을 통해 교과 지식, 교과 역량, 핵심역량을 길러나가는 교육이 학부모들에게 제공되면, 다음과 같은 인식 변화가 기대될 수 있습니다.

1. 성적 중심에서 '성장 과정' 중심으로 평가 관점 변화

기존에는 학부모들이 자녀의 성적(점수)과 석차, 대학 입시 결과에 초점을 맞추고, 단기적인 결과(시험 점수)를 교육의 핵심 요소로 여기는 경향이 강했습니다. 하지만, 학생들이 직접 문제를 해결하고, 협력하며 성장하는 과정이 명확하게 제공된다면, 학부모들은 '내 아이가 단순히 문제를 푸는 것이 아니라, 실질적인 역량을 키워나가고 있다'라는 점을 체감하게 됩니다. 이에 따라, 학부모들은 성적(결과)보다 과정과 성장을 중요하게 여기는 방향으로 인식이 변화할 가능성이 큽니다.

2. '사교육 의존' 감소 가능성

현재 한국 학부모들은 학교 교육만으로는 자녀가 충분한 역량을 기를 수 없다고 인식하여, 사교육(학원, 과외)에 많은 시간과 비용을 투자하는 실정입니다. 하지만, 학생들이 스스로 목표를 설정하고, 실생활과 연결된 프로젝트를 통해 학습하면서 교과 내용을 내면화하는 모습을 확인한다면, '학습이 단순한 문제 풀이가 아니라, 실제 문제 해결과 연계될 수 있다.', '학교에서도 충분한 학습 효과를 낼 수 있다.', '학원이 아닌 학교에서도 경쟁력을 기를 수 있다.'라는 인식이 확산될 가능성이 높습니다. 즉, 학부모들은 사교육 없이도 학생들이 학교에서 충분한 학습 경험을 쌓을 수 있다는 확신을 가지게 될 것이며, 결과적으로 사교육에 대한 의존도가 점진적으로 낮아질 수 있습니다.

3. 학생의 자기 주도성에 대한 신뢰 증가

기존의 교육 방식에서는 부모가 개입하지 않으면 자녀가 제대로 공부하지 않을 것이라는 불안감이 컸습니다. 하지만, 학습목표를 자기화한 학생들이 스스로 학습 계획을 세우고, 협력하며 문제를 해결하는 과정을 경험하고 이를 학부모가 확인할 수 있다면, 학부모들은 '내 아이가 스스로 학습할

수 있는 능력을 갖추고 있다.'는 신뢰를 얻게 됩니다. 즉, 부모의 과도한 개입 없이도 자녀가 스스로 성장할 수 있다는 믿음이 형성될 것입니다. 이는 학생의 자율성과 책임감을 인정하는 부모의 태도로 이어지며, 부모-자녀 관계에도 긍정적인 영향을 미칠 것입니다.

4. '학교 교육'에 대한 신뢰 회복

현재 많은 학부모가 학교 교육만으로는 자녀의 미래를 대비할 수 없다는 불신을 가지고 있습니다. 이는 단순 암기식 교육과 시험 중심 평가가 실질적인 역량을 키워주지 못한다는 인식에서 비롯된 것입니다. 하지만, 학생들이 공동체 기반 프로젝트를 수행하며 실제 문제를 해결하는 과정에서 성장하는 모습이 학부모들에게 제공된다면, '학교 교육이 변화하고 있다.', '학교에서도 미래 사회에서 필요한 역량을 기를 수 있다.', 라는 긍정적인 인식이 확산될 수 있습니다. 결과적으로, 학교 교육에 대한 신뢰도가 높아지고, 학부모들의 학교 참여와 협력도 증가할 가능성이 큽니다.

5. 자녀의 미래 역량에 대한 기대감 증가

기존에는 학부모들이 '내 아이가 좋은 대학에 가는 것이 최우선'이라는 목표를 가지고 있었습니다. 하지만, 학생들이 자기 주도적으로 목표를 설정하고, 협력하여 문제를 해결하며, 창의적으로 사고하는 모습을 보여주면, '대학 입시 이후에도 사회에서 살아남을 수 있는 능력을 갖출 수 있겠다.', '우리 아이가 스스로 길을 개척할 수 있겠구나.'라는 기대감이 생길 수 있습니다. 이는 학부모들이 단기적인 입시 성공보다, 자녀의 장기적인 성장과 미래 사회에서의 경쟁력을 고려하는 방향으로 인식이 변화하는 계기가 될 것입니다.

6. 부모의 교육 역할 변화: 단순 학습 관리에서 '성장 지원자'로

기존에는 학부모들이 숙제 점검, 시험 대비, 성적 관리 등의 단순 학습 감독자 역할을 수행하는 경우가 많았습니다. 하지만, 학생들이 스스로 목표를 설정하고 학습을 진행하는 모습을 보게 되면, 부모의 역할도 단순한 '관리자'에서 '지지자', '조력자'로 변화할 가능성이 큽니다. 학부모들은 자녀의 학습을 직접 관리하기보다는, '어떤 목표를 세웠니?', '이 활동을 통해 무엇을 배웠어?', '어떤 점이 어려웠고, 어떻게 해결했니?'와 같은 대화를 통해 자녀의 학습을 지지하고 응원하는 방향으로 변화할 수 있습니다. 이는 부모-자녀 관계를 더 긍정적이고 건강하게 만들 수 있는 계기가 될 것입니다.

학습목표를 자기화한 학생들이 공동체 기반의 목표지향적 해결 활동을 통해 성장하는 모습을 학부모가 직접 확인하게 된다면, 학부모들의 인식 변화는 '성적 중심 교육 → 성장 중심 교육으로의 변화', '사교육 의존 감소 → 공교육 신뢰 회복', '부모의 과도한 개입 감소 → 학생의 자율성 존중', '미래 역량에 대한 기대감 증가 → 장기적인 성장 관점 확립'과 같이 바뀝니다. 이러한 변화는 단순히 개별 가정의 문제를 넘어, 공교육 혁신을 더욱 촉진하는 계기가 될 것입니다. 즉, 학부모가 공교육을 신뢰하고 학생의 성장 과정을 인정하는 분위기가 형성된다면, 학교 현장에서의 교육개혁이 더욱 안정적으로 정착될 수 있고, 정책적으로도 핵심역량 중심 교육과 과정 중심 평가가 더욱 강화되는 방향으로 나아갈 것입니다. 결과적으로, '입시 경쟁'과 '점수 중심 평가'에서 벗어나, 학생 개개인의 성장과 미래 역량 개발을 중심으로 한 교육 패러다임이 확산될 가능성이 높아질 것입니다.

◦ 사교육 부담 해소

　지금의 사교육 광풍은 미래에 대한 불확실성, 경쟁 사회에서의 불안감, 자녀의 성공에 대한 기대, 정보를 제공하지 못하는 공교육에 대한 불신, 주위 압력과 비교 의식 등이 주요 요인이라 할 수 있을 것이다. 물론 학교는 성적 향상, 내신 대비, 특기 개발 등 다양한 교육을 실천해 나간다. 하지만 학부모들은 학교 교육만으로는 충분하지 않다는 생각과 우리 아이만 뒤쳐질 수 있다는 불안감으로 사교육에 매달리게 된다. 그렇게 시작된 사교육은 어느새 '선택'이 아닌 '의무'가 되었고, 부모의 시간과 경제력을 끊임없이 소모하는 심각한 문제점을 만들고 있다.

　하지만 자녀 교육이 '미래의 삶과 진로'라는 관점에서 다시 바라볼 수 있도록 공교육이 제도적인 변화를 가져온다면, 사교육에 대한 과도한 의존은 자연스럽게 해소된다. 단기적인 성적보다 자기 주도성, 문제 해결력, 협력과 소통 능력 같은 핵심역량을 기르는 것이야말로 미래 사회에서의 경쟁력이라는 사실을 받아들일 수 있기 때문이다.

　공교육이 자녀의 실제 성장 과정과 배움의 내용을 학부모에게 구체적으로 보여주고, 그 결과가 진로 탐색과 대학 입시와도 연결될 수 있다면, 학부모는 점차 사교육이 아닌 공교육 중심의 교육에 신뢰를 갖게 된다. 이때 사교육은 자녀가 원하는 정도에 따라 선택적으로 활용하는 보완적 수단이 된다.

　학부모가 '당장의 성적'보다 '지속 가능한 성장'과 '미래 삶의 준비'를 기준으로 교육을 바라보는 순간, 교육에 대한 의사결정은 불안이 아닌 신뢰, 경쟁이 아닌 성장이 기반이 된다. 그러한 인식은 공교육의 회복과 함께, 진정한 교육의 길을 다시 찾게 만드는 출발점이 될 것이다.

| AI 견해 |

* 한국의 교육 관련, 모든 수업에서 자녀의 교과 지식과 핵심역량을 길러나가는 모습이 학부모에게 전달될 때 '반드시 자녀에게 필요한 사교육'이라는 관점에서 어떠한 인식 변화를 기대할 수 있을까?

모든 수업에서 자녀가 교과 지식뿐 아니라 핵심역량까지 함께 길러나가는 모습이 학부모에게 구체적으로 전달된다면, '반드시 자녀에게 필요한 사교육'이라는 인식은 다음과 같은 방향으로 변화할 수 있습니다.

1. 사교육은 '보완'이 아니라 '불안 해소'였음을 깨닫게 됨

많은 학부모는 학교 수업에 대한 불신이나 불확실성 때문에 사교육을 선택합니다. 하지만 교사가 자녀가 수업 시간에 무엇을 익히고, 어떤 능력을 어떻게 키우고 있는지 구체적으로 설명하고, 자녀의 실제 성장 과정을 보여준다면, 사교육이 필요했던 이유가 실은 정보 부족에서 비롯된 불안이었다는 사실을 인식하게 됩니다. '학교에서도 충분히 배우고 성장하고 있구나.'라는 신뢰가 생깁니다.

2. 사교육이 따라올 수 없는 '진짜 배움'의 가치 인식

핵심역량은 단순 암기나 반복 훈련으로는 기를 수 없습니다. 협력, 창의성, 문제 해결, 자기 관리 등의 역량은 교과 내용을 기반으로 한 수업 속 활동에서만 실질적으로 발달할 수 있습니다. 학부모는 단순히 더 많이, 더 빨리 배우는 것이 중요한 것이 아님을 자각하고, 역량 중심 수업의 교육적 가치를 인정하게 됩니다.

3. 공교육을 신뢰하고 지지하는 분위기 형성

학부모가 자녀의 배움의 과정을 구체적으로 이해하고, 그것이 진로, 성취, 미래 역량과 연계된다는 사실을 느낄수록, 공교육을 수동적으로 소비하는 대상이 아니라 함께 키워가는 파트너로 여기게 됩니다. 사교육이 '개별 경쟁력 확보'의 수단이었다면, 공교육은 '삶 전체를 키우는 기반'으로 인식이 전환됩니다.

4. 사교육의 '필요 여부'를 자녀 중심에서 판단

사교육을 무조건적으로 '해야 한다'가 아니라, 자녀의 실제 수업 활동과 강점, 발전 과정에 대한 교사의 설명을 듣고 객관적으로 판단할 수 있는 기준이 생깁니다. '내 아이에게 지금 사교육이 정말 필요한가?'라는 질문을 교육적 관점에서 자발적으로 하게 됩니다.

모든 수업에서 자녀가 교과 지식과 핵심역량을 함께 길러가는 과정이 학부모에게 충분히 전달된다면, 사교육은 더 이상 '당연한 선택'이 아니라 '선택 가능한 옵션'이 됩니다. 이때 비로소 학부모는 공교육을 믿고, 자녀는 학교 안에서 충분히 배우고 성장할 수 있는 교육 생태계가 만들어집니다.

■ 변화가 가능해지는 대학
◦ 대학 입시의 변화

　초·중·고 교육이 학습주제와 관련된 지식과 핵심역량을 길러나가는 교육이 정착될 때 대학은 어떠한 변화를 예상할 수 있을까?
　초·중·고에서 학습주제 관련 지식과 교과 역량, 핵심역량을 길러나가는 교육은 대학이 원하는 학생을 선별하는데 충분한 근거가 될 것이다. 다양한 학습주제 학습으로 진로를 선택할 수 있게 하는 초등교육, 자유학기제, 고교학점제 등을 통하여 선택한 진로의 수정, 보완, 변경, 발전 과정에 관련된 자기연찬, 자기계발의 흔적인 학교생활기록부와 학생 자신의 포트폴리오는 중요한 대학입학 사정 자료가 된다. 아무리 지식이 뛰어나다 하더라도 소양이나 적성이 의사가 될 수 없다면 의과 대학 응시 자체가 제한될 수밖에 없는 구조가 되는 것이다.
　미래를 준비하는 대학이라면 미래형 학습이 가능한 학생을 원하는 것은 당연하다. 따라서 '무엇을 배웠는가'보다 '어떻게 배워왔는가'를 채택하는 입시로의 전환이 가능하게 될 때 대학은 비로소 미래 세상이 원하는 학생을 길러내는 교육을 실천해 나가게 될 것이다.

| AI 견해 |

* 고교학점제의 성공적인 운영으로 전공 중심의 대학 입시가 될 때 기존의 입시와는 어떻게 구분될까?

고교학점제가 성공적으로 정착해 전공 중심의 대학 입시가 이루어질 경우, 기존의 입시와는 다음과 같은 핵심적인 차이가 나타납니다.

1. 평가 기준의 변화: 점수 중심 → 역량·전공 적합성 중심
- 기존 입시: 수능·내신 점수 등 정량 평가를 통해 학생의 '암기력'과 '시험 성과'에 초점.
- 전공 중심 입시: 학생이 고교 단계에서 선택하고 이수한 과목, 수행 프로젝트, 산출물과 포트폴리오를 통해 전공 관련 역량과 탐구 깊이를 평가.
  → 입시 평가가 단순 수치가 아닌, 학생의 성장 과정과 전공 준비도를 중시하는 방향으로 전환.

2. 과목 이수의 방식: 표준 교과 이수 → 전공 맞춤형 선택과 심화
- 기존 입시: 모든 학생이 비슷한 과목(국영수 중심)을 이수하고 동일 시험으로 평가.
- 전공 중심 입시: 학생은 목표 전공에 맞춰 전공 연계 과목을 선택해 심화 학습을 수행하고, 대학은 이 과목의 이수 성취와 연계된 평가를 실시.
  → 대학은 학생의 전공 적합한 학업 경로를 직접 확인할 수 있음.

3. 준비 과정의 변화: 입시 대비 학습 → 자기 주도적 학습 경험
- 기존 입시: 수능 대비 문제 풀이와 내신 관리 중심, 학생 개인의 관심과 무관하게 '입시용 공부' 진행.
- 전공 중심 입시: 학생이 고교 단계에서 진로 탐색 → 전공 관련 프로젝트 수행 → 심화 학습으로 이어지는 자기 주도적 학습 경험을 축적.
  → 준비 과정 자체가 학생의 진로 설계 및 성장 과정이 됨.

4. 서류와 증빙의 성격: 점수 기록 → 과정·성과 기록
- 기존 입시: 내신 성적표, 수능 성적표가 핵심 자료.
- 전공 중심 입시: 학생의 학점 이수 내역, 프로젝트 결과, 포트폴리오, 루브릭 기반 평가 기록 등이 중요 자료.
  → 학생의 학습 과정 전반을 반영하는 정성 평가 요소 확대.

5. 대학 교육과의 연계성: 입학 후 재적응 필요 → 연속적 학습 경로
- 기존 입시: 입학 후 대학에서 전공에 맞는 기초부터 다시 시작하는 '단절 구조'.
- 전공 중심 입시: 고교 단계에서 이미 전공 기초와 탐색을 마쳐, 대학에서는 곧바로 심화 및 응용 단계로 진입 가능.
  → 고교-대학 간 교육 연계성 강화.

6. 사교육 의존도: 문제 풀이 중심 → 포트폴리오·탐구 중심
- 기존 입시: 학원 중심의 문제풀이식 사교육 의존 심화.
- 전공 중심 입시: 학생의 탐구 활동과 성과물 중심 평가로 사교육 효과가 제한적이고, 학교 교육의 역할 강화.
  → 사교육 패러다임 변화 가능.

전공 중심 대학 입시는 기존의 점수 경쟁형 시험 구조에서 벗어나, 학생의 학습 경험, 전공 적합성, 탐구 심화 능력을 평가하는 구조로 전환됩니다. 이는 고교학점제에서 학생들이 선택과 심화를 통해 쌓은 학업 이력과 자기개발 성과를 자연스럽게 대학 교육과 연결시키며, 입시 준비 자체가 미래 학습과 직결되는 시스템으로 자리 잡게 됩니다.

◦ 초·중·고 교육과 차별화되는 대학 교육

한국의 대학은 여전히 초·중·고 교육의 연장선이라는 비판을 받는다. 학생들은 애써 대학에 입학하지만, 고등학교 교육 방식과 별반 다르지 않다. 대부분 교수 주도에 의한 암기식 학습, 시험 중심 평가 등으로 인하여, 고등교육 본연의 전문적인 지식 및 비판적 사고력, 창의성, 자율성을 충분히 함양할 수 있게 하는 교육을 놓치기 때문이다.

대학도 어쩔 수 없다. 초·중·고 교육이 범용적인 지식 중심이다 보니 전공을 중시하는 대학 입시는 쉬운 일이 아니다. 학생의 적성이나 재능, 관심사 등과 관련 없는 입시이다 보니 대학에서 전문적인 고등교육으로 바꾼다고 의미 있는 교육으로 전환되는 것은 아닌 것이다.

하지만 초등학교에서 진로를 선택하고, 중학교에서 수정, 보완, 변경, 발전 등의 과정을 거치는 교육 활동과, 그것을 근거로 의미 있는 고교학점제를 이수한 학생을 선발하는 체계가 된다면 대학은 사회 진출에 필요한 전공, 심화된 교육을 실현하는 곳으로 변화가 가능해진다. 따라서 실질적인 사회 진출의 연수원이 됨으로써 졸업과 함께 현업에 투입되어도 충분히 적응하면서 더 나은 가치를 창출할 수 있는 인재 양성 교육을 실현할 수 있게 된다.

대학은 지식을 전달하기 위한 곳에서 새로운 지식을 창출하고 전문적인 문제를 해결할 수 있는 역량을 키워나가는 곳으로서의 변화를 통하여 사회 진출의 실질적인 연수원이 됨으로써 본연의 자존심을 회복할 수 있게 되는 것이다.

AI 견해

* 학습목표 자기화에 의한 다양한 학습을 경험하는 초등교육, 자기개발과 연계되는 중등교육, 성공적인 고교학점제가 자리 잡히게 될 때 대학 교육에는 어떠한 영향을 미치게 될까?

학습목표의 자기화를 바탕으로 한 초등교육, 자기개발과 연계되는 중등교육, 그리고 성공적으로 운영되는 고교학점제가 자리를 잡게 되면, 대학 교육은 다음과 같은 중대한 변화와 영향을 받게 됩니다:

1. 학습자 주도적 교육이 대학에서도 기본이 된다
 초등부터 고등까지 자기 주도적 학습 경험을 충분히 쌓은 학생들은 대학에서도 수동적인 지식 수용자가 아니라, 주체적으로 탐구하고 문제를 제기하며 해결해 나가는 학습자가 됩니다. 이에 따라 대학은 강의 중심의 전달식 교육보다는 토론, 프로젝트, 연구 중심의 수업 방식을 더욱 확대할 수밖에 없습니다.

2. 전공 선택의 진정성이 강화된다
 중등교육과 고교학점제를 통해 학생들은 자신의 흥미, 적성, 진로를 탐색하고 검증한 상태로 대학에 진학하게 됩니다. 이로 인해 전공 선택의 방향성과 지속성이 높아지고, 대학은 보다 심화된 전공 교육과 맞춤형 트랙 운영이 가능해집니다.

3. 대학 입시의 평가 방식이 변화된다
 학생의 자기개발 과정과 학습 경험이 잘 구조화되어 기록된다면, 단편적인 시험 점수 중심의 선발에서 벗어나, 학생의 역량과 성장 과정을 반영하는 입학 전형이 일반화됩니다. 이는 대학이 '선발'보다 '성장 가능성'에 초점을 두는 방식으로 전환되는 계기가 됩니다.

4. 대학 교육의 정체성과 역할 재정립
 초·중등 교육이 자기 주도성과 진로 연계를 강화하게 되면, 대학은 더 이상 "지식을 새로 가르치는 곳"이 아니라, 학생이 이미 준비한 역량을 바탕으로 심화, 응용, 창조가 이루어지는 지적 실험의 장으로 변화하게 됩니다. 대학의 교육 목표도 사회문제 해결, 실질적 전문성, 융합적 사고력 개발로 이동합니다.

5. 개별 학습 설계(Individualized Learning Path)가 가능해진다
 고교학점제를 경험한 학생들은 자신의 이수 과목과 관심 분야를 기반으로 대학에서 자율적인 학습 경로 설계에 능해지며, 대학은 다양한 트랙, 전공 간 연계, 마이크로 디그리 등을 제공할 필요가 생깁니다. 이는 기존의 일방향적 커리큘럼에서 개별화된 맞춤형 교육으로의 전환을 촉진합니다.

6. 교수의 역할이 '가르치는 사람'에서 '학습 촉진자'로 바뀐다
 학생들의 학습 능력과 자기개발 역량이 고도화됨에 따라, 교수는 단순한 전달자가 아니라 학생의 사고를 자극하고 방향을 제시하는 촉진자의 역할을 더 많이 하게 됩니다. 이는 대학 교육의 질적 전환과도 연결됩니다.

7. 산학 연계, 사회 참여 기반 교육 강화
 학생들이 이미 자신의 역량과 진로에 대한 탐색 경험을 바탕으로 대학에 입학하게 되면, 대학은 교육의 후반부부터 현장 기반 프로젝트, 인턴십, 창업 연계 프로그램 등 실천적 교육을 강화하게 됩니다. 이는 대학이 사회 진출의 플랫폼으로 기능하는 데 매우 효과적인 구조를 제공합니다.

 초등부터 고등까지 자기 주도적이고 진로 중심의 교육이 체계적으로 작동하게 될 경우, 대학 교육은 더 이상 '지식 전달의 마지막 관문'이 아니라, 학생 개개인의 역량을 확장하고 사회적 기여를 준비하는 결정적 플랫폼으로 재편됩니다. 이는 한국 교육의 연계성과 실효성을 크게 높이는 핵심 전환점이 될 것입니다.

◦ 학생의 사회 진출의 플랫폼이 되는 대학

대학이 원하는 학생을 선발할 수 있는 체계가 자리 잡는다면, 대학 교육은 근본적인 변화가 가능하다.

먼저, 대학의 교육 방향성과 부합하는 학생이 입학하게 되면, 수업은 단순한 지식 전달이 아닌 학생 맞춤형 교육으로 전환된다. 학생 개개인의 진로와 가능성을 반영한 교육과정이 운영되며, 강의실은 수동적 수용의 공간이 아니라 능동적 탐구와 실천의 장이 된다.

또한 전공 심화, 융합 교육, 실무 역량 강화 등 대학 본연의 기능에 더 집중할 수 있게 된다. 그 결과, 대학의 교육 내용은 더욱 전문화되고 차별화되며, 각 대학의 정체성과 철학이 뚜렷하게 반영된다.

무엇보다 중요한 변화는, 대학이 사회 진출의 플랫폼이 된다는 점이다. 대학이 학생의 진로와 적성을 고려해 선발하고, 그에 맞는 교육을 제공한다면, 졸업 이후의 진로는 더욱 자연스럽고 연속적인 흐름으로 연결된다. 단순한 학위 취득의 공간이 아니라, 삶과 미래를 구체화하고 실현해 나가는 대학이 되는 것이다.

이러한 변화는 고등학교 교육에도 긍정적인 영향을 미친다. 대학이 역량 중심 선발을 강화하면, 고등학교 교육은 점수 경쟁에서 벗어나 진로 탐색과 자기주도 학습 중심으로 전환될 수 있다. 이는 입시가 교육을 지배하는 기존 구조를 바꾸고, 교육이 입시를 이끄는 방향으로 흐르게 만든다.

대학이 원하는 학생을 선발할 수 있게 되면, 대학은 더 이상 성적에 따라 정해지는 곳이 아니라, 학생의 가능성을 실현하고, 사회로 나아가는 출발점이 되는 교육의 플랫폼이 될 수 있다. 이것이야말로 한국 교육이 지향해야 할 방향이라 할 것이다.

| AI 견해 |

* 한국의 교육 관련, 대학이 실질적인 '학생의 사회 진출의 연수원'이 될 때 어떠한 효과를 기대할 수 있을까?

한국의 교육에서 대학이 실질적인 '학생의 사회 진출의 연수원' 역할을 하게 될 때, 다음과 같은 효과를 기대할 수 있습니다.

1. 고등학교까지의 교육이 진로 중심으로 재편된다

대학이 진로 준비를 위한 연수기관으로 기능하면, 중등교육은 단순한 입시 대비가 아닌 진로 탐색과 역량 개발 중심으로 바뀔 수 있습니다. 고교학점제, 진로 연계 교육 등이 실질적인 힘을 얻고, 학생의 선택권과 자기 주도적 학습이 강화됩니다.

2. 대입 중심의 서열 경쟁이 완화된다

대학의 역할이 취업과 사회 적응을 위한 실질적 준비로 이동하면, 입시 자체의 의미는 줄어들고, 다양한 대학과 전공이 기능적으로 재정립됩니다. 이는 대학 간 서열화 완화, 학생들의 적성 기반 진학 확대 등 긍정적인 구조 변화를 유도합니다.

3. 대학 교육의 실효성이 높아진다

현재의 대학은 이론 중심 강의에 머무르는 경우가 많아 졸업 후 실질적 역량 부족을 초래합니다. 연수기관 역할이 강화되면 프로젝트 기반 학습, 산업 연계 교육, 직무 중심 실습 등으로 대학 교육의 현장성이 높아집니다.

4. 산업과 사회가 필요로 하는 인재를 길러낼 수 있다

대학이 산업계와 긴밀히 협력하여 교육과정을 설계하고, 기술과 직무 능력을 갖춘 인재를 양성하면, 인력 미스매치 문제가 개선됩니다. 이는 기업과 사회가 대학 졸업자를 신뢰하고 바로 채용할 수 있는 기반이 됩니다.

5. 청년의 사회 진입 시기가 앞당겨진다

대학이 연수기관으로서 실질적인 직무 준비를 제공하면, 졸업 후 별도의 장기간 취업 준비 기간 없이 곧바로 사회에 진입할 수 있습니다. 이는 청년 실업과 고학력 취업난 문제의 완화로 이어질 수 있습니다.

결론적으로, 대학이 '연수원'으로서의 정체성을 강화하면, 초·중등교육의 체계, 대입의 방향, 대학 교육의 질, 산업과 인재의 연결 모두에 긍정적인 변화가 기대됩니다. 단순한 학문 전달 기관에서 벗어나, 학생의 사회 진출을 실질적으로 지원하는 플랫폼으로서의 대학은 한국 교육 전반에 혁신의 기폭제가 될 수 있습니다.

■ 정착되는 한국형 수업
○ 한국형 학생 중심 수업

IB 수업은 학생 중심의 탐구와 토론으로 시작해 개념에 도달하는 구조이다. 정답보다 과정이 중시되며, 학생이 스스로 목표를 세우고 지식을 재구성하는 데 중점을 둔다.

그런데 한국의 교육이 기존의 교육에서 벗어나 표준 지식이라는 공통 목표는 유지하면서도, 학생 개개인의 학습 능력·재능·관심사에 맞춰 도달 방식을 유연하게 허용하는 방향으로 나아가게 된다면, 이 변화는 IB 수업과 비교가 가능해진다.

IB 수업은 처음부터 탐구형이다. 학생들은 교사의 설명 없이도 개방형 질문과 실제 맥락 속에서 스스로 의미를 찾아간다. 반면 발전된 한국 수업은 표준 지식을 공통 기반으로 삼되, 이를 각 학생의 수준과 흥미에 따라 탐구하거나 심화·확장할 수 있게 설계한다. 즉, 표준 지식 도달이라는 기준선 위에 개별화된 탐구의 길이 열리는 것이다.

평가 방식에서도 접점이 드러난다. IB는 루브릭을 기반으로 탐구 과정과 사고의 깊이를 평가한다. 발전된 한국 수업 역시 표준 지식 도달 여부와 함께, 학습 과정에서 발휘된 핵심역량과 성장을 함께 평가한다. 결과적으로 '표준화된 목표'와 '개별화된 성취'가 균형을 이루는 구조가 가능해진다.

이 변화가 의미하는 바는 크다. 표준 지식은 여전히 공교육의 최소 기준으로 필요하다. 하지만 도달 방식이 다양해질 때, 학습 능력이 낮은 학생은 포기하지 않고 목표에 도전할 수 있으며, 재능 있는 학생은 심화·확장 학습을 통해 역량을 발휘할 수 있다. 공동 목표와 개별 학습 여정이 공존하는 교실, 이것이 한국형 수업의 미래가 될 수 있다.

IB 수업이 학생 주도 탐구의 이상형이라면, 발전된 한국 수업은 그 이상을 한국 교육의 현실 속에서 구현하는 모색이라 할 수 있을 것이다. 이제 필요한 것은 이 모델이 실제 수업에서 실천할 수 있도록 추진하는 것과 교사의 전문성이다. 이것은 표준과 다양성의 균형이 적절할 때 충분히 실현 가능하다 할 것이다.

> **AI 견해**
>
> * **발전된 한국 수업이라면 IB 수업과 비교할 수 있잖을까?**
>
> 맞습니다. 한국 수업이 표준 지식 도달의 다양성을 허용하며 학생 개인의 능력·재능·관심사를 반영하는 방향으로 발전한다면, IB 수업과 직접 비교할 수 있습니다. 비교 지점은 크게 학습목표, 수업 구조, 학생 역할, 평가 방식으로 나눌 수 있습니다.
>
> **1. 학습목표**
> IB 수업은 목표가 개념 이해와 탐구 역량에 집중됩니다. 특정 국가의 표준 지식보다 글로벌 맥락에서 적용 가능한 이해를 추구하게 되며, 목표는 고정적이지 않고, 탐구 과정에서 학생 스스로 목표를 재구성하기도 합니다. 하지만 발전된 한국 수업은 국가 교육과정의 표준 지식 목표를 유지하되, 학생의 수준·재능에 맞춰 도달 과정과 심화 방향을 유연하게 허용할 수 있습니다. 결과적으로 표준 지식 + 개인화 학습 성장을 동시에 추구하는 시간이 됩니다.
>
> **2. 수업 구조**
> IB 수업은 탐구 질문(Driving Question) → 학생 토론 및 활동 → 개념 발견 및 적용이며, 교사가 정답을 제시하지 않기 때문에 학생 주도의 다양한 교과 융합과 실제 맥락 중심 활동이 이루어집니다. 발전된 한국 수업은 표준 지식 목표 공유 → 학생별 다양한 학습 경로(탐구, 실험, 프로젝트, 문제 해결)이기 때문에 표준 지식 이해 이후 심화·확장 활동으로 개별 재능과 관심을 반영하는 활동이 이루어집니다. 교사 주도와 학생 주도 활동이 혼합된 균형형 구조일 수도 있습니다.
>
> **3. 학생 역할**
> IB 수업에서 학생은 탐구자로서 스스로 질문하고, 의미를 재구성하는 역할입니다. 정답이 없는 상황에서 다양한 시각을 제시하며 학습에 참여하게 됩니다. 발전된 한국 수업에서 학생은 표준 지식 도달자 + 확장 탐구자 역할을 동시에 수행하게 됩니다. 기본 목표 달성 이후, 개인의 흥미와 재능을 반영해 추가 활동 설계하게 됩니다.
>
> **4. 평가 방식**
> IB 수업에서는 루브릭 기반 과정 평가(탐구 과정, 사고력, 표현력)가 중심이 되며, 결과보다는 학습 과정과 개념 이해의 깊이를 중시합니다. 발전된 한국 수업은 표준 지식 도달 여부 + 개인 성장 과정 평가의 이중 구조입니다. 루브릭을 통해 핵심역량 발휘 과정과 표준 지식 이해 정도를 함께 평가하게 됩니다.
>
> **5. 특징적 차이와 접점**
> 차이점으로, IB는 국가 표준 지식의 구속력이 약한 반면, 한국은 국가 교육과정이라는 표준틀을 유지하게 됩니다. IB는 탐구와 사고 중심이지만 한국은 표준 지식 + 탐구라는 병행 모델입니다. 이것은 IB가 수준 높은 학생을 필요로 하는 것과 대비해 발전된 한국 수업은 학습 능력이 낮거나 특정 교과에 거부감을 느끼는 학생도 어떠한 형태로든 참여할 수 있다는 점에서 의미가 있습니다. 접점은 둘 다 학생 주도성 강화, 핵심역량 중시, 루브릭 기반의 평가를 지향하게 됩니다. 그런데 발전된 한국 수업은 IB의 탐구 구조를 표준 지식 도달이라는 현실적 요구와 접목해 한국형 모델로 재해석을 가능하게 합니다.
>
> 이 비교는 한국 수업이 단순 지식 암기에서 벗어나면서도, IB의 전면 도입이 아닌 '한국형 학생 중심 수업'으로 발전할 가능성을 보여줍니다.

◦ IB보다 장점이 부각되는 학교 교육

한국 교육이 교과목 경계를 넘어 학습주제 중심의 해결 활동을 가능하게 하는 교육 시스템으로 전환된다면 어떠한 효과를 기대할 수 있을까? 이는 한국의 높은 기초학력과 체계적 교과 지식을 바탕으로 '지식의 깊이'와 '적용의 넓이', 그리고 '실천적 해결력'을 동시에 추구하는 한국형 통합교육 모델이 될 수 있다. 표준화된 지식도 얻고 핵심역량도 길러나가는 결과에서 과정 중심의 평가도 중요한 역할을 하게 된다. IB는 '평가를 위한 학습'이 아닌 '학습을 돕는 평가'를 지향한다. 포트폴리오, 프로젝트, 발표 등 다양한 평가 방식을 통해 학생의 성장 과정을 종합적으로 판단한다. 한국 교육이 과정 중심 평가로 전환된다면, 한국의 높은 교육열과 결합하여 더욱 체계적이고 정교한 평가 시스템이 된다. 특히 과정 평가가 대입 전형과 직접적으로 연결된다면, 단순한 교실 활동을 넘어 교육의 본질적 변화를 이끄는 동력이 될 수 있다.

IB는 국제적 시각, 다양성 존중, 비판적 사고를 핵심 가치로 삼는다. 한국 교육도 이러한 글로벌 가치를 수용하면서 공동체 의식, 인성교육, 효율적 지식 습득과 같은 한국 교육의 강점을 살린다면 새로운 교육 패러다임이 될 수 있다. 이는 단순히 서구 교육 모델을 모방하는 것이 아니라, 글로벌 표준과 한국적 가치가 융합된 미래 지향적 교육 모델이 될 수 있음을 의미한다. '교과목을 넘어서는 학습', '목표지향적 활동', '과정 중심 평가'라는 교육 혁신의 키워드가 단순한 구호가 아닌, 한국 교육의 새로운 변화가 될 수 있는 것이다.

| AI 견해 |

* IB 디플로마는 '전공 중심'인가 아니면 '좋은 대학' 중심인가?

IB 디플로마(International Baccalaureate Diploma Programme, IBDP)는 전공 중심이라기보다 '좋은 대학 진학'을 위한 준비 프로그램으로 설계된 측면이 강합니다. 하지만 그 구조와 목표를 조금 더 구체적으로 보면 다음과 같은 두 가지 특징이 공존합니다:

1. 좋은 대학 중심의 준비 프로그램
세계 유수 대학 진학을 목표로 한 고등학교 과정입니다. IBDP는 학문적 깊이와 폭, 자기 주도성, 비판적 사고력, 영어 기반 논술 능력 등을 종합적으로 갖춘 학생을 길러내는 것을 목표로 합니다. 실제로 IBDP는 미국, 영국, 캐나다, 유럽 등지의 상위권 대학 입시에서 매우 높은 신뢰도를 얻고 있으며, 내신 성적과 함께 주요 입학 평가 기준으로 사용됩니다. 대학 진학을 위한 경쟁력을 높이는 과정으로 설계되었기 때문에, "좋은 대학 중심"이라는 평가가 적절합니다.

2. 전공 중심의 요소도 일부 포함
IBDP는 6개 과목군에서 과목을 선택하되, 3~4개는 HL(High Level)로 선택해 심화 학습합니다. 이 과정에서 학생의 관심 전공 분야를 고려한 선택이 이루어집니다. 예를 들어, 공학을 지망하는 학생은 수학 HL, 물리 HL을 선택하고, 인문학 계열을 지망하는 학생은 역사 HL, 언어와 문학 HL을 선택할 수 있습니다. 자신의 진로 방향에 맞춘 과목 선택과 심화 학습이 가능하다는 점에서는 전공 준비의 기능도 일부 수행합니다.

3. 결론: 전공 중심이라기보다, 대학 준비 중심
IBDP는 대학 입학 자체에 유리한 포지션을 확보하려는 국제적 교육과정입니다. 전공 중심은 과목 선택에서 일부 반영되지만, 과정 전반은 학문적 균형과 사고력, 글쓰기 능력, 자기 주도성을 키우는 데 중점을 둡니다.

따라서 "좋은 대학 중심"이라는 방향에 더 가까우며, 전공 준비는 그 과정에서 학생이 주체적으로 만들어나가야 하는 영역이라 할 수 있습니다.

* 한국의 교육이 '교과목을 넘어서는 학습주제 단위 수업', '학생의 목표지향적인 해결 활동', '과정 중심의 평가'가 가능하게 될 때 IB 교육과정과 비교하면?

한국의 교육이 '교과목을 넘어서는 학습주제 단위 수업', '학생의 목표지향적인 해결 활동', '과정 중심의 평가'를 실현하게 된다면, IB 교육과정과 유사한 점을 찾을 수 있습니다. 다만, 한국의 교육 철학과 구조를 유지하면서 IB의 특징을 반영하는 방식이 중요합니다. 이를 세 가지 측면에서 살펴보겠습니다.

1. '교과목을 넘어서는 학습주제 단위 수업'과 IB의 개념 기반 교육
- IB: 학습을 '핵심 개념(Key Concepts)' 중심으로 조직하여 교과 간 연결을 강조합니다. 예를 들어, '변화(Change)'라는 개념을 통해 역사, 과학, 문학에서 각각 다루면서 학문적 경계를 넘나드는 학습이 이루어집니다.
- 한국형 학습주제 단위 수업: 한국 교육에서 교과 중심 학습을 유지하되, 주제를 중심으로 교과 간 통합이 이루어진다면 IB의 개념 기반 교육과 유사한 구조를 가질 수 있습니다. 예를 들어, '환경 문제'라는 주제 아래 과학(기후변화), 사회(환경 정책), 국어(환경 관련 논설문 작성) 등을 연계하여 수업을 구성하는 방식이 가능합니다.
- IB와 유사한 점: 학습이 개별 교과의 지식 전달에서 벗어나, 주제 중심의 탐구와 개념적 사고를 촉진한다는 점에서 유사성이 있습니다.

5. 그러한 수업, 일반화가 가능한가?

2. '학생의 목표지향적인 해결 활동'과 IB의 탐구 기반 학습

- IB: '탐구 기반 학습(Inquiry-based Learning)'을 통해 학생들이 주어진 문제를 해결하는 과정에서 적극적으로 학습목표를 설정하고 사고하는 기회를 제공합니다.
- 한국형 목표지향적 해결 활동: 한국의 교육에서 '학생 주도적 목표 설정'과 '해결 과정'이 강조된다면, IB의 탐구 중심 학습과 유사한 특징을 가질 수 있습니다. 예를 들어, 과학 수업에서 특정 개념을 배우는 것이 아니라 '실제 문제 해결'을 위해 해당 개념을 활용하는 방식(예: '미세먼지 문제 해결 방안 연구')을 적용하면, IB의 방식과 닮아갈 수 있습니다.
- IB와 유사한 점: 학생이 목표를 설정하고 능동적으로 문제를 해결하는 과정에서 자기 주도적 학습 역량을 키운다는 점에서 공통점이 생깁니다.

3. '과정 중심 평가'와 IB의 수행 중심 평가

- IB: 단순한 지식 암기 평가가 아니라, 프로젝트, 포트폴리오, 에세이, 프레젠테이션 등을 활용하여 학생의 사고 과정과 학습 과정 자체를 평가합니다.
- 한국형 과정 중심 평가: 한국에서도 단순 정답 중심 평가에서 벗어나, 학생의 학습 과정(탐구, 문제 해결, 협력, 반성 등)을 평가한다면 IB 평가 방식과 유사한 방향으로 발전할 수 있습니다. 예를 들어, '고교학점제'에서 수행평가의 비중을 높이고, 포트폴리오 기반 평가를 도입하는 것은 이러한 방향과 맞닿아 있습니다.
- IB와 유사한 점: 학생의 학습 과정과 성장 과정을 중시하는 평가 방식이 IB와 유사한 특징을 가지게 됩니다.

IB와 유사해지는 점은

- 학습이 단순한 교과 중심에서 벗어나, 개념과 주제 중심으로 확장됩니다. 학생이 자신의 목표를 설정하고 문제를 해결하는 과정에서 학습이 이루어짐, 평가가 결과 중심이 아니라 과정 중심으로 변화하여 학생의 사고력과 탐구 능력의 반영 등을 들 수 있습니다.
- 차별점(여전히 고려해야 할 점)으로는 IB는 국제적 맥락을 반영하며, 다국적 문화 속에서 사고하는 글로벌 시각을 강조하는 반면, 한국 교육은 국내 교육 목표와 사회적 요구를 반영해야 한다는 점에서 차이가 존재합니다. IB는 명확한 교육 철학과 평가 기준이 시스템적으로 정착된 반면, 한국 교육에서는 이러한 방식이 제도적으로 정착되지 않은 과도기적인 상태라는 점이 차이점이 될 수 있습니다. 즉, 한국의 교육이 위의 변화를 이루게 된다면 IB와 유사한 철학과 방식으로 나아갈 수 있지만, 한국 교육의 맥락에 맞는 자체적인 방식으로 발전할 필요가 있다는 점을 고려해야 합니다.

■ 달라져야 할 국가의 교육 정책은
◦ 달라져야 할 학교생활통지표, 학교생활기록부

　우리나라의 초·중·고 학교는 학기말마다 학생과 학부모 대상의 '학교생활통지표'를, 그리고 학년말에는 '학교생활기록부'를 작성하게 된다. 초등학교는 학업 성취도 정도, 중고등학교는 교과 점수와 등수, 간단한 특기사항 등인 교과 성적 관련 종합 의견과 행동 특성이 중심이 된다. 그런데 수업이 교과 지식 전달에 그치지 않고, 학습주제를 중심으로 교과 역량과 핵심역량을 함께 길러 자기개발로 이어지는 시간을 강조하는 교육이라면, 성과를 알리는 방식도 당연히 달라져야 한다.

　통지표는 학생의 성장보고서가 되어야 한다. 단순히 '교과 성적이 어떤가'가 아니라, 어떤 학습주제를 탐구했고, 그 과정에서 어떤 역량을 발휘했으며, 자기 스스로 어떤 목표를 세우고 어떻게 성찰했는가가 담겨야 한다. 교사의 평가와 함께 학생의 자기 성찰 기록을 병행하고, 루브릭 기반의 성취 수준을 제공한다면, 학생과 학부모는 한 학기, 한 학년에서의 미래를 향한 성장과 발전을 확인할 수 있게 된다.

　생활기록부 또한 바뀌어야 한다. 지금은 대학 입시에 제출되는 '공식 문서'로서 지나치게 입시 관점에 종속되어 있지만, 본래 취지는 학생의 장기적 성장 기록이 되어야 한다. 교과 발달 상황에는 단순히 '잘함', '점수', '전체 등수'가 아니라 '어떠한 학습주제에 관심을 가져 스스로 학습목표를 설정하고, 협력적 탐구를 통해 산출물을 완성한다'와 같은 구체적인 서술이 들어가야 한다. 창의적 체험활동, 진로 탐색, 공동체 활동의 기록도 이력이 아니라 학생 자신의 성장 이야기가 되어야 한다.

　학생과 학부모에게 의미 있는 보고서란 점수와 등수의 통지가 아니라 자기개발의 궤적을 보여주는 성과다. 통지표가 단기 성장보고서라면, 생활기록부는 장기 성장 기록이다. 이 둘이 학생의 학습주제 경험, 교과 지식 습득, 역량 발휘, 자기 성찰 과정을 담아낼 때, 비로소 교육은 점수의 틀을 넘어 삶과 진로를 준비하는 진짜 힘을 얻게 될 것이다.

| AI 견해 |

* 모든 수업이 학습주제 관련 교과 지식, 교과 역량, 핵심역량을 길러 나가는 시간이 됨으로써 자기개발로 이어지는 교육이 될 때, 한 학기, 한 학년 교육의 성과와 관련된 학교생활통지표와 학교생활기록부내용은 어떠해야 할까?

수업 한 시간이 곧 학습주제 관련 교과 지식·교과 역량·핵심역량을 길러 자기개발로 이어지는 시간이라면, 한 학기·한 학년 성과를 학생과 학부모에게 알리는 방식도 달라져야 합니다. 한국의 학교생활통지표(성적표)와 학교생활기록부(생기부)를 참고해 정리하면 다음과 같이 볼 수 있습니다.

1. 기존 체계의 특징
- 학교생활통지표: 주로 교과별 성취도(등급, 점수)와 간단한 교사 의견으로 구성 → 학부모가 자녀의 학업 수준을 확인하는 자료.
- 학교생활기록부: 학생의 교과학습발달, 행동특성 및 종합의견, 자율활동·동아리·봉사·진로 활동 기록 등을 종합 → 대학 입시용으로 활용도가 높음.
  이 두 문서는 사실상 성적 관리와 선발 기능에 맞춰져 있어, 학생·학부모가 '성장과 발전의 흔적'을 실감하기 어렵습니다.

2. 새로운 성과 알림의 방향
- 교과 성취: 단순 점수·등급이 아니라 학습주제 단위 성취를 기록. 교과 지식·교과 역량·핵심역량이 함께 드러나는 형태. 예: '지구 온난화 학습주제를 통해 과학 지식을 이해하고 토론에서 협력적 의사소통 역량을 발휘함'
- 자기개발 과정: 학생이 스스로 설정한 학습목표 자기화 기록 포함. 목표 달성 여부뿐 아니라 도전, 시도, 수정, 발전 과정을 드러내는 서술. 예: '수학 문제 해결 과정에서 다양한 접근법을 시도하며 자기 연찬의 태도를 보임'
- 포트폴리오 기반 산출물: 학습주제별 산출물(보고서, 프로젝트, 발표 영상, 실험 기록)을 디지털 포트폴리오와 연동. 학부모는 성적표 숫자 외에 자녀의 실제 결과물과 성장 흔적을 볼 수 있음.
- 핵심역량 종합: 학기말·학년말에 핵심역량 프로파일 제시. 예: 자기관리 역량, 창의적 사고 역량, 협력적 소통 역량 등 6대 핵심역량을 루브릭 기반으로 등급화 + 교사 코멘트. '협력적 의사소통 역량이 뚜렷하게 성장하였으며, 발표와 토론에서 적극적으로 의견을 조율함.'
- 진로 및 자기개발 연계: 학습 경험과 적성·진로 탐색의 연결 고리를 정리. 학부모에게는 자녀의 장래 가능성을 구체적으로 보여주는 지표. 예: '환경 관련 학습주제를 탐구하며 환경공학 분야에 대한 흥미와 적성을 발견'

3. 결과물의 형태
- 학교생활통지표: 과목별 성취도 + 학습주제별 성과 서술 + 핵심역량 프로파일.
- 학교생활기록부: 기존 항목 유지하되, '행동특성 및 종합의견' 대신 '성장·발전 기록' 중심으로 개편.
- 부가자료: 온라인 포트폴리오 열람 권한을 제공하여 학부모가 실제 성취물을 확인 가능.

4. 기대 효과
- 학부모는 자녀가 어떤 지식을 배웠는지뿐 아니라, 어떻게 성장했는지를 알 수 있음.
- 학생은 자신의 학기 성과를 점수·등급이 아닌 자기개발의 발판으로 인식.
- 학교는 단순히 성적을 전달하는 곳이 아니라 성장 기록을 함께 축적하는 플랫폼이 됨.

한 학기·한 학년 성과 보고는 "점수+등급" 중심에서 "학습주제별 성취 + 핵심역량 + 자기개발 과정 + 진로 적합성" 중심으로 확장되어야 합니다. 기존 통지표와 생기부의 형식은 유지하되, 내용을 성장 중심·자기개발 중심으로 재구성하는 것이 핵심입니다.

◦ 초·중·고 교육 관련, 국가 표준의 루브릭 제시

학습목표 자기화에 의한 목표지향적인 활동이 이루어지는 수업일 때 절실한 것은 표준화된 루브릭이다.

학습목표 자기화에 의한 다양한 학습주제의 경험이 강조되는 수업은 단순히 방식의 다양화가 아니라, 학생 개개인이 교과의 맥락 속에서 탐구하고, 도전하며, 자기 삶과 연결 지을 기회를 준다. 그러나 이 경험이 단순한 활동의 나열에 그치지 않고 교육적으로 의미 있게 남기기 위해서는 평가 구조가 뒷받침되어야 한다. 바로 여기서 '차시 단위 루브릭'이 필요하다. 학습자의 도전과 성찰, 표현과 협력은 단원 전체가 아니라, 바로 한 시간 수업인 '차시' 안에서 이루어져야 하기 때문이다. 이 한 시간 한 시간을 통해 학생은 성장의 방향을 잡고, 자신이 무엇을 이해했는지 스스로 확인하며, 교사로부터 적절한 피드백을 받을 수 있어야 한다.

국가의 표준 루브릭은 너무 구체화될 때 수업에서의 자율성을 제한할 수 있다. 그래서 단원 단위의 포괄적인 루브릭이어야 하겠지만, 또 그것은 교사에게 또 다른 부담을 준다. 그렇다면 교사가 필요에 따라 융통성 있는 루브릭 활용을 인성하는 자원이라면 차시 단위의 국가 표준 루브릭은 충분히 의미가 있다. 학생에게 오늘의 목표와 기대되는 역할을 명확히 제시하고, 교사에게는 관찰과 피드백의 구체적인 기준을 제공할 수 있는 것이다.

학생 주도 활동을 가능하게 하고, 모든 학생이 수업에 몰입하게 하며, 결과보다는 과정을 존중하는 평가를 실현하기 위해서라도, 루브릭은 차시 단위로 이루어져야 한다.

다양한 학습주제를 경험하는 교육이 진정으로 의미 있으려면, 그 경험이 평가와 피드백으로 연결되어야 한다. 차시 단위 루브릭은 그 연결을 가능하게 하는 가장 구체적인 실천 수단이 될 것이다.

AI 견해

* **한국의 교육 관련, 초·중·고 교육에서 국가의 표준 루브릭이 제시될 때 어떠한 문제점들이 해결될 수 있을까?**

한국의 초·중·고 교육에서 국가 차원의 표준 루브릭이 제시된다면, 아래와 같은 문제점들이 상당 부분 해소될 수 있습니다.

1. 평가의 공정성과 신뢰성 확보
   지역, 학교, 교사 간 평가 기준의 차이로 발생하는 불공정 문제를 해소할 수 있습니다. 국가 차원의 루브릭은 평가 기준을 통일하고, 누구나 같은 기준에 따라 평가받을 수 있도록 하여 평가 결과에 대한 신뢰성을 높입니다.

2. 교사의 평가 전문성 격차 해소
   평가에 익숙하지 않은 교사들도 표준 루브릭을 통해 구체적이고 타당한 평가 기준을 참고할 수 있어, 평가 전문성의 격차가 줄어듭니다. 이는 교사의 수업 설계와 피드백에도 긍정적인 영향을 미칩니다.

3. 성취기준의 구체화 및 교육과정 실현
   교육과정에 제시된 성취기준이 수업과 평가 현장에서 구체적으로 구현되지 못하는 문제를 보완합니다. 루브릭은 성취기준을 실질적인 행동과 결과로 변환시켜, 교육과정의 실현 가능성을 높입니다.

4. 성장 중심 평가문화 정착
   루브릭은 학생의 도달 수준과 성장 과정을 시각화할 수 있어, 단순 점수 중심이 아닌 과정 중심의 평가가 가능해집니다. 이는 학생 스스로 자신의 발전 경로를 인식하고 도전할 수 있는 기반이 됩니다.

5. 학부모와의 소통 및 신뢰 형성
   루브릭은 학부모에게도 학생의 성취 수준을 구체적으로 설명할 수 있는 도구가 되어, 성적의 해석 가능성을 높이고 교사-학부모 간 신뢰를 형성하는 데 도움이 됩니다.

6. 학생 주도 학습과 자기 평가 문화 촉진
   학생이 학습 전부터 목표와 성공기준을 명확히 인식하고, 자기 주도적으로 활동하며, 자기 평가를 할 수 있는 기반이 마련됩니다. 루브릭은 학생의 자기성찰과 자기계발을 이끄는 도구가 됩니다.

7. 지역 간 교육격차 완화
   교사나 학교 여건의 차이로 인한 교육격차를 최소화할 수 있습니다. 표준 루브릭은 수업과 평가의 최소 품질 보장 장치로 작용하여, 교육의 형평성과 질적 균형을 높입니다.

8. 대학 입시의 공정성과 신뢰성 제고
   고등학교 평가 결과의 신뢰성을 높여 대학 입시에서의 활용도가 커집니다. 루브릭 기반의 평가 결과는 대학이 학생의 역량을 객관적으로 판단할 수 있는 근거가 됩니다.

9. 전공 적합성과 역량 중심 선발 가능
   루브릭은 단순한 점수 이상의 정보를 담고 있어, 대학이 학생의 역량과 전공 적합성을 더욱 명확하게 평가할 수 있게 됩니다. 이는 전공 중심 대입과의 정합성을 높입니다.

10. 내신 중심 입시의 신뢰 기반 마련
    교사 평가의 타당성과 일관성이 확보되면 내신의 신뢰도가 회복되고, 수능 의존도를 낮추는 구조 개편이 가능해집니다. 이는 고교학점제의 의미 있는 운영과도 연결됩니다.

11. 대학 선발 기준의 구체화와 투명성
　대학은 국가 루브릭을 참조하여 전공별 선발 기준을 구체적으로 설정할 수 있으며, 이는 학생과 교사 모두에게 입시에 대한 예측 가능성과 준비 방향의 명확성을 제공합니다.

　국가 표준 루브릭은 단순한 평가 도구를 넘어, 초·중·고 수업의 질 제고와 학생의 성장 중심 교육 실현, 그리고 대학 입시의 공정성과 역량 중심 전형 정착에 핵심적인 역할을 할 수 있습니다. 이는 수업-평가-진로-입시가 유기적으로 연결된 미래 교육체계의 기반이 됩니다.

◦ 학생의 생각과 도전을 가능하게 하는 교과서

한국의 교육은 시험을 위한 암기 중심 교육이 중심이 되어 왔기 때문에, 교과서는 일종의 '정답지' 역할을 해왔고, 학생들은 그 안의 내용을 얼마나 잘 외웠는지를 평가받는 것이 관행이 되어 왔다. 그러나 시대는 변했고, 이제 교과서도 역할이 달라지지 않으면 안 된다. 근래, 디지털 교과서가 교육 혁신의 상징인 것처럼 등장했지만 관심을 얻지 못하는 것은 여전히 지식 중심을 벗어나지 못한다는 지적도 한몫했다 할 것이다.

지금처럼 AI와 디지털 기술이 일상화된 사회에서는, 지식 자체보다 지식을 어떻게 활용하느냐, 무엇을 해결하고 창조해내느냐가 더 중요한 역량이 된다. 단순 지식 암기는 기계가 대신할 수 있지만, 문제를 인식하고, 의미를 부여하며, 협력과 성찰을 통해 스스로 해답을 찾아가는 능력은 오직 인간 고유의 힘이다. 이러한 능력을 기르기 위해, 교과서는 단지 내용을 담은 책이 아니라 학습활동의 출발점이 되어야 한다.

교과서가 제 역할을 하려면, 학생이 학습주제를 중심으로 목표를 스스로 설정하고, 자신의 생각과 방법으로 해결해 나가는 구조를 지원해야 한다. 이를 통해 학습은 더 이상 지식의 수용이 아닌, 자기 주도적 탐색과 창의적 구성이 중심이 되어야 한다. 이 과정에서 학생은 핵심역량을 길러나가는 활동이 이루어짐으로써 자기성찰, 자기연찬, 자기계발의 기회가 된다.

또한, 학습활동과 평가가 자연스럽게 연결될 때 교과서는 산출물 제작, 협력적 탐구, 루브릭 기반 평가 등이 가능해야 한다. 그 자체로 학생의 성장을 기록하고 지원하는 플랫폼이 되는 것이다. 그러한 교과서의 변화는 수업의 변화로, 수업의 변화는 교육 전체의 철학과 방향성의 전환으로 이어지게 된다.

이제 교과서는 단순한 지식의 요약본이 아니라, 학생이 질문을 던지고, 목표를 세우고, 도전할 수 있도록 돕는 장치가 되어야 한다.

> **AI 견해**

* 미래 교육인 관점에서, 교과서나 디지털 교과서는 어떤 체계가 되어야 할까?

미래 교육의 관점에서 보면, 교과서와 디지털 교과서는 단순한 지식 집합체가 아니라 학생의 성장과 도전을 설계하는 학습 플랫폼으로 전환되어야 합니다. 이를 정리하면 다음과 같습니다.

1. 내용 측면: '정답'에서 '도전 과제' 중심으로
- 핵심 개념 + 맥락 제시: 표준 지식은 여전히 기초로서 담되, 단순 암기용 나열이 아니라 왜 중요한지, 어디에 쓰이는지를 맥락과 함께 제시.
- 도전 과제 중심 설계: 학생이 스스로 탐구할 수 있는 질문, 프로젝트, 현실 문제를 중심에 두고 지식을 연결.
- 다양한 경로 허용: 정해진 답 하나가 아닌, 학생의 선택과 탐구 방식에 따라 다양한 해결 경로가 가능하도록 구성.

2. 체계 측면: '일방적 전달'에서 '개인화+공동체 학습'으로
- 개인화 학습 경로: 학생의 강점, 수준, 흥미에 따라 맞춤형 진도와 자료 제공(AI 기반 적응형 구조).
- 성장 기록 플랫폼: 학습 과정과 산출물을 누적해 포트폴리오로 자동 저장, 총괄평가·자기개발 자료와 연계.
- 협력적 학습 공간: 학생끼리 아이디어 공유, 피드백, 공동 프로젝트가 가능한 커뮤니티형 구조 통합.

3. 미래 교육 목표와의 연결
- 강점 기반 성장 지원: 특정 과목의 낮은 점수를 추궁하기보다, 강점 교과를 심화해 진로와 전공으로 연결할 수 있도록 지원.
- 핵심역량 중심: 지식 전달뿐 아니라 비판적 사고, 창의적 문제 해결, 협업, 자기 관리 역량을 평가와 학습의 중심에 두기.
- 고교학점제·전공 중심 대입과 연계: 교과서 자체가 학점제 선택과목, 전공 탐색 과목의 기반 자료가 되어 진로 설계와 입시에 활용.

4. 교과서·디지털 교과서의 최종 이미지
- 학생의 '생각과 도전'을 끌어내는 안내서: 성장을 시각화하고 기록하는 학습 여정 지도
- AI와 연결된 개인화·공동체화 학습 플랫폼: 진로와 전공으로 이어지는 포트폴리오 기반 자료집

결국 미래 교육에서 교과서(디지털 포함)는 "무엇을 외워야 하는가"가 아니라 "어떤 도전을 하고, 어떤 성장을 기록할 것인가"를 설계하는 학습의 중심 도구가 되어야 합니다.

◦ 교사 양성과 교사 연수의 방향

'가르치다를 벗어나야 할 교사들'

AI 기반 시대에 단순 지식의 전달은 더 이상 교사의 본질적인 역할이 될 수 없다. 교사는 이제 학생 개개인의 잠재력을 발견하고, 그들의 역량을 키워주는 조력자가 되어야 한다. 이를 위해서는 교사 양성이나 연수도 달라지지 않으면 안 된다. 교대와 사범대는 교과 내용과 교수법 중심의 현행 교육과정에서 벗어나, 학생의 성장을 지원하는 데 필요한 역량을 함양하는 교사 양성에 초점을 맞춰야 한다.

현직 교사 연수 체계도 혁신이 시급하다. 일회성 강의를 듣고 연수 이수 시간을 채우는 형식적인 방식으로는 변화하는 시대의 요구를 따라갈 수 없다. 교사들이 학교 현장에서 직면하는 실제적인 문제들을 함께 고민하고 해결하는 전문적 학습 공동체 활동이 연수의 중심이 되어야 한다.

특히 강조되어야 할 것은 교사의 관찰 및 분석 능력이다. 학생 개개인의 특성과 성장 과정을 세밀하게 관찰하고, 이를 바탕으로 적절한 지원 방안을 수립할 수 있는 능력이 필요하다. 또한 다양한 분야의 전문가들과 협력하여 통합적인 교육 환경을 조성할 수 있는 리더십도 갖춰야 한다.

교원 임용 제도 역시 변화가 필요하다. 암기된 지식이 중시되는 현행 임용고시로는 미래 교육을 이끌어갈 교사를 선발할 수 없다. 예비 교사의 학생 이해 능력, 소통 능력, 문제 해결 능력 등을 종합적으로 평가할 수 있는 새로운 선발 체계가 도입되어야 한다.

미래 교육으로의 전환은 단순한 제도 개선의 차원을 넘어, 교사 교육 혁신을 위한 구체적이고 실효성 있는 실천이 병행되어야 할 것이다.

| AI 견해 |

* 미래를 지향하는 교육이라면 교사 양성이나 지원의 방향은 어떠해야 할까?

미래를 지향하는 교육 환경에서는 교사의 역할이 단순 지식 전달자를 넘어 학생들의 창의력, 비판적 사고, 협업 능력, 문제 해결 능력 등을 이끌어내는 '학습 촉진자'로 확장됩니다. 이에 따라 교사 양성과 지원 체계도 다음과 같은 차원에서 재설계되어야 합니다.

1. 미래형 교수법과 역량 강화 중심의 전문성 양성
- 혁신적 교수법 교육: 문제 기반 학습(PBL), 프로젝트 학습, 협동학습, 플립러닝 등 미래 사회에서 요구되는 다양한 학습법을 교육과정에 적극 반영해야 합니다. 학생 스스로 목표를 설정하고 학습 과정을 주도할 수 있도록 하는 '촉진자'로서의 역할을 강화하는 교수법을 습득할 수 있도록 지원합니다.
- 융합적 사고와 창의성 교육: 단일 교과 지식을 넘어 여러 분야를 연결하고 융합하는 교육 방법에 대한 전문 교육이 필요합니다. STEAM(과학, 기술, 공학, 예술, 수학) 등 다양한 분야를 통합하는 접근 방식을 통해 창의적 문제 해결 능력을 기르는 교육을 강조합니다.
- 디지털 리터러시 및 기술 활용 능력 강화: 최신 ICT 기술을 활용한 교육 도구와 플랫폼을 익히고, 이를 효과적으로 수업에 접목시키는 역량을 배양해야 합니다. 온라인 및 하이브리드 수업 운영, 디지털 자료 제작 및 분석 능력 등이 필수 교육 요소로 포함되어야 합니다.

2. 평생학습과 지속적인 전문성 개발 체계
- 지속적 연수 프로그램 제공: 급변하는 교육 환경에 발맞춰, 정기적이고 체계적인 직무 연수 및 워크숍, 세미나 등을 통해 최신 교육 트렌드와 혁신적 교수법을 공유해야 합니다. 학교와 교육청, 대학이 연계한 공동 전문성 개발 프로그램을 마련하여 현장에서 바로 적용 가능한 역량을 강화합니다.
- 자기 주도적 전문성 개발 지원: 교사들이 자신의 교육 실천을 스스로 진단하고 개선할 수 있도록 액션 리서치, 동료평가, 멘토링 등 자기 주도적 학습 및 성찰의 기회를 제공해야 합니다. 온라인 플랫폼 및 커뮤니티를 통해 다양한 자료와 사례를 공유하고, 상호 피드백할 수 있는 생태계를 구축합니다.

3. 협력과 공유를 기반으로 한 조직적 지원
- 교사 간 협업 문화 정착: 학내/학군 차원의 전문 학습 공동체(PLC: Professional Learning Community)를 활성화하여, 교사들이 서로의 경험과 노하우를 공유하고 협력할 수 있는 환경을 조성합니다. 공동 수업 설계, 팀 티칭, 공동 평가 등을 통해 개인의 부담을 줄이고, 공동체적 역량을 강화합니다.
- 멘토링 및 코칭 시스템 강화: 경력 교사와 신임 교사 간의 멘토링 프로그램을 활성화하여, 경험과 지식을 전수하고 초기 정착을 돕는 지원 체계를 마련합니다. 코칭 전문가나 외부 전문가와의 협업을 통해 지속적인 피드백과 맞춤형 지원을 제공하는 것이 중요합니다.

4. 정책적 지원과 제도적 환경 개선
- 평가 및 인사 제도의 개선: 교사의 전문성과 혁신적 교육 실천이 정당하게 평가될 수 있도록, 평가 및 인사 제도를 개편합니다. 단순 수업량이나 성과 중심이 아니라, 교육과정에서의 혁신 노력과 학생 성장에 기여한 부분이 반영되도록 해야 합니다.
- 행정적 부담 경감 및 지원 인프라 확충: 교사들이 본연의 교육 활동에 집중할 수 있도록 불필요한 행정 업무를 줄이고, 기술적·행정적 지원 체계를 강화합니다. ICT 기반 행정 시스템, 교육 자료 공유 플랫폼 등 교사의 업무 효율성을 높일 수 있는 인프라 마련이 필수적입니다.

미래를 지향하는 교육을 위해서는 교사 양성 및 지원이 단순한 지식 전달 능력에 머무르지 않고, 혁신적 교수법, 디지털 역량, 협력적 학습 및 평생학습 능력을 갖춘 '교육 리더'로 성장할 수 있도록 다각도의 전문성 강화 프로그램과 조직적, 정책적 지원이 동시에 이루어져야 합니다. 이를 통해 교사는 학생 개개인의 창의적 잠재력을 이끌어내며, 미래 사회에서 요구하는 융합적 사고와 문제 해결 능력을 효과적으로 배양하는 주체로 자리매김할 수 있을 것입니다.

│ 그러한 교육이 정착되면

◦ 만 5세 대상 초등 예비 학교 운영

지금의 초등학교 1학년 교실은 한글을 막 깨우친 아이부터 책을 줄줄 읽는 아이, 수 개념조차 익히지 못한 아이부터 두 자릿수 덧셈을 풀 수 있는 아이 등 기초학력의 편차가 매우 크다. 이로 인해 교사는 어떠한 수업을 해야 할지 딜레마에 빠진다.

이런 문제를 해결하기 위해서는 입학 전 예비 단계 운영이 반드시 필요하다. 예비 단계는 단순한 선행학습이 아니라, 모든 아이가 학교 학습을 시작할 준비가 되었는지 점검하고 도와주는 과정이다. 한글 해득, 수 개념 이해, 사회적 상호작용, 학교 규칙 익히기 등 기본적인 준비가 이루어지면, 학생은 학교생활에 자신감을 가지고 입학할 수 있고, 교사는 더욱 안정적인 수업 설계가 가능해진다.

이 제도의 운영은 1학년이 시작되기 전에 방과후학교와 같은 형태로 운영하면 될 것이다. 유치원 중심으로 운영하는 방안도 고려할 수 있지만, 별도의 교육과정 운영, 일반 학생과의 분리, 학교급 성격 등의 문제가 발생할 수 있으므로, 지역 중심 학교를 지정하여 운영할 수도 있다.

무엇보다도, 예비 단계는 학습 결손을 사전에 예방하고, 학교에 대한 긍정적 첫 경험을 제공함으로써 아이들의 자존감과 학습 동기를 높이는 데 결정적 역할을 하게 될 것이다.

> **AI 견해**

* 한국의 교육에서 예전의 초등학교 1학년은 읽고, 쓰고, 말하고, 셈하기 등을 배우고 익히는 활동이 중심이 되었었다. 하지만 지금은 많은 학생이 입학 이전에 그러한 학습이 이루어짐으로써 그렇지 못한 학생과 혼재하여 초등학교 1학년의 시작은 혼란스럽다. 그러한 문제를 해결하기 위하여 초등학교 입학 전 사전 1학년제 도입 정책으로 가정이나 환경의 도움을 받지 못하는 학생들에게 교육 기회가 주어진다면 똑같은 1학년 출발이 가능해지는 효과를 가져올 수 있잖을까?

사전 1학년제 도입은 확실히 초등학교 1학년 교실에서의 학습 격차를 줄이는 데 도움이 될 수 있습니다. 입학 전에 기본적인 읽기, 쓰기, 말하기, 셈하기 등의 기초 학습을 마친 학생들과 그렇지 않은 학생들 간의 학습 격차는 초등학교 초반에 학습 의욕과 자신감에 영향을 미칠 수 있습니다.

사전 1학년제 도입의 장점은

1. 학습 격차 축소
  학생들이 초등학교에 입학할 때 이미 일정 수준의 기초 학습을 마친 상태에서 시작하므로 학습 격차를 최소화할 수 있습니다.

2. 학습 의욕 증진
  학생들이 기본적인 학습을 마친 상태에서 교육을 시작하면 학습 의욕이 증진되고, 학교에 대한 긍정적인 인식이 형성될 수 있습니다.

3. 교사의 역할 강화
  학생들이 일정 수준의 기초 학습을 마친 상태에서 교육을 시작하면 교사는 더 고차원적인 학습과 지도에 집중할 수 있습니다.

4. 가정환경의 영향 축소
  사전 1학년제를 통해 가정환경과 상관없이 모든 학생이 동일한 출발선에서 교육을 시작할 수 있게 됩니다.

요약하자면, 사전 1학년제 도입은 초등학교 입학 초기의 학습 격차를 줄이고 교육 기회를 고르게 할 수 있는 유용한 방안일 수 있습니다. 그러나 그 구현과 운영에 있어서는 상세한 계획과 준비, 그리고 다양한 이해당사자의 협력이 필요하다는 점을 감안해야 할 것입니다.

대학의 '좋은 전공' 중심의 정부 지원

한국 교육의 구조적 문제 중 하나는 서열화 문화이다. 어린 시절부터 학생은 점수로 줄을 서고, 학교는 성적에 따라 순위가 매겨지며, 대학은 입학 성적과 이름값으로 평가받는다. 따라서 초·중·고 교육은 학생의 개별적인 성장보다 입시 준비에 집중하게 되고, 대학도 교육과 연구보다는 경쟁을 의식해야 한다.

이 문제를 해결하기 위해서는 대학 체제에 대한 근본적인 전환이 필요하다. 그 하나의 방안이 바로 '종합대학 중심'에서 '단과대학 중심'으로의 구조 개편이다.

단과대학 중심 체제는 전공 분야별로 독립성과 특성을 살릴 수 있는 환경을 만들 수 있다. 학생은 더 이상 점수에 맞춰 유명 대학의 인기 학과를 선택하는 것이 아니라, 자신의 관심과 역량, 진로 목표에 따라 전공을 결정하게 된다. 이는 초·중·고 교육에도 영향을 미친다. 지식 암기 위주의 교육에서 벗어나, 진로 탐색과 역량 개발 중심의 교육이 가능해지기 때문이다.

이러한 체제가 자리 잡으면, 지금처럼 전국의 학생을 한 줄로 세우는 방식의 서열화는 자연스럽게 사라지게 될 것이다. 다양한 전공이 사회적 가치를 인정받고, 학생들이 각자의 적성과 목표에 맞게 진로를 선택하게 되면, 점수가 아닌 '방향성과 적합성'이 중심이 되는 교육 구조가 만들어지면서 고교학점제와도 자연스럽게 연계된다. 결과적으로, 학생 각자의 선택이 존중받는 사회로 나아갈 수 있다.

대학 역시 본연의 역할을 회복하게 된다. 지금의 종합대학 체제에서는 대학이 대학 간 서열 경쟁, 인기 학과 유치 경쟁에 휩쓸리며 정작 중요한 교육과 연구의 질은 뒷전이 되기 쉽다. 하지만 단과대학 중심 체제에서는 각 대학이 자신의 전공 영역에서 교육의 전문성과 독자성을 강화할 수 있다. 교수와 학생 간의 상호작용도 밀도 있게 이루어지고, 교육과 연구가 실질적으로 연결되며, 대학은 학문 공동체로서의 기능을 회복할 수 있다.

이러한 변화는 단순한 구조 조정이 아니다. 서열 중심 교육에서 벗어나기 위한 제도적 대안이며, 대학이 사회적 책임을 다하는 교육기관으로 돌아가기 위한 변화이어야 한다.

정부의 과감한 대학 구조 개편과 전공 중심 입시제도 정비, 진로 연계 교육과정의 강화, 학문 간 균형을 위한 재정 지원이 함께 추진될 때 한국의 교육은 비로소 세계를 선도하는 교육으로 발전해 나갈 것이다.

AI 견해

* 한국의 '좋은 대학'은 학생, 교사, 학부모 모두에게 선망이 됨으로써 대학 입시라는 병목 현상을 만드는 주요인이 되고 있다. 정부가 '좋은 전공' 중심으로 지원을 강화하게 될 때 '좋은 대학'에 대한 인식은 어떻게 바뀔까?

정부가 '좋은 전공' 중심으로 지원을 강화할 경우, 한국 사회에서 '좋은 대학'에 대한 인식이 다음과 같이 변화할 가능성이 있습니다.

1. '좋은 대학'의 기준이 학벌에서 전공·역량 중심으로 이동

현재 한국에서 '좋은 대학'은 주로 입시 경쟁력이 높은 상위권 대학을 의미합니다. 그러나 정부가 '좋은 전공' 중심으로 지원을 강화하면, 특정 대학의 명성이 아닌 해당 전공이 제공하는 교육의 질과 실질적인 경쟁력이 더욱 중요한 요소로 작용할 것입니다. 기존의 학벌 중심 사고(대학 브랜드)에서 전공과 역량 중심 사고로 변화할 것이며, 대학 이름보다 해당 전공이 제공하는 교육 환경, 연구 성과, 취업률, 산업 연계성 등이 평가의 핵심 요소로 작용할 것입니다.

2. 대학 서열이 완화될 가능성

현재 한국에서는 소위 'SKY'(서울대, 고려대, 연세대)의 상위권 대학 중심의 서열 구조가 강합니다. 그러나 '좋은 전공' 중심으로 지원이 강화되면, 특정 분야에서 강점을 가진 대학들이 부각될 것입니다. 특정 대학이 아니라, 각 전공별 강점을 지닌 대학이 주목받을 가능성이 증가할 것입니다. 예를 들어, AI·SW 분야에서는 KAIST, UNIST / 바이오 분야에서는 POSTECH, 경희대 / 문화콘텐츠 분야에서는 한예종, 중앙대 등의 평가가 높아질 가능성이 있습니다. 지역 거점대학이나 전문대도 특정 전공(예: 스마트 제조, 보건의료, 친환경 에너지 등)에서 강점을 가지면 인정받는 구조가 형성될 수 있을 것입니다.

3. 학과 및 전공 선택이 입시 전략의 핵심이 될 가능성

정부 지원이 전공 중심으로 이루어지면, 대학보다는 전공 선택이 더욱 중요한 요소로 작용할 것입니다. 학생과 학부모의 대학 선택 기준이 대학 서열에서 전공 지원 여부, 취업 가능성으로 이동할 것이며, 정부가 지원하는 전공(예: 미래 유망 산업 관련 학과)으로 입학하기 위한 경쟁이 심화될 가능성이 큽니다. 입시에서 대학보다는 특정 학과·전공이 '인(in)서울' 못지않은 목표가 될 가능성도 높아집니다.

4. 전공과 직업 연결성이 강화되면서 실용적인 학과 중심으로 개편 가능

정부 지원이 '좋은 전공' 중심으로 이루어지면, 학생들은 전공의 실질적인 취업 가능성과 연계성을 더욱 중시하게 될 것입니다. 전공의 사회적 수요와 연계된 대학의 가치가 상승하며, 문과·이과 구분보다는 미래 유망 산업(예: 인공지능, 친환경 에너지, 헬스 케어, 문화콘텐츠, 반도체 등)과 직결되는 전공이 인기가 있을 것입니다. 현재 인기가 낮았던 일부 전공(예: 기초과학, 공학, 특수 분야 등)이 국가적 지원에 따라 다시 주목받을 가능성이 커집니다.

5. 대학의 역할 변화: 전공별 특성화 및 경쟁력 강화

'좋은 전공' 중심 지원이 확대되면, 대학들은 특정 전공에서 경쟁력을 높이기 위한 투자와 개편을 추진할 가능성이 큽니다. 대학이 기존 '종합대학' 이미지에서 탈피하고, 특정 분야의 강점을 살리는 '전공 특성화 대학'으로 변화하며, 기업-대학 간 협력이 더욱 활성화되어, 연구 지원과 취업 연계를 강화하게 될 것입니다. 해외 대학과의 협업(공동 학위, 교환학생, 연구 프로젝트 등)도 증가할 것입니다.

현재 한국에서 '좋은 대학'의 개념은 입시 경쟁에서 높은 위치를 차지한 대학을 의미합니다. 그러나 정부가 '좋은 전공' 중심으로 지원을 강화하면, 대학의 브랜드보다 전공의 경쟁력과 실질적 역량이 더욱 중요해질 가능성이 큽니다. 대학 브랜드 중심 사고에서 전공·역량 중심 사고로 이동, 대학 서열이 완화되고 전공별 강점이 부각됨, 학생들은 대학보다 '전공 선택'을 더욱 전략적으로 고려함, 전공과 직업 연결성이 강화되며 실용적인 학과 중심으로 변화, 대학들은 특정 전공의 강점을 살리는 방향으로 특성화될 가능성이 커집니다. 이러한 변화가 자리 잡으면, 학벌 중심 경쟁이 약화되고 학생들이 자신의 적성과 사회적 수요를 고려해 전공을 선택하는 문화가 확산될 수 있습니다. 하지만, 특정 전공이 지나치게 쏠리는 현상(예: 정부 지원이 몰리는 인기 전공만 지원자가 급증하는 문제)도 발생할 가능성이 있어, 장기적 균형과 지속 가능한 지원 정책이 함께 마련되어야 합니다.

* **한국의 교육 관련, 만약 종합대학보다 단과대학 중심으로, 소외 받을 수 있는 분야를 고려하는 정책 지원이 된다면 어떠한 변화를 예상할 수 있을까?**

정책이 추구해야 할 본질적 목표는 두 가지입니다. 학생 줄 세우기식 서열화에서 벗어나는 교육과 대학이 본연의 역할인 '탐구·교육·사회 기여'에 집중할 수 있는 구조 확립으로, 이 두 가지는 서로 긴밀히 연결되어 있으며, 하나 없이 다른 하나도 실현되기 어렵습니다.

1. 서열화를 없애려면 '단일 서열 기준'을 해체해야 합니다

한국 교육의 서열화 문제는 종합대학과 수능 중심 입시가 만들어낸 단일 경쟁 기준에서 비롯됩니다. '점수가 높으면 더 좋은 대학, 더 좋은 학과'라는 인식이 학생과 학부모를 몰아세우고, 학교는 성적 관리 기관처럼 기능하게 됩니다. 단과대학 중심 구조는 이 획일적인 서열 체계를 해체할 수 있습니다. 분야별 전문성을 기준으로 삼고, 학생은 자신의 역량과 진로 목표에 따라 진학하게 되므로, '높은 점수 = 더 나은 삶'이라는 공식이 무력화됩니다. 이것은 초·중·고 교육을 성적 경쟁이 아니라 성장과 탐색 중심의 시간으로 바꿔낼 수 있는 결정적인 전환점이 됩니다.

2. 대학이 본연의 교육을 수행하려면 기능 분화가 필요합니다

현재 종합대학은 브랜드 이미지 유지와 인기 학과 유치, 취업률 경쟁에 치우치면서 연구와 교육의 고유한 기능이 오히려 왜곡되고 있습니다. 전공 간 위계가 고착되며, 대학 자체가 하나의 '상품'처럼 소비되고 있기 때문입니다. 그러나 단과대학 중심 체제는 대학이 자신의 전문 분야에서 진정성 있는 교육과 연구를 수행할 수 있게 만드는 구조적 장치가 됩니다. 학과 단위로 책임 있는 교육을 설계하고, 학생과 교수 간의 교육적 상호작용이 실질화될 수 있으며, 각 학문 분야의 사회적 역할과 기여에 더 충실할 수 있게 됩니다.

결론은, 구조 개편은 수단이고, 목적은 '서열 없는 성장'과 '교육 본연 회복'입니다. 정책은 '단과대학 중심으로 전환하자'가 핵심이 아니라, 그 전환을 통해 학생 개인의 다양성과 주체성을 존중하고, 대학이 지식 공동체로서 제 기능을 회복하도록 만드는 것이 핵심입니다. 정부는 이 두 가지 목적을 분명히 하고, 교육 전반의 서열화 해소와 대학의 기능 회복을 함께 끌고 가는 방향으로 정책을 설계해야 합니다.

6. 마무리

 미래를 살아가야 할 학생들이 학교로 나가야 할 중요한 이유는 그곳이 자신의 미래로 향할 수 있는 가장 효과적인 길이기 때문이다.
 미래가 요구하는 것은 많은 지식이 아니라 핵심역량이다.
 그것은 급변하는 사회 환경 속에서 지속 가능한 성장과 경쟁력을 갖추게 하는 절대적인 힘이다.
 우리 교육의 문제는 수업에서 찾아야 한다.
 수업이 여전히 교사의 설명과 교과서 진도, 시험에 묶여 있는 한, 아무리 정책이 변하고, 입시 제도가 바뀌고, 교사가 노력해도 학교는 달라지지 않는다.
 그러나 교사에 의하여 교과서를 익히는 시간에서 벗어나 어떠한 교과이든 학습주제 단위로 학습이 이루어지며, 목표 도달 기회가 학생 개개인에게 주어지고, 그러한 과정과 결과를 평가하여 피드백으로 이어지는 시간이라면 학교 교육은 전혀 다른 양상으로 전개된다.
 모든 수업이 학생 개개인을 생각하게 하고 도전해 나갈 수 있는 기회가 되며, 다양한 공동체 구성원과 함께하는 해결 활동 속에서 학생 개개인은 나름대로 학습주제 관련 지식과 교과 역량, 핵심역량을 길러 나가면서 자기성찰, 자기연찬, 자기계발 등 자기개발로 이어지게 하는 시간이 되는 것이다.
 서열화하기 위한 시험 중심의 평가는 당연히 사라지게 된다.

 정책은 이러한 수업 혁신을 가능하게 하는 제도적 틀을 제공할 수 있어야 한다.
 학교는 제도에 얽매이는 곳이 아니라 다양한 공동체와 함께할 수 있는 자기개발의 장이 되어야 하고, 교사도 학생을 세상으로 이끄는 멘토가 되어야 한다.
 대학은 점수 중심의 서열화가 아닌 교과 지식, 교과 역량, 핵심역량의 함양과 관련된 포트폴리오와 고교학점제 연계 등 전공 적합성을 바탕으로 학생을 선발해야 한다. 또한 사회로 진출했을 때 자신의 삶은 물론 전공 분야에서 앞서갈 수 있는 인재를 길러 나가는 교육을 책임져야 한다.

　교육의 미래는 교실에 달려 있다. 초·중·고 모든 학교급에서 한 시간의 수업이 학생의 삶과 진로를 연결하는 소중한 경험이 될 때, 한국의 교육은 더 이상 학생 개개인의 미래를 포기하지 않아도 될 것이고, 세계도 그러한 한국의 교육에 박수를 보낼 것이다.

부 록

<부록 1> 초등학교 2022 개정 교육과정 시간 배당 기준 ·················· 380

<부록 2> 학습목표 자기화를 위한 분석 과정 흐름도(예시) ·············· 381

<부록 3> 학생에게 제공되는 내일의 학습목표(예시) ······················ 382

<부록 4> 학습목표 자기화 결과의 예시 ······································· 383

<부록 5> 다양한 산출물의 허용 예시 ·· 384

<부록 6> 교사의 관찰/평가 루브릭(예시) ···································· 385

<부록 7> 학습주제 단위 수업에서의 루브릭 평가 척도((예시) ·········· 386

<부록 8> 학교생활통지표 예시 ··· 387

<부록 9> 학교생활기록부 예시 ··· 388

<부록 10> 초·중·고 교육에서의 자기개발과 대학 전공 선택으로 이어지는 흐름도(예시) · 389

<부록 11> 초·중·고 교육과 연계되는 전공 적합성 평가 요소별 비율(예시) ········ 390

<부록 12> 초·중·고 교육과 연계되는 전공 적합성 평가 요소별 비율(예시) ········ 391

< 부록 1 > 초등학교 2022 개정 교육과정 시간 배당 기준

2022 개정 교육과정 시간 배당 기준						
구분		1~2학년	3~4학년	5~6학년	3학년 이상 합계	단원 수
교과(군)	국어	국어 482	408	408	816	37
	사회/도덕		272	272	544	26/12
	수학	수학 256	272	272	544	24
	과학/실과	바른 생활 144	204	340	544	20/8
	체육	슬기로운 생활 224	204	204	408	20
	예술(음악/미술)	즐거운 생활 400	272	272	544	20/12
	영어		136	204	340	12
소계		1,506	1,768	1,972	3,740	191
창의적 체험활동			204	204		
학년군별 총 수업 시간 수		1,744	1,972	2,176	4,148	

① 1시간의 수업은 40분을 원칙으로 하되, 기후 및 계절, 학생의 발달 정도, 학습 내용의 성격, 학교 실정 등을 고려하여 탄력적으로 편성·운영할 수 있다.
② 학년군의 교과(군)별 및 창의적 체험활동 시간 배당은 연간 34주를 기준으로 2년간의 기준 수업 시수를 나타낸 것이다.
③ 학년군별 총 수업 시간 수는 최소 수업 시수를 나타낸 것이다.
④ 실과의 수업 시간은 5~6학년 과학/실과의 수업 시수에만 포함된다.
⑤ 정보교육은 실과의 정보영역 시수와 학교자율시간 등을 활용하여 34시간 이상 편성·운영한다.

< 부록 2 > 학습목표 자기화를 위한 분석 과정 흐름도(예시)

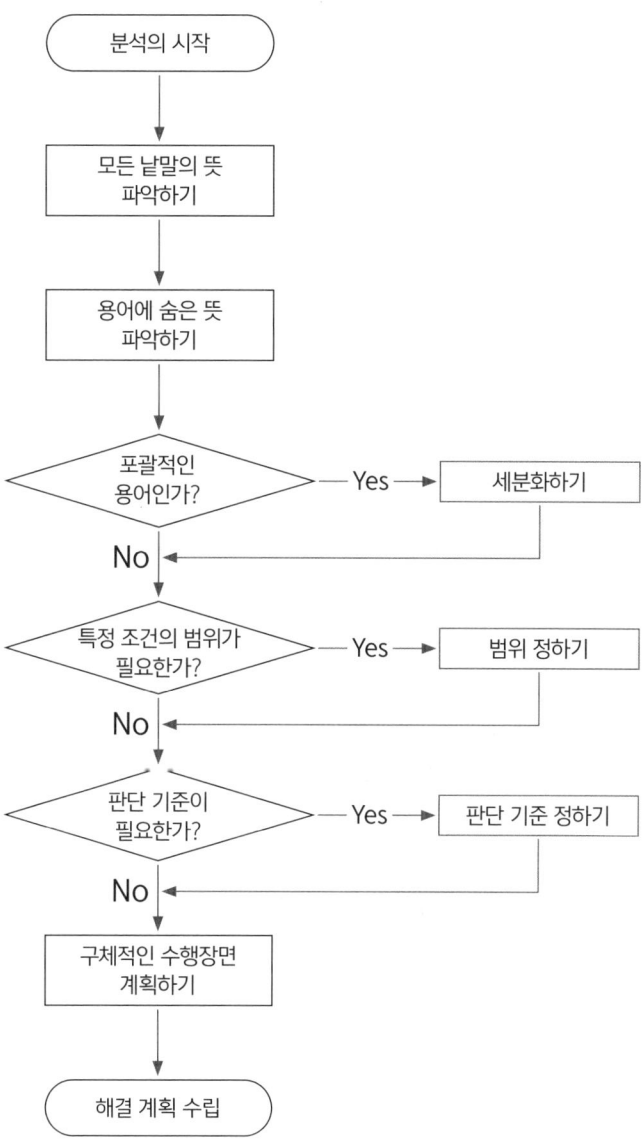

< 부록 3 > 학생에게 제공되는 내일의 학습목표(예시)

내일의 **학습목표**　202년　월　일　요일			
교시	학습주제	학 습 목 표	도달 수준
1 (국어)	문장 구성 성분	문장을 구성하는 성분을 안다.	
2 (수학)	원의 성질	원의 성질을 이해할 수 있다.	
3 (사회)	우리나라 행정구역의 위치	우리나라 행정구역의 위치를 알 수 있다.	
4 (과학)	탐구주제 정하기	탐구 주제를 정할 수 있다.	
5 (영어)	초대하는 글을 읽고 쓰기	초대하는 글을 읽고 쓸 수 있다.	
6 (음악)	당김음 리듬 익히기	당김음 리듬을 익혀 노래를 부를 수 있다.	

하루의 평가	관심을 갖는 주제	스스로 평가하는 나의 핵심역량			더 노력할 점	
		자기관리/ 지식정보	소통/협력	창의/감성	주제 관련	인성	적성

< 부록 4 > 학습목표 자기화 결과의 예시

교시	학습주제	내일의 **학습목표**　　202년 월 일 요일 학 습 목 표	도달 수준
1 (국어)	문장 구성 성분	문장을 구성하는 성분을 안다. 문장: 생각이나 느낌을 줄거리를 세워 글자로 기록해 나타낸 것 구성: 몇 가지 부분이나 요소를 조립하여 하나로 만드는 일 성분: 물체를 이루는 바탕이 되는 요소. 알다: 정보나 지식을 갖추다. ⇒ 문장을 구성하는 성분은 ~이다.	
2 (수학)	원의 성질	원의 성질을 이해할 수 있다. 원: 동그라미 성질: 본디부터 가지고 있는 고유한 특성 이해: 말이나 글의 뜻을 깨달아 앎 수: 어떤 일을 할 만한 힘이나 가능성을 말하는 의존명사 있다: 동사 뒤에 붙어 행동의 지속 또는 결과의 지속을 나타내는 보조동사 ⇒ 원의 성질은 ~이다.	
3 (사회)	우리나라 행정구역의 위치	우리나라 행정구역의 위치를 알 수 있다. 우리나라: 한국을 말한다. '우리 나라'와 구분된다. 행정구역: 행정 기관의 권한이 미치는 범위를 정한 지역 위치: 일정한 곳에 자리를 차지함. 알다: 정보나 지식을 갖추다. 수: 어떤 일을 할 만한 힘이나 가능성을 말하는 의존명사 있다: 동사 뒤에 붙어 행동의 지속 또는 결과의 지속을 나타내는 보조동사 ⇒ 우리나라 행정구역은 ~으로 되어 있고, ~에 자리를 차지한다.	
4 (과학)	탐구주제 정하기	탐구 주제를 정할 수 있다. 탐구: 진리나 법칙 등을 파고들어 깊이 연구함 주제: 대화나 연구 등에서 중심이 되는 제목 또는 문제 정하다: 선택하거나 판단해서 결정하다. 수: 어떤 일을 할 만한 힘이나 가능성을 말하는 의존명사 있다: 동사 뒤에 붙어 행동의 지속 또는 결과의 지속을 나타내는 보조동사 ⇒ 탐구 주제를 정하려면 어떠해야 한다.	
5 (영어)	초대하는 글을 읽고 쓰기	초대하는 글을 읽고 쓸 수 있다. 초대: 사람을 불러서 대접함. 글: 어떤 생각이나 말 따위의 내용을 글자로 나타낸 것. 읽다: 소리 내어 글을 보다. 쓰다: 붓·펜 따위로 획을 그어 글씨를 이루게 하다. 수: 어떤 일을 할 만한 힘이나 가능성을 말하는 의존명사 있다: 동사 뒤에 붙어 행동의 지속 또는 결과의 지속을 나타내는 보조동사 ⇒ 초대하는 영어 글을 읽고, 어떠한 내용으로 쓰면 된다.	
6 (음악)	당김음 리듬 익히기	당김음 리듬을 익혀 노래를 부를 수 있다. 당김음: 같은 음높이의 센박과 여린박이 연결되어 셈여림의 위치가 바뀌는 일 리듬: 음의 높낮이와 세기가 일정한 사이를 두고 거듭되는 것. 익히다: 익숙하게 하다. 노래: 가사에 곡조를 붙인 것. 부르다: 노래의 가사를 소리 내다. 수: 어떤 일을 할 만한 힘이나 가능성을 말하는 의존명사 있다: 동사 뒤에 붙어 행동의 지속 또는 결과의 지속을 나타내는 보조동사 ⇒ 당김음 리듬은 어떻게 불러야 한다.	

하루의 평가	관심을 갖는 주제	스스로 평가하는 나의 핵심역량			더 노력할 점		
		자기관리/ 지식정보	소통/협력	창의/감성	주제 관련	인성	적성

< 부록 5 > 다양한 산출물의 허용 예시

다양한 산출물의 허용	
종 류	표현 결과
언어적 표현	말, 글 등 언어로 표현된 결과물(말하기 또는 글쓰기(한국어, 영어, 중국어, 베트남어 등 다양한 언어 인정. 국제적 소통 역량 강화에도 기여)), 리포트, 시, 메모, 발표 대본 등
시각적 표현	시각 요소로 전달되는 결과물(그림, 삽화, 사진, 포스터, 동영상 등)
청각적 표현	청각적으로 전달되는 결과물(녹음 파일, 음악 작곡, 음성 설명 등)
조형적 표현	손으로 만들거나 실제로 구성한 결과물(모형, 공예품, 실제 재현, 입체 조형 등)
복합 표현	멀티모달 결과물(영상 제작물, 역할극, 전시물, 디지털 프레젠테이션 등)

<부록 6 > 교사의 관찰/평가 루브릭(예시)

(수학)과 루브릭

단원: 차시: 학습주제: 분모가 다른 두 분수의 크기 비교
20 년 월 일 요일 교시

번호	이름	지식/교과역량		핵심역량						특기 사항 (인성, 진로 개발 등)
		관심 정도	도달 정도	자기 관리 역량	지식정보 처리 역량	창의적 사고 역량	심미적 감성 역량	협력적 소통 역량	공동체 역량	
1	***									
2	***	A	A				A	D	D	4월 8일 상담, 지도
3	***									
4	***									
5	***									
6	***									
7	***									
8	***	A	A					A	A	
9	***									
10	***	D	D	A	A					
11	***									
12	***	D	D	D	D	A	D	D		4월 16일 상담, 지도
13	***	A	A							
14	***									
15	***	A	A							
16	***									
17	***	A	A							
18	***									
19	***	A				D	D			
20	***									

※ 성취 수준: A: 주도적·심화적 발휘 B: 적절히 수행 C: 제한적 발휘 D: 미흡

< 부록 7 > 학습주제 단위 수업에서의 루브릭 평가 척도((예시)

학습주제 단위 수업 루브릭 평가 척도(예시)

평가 영역	A 수준 (우수/확장)	B 수준 (적용/보통 이상)	C 수준 (기초/보통)	D 수준 (관심/미도달)
학습주제 관련 지식	학습주제의 핵심 개념과 원리를 깊이 이해하고, 새로운 상황이나 다른 교과 맥락에 창의적으로 적용할 수 있다.	학습주제의 핵심 개념을 이해하고, 주어진 문제 상황에 적절히 적용할 수 있다.	학습주제의 주요 개념을 기본 수준에서 이해하며, 단순한 문제 해결에는 활용할 수 있다.	학습주제 관련 개념이나 사실의 이해가 부족하며, 문제 해결 과정에서 거의 활용하지 못한다.
국어 역량 (의사소통·표현)	학습주제를 논리적으로 설명·서술하고, 토론이나 글쓰기를 통해 타인과 의미를 효과적으로 공유한다.	학습주제에 대해 자신의 생각을 비교적 명확히 표현하고, 다른 사람의 의견을 이해·수용한다	주제와 관련된 의견이나 정보를 단순하게 표현할 수 있다	주제와 관련된 자신의 생각을 적절히 표현하지 못한다.
수학 역량 (문제 해결·추론)	수학적 개념을 주제 맥락에서 창의적으로 활용하며, 다양한 풀이 방법을 탐색하고 근거를 제시한다.	수학적 개념을 주제와 연결하여 문제를 해결할 수 있다.	단순한 계산이나 기본적인 적용은 가능하지만, 주제 맥락에서 활용은 제한적이다.	계산 및 개념 활용에 어려움을 겪고, 문제 해결 시 도움을 필요로 한다.
과학 역량 (탐구·실험)	주제를 사회적 맥락과 연계하여 비판적으로 분석하고, 합리적 의사결정을 내린다.	주제를 사회적 현상과 연결하여 이해하고, 기본적인 의사결정을 내릴 수 있다.	사회 현상과 주제를 단순하게 연결할 수 있다.	사회적 맥락에서 주제를 이해하거나 연결하지 못한다.
기타 교과 역량 (예: 미술, 체육, 음악, 실과 등)	주제와 관련된 창의적 표현·실천 활동을 주도적으로 수행하며, 자신만의 독창적 산출물을 제시한다.	주제와 관련된 활동을 성실히 수행하고, 결과물에 일정한 완성도를 보여준다.	지만 결과물의 완성도나 주제 연결이 부족하다.	활동 참여가 미흡하며, 결과물이 주제와 거의 관련되지 않는다.

< 부록 8 > 학교생활통지표 예시

1. 교과별 성취 및 역량

교과	대표 학습주제	교과 지식 (루브릭 수준)	교과 역량 (루브릭 수준)	핵심역량 (루브릭 수준)	종합 의견
국어	시 쓰기	시적 표현 기법을 이해하고 창작에 활용함 (A)	감상문 작성 및 발표에서 표현력 발휘 (A)	심미적 감성·의사소통 역량 향상 (A)	감수성이 풍부하고 발표 자신감이 두드러짐
수학	자료 해석	그래프와 표를 해석하는 데 어려움 (C)	문제 해결 전략 적용 미흡 (C)	자기관리 역량은 성실하나 창의적 접근 부족 (B)	꾸준한 연습이 필요하며, 다양한 풀이 접근을 시도해야 함
과학	씨앗 발아 실험	발아 조건을 이해하고 실험에 적용함 (A)	탐구 과정을 설계하고 관찰 기록 충실 (A)	탐구심·협력 소통 역량 뛰어남 (A)	탐구형 적성이 뚜렷하고 리더십 발휘
사회	지역사회 조사	조사 자료 정리에 어려움 (C)	모둠 발표에서 소극적 참여 (C)	공동체 역량은 점차 성장 중 (B)	협력적 태도를 보완하면 더욱 발전할 수 있음

2. 행동특성 및 종합의견

구분	핵심역량 기반 개선 예시
자기관리	장기 과제 수행에서 꾸준히 성취. 다음 학년에서는 자기 점검 활동을 통한 시간 관리 능력 보완 필요.
지식정보처리	실험 자료 분석에 강점. 수학적 자료 해석 역량을 보완하면 통합적 사고력 강화 가능.
창의적 사고	다양한 방법을 시도함. 실패 경험을 긍정적으로 수용하는 태도는 더 길러야 함.
심미적 감성	글쓰기·시 쓰기에서 감수성 풍부. 발표 불안을 극복하며 더 다양한 표현 기회를 제공할 필요.
의사소통	발표에서 논리적 표현 가능. 토론 시 친구 의견을 연결·확장하는 훈련이 필요.
공동체	협력적 과제 수행에서 주도적. 갈등 상황 대처 및 조율 능력을 더 발전시킬 필요.

< 부록 9 > 학교생활기록부 예시

1. 교과별 성취 및 역량		
구분	교과학습 발달상황	종합 의견
국어	시 쓰기, 독서 감상문 활동에서 표현력과 감수성이 뛰어나며 발표에서 자신감 있게 의사소통함.	
수학	자료 해석·그래프 주제에서 어려움을 겪었으나 꾸준히 도전하며 자기관리 역량을 강화함.	
과학	지역사회 조사 활동에서 자료 정리 능력이 부족했지만 협동 과정에서 공동체 역량을 점차 발휘함.	
사회	씨앗 발아 실험과 환경 탐구에서 탐구 설계·보고서 작성 능력이 뛰어나며, 지식정보처리 역량과 탐구심이 뚜렷하게 나타남.	

2. 창의적 체험활동 상황		
활동 유형	활동 내용	종합 의견
자율 활동	독서 기록장을 작성하여 학급과 공유, 글쓰기 습관 형성	
동아리 활동	과학 동아리에서 실험을 주도적으로 수행, 탐구형 적성 발휘	
진로 활동	발명가라는 진로 희망을 탐색하며 과학 관련 독서를 지속	

3. 행동특성 및 종합의견	
구분	핵심역량 기반 개선 예시
자기관리 역량	자기관리 역량이 강화되어 학습 준비물과 과제를 스스로 관리하며, 장기 프로젝트에서도 꾸준히 성취를 이어감
지식정보처리 역량	지식정보처리 역량을 발휘하여 실험 자료를 체계적으로 정리·분석하고, 정보 활용 능력을 확장함
창의적 사고 역량	창의적 사고 역량을 발휘하여 문제 해결에서 다양한 방법을 시도하고, 독창적 아이디어를 제안함
심미적 감성 역량	심미적 감성 역량을 통해 작품 활동에 몰입하며 표현의 즐거움을 경험하고, 자기 감정을 예술적으로 표현함
협력적 의사소통 역량	의사소통 역량을 발휘하여 발표·토론에서 자신의 의견을 논리적으로 제시하고, 타인의 의견을 경청하며 수용함
공동체 역량	공동체 역량을 바탕으로 협력 과제에서 주도적 역할을 맡아 책임감을 발휘하고, 공동 목표 달성에 기여함

< 부록 10> 초·중·고 교육에서의 자기개발과 대학 전공 선택으로 이어지는 흐름도(예시)

관찰 기록 → 진로 탐색 → 고교학점제 과목 선택 → 전공 연결 흐름도(예시)				
관찰 기록(초·중)	진로 탐색	고교학점제 과목 선택	전공·사회 연결	미래 전망
과학 탐구·실험 - 데이터 해석 능력 - 협업 실험	의사·약사·생명과학 연구원	생명과학Ⅱ, 화학Ⅱ, 의학·약학 기초	의학, 약학, 생명공학	의사는 AI 진단 보조 역할 변화, 약사는 자동조제 시스템 대체 가능성
토론·논증 활동 - 사회 현상 분석 - 법률 모의재판	검사·판사·변호사	정치와 법, 사회문화, 윤리	법학, 정치학	검사·판사 직업은 AI 판례 분석·자동화로 일부 축소 가능
언어·글쓰기 - 창의적 글쓰기 - 비판적 독서	기자·작가·출판·콘텐츠 크리에이터	문학, 언론학, 영상제작	국문학, 언론정보학, 미디어학	전통적 기자는 위축, 1인 크리에이터는 성장
수학·논리적 문제해결	회계사·세무사·은행원	경제수학, 회계, 경영학 기초	경영학, 경제학	회계사·세무사는 AI 회계 자동화로 대체 가능
예술·디자인 창작	디자이너·건축가·영상예술	미술 창작, 디자인 일반, 건축학 기초	시각 디자인, 건축학, 영상 예술	단순 디자이너는 AI 생성 이미지로 대체, **융합 디자인(건축+환경)**은 유망
정보·프로그래밍	소프트웨어 개발자·데이디 과학자	정보, 인공지능 기초, 빅데이터 분석	컴퓨터공학, 데이터사이언스, AI	프로그래머는 단순 코딩은 자동화, AI 기획·응용은 성장
음악·영상 활동 - 작곡, 연주, 촬영, 편집	가수·연주자·배우·영화감독	음악 연주, 영상 제작, 공연예술	실용음악, 영화·영상학, 예술경영	K-팝·K-콘텐츠 세계 확장, AI 활용 창작
스포츠·체력 활동	운동선수·스포츠 코치	체육, 스포츠 과학	체육학, 스포츠과학	글로벌 스포츠 산업 확대
환경·공동체 활동	환경운동가·사회혁신가	환경과학, 사회문제 탐구, 프로젝트 과목	환경학, 사회혁신학	기후 위기 대응 직업군은 확장 전망
창업·자기주도 프로젝트	스타트업 창업자	경영학 기초, 경제수학, 프로젝트 수업	창업학, 경영학	창업가는 위험 크지만 AI·글로벌 플랫폼 활용으로 기회 확대

< 부록 11> 초·중·고 교육과 연계되는 전공 적합성 평가 요소별 비율(예시)

학생·학부모 고교학점제 과목 선택 가이드라인 체크리스트(예시)		
영역	확인 질문	나의 답변
1. 자기 이해(성장 기록 확인)	– 초·중학교 기록에서 내가 좋아한 활동은 무엇인가?	
	– 꾸준히 성취를 보인 교과 지식은 무엇인가?	
	– 교과 역량(탐구·표현·문제 해결) 중 내 강점은?	
	– 핵심역량(자기관리·창의·협력 등) 중 두드러진 부분은?	
2. 진로 가능성 (열린 선택 유지)	– 나의 1순위 진로는 무엇인가?	
	– 대안 진로 2~3개는 설정했는가?	
	– 현재 역량 기록이 진로와 어떻게 연결되는가?	
	– 복수 진로에 열려 있는 과목을 포함했는가?	
3. 자기개발 로드맵	– 이 과목이 내가 원하는 분야와 직접 연결되는가?	
	– 내 강점을 드러내거나 부족함을 보완하는가?	
	– 산출물·성과가 포트폴리오로 활용 가능한가?	
	– 단순 흥미를 넘어 자기개발 경로와 맞는가?	
4. 균형·리스크 관리	– 국·영·수·기초과학 등 기초 영역은 확보했는가?	
	– 진로 관련 과목을 심화 선택했는가?	
	– 과목 구성이 한쪽에 편중되지 않았는가?	
	– 진로 변경 시에도 대비할 수 있는가?	
5. 대학·사회 연결성	– 선택 과목이 희망 전공의 적합성을 보여주는가?	
	– 과목 기록이 대입 서류·포트폴리오에 설득력 있게 담길 수 있는가?	
	– 미래 사회에서 유효할 역량을 기를 수 있는가?	
	– 선택 이유를 설명할 수 있는가?	

< 부록 12 > 초·중·고 교육과 연계되는 전공 적합성 평가 요소별 비율(예시)

'대학이 원하는 학생' 중심 선발의 평가 요소별 비율 구성 (표준화 기준 예시)			
평가 요소	주요 평가 내용	비율	설명
① 진로 탐색 및 전공 관련 자기개발	초·중·고 전 과정에서의 진로 탐색, 관심 분야의 지속적 확장, 전공 적합성	25%	
② 전공 관련 학습 경험 및 성취	전공 관련 과목 이수, 탐구 활동, 프로젝트 수행 및 포트폴리오 구성	30%	
③ 핵심역량 및 교과 역량 발현	문제 해결, 자기관리, 협업, 의사소통 등 핵심역량 및 교과 수업 내 발휘된 교과역량	20%	
④ 학습과정 기반 종합 평가	학습목표 자기화, 목표 지향적 활동의 과정 기록, 루브릭 기반 피드백과 자기 성찰	15%	
⑤ 인성, 공동체성, 사회적 실천	책임감, 배려, 공동체 기여도, 학교 밖 사회적 실천 경험 등	10%	

한국의 교육은 미래를 포기하고 있다
문제가 무엇인가?

1판 1쇄 발행 2025년 11월 5일

지은이 강귀용

교정 황윤   편집 이새희
마케팅·지원 이창민

펴낸곳 (주)하움출판사   펴낸이 문현광

이메일 haum1000@naver.com   홈페이지 haum.kr
블로그 blog.naver.com/haum1000   인스타 @haum1007

ISBN 979-11-7374-214-9(03370)

좋은 책을 만들겠습니다.
하움출판사는 독자 여러분의 의견에 항상 귀 기울이고 있습니다.
파본은 구입처에서 교환해 드립니다.

이 책은 저작권법에 따라 보호받는 저작물이므로 무단전재와 무단복제를 금지하며,
이 책 내용의 전부 또는 일부를 이용하려면 반드시 저작권자의 서면동의를 받아야 합니다.